## 복 있는 사람

오직 여호와의 율법을 즐거워하여 그 율법을 주야로 묵상하는 자로다.
저는 시냇가에 심은 나무가 시절을 좇아 과실을 맺으며 그 잎사귀가 마르지 아니함 같으니
그 행사가 다 형통하리로다. (시편 1:2-3)

한 세대 앞만 놓고 보더라도 기독교 신앙 변증이 크게 요청되지 않았다. 신앙의 합리성에 관한 물음은 거의 제기되지 않았다. 이제 그런 시대는 지나갔다. 신앙의 근거와 이유, 신앙의 타당성은 젊은이들 가운데 끊임없이 제기된다. 교회와 신학대학원, 부모와 선생님은 제기되는 질문을 함께 생각하고, 함께 답할 준비를 해야 한다. 그러기 위해서는 질문을 알아야 하고 생각하는 법을 배워야 한다. 맥그래스의 책은 그렇게 하는 데 필요한 지도를 어느 책보다 믿을 만하게 제공해 준다. 지난 7년간 신학대학원에서 기독교 변증과 철학을 가르쳐 본 경험을 따라 볼 때 이 책은 설교자나 교사, 신앙의 문제에 관심 있는 모든 신자들이 믿고 공부할 수 있는 최선의 변증학 교과서로 진심으로 추천한다.

**강영안** 한동대학교 석좌교수


그리스도교 신앙은 시작부터 세상의 질문에 응답하는 과제를 안고 있었다. 한편 세상으로부터 오는 질문은 시대와 문화에 따라 계속해서 변화해 왔다. 한 시대, 한 문화에서 유효했던 대답이 다른 시대, 다른 문화에서도 유효하리라고 장담할 수 없다. 그래서 변증의 역사를 공부해야 하고, 각 시대와 문화의 질문을 파악하고 그 질문에 적절한 대답을 찾는 수고가 필요하다. 옥스퍼드 기독교 변증 센터 대표로 있던 저자가 강의한 내용을 보강하고 확장한 이 책은, 오늘날 세상이 제기하는 질문에 응답하고자 시도하는 그리스도인들과 그들을 돕는 교사들을 위한 최적의 교과서다.

**김정형** 연세대학교 연합신학대학원 종교철학 교수


알리스터 맥그래스는 신학자로서 살아온 약 40년의 기간 동안 신학 내 다양한 영역에 관심을 보이며 수많은 책을 써왔다. 그중 변증은 초기부터 지금까지 학자이자 신앙인으로서 그의 정체성을 구성하는 데 큰 역할을 했다. 잘 알려져 있듯, 무신론으로 무장된 과학자였던 그가 복음주의 신학자로 거듭나게 된 이면에는 그리스도교가 지적으로 논증 가능할 뿐만 아니라 실재에 관한 가장 설득력 있는 설명을 제공한다는 깨달음과 확신이 있었다. 그런 만큼 그는 변증학 입문서들을 출판하는 데 심혈을 기울이기도 했지만, 과학신학이나 역사신학 등의 분야에서 작업할 때도 현대인에게 그리스도교 진리가 합리적임을 보여주려는 동기를 한결같이 가지고 있었다. 이번에 출간된 『변증이란 무엇인가』는 변증학에 대한 포괄적이면서도 친절한 안내를 담고 있고, 21세기 상황 속에서 어떻게 신앙을 변호할 수 있을지에 관한 획기적인 제안으로 채워져 있으며, 사상의 성숙기에 이른 맥그래스의 지적 여정까지 함축적으로 보여준다는 점에서 이전과는 확연히 차별화된 작품이다. 1994년 첫 선을 보인 이후 판을 거듭하며 출간된 그의 인기작 『신학이란 무엇인가』를 통해 그리스도교 신앙을 체계적으로 배워 갔다면, 이제는 『변증이란 무엇인가』를 가지고 현대사회에서 그리스도교 진리를 어떻게 합리적이고 설득력 있게 설명할 수 있을지에 관한 지혜를 익힐 차례다.

**김진혁** 횃불트리니티신학대학원대학교 조직신학 교수

알리스터 맥그래스는 『신학이란 무엇인가』를 포함한 여러 교과서를 저술한 신학의 대가다. 그는 방대한 내용을 명료하게 정리하는 능력으로 잘 알려져 있으며, 리처드 도킨스와 같은 유명 무신론자들과의 토론을 통해 변증가로서의 면모도 인정받고 있다. 이제 그의 월드 클래스급 정리 스킬과 오랜 변증 경험이 결합하여 뛰어난 변증 입문서가 탄생했다. 그동안 국내에 소개된 변증서들이 주로 이론적 배경이나 예상 질문에 대한 답변들을 다루었다면, 맥그래스의 신간은 실제 상황에 적용할 수 있는 다양한 자원을 제공하여 직접 고기를 잡을 수 있도록 도와준다. 복음을 전하고자 하는 그리스도인이나 변증 강의를 진행하려는 교육자라면 이 책을 가장 먼저 살펴보길 권한다.

**오성민** 유튜브 채널 'Damascus TV' 운영자, 『교회 구석에서 묻는 질문들』 저자

서울의 중심부에서 20-40대를 대상으로 목회하고 있는 나에게 변증은 옵션이 아닌 필수였다. 덕분에 다양한 변증서들을 읽고 목회에 직접적으로 적용할 수 있었는데, 특히 현대의 상황에서 자신의 이야기를 찾아 주는 방식의 내러티브 변증은 내가 섬기는 연령대의 마음을 가장 많이 움직였고 그들을 설득시켰다. 나는 이러한 변증 기법을 알리스터 맥그래스로부터 배웠는데, 이번에 그의 변증론 전체가 이렇게 완벽한 교과서로 출간된다고 하니 말할 수 없이 기쁘다. 2천 년 기독교 역사상의 중요한 변증적 접근과 중요한 변증가들을 모두 다루고 있는 이 책은, 특히 포스트모던 시대에 적합한 방식의 내러티브 변증을 잘 소개하는 입문서로 탁월하다. 회의적인 시대를 섬기는 오늘날 목회자와 그리스도인들이 반드시 이 책을 공부하며 변증적 대답을 얻기를 바란다.

**이정규** 시광교회 담임목사

맥그래스 교수는 두말할 나위 없이 현존하는 최고의 복음주의 신학자다. 조직신학과 역사신학을 넘어 영성신학과 과학신학 분야의 거장인 그는 새로운 무신론, 포스트모던적 상대주의, 세속적 인본주의가 제기한 비판을 설득력 있게 반박하는 데 심혈을 기울여 왔다. 본서는 이러한 그의 변증학적 연구와 노력의 탁월한 산물이자, 변증의 핵심 주제들과 다양한 접근 방법들을 다룬 심오하고도 명쾌한 작품이다. 예수 그리스도의 유일성과 복음진리의 절대성을 변호하기 위해 분투하는 모든 그리스도인들이 반드시 읽어야 할 필독서로 강력 추천한다.

**정성욱** 덴버신학대학원 조직신학 교수

믿음과 이성은 양립할 수 없다는 지적 풍토 때문에 교회가 쇠락하고 있다고 많이들 착각한다. 그렇지 않다. 오히려 진화의 마법에 걸린 세상이 숨 막혀 하고, 실존적 불안으로 소외된 인류의 숨이 턱에 찼을 뿐이다. 그러한 맥락에서 복음으로 변화된 성도라면 당연히 자신의 자리에서 변증가로 살아야 한다. 왜 변증인가? 그것은 끝까지 예수님을 거부하는 이 시대를 위한 그리스도인의 당연한 책무이자, 성육신의 형상을 살아 내야 하는 교회의 본질적 과제이기 때문이다. 그러한 정신을 잘 담고 있는 알리스터 맥그래스의 『변증이란 무엇인가』가 성경 곁에 놓여 모든 그리스도인의 필독서로 읽히기를 바라며 기쁜 마음으로 추천한다.

**조정민** 베이직교회 목사

저자는 변증의 과제를 분석하고 그리스도인이 변증에 더 효과적으로 참여하는 법을 현명하게 조언한다. 최고의 변증 사례도 과거와 현재에서 신중하게 골랐다. 진심으로 추천하는 책이다.

**로버트 B. 스튜어트** 뉴올리언스 침례신학교 철학 및 신학과 부교수

기독교를 대표하는 학자 중 한 명인 저자는 풍부한 지식과 최신 상황을 통합한 C. S. 루이스의 유산을 바탕으로 변증학 교과서를 집필했다. 그 결과 오랫동안 교회에 도움이 될 빼어난 입문서가 탄생했다.

**조슈아 채트로** 비슨 신학교 빌리 그레이엄 전도 및 문화 참여 석좌교수

학부생 시절, 저자의 첫 강의에 나는 매료되었다. 어렵고 복잡한 문제를 명쾌하고도 지혜롭게 풀어내는 그의 독특한 능력은 타의 추종을 불허한다. 저자 특유의 명민함과 명석함으로 변증에 대한 포괄적인 접근법을 제시하는 이 책은 또 한 번 저자의 대표작이 될 것이라 믿는다.

**에이미 오르유잉** 애버딘 대학교 신학과 명예 강사

최근 기독교 사상과 신학에서 변증학이 점점 중요해지면서 철저하고도 넓은 시야의 입문서가 절실히 필요했다. 이 책은 이러한 요구를 훌륭하게 충족시킨다. 너무나 필요하고도 너무나 중요한 이 책은, 변증학에 대한 폭넓은 저술 및 강의 경험을 고려할 때 거의 유일하게 저자만이 집필할 자격이 있다.

**앤디 배니스터** 토론토 대학교 위클리프 칼리지 변증학 겸임 교수

변증이란 무엇인가

Alister E. McGrath
Christian Apologetics: An Introduction

TIANV

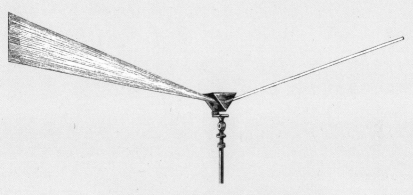

# 변증이란 무엇인가

알리스터 맥그래스 · 기독교 변증 입문

GETICS

복 있는 사람

변증이란 무엇인가

2024년 6월 24일 초판 1쇄 발행
2024년 8월 23일 초판 3쇄 발행

지은이 알리스터 맥그래스
옮긴이 노종문
펴낸이 박종현

(주) 복 있는 사람
주소 서울특별시 마포구 연남동 246-21(성미산로23길 26-6)
전화 02-723-7183(편집), 7734(영업·마케팅)
팩스 02-723-7184
이메일 hismessage@naver.com
등록 1998년 1월 19일 제1-2280호

ISBN 979-11-7083-122-8 03230

*Christian Apologetics: An Introduction*
by Alister E. McGrath

This edition first published 2024
ⓒ 2024 John Wiley & Sons Ltd

All Rights Reserved. Authorised translation from the English language edition published by John Wiley & Sons Limited. Responsibility for the accuracy of the translation rests solely with The Blessed People Publishing Inc. and is not the responsibility of John Wiley & Sons Limited. No part of this book may be reproduced in any form without the written permission of the original copyright holder, John Wiley & Sons Limited. License arranged through rMaeng2, Seoul, Republic of Korea.

This Korean translation edition ⓒ 2024 by The Blessed People Publishing Inc., Seoul, Republic of Korea.

이 한국어판의 저작권은 알맹2를 통해 John Wiley & Sons Limited와 독점 계약한 (주) 복 있는 사람에 있습니다. 신저작권법에 따라 한국 내에서 보호받는 저작물이므로 무단 전재와 무단 복제를 금합니다.

2004-2013년까지

옥스퍼드 기독교 변증 센터에서 함께한 동료들과 학생들에게

이런 교재가 필요하다는 생각은 존 와일리 & 선즈 출판사의 편집자인 클렐리아 페트라카에서 시작되었다. 그는 대학교와 신학교에서 널리 일반적으로 활용할 수 있는 변증 분야의 개론 교과서가 필요하다는 요청을 받았고, 나에게 집필을 의뢰했다. 이 책의 기반이 된 자료는 내가 지난 20년 동안 주로 옥스퍼드 기독교 변증 센터에서 진행한 강의들이다. 최근에 아시아와 북미에서 진행한 변증 강의들과 과정들을 위해 만든 자료로 내용을 보충했다. 이 강의들을 듣고 비평과 피드백을 주었던 많은 이들에게 감사를 드린다. 그들의 도움으로, 이 책에 제시된 접근법이 실천 가능하고 유용하다는 것을 확신하게 되었다. 하나하나 언급하기에는 도움을 준 사람들이 너무나 많다. 다만, 많은 다양한 청중들을 대상으로 이 책의 내용을 시험했고, 그들의 의견을 받아 상당 부분 개선했음을 기억해 주기 바란다. 또한 초고를 읽어 준 익명의 독자 네 분에게도 빚을 졌다. 이들의 비평은 이 책의 초점과 범위, 전반적인 접근법을 만들고 개선하는 데 큰 도움이 되었다. 출판사와 나는 이 책에 대한 의견을 환영한다. 다음 개정판 작업에 큰 도움이 될 것이다.

이 책은 2004년부터 2013년까지 내가 옥스퍼드 기독교 변증 센터에서 강의한 내용을 바탕으로 쓴 변증 개론서다. 변증이란 기독교 신앙의 핵심 주제들을 최선의 방법으로 변호하고 설명하는 일이며 그 주제들을 효과적이고 충실하게 더 넓은 세상과 소통하는 일에 초점을 맞추는 기독교 사상의 한 분야다. 이 책의 목표는, 독자인 당신이 변증에 대해 선이해가 별로 없다고 가정한다면 당신이 이 분야의 실제적인 지식을 얻게 하고 변증을 더 깊이 탐구하도록 독려하는 것이다.

그리스어 '아폴로기아'[*apologia*: 전통적으로 '변호'(defense)로 번역된다]는 법정에서 피고인의 무죄를 증명하는 이성적인 논증 혹은 어떤 신념이 비판적 검토를 견뎌낼 수 있음을 보이는 것을 의미한다. 우리는 이 단어를 베드로전서 3:15에서 발견하는데 많은 이들이 이 구절을 변증의 중요성에 관한 신약성경의 고전적인 진술로 여긴다.

> 너희 마음에 그리스도를 주로 삼아 거룩하게 하고 너희 속에 있는 소망에 관한 이유(그리스어 '로고스')를 묻는 자에게는 대답할 것(그리스어 '아폴로기아')을 항상 준비하되 온유와 두려움으로 하고.

하지만 가장 초기부터 기독교 변증은 단순히 기독교 신앙에 대한 '변호'라는 의미보다 좀더 넓은 의미로 이해되었다. 많은 그리스도인 저술가들은 변증을 기독교 신앙의 핵심 주제들에 대한 설명과 소통, 변호라고 생각했다. 변증에 관한 옛 저술들은 변증을 주로 논쟁적인 성격만 지닌 것으로 그렸지만, 이 책은 초기의 많은 기독교 변증이 인간의 이성과 상상력, 경험에 호소했다는 최근의 인식을 반영하고 있다. 따라서 이 책은 상상력과 감정, 느낌에 대한 기독교의 긍정적인 호소를 조명함으로써 이성적이기만 했던 변증을 보완한다. 프랜시스 스퍼포드(Francis Spufford)의 『변증적이지 않은』(*Unapologetic*, 2013)은 드러내 놓고 기독교 신앙의 감정적 합리성에 호소하는 점에서 주목할 만하다. 스퍼포드는 "인간 경험의 공동 토대를 경험해 보았던 모든 이에게 심오하게 일상적이고 깊이 인식 가능한" 감정들이 어떻게 그리스도인의 삶의 중심을 차지하고 있으며, 기독교적 삶의 구조와 실천에 의해 새로운 깊이를 얻게 되는지 보여준다. 스퍼포드가 보기에 변증의 목표는, 신앙을 내부에서 경험한다면 어떻게 느껴지는지 외부인이 알 수 있도록 돕는 것이다. 그것은 사람들로 하여금 기독교 신앙의 내부로 들어가서 신앙이 가능하게 해주는 삶과 생각, 경험의 질을 체험시키는 것이다.

변증은 **학문**이자 **기술**(art)이다. 변증의 이론을 단단히 이해하는 것과 그 이론을 실천적으로 현명하게 적용하는 것을 모두 포함한다. 이 책은 이러한 점을 반영하여 팀 켈러 등 이 분야의 선도적인 실천가들의 접근 방식을 다루었는데, 독자들이 이들에 관한 정보를 얻고, 이들로부터 직접 배우고, 그들의 성과를 현명하게 활용할 수 있게 하였다. 변증의 본질과 적용에 대해서 내 나름의 견해가 있지만 이 책의 주된 관심은 이 분야의 주요 인물들이 과거와 현재 발전시킨 다양한 변증 접근법을 독자들이 이해하고, 배우며, 활용하도록 돕는 것이다.

이 책의 내용을 이해하기 쉽고도 제시된 평가는 신뢰할 만하게 만들고자 모든 힘을 기울였다. 이 책은 어떻게 생각해야 하는지를 말해 주지 않는 대신, 주제들에 대한 자신의 생각을 발전시키는 데 도움이 될 방식으로 주요 기독교 변증가들의 사상을 탐구해 나간다. 내게 도움이 되었던 내용을 들려줄 텐데 당신에게도 도움이 되기를 바란다. 이 책을 개인 공부에 활용한다면 제시된 자료 순서대로 읽는 것이 가장 좋을 것이다. 강의를 들으며 사용하는 경우에는 강의 진행자의 안내를 따라야 할 것이다. 대부분의 장 결론부에는 그 장의 내용을 이해했는지 확인하도록 돕는 "생각해 볼 물음"과 주제들을 더 깊이 탐구하는 데 도움이 될 저술을 제안하는 "추가 독서 자료"가 있다. 변증적 주제에 관한 많은 중요한 연구들이 2000년 이전에 쓰였지만 그 이후로 이 학문의 방향과 추진력에 중대한 변화가 있었기에 "추가 독서 자료"에서 언급하는 대부분의 저술은 21세기에 나온 것이다. 또한 내용을 보완하는 동영상 및 오디오 자료를 계발하여 출판사 웹사이트에서 무료로 제공할 예정이다.

출판사와 나는 이 책에 대한 의견을 환영한다. 개정판을 만드는 데 큰 도움이 될 것이다.

알리스터 E. 맥그래스
옥스퍼드

이 책은 내가 2006년부터 2013년까지 옥스퍼드 기독교 변증 센터 대표로 있을 때 학생들을 대상으로 진행한 일련의 개관 강의에 바탕을 두고 있다. 당시 강의 청중은 다양한 국가와 교단 출신이었다. 첫 강의 원고는 학생들의 의견을 반영하여 상당 부분 다시 썼는데 후에 이런 주제들을 가지고 세계 여러 곳에서 행한 강의들, 특히 2021년 5월에 밴쿠버 리젠트 칼리지에서 행한 더 자세한 강의를 통해 내용을 확장했다. 리젠트 칼리지의 강의는 현재 내 유튜브 채널에서 볼 수 있다.

이 책의 목표는 학생들에게 변증의 핵심 주제와 접근법을 이해하기 쉽고 신뢰할 수 있는 방식으로 소개하는 것이다. 학습 과정의 인도자나 강사는 적절하다고 판단하면 자신의 자료로 보완할 수 있고, 이 책에 제시된 내용을 풍부하게 확장하는 관점이나 전망을 추가로 제공할 수 있다. 변증을 가르치고 실천하는 일은 다양한 교단적 맥락과 여러 신학적 전제들 안에서 이루어진다. 그래서 나는 이 책을 쓰면서 내 상황과 전제만 특별히 중요하게 취급하지 않으려고 노력했기 때문에 다양한 기독교 교단과 신학 관점을 담기 위해 당신이 자료를 변경하는 것이 가능하다. 이전에 C. S. 루이스가 그랬듯 나는 널리 합의될 수 있는 기독교 정통 신학의 틀 안에서 작업하려고 했으므로 당신이 속한 성공회, 침례교, 가톨릭, 복음주의, 루터교, 감리교, 오순절,

개혁주의 등의 교육적 상황에 맞추어 간단히 변경하거나 확장할 수 있다. 특정 교단의 강조점이나 모범, 관심사는 이 관대하고 활력 있는 틀에 쉽게 접목될 수 있다.

이 책은 교사의 평가와 판단을 삽입하거나 교사가 유익하거나 적절하다고 생각하는 자료를 추가할 것을 권장한다. 이 책은 지적으로 **관대하고** 교육학적으로 **환대하는** 접근법을 취하므로 당신이 선택한 자료를 추가하고 자신의 교육 상황에 맞게 내용을 변경하더라도 집필 의도를 손상시키지 않는다. 이 교재는 변증 강의의 기반을 놓아 주며 그 기반 위에서 유익하고 적절하다고 느끼는 방식으로 건축물을 올리도록 격려한다. 이 책은 20년 동안 사용해 보고 시험해 본 발판을 제공하는데 당신은 그것에 자신만의 자료를 추가할 수 있다. 예를 들어 "청중의 중요성"을 다루는 장에서는 특정 청중과 잘 맞겠다고 생각하는 저술가나 설교자의 자료를 활용할 수 있다. "질문에 답변하기" 장에서는 추가 질문 또는 대체 질문을 사용할 수 있으며 9장 "현인에게 배우기"에서는 거론한 인물 목록을 확장할 수 있다. 내가 제시한 예시나 인용문에 당신이 더 적절하다고 생각하거나 학생들에게 특별히 효과적이라고 생각하는 것들을 추가해 더 풍부하게 만들 수 있다.

이 책은 어떤 학파나(특히 전제주의) 영향력 있는 개별 저술가를 언급하지만 특정 변증 학파를 지지하지는 않는다. 내용 중에 C. S. 루이스를 자주 언급하는데 그는 지난 25년 동안 대중적 수준과 학문적 수준의 변증 분야 양쪽에서 가장 널리 존경받고 자주 인용되는 인물이 되었다. 이제는 많은 학생들이 루이스를 변증 공부에서 영감의 원천이자 관문으로 여기고 있다. 이 책은 루이스의 명쾌함과 명성을 토대로 삼아 건축하되 주제의 범위나 초점을 그의 작업에 제한하지는 않으려고 한다. 내 의도는, 이 책 안에 마련해 둔 기반 위에 당신의 경험과 지혜를 더해 자신만의 접근법을 세워 나가는 것이다.

변증에 대해 내 나름의 생각은 있지만 이 책에서는 내세우지 않는다. 대신 다양한 범위에 걸쳐 변증가들의 사상과 접근법을 펼쳐 놓는 것을 목표로 삼고 있다. 여기에 당신도 적절하고 도움이 된다고 생각하는 내용을 추가하기 바란다. 나는 이런 접근법들을 소개하고 설명함으로써 이 책의 독자들이 자신만의 접근법을 어떻게 계발할지 결정하도록 하고자 했다. 당신은 이 교류와 비판적 평가의 과정에 도움을 줄 수 있다. 예를 들어 당신의 가르침에 당신의 통찰력과 관찰 및 판단을 도입할 수 있다. 나와 교류하는 저술가들의 그룹에 참여하기를 원한다면 환영한다. 이 책의 활용 범위를 확장하고 또 당신의 학생들이 필요한 바에 맞추어 나가는 데 도움이 될 것이다.

마지막으로, 변증은 **학문**이자 **기술**임을 강조하고 싶다. 이 책은 변증 이론을 배우는 데 유용한 몇 가지 자료를 제공하고 학생들이 변증의 기초를 이해하는 데 도움이 되도록 이론가와 실천가를 폭넓게 소개한다. 이 책이 할 수 없는 일은 학생들이 변증의 **실천** 경험을 쌓아서 **기술**로서의 변증을 마스터하도록 돕는 것이다. 학생들이 좋은 변증을 실천하도록 돕는 이 부분에서 당신과 같은 교사나 강사의 역할이 결정적으로 중요하다.

예를 들어 보겠다. 2010년경 옥스퍼드 기독교 변증 센터에서 가르칠 때 나는 학생들에게 특정 청중(예를 들면 학생들)을 대상으로 특정 변증 질문에 대해 10분간 발언하라는 과제를 내주었다. 대부분의 학생들은 이 과제가 말하기 기술을 계발하고 복잡한 문제를 다루는 요령을 익히는 데 유익하다고 느꼈다. 당신은 학생들이 변증을 실천하는 연습을 하도록 하여 그들이 이론에서 실천으로 나아가도록 도울 수 있을 것이다. 아쉽지만 이 책이 할 수는 없는 일이다. 변증의 기술을 배우는 데는 멘토링이 매우 중요하기 때문이다.

이러한 한계에도 불구하고 이 책이 강의에 유용한 자료가 되기를 바라며, 이 책에 관한 의견을 저자나 출판사에 거리낌 없이 개진해 주기 바란다. 향후 개정판을 준비하는 데 큰 도움이 될 것이다. 당신도 자신만의 교육 자료를 계발하고 싶겠지만 출판사와 나는 당신이 이 책과 함께 사용하는 데 도움이 될 동영상 및 오디오 자료를 제작할 계획이다. 그 자료는 출판사 웹사이트에서 무료로 내려받아 사용할 수 있을 것이다.

알리스터 E. 맥그래스

옥스퍼드

# 차례

## 1
## 변증이란 무엇인가
Introducing Apologetics

## 2
## 변증: 몇 가지 역사적 주제들
Apologetics: Some Historical Themes

**3**

# 믿음의 합리성
The Rationality of Faith

**4**

# 기독교 신앙과 인간 상황의 연결
Connecting the Christian Faith with the Human Situation

**5**

# 신앙의 접촉점 탐색
Exploring Points of Contact for the Christian Faith

# 6

# 내러티브 변증:
# 이야기를 들려주는 것이 중요한 이유
Narrative Apologetics: Why Telling Stories Matters

# 7

# 청중의 중요성
The Importance of the Audience

# 8

# 질문에 답변하기:
# 몇 가지 변증적 논쟁
Responding to Questions: Some Apologetic Debates

## 9
## 현인에게 배우기:
## 변증 사례 연구
Learning from the Wise: Case Studies in Apologetics

당신의 신학의 모든 조각들을 일상어로
번역해야만 한다. 이것은 매우 번거로운 일이지만
······ 필수적이다.

# 1

# 변증이란 무엇인가

Introducing Apologetics

이 책은 기독교 변증을 소개하는 기본 개관서로 대학교나 신학대학원, 교회의 스터디 그룹 학생들 그리고 이 매혹적인 주제를 개인적으로 연구하는 이들을 염두에 두고 쓰였다. 어떤 그리스도인 변증가들은 기독교 일반에 대한 변호와 기독교의 특수한 한 형태에 대한 변호를 모두 제시한다. 예를 들어 G. K. 체스터턴(G. K. Chesterton, 1874-1936)은 기독교의 폭넓은 비전을 변호했는데 말년에는 특별히 가톨릭 신앙의 변호에 집중했다. 그러나 이 책은 **기독교** 변증에 초점을 맞춘다. 특정한 모습의 기독교가 아니라 C. S. 루이스가 제시한 유명한 표현대로 "순전한 기독교"(mere Christianity, 기독교의 핵심 주제와 관심사에 초점을 맞춘, 모든 교파가 동의하는 기독교 신앙의 비전)를 변호한다.

변증은 교회와 학계 양쪽에서 모두 엇갈리는 평판을 받고 있다. 근래 가장 뛰어난 가톨릭 변증가 중 한 명인 에이버리 덜레스(Avery Dulles)는 많은 사람들이 변증가(apologist)를 "정당한 수단이나 부당한 수단을 모두 동원해 사람들을 교회에 나오도록 설득하는 공격적이고 기회주의적인 사람"으로 생각한다고 말했다. 덜레스는 이러한 인상에 대응하는 가장 좋은 방법은, 변증의 약하고 부적절한 모습과 그 대표자를 들여다보는 것이 아니라 "최선의 상태로서의" 변증을 공부하는 것이라고 주장한다. 이런 접근법이 우리가 이 책에서 따르려고 하는 길이다. 우리는 여러 시대에 걸쳐 가장 좋은 것으로 검증된 변증을 탐구하고 조사하며, 그런 변증의 가장 중요하고도 영향력 있는 대표자들에 초점을 맞추면서 우리가 그것으로부터 무엇을 배울 수 있는지 질문할 것이다.

변증은 흔히 하나님의 존재에 대한 논증을 전개하는 것이라고 이해되지만 실제로는 훨씬 더 광범위하고 풍부한 작업이다. 변증은 기독교 신앙의 진리와 신뢰성을 확증하며, 아름다움과 선함, 진리에 대한 기독교적 비전을 충실하고 생생하게 소통함으로써 실재에 대한 기독교적 비전의 풍부함과 깊이를 파악하여 매료시키는 것을 목표로 삼는다. 진리는 **설득**하지만 아름다움은 **매료**시킨다. 설명과 추천(commendation)의 과정은 서구 문화가 기독교 내러티브와 점차 접촉을 잃으면서 중요성이 커지고 있으며, 이제는 전통적 기독교 어휘를 이해하지 못하거나 영적, 도덕적, 실존적 비전을 파악하지 못하는 경우가 많다.

다음 장에서 분명해지겠지만 변증은 언제나 기독교 신앙의 중요한 요소였다. 초기 변증가들은 기독교만의 게토에 머무르기를 거부하고 더 넓은 문화 속에서 그들의 비판자들과 씨름하는 것이 중요하다고 생각했다. 오늘의 비판자가 내일의 신자가 될 수도 있다고 믿었기 때문이다. 그들은 더 넓은 세상에 관여하지 않으면 기독교가 일종의 종교적 게토에 갇혀 교회 밖의 다른 사람들과 연결이 끊어지거나 기독교에 대한 그들의 우려에 응답하지 못할 수도 있음을 인식했다.

최근 서구 문화의 발전 양상은 기독교와 더 넓은 문화 사이의 단절이 점점 더 심해짐을 보여준다. 새 밀레니엄이 시작된 이후 서구 문화에서 "무종교인"이 증가하고 있는 현상은 이러한 기독교와의 문화적 단절의 주요 이유들 중 하나가 기독교가 실제 삶의 문제와 어떻게 연관되는지에 대한 이해가 부족해서임을 시사한다. 기독교는 종종 심오하고 변혁적인 포용보다는 명목상의 수용을 요구하는 규칙 중심의 삶의 방식으로 이해된다. 많은 변증가들에게 최선의 기독교 **변호**는 기독교에 대한 충실한 **설명**이며, 그것은 기독교가 인간 실존과 씨름하고 인간 실존을 변화시키는 능력이 있음을 경험한 개인적 간증과 연결되어 있다.

세속주의의 본성을 면밀히 분석한 것으로 유명한 캐나다 철학자 찰스 테일러(Charles Taylor, 1931-)는 변증이 전통적인 "신자-비신자 패러다임"에서 벗어나 "구도자-거주자 패러다임"으로 새롭게 전환할 필요가 있음을 설득력 있게 주장했다. 이것은 변증가가 다른 사람의 사고방식 안에 자신을 대입할 수 있어야만 한다는 말이다. 외부인은 기독교를 어떻게 보는가? 그런 관점을 어떻게 공감하며 다룰 수 있는가? 어떻게 교회 안에서 신앙의 특정 부분과 관련해 어려움을 겪는 사람이 그 문제를 이해하고 포용할 수 있도록 도울 수 있는가? 변증의 기술 중 한 부분은, 기독교의 전통적인 어휘나 관습에 익숙하지 않은 청중에게 공감을 불러일으키는 용어와 이미지를 활용해 기독교를 설명하고 변호할 수 있는 능력이다. 변증은 신앙 공동체와 더 넓은 문화 사이에 다리를 놓는 일이자 기독교적 생각들을 인내심을 갖고 공들여 설명하고, 이러한 생각들이 사람들의 일상적인 생활과 관심사에 어떻게 연결될 수 있는지를 보여주며 때로는 **몸으로** 나타내 주는 일이다.

두 번째 발전 양상은 "해체"(deconstruction)라는 좀 더 최근의 현상이다. 오랜 기간 교회에 출석하거나 소속되어 온 나이 든 그리스도인들이 자신의 신앙이 더 이상 **의미** 없고 **유용**하지 않다고 결론을 내리고 있다. 철학자 존 그레이(John Gray)는 『무신론의 7가지 유형』(*Seven Types of Atheism*)에서 무신론에 대한 가장 좋은 정의는 사람들이 신을 "쓸모없다"고 느끼는 것이라고 주장한다. 변증의 핵심 역할 중 하나는 신앙이 삶에 어떤 차이를 가져오는지 보여주는 것이다. 기독교는 왜 **쓸모 있는가**? 이것도 이 책이 다루는 여러 주제들 중 하나다.

변증을 **학문**이자 **기술**로 생각하는 것이 도움이 된다. 한편으로 변증은 풍부한 지적 전통과 탁월한 실천가들을 보유하고 있으며 이들은 우리에게 신앙적 질문과 토론에 가장 잘 참여하는 방법을 알려 준다. 다른 한편으로 변증은 기술이므로 경험과 성찰을 통해서만 배울 수 있다. 이 점에서 의술과 뚜렷한 유사성이 있다. 사람을 치료할 때 의사는 정기적으로 개정되고 확장되는 풍부한 전문 의학 지식을 활용한다. 그러나 결국 의사는 환자를 이해하고, 그들과 소통하는 법과 그들의 불안과 두려움을 이해하는 법을 배우며, 치유의 여정에서 그들과 함께하는 의술 실천가다. 이 책의 처음 몇 장은 주로 변증의 이론적 측면들에 초점을 맞추는데, 이어지는 장들에서는 변증을 가장 잘 실천할 수 있는 방법과 주요 실천가들의 사례에 점점 많은 관심을 기울인다.

## 변증의 핵심 요소들

변증에는 크게 세 가지 주요 요소가 있다. 나중에 보겠지만 이 책이 제시하는 분석 전반에서 각 요소를 다루게 된다. 변증은 신앙에 대한 도전과 **씨름하며**(engage) 외부의 비판적 질문들에 답이 제시될 수 있음을 보여준다. 또한 기독교가 정말로 무엇인지, 인간 실존에 어떤 변화를 가져올 수 있는지 **설명하고** 기독교적 사상과 용어를 일상어로 **번역하는** 일이다.

### 변호: 질문과 관심사에 응답하기

초기부터 변증은 기독교 공동체 외부에서 제기된 기독교 비판과 반대, 우려들과 씨름해 왔다. 이러한 비판 중 일부는 오해에서 비롯되었는데, 초기 기독교 변증가들은 종종 기독교를 가장 잘 변호하는 방법 중 하나는 단순히 기독교적 신념들과 관습들을 잘 설명하는 것임을 발견했다. 어떤 문제들은 하나님에 대한 믿음이 악과 고난의 존재와 조화될 수 있는지, 삼위일체 교리는 근본적으로 비합리적이지 않은지 등 기독교 신앙의 지적 난제들에서 생겨나기도 한다.

변증은 문화적 공감 능력을 기르도록 요구한다. 즉 기독교 신앙과 관련하여 많은 사람들이 경험하는 문화적으로 민감한 사안과 어려움에 관해 배울 것을 요구한다. 이런 것들은 역사적 이슈로부터 나오기도 한다. 예를 들면 18-19세기 기독교와 식민주의의 연관성이나 기독교와 조화될 수 없어 보이는 어떤 문화적 가치들이 지배하는 현상 등이다.

### 설명: 기독교는 무엇을 말하는가

변증의 핵심 주제는 복음의 매력을 지적으로, 관계적으로, 풍부한 상상력으로 확언하고 소통하는 것이다. 변증은 기독교 신앙에 대한, 특히 신앙이 삶에 가져다주는 변화에 대한 깊은 이해와 음미에 기반을 둔다. 이것을 가장 잘 행할 수 있는 방법은 신앙의 **내용**과 **결과**를 모두 전달하는 것이다. 그리스도인은 무엇을 믿는가? 왜 그렇게 믿는가? 그리고 그것은 실제 삶에 어떤 차이를 가져오는가? 기독교는 어떻게 사람들로 하여금 삶의 의미를 찾게 하고 트라우마와 고난과 불확실성에 대처하게 하는가? 변증가는 기독교를 잘 이해할 뿐 아니라 기독교를 오늘날 문화에서 많은 사람들에게 중요한 '궁극적인 질문들'과 연결할 수 있는 능력이 필요하다.

철학자 한스게오르크 가다머(Hans-Georg Gadamer)가 대중화한 이미지를 빌리자면 변증가는 기독교 신앙의 핵심 주제를 신앙 공동체 외부의 다른 사람들과 대화할 수 있도록 "지평들 간에 다리를 놓는" 사람이며, 기독교의 실재에 대한 비전과 그것이 가능하게 하는 삶의 질을 돋보이게(commend) 할 수 있는 사람이다. 그리고 앞으로 살펴보겠지만 이것은 신앙의 어휘를 일반적으로 더 넓은 문화의 언어와 특정 청중의 언어로 번역할 수 있음을 의미한다(7장 참고).

기독교 신앙에 대한 이러한 확언은 **본질적**(intrinsic) 확언과 **비교**

적(comparative) 확언의 두 가지 형태를 취할 수 있다. 첫 번째 것은 기독교의 변증적 덕목, 즉 사물을 이해하게 하는 힘, 삶에 힘을 실어 주는 비전, 도덕적으로 의미 있는 삶의 근거를 제공함 등을 제시하는 것이다. 이것은 고통에 대처할 수 있게 하는 기독교의 능력 혹은 기독교가 가능하게 하는 자연 세계와 인간 본성에 대한 변혁된 비전에 초점을 맞출 것이다. 두 번째 것은 좀 더 비판적으로, 사실상 다른 세계관에는 암묵적이든 명시적이든 내적 모순이나 실존적 결함이 있다고 논증한다. 그런 다음 기독교는 이러한 점에서 현실에 대한 **더 나은** 설명을 제공한다고 주장한다. 이 두 번째 접근법은 C. S. 루이스(C. S. Lewis, 1898-1963), 프랜시스 쉐퍼(Francis Schaeffer, 1923-1984), 팀 켈러에 의해 다양한 방식으로 발전되었다. 자신이 세속주의나 유물론처럼 단순히 중립적 입장에 있다고 믿으며 그 안에 내재된 많은 문제적 전제를 의식하지 못하는 청중에게 특히 효과적이다.

### 번역: 신앙의 언어 풀어 주기

변증가 프랜시스 쉐퍼는 변증에는 두 가지 주요 임무가 있다고 주장했다. "첫 번째는 변호다. 두 번째는 어느 세대든 이해할 수 있는 방식으로 기독교를 소통하는 것이다." 쉐퍼는 변증가의 핵심 임무가 기독교 신앙의 언어를 문화적 언어로 번역하는 것이라고 정확히 언급한다. 그러나 철학자이자 신학자인 프레드릭 로렌스(Frederick G. Lawrence)는 기독교 복음을 표현하는 일부 전통적인 방식이 이제 "이질적이고 소외시키는" 것으로 여겨진다며, 그 부분적 이유는 기독교의 주제들과 언어가 문화적 친숙함을 상실했기 때문이라고 지적했다.

오늘날의 문화에서 사회적 낯섦은 종종 비합리성이나 무관계성(irrelevance)과 동일시된다. 현대 문화 속 많은 사람들에게 기독교 신앙은 동시대 서구 문화와 단절된 종교적 전문 언어를 사용하는 알기 어려운 분야인 것처럼 보인다. 칭의, 구원, 죄와 같은 신약성경의 핵심 용어는 점점 더 낡고 관련성 없는 것으로 치부되거나 기껏해야 오해를 낳는 형편이다. 이 용어들은 번역되거나 **조율김**되어야 하는 경우가 많다. 즉 기독교 전통과 최대한 연속성을 유지하면서도 더 많은 청중과 소통할 수 있도록 접근 가능한 내러티브 또는 이미지로 재구성하거나 다시 표현해야 한다. 기독교 신앙의 어휘를 풀어 주어 대상이 되는 청중이 이해할 수 있는 말로 다시 표현할 필요가 있다.

이것이 변증의 세 가지 핵심 요소다. 이 책에 제시된 자료에서 분명해지겠지만 각 요소는 상당한 분량으로 더 확대시켜 설명할 수 있다. 그러나 변증의 세부 내용을 먼저 공부하기 전에 기독교 변증가들이 여러 시대에 걸쳐 발전시켜 온 다양한 접근 방식을 알아 두는 것이 필요하다.

## 변증의 다섯 가지 유형

기독교는 수 세기에 걸쳐 특정한 도전과 기회에 대응하기 위해 여러 가지 변증 접근법을 발전시켜 왔다. 이런 방법들은 각각 특징적인 강조점이 있지만 양립할 수 없는 것은 아니며, 단독으로 또는 다른 방법과 결합하여 사용할 수 있고, 변증에서 보편적 잠재력을 가진 선택지로 볼 수 있다. 아래에서는 다섯 가지 주된 접근법을 살펴볼 텐데 변증가가 질문에 답하고 논쟁에 참여하면서 활용할 수 있는 자원들의 범위를 예시해 준다. 이 목록은 쉽게 확장할 수 있다. 이 책에서는 특정한 변증 접근법을 옹호하지 않지만 각 접근법을 이 책의 토론 내용 전반에 걸쳐 적절히 언급하며 다루고 있다.

### 증거주의

이 접근법은 신앙을 뒷받침하는 이성적이고 역사적인 증거에 특별히 호소하며 흔히 그리스도의 생애와 사역에 대한 신약성경의 기록에 초점을 맞춘다. 이 접근법은 증거에서 시작하는 귀납적 추론을 중시하는 과학적 세계관과 공명한다. 이것은 또한 변증가가 그리스도의 부활과 관련하여 제기되는 질문 등 성경의 신뢰성에 관한 질문들을 다룰 수 있게 한다. 이러한 접근법의 좋은 예는 존 워윅 몽고메리(John Warwick Montgomery)의 널리 알려진 책『사실에 기초한 믿음』(*Faith Founded on Fact*)에서 찾아볼 수 있다. 톰 라이트(N. T. Wright)의 영향력 있는 저술『하나님의 아들의 부활』(*The Resurrection of the Son of God*)도 증거주의 변증의 한 형태로 볼 수 있다.

### 전제주의

이 형태의 변증은 사람들이 '자연스럽다'거나 '당연하다'고 생각하는 추론 방식과 가정들이 어떻게 배후에 놓인(그리고 종종 인식되지 않는) 전제들에 의해 형성되는지를 비판적으로 지적한다. 프랜시스 쉐퍼나 팀 켈러 같은 저술가는 우리가 세상을 보고 해석할 때 중립적인 혹은 완전히 객관적인 관찰자로 서 있을 자리는 없다고 지적한다. 따라서 이런 접근법은 그 전제들을 규명하고 비판하며 사람들이 다른 전제들, 즉 기독교적 전제들을 통해 세상을 바라보고 그것이 가져다주는 새로운 명료성과 심오한 비전을 음미할 수 있도록 초대하는 것을 목표로 삼는다.

### 합리적 변증

이 접근법은 기독교의 진리성에 대해 좋은 논증을 구축할 수 있음을 보이는 것을 목표로 삼는데 종종 우주론적, 목적론적, 도덕적, 존재론적 논증을 사용한다. 이런 형태의 변증은 "이성의 시대"(Age of Reason)가 도래하면서 서구 문화에서 특히 중요해졌다. 그 시대에는 기독교 신앙 전체 또는 일부 개별적 측면(삼위일체 교리와 같은)을 합리적으로 변호하는 것이 중요하다고 여겼기 때문이다. 그러나 초기 기독교 저술가들도 그리스 철학자들의 관점을 비판할 때 합리적 접근법을 사용했고, 마찬가지로 중세의 기독교 저술가들도 유대교와 이슬람 저술가들이 기독교에 제기한 이성적 비판에 대응하기 위해 합리적 접근법을 사용했다. 서구 문화에서 합리주의는 쇠퇴하고 있지만 오늘날에도 합리적 접근법은 중요하며, 특히 현대 무슬림 전도(Da'wah) 변증가들과 토론할 때는 이 접근법이 유효하다.

### 경험적 변증학

이 형태의 변증은 기독교가 다른 종교보다 인간의 경험을 더 잘 이해할 수 있는 방법을 제공한다고 논증한다. 히포의 아우구스티누스, 블레즈 파스칼, C. S. 루이스는 기독교가 우리의 경험과 그것이 가리키는 바를 이해하는 새로운 방법을 제공한다고 주장한 이들이다. 이런 접근은 비록 이성적 논증의 엄밀함은 부족하지만 실제 삶의 경험과 잘 연결되며, 공유된 인간 경험(예를 들어 궁극적인 가치를 지닌 무언가를 갈망하는 경험, 인간이 충족을 경험하기에는 이 세상이 불완전하고 부적절하다는 느낌 등)의 영역을 변증으로 들어가는 중요한 진입점으로 삼는다.

### 내러티브 변증

제2차 세계대전 이후에는 기독교를 여타 세속적 혹은 종교적 대안보다 삶의 현실에 더 잘 맞는 '더 나은 이야기'로 제시하려는 관심이 증가하고 있다. 많은 이들은 이것이, 기독교란 증명하고 수용해야만 하는 일련의 명제적 진술이 아니라 의미 있고 충만한 삶으로 이끄는 살아 내야 할 이야기라는 적절한 강조점을 회복하는 것이라고 본다.

몇 가지 주요 변증 접근법을 간략히 설명했는데 독자들은 자신의 접근법을 계발하고자 할 때 활용할 수 있는 풍부한 선택지들이 있음을 알았을 것이다. 이 접근법들은 서로 경쟁하거나 모순되지 않는다. 이 모든 접근법은 축적되고도 통합된 변증 이해의 일부가 될 수 있으며 광범위한 청중과 질문을 다루게 해준다.


## 변증은 왜 중요한가: 어떻게 잘못될 수 있는가

초기 기독교 변증가들은, 로마 제국이 통치하는 세계에서 특이한 신흥 종교로 널리 알려진 기독교를 변호하고 돋보이게 만들도록 중요한 역할을 해야 한다고 분명히 인식하고 있었다. 우선 2세기와 3세기 초에는 기독교에 대해 잘 아는 외부인이 거의 없었으며 이 새로운 운동의 신념과 실천에 대한 소문이 무성했다. 초기 그리스도인들은 집회 중에 인육을 먹는다거나 근친상간을 행한다는 비난을 자주 받았다. 왜 그랬는가? 이런 비난은 '그리스도의 몸을 먹는' 성찬식(식인 풍습으로 오해됨)과 '애찬'(그리스어 '아가페', 성적 난잡함으로 오해됨)에 대한 초기 기독교의 언급을 문화적으로 오해했기 때문이라는 것이 일반적으로 인정받는 설명이다. 순교자 유스티누스와 테르툴리아누스 같은 초기 기독교 변증가들은 그리스도인들이 실제로 무엇을 했는지 명확하게 설명함으로써 이러한 공격에 효과적이고도 단순하게 대응했다.

그러나 기독교가 후기 고전 고대(주후 4-5세기—옮긴이)에 더욱 중요해지면서 기독교 비판자들의 관심은 **관습**에서 **신념**으로 옮겨 갔다. 특히 기독교 사상의 본질적 합리성에 의문을 제기하는 철학자들은 기독교 사상을 더 철저히 조사했다. 변증은 이제 기독교 신앙의 토대들을 명확히 하는 데 초점을 맞추었으며, 그리스도의 정체성과 의미처럼 문제를 안은 듯 보이는 신념들을 변호하기 시작했다. 초기 변증가들은 기독교 신념을 변호하는 데 실패하면 이런 신념들은 옹호될 수 없다는 인상을 줄 것이라고 인식했다.

자연스레 공적 책임의 이슈가 변증에서 중요한 역할이 되었다.

그리스도인 저술가들은 유대교와 로마 제국 문화 속의 많은 사람에게 기독교가 탁월한 수준의 합리적 신빙성을 지니고 있음을 보여주고자 했다. 오스틴 패러(Austin Farrer)가 지적했듯이 문화적 수용은 흔히 이성적 수용이 가능하다고 여겨지는 정도에 달려 있다.

논증이 확신을 만들지는 못하나 논증의 부재는 신념을 파괴한다. 증명된 듯 보이는 주장이 포용되지 않을 수는 있지만 아무도 변호할 수 없는 듯 보이는 주장은 신속히 버려진다. 이성적 논증은 신념을 만들지는 못하지만 신념이 번성할 수 있는 환경을 지속시킨다.

패러의 지적은 중요하다. 비판받는 것을 변호하지 않으면 사람들은 단순히 그것이 변호할 수 없는 것이라고 생각하게 된다. 변증이 항상 잘될 수는 없지만 변증을 **하지 않으면** 변호가 **불가능하다고** 많은 사람들이 생각할 것이다.

여기서 우리가 속한 "세속의 시대"에 대한 찰스 테일러의 분석으로 돌아가서 세속화 시대가 신념의 '취약화'(fragilization)를 낳는다는 그의 주장을 살펴보면 도움이 된다. 제임스 스미스(James K. A. Smith)는 이 중요한 개념을 다음과 같이 풀어 설명한다. "'정상적인' 삶을 사는 사람들이 나와 믿음을 공유하지 않고 (어쩌면 매우 다른 믿음을 가지고 있을 수도 있는) 곳에서는 다른 선택 가능성들을 직면하게 될 때 나 자신의 믿음에 대한 헌신이 취약해진다. 즉 의문이 생기고 의심스러워진다." 테일러의 요점은, 그것이 종교적이든 아니든 이제 모든 신념이 도전과 비판에 열려 있다는 점에서 '다툼의 여지가 있다'고 간주된다는 것이다. 많은 그리스도인이 이러한 상황에 불편해하고 불안해하는 것이 분명하다.

그러나 두 가지 중요한 점을 짚어 두어야 한다. 첫째로, 문화적으로 '취약한' 것은 단지 **기독교적** 신념만이 아니다. 수학과 논리의 세계를 벗어난 모든 종교적, 윤리적, 정치적 신념에도 동일한 문제가 발생한다. 둘째로, 변증은 삼위일체 교리나 하나님의 존재 같은 기독교의 핵심 신념이 참이라는 것을 **증명하는** 것이 아니다. 많은 피상적 진리는 확실히 증명될 수 있지만, 삶의 의미나 가치, 목적에 관한 더 깊은 진리는 그것이 기독교적이든 세속적이든 간에 과학이나 이성으로는 증명할 수 없다. 20세기 중반에 몇몇 변증가들이 "이성의 시대"에 속한 합리적 규범들로 기독교 변증의 기본 원칙을 삼았는데 이것은 이제 비현실적인 열망으로 여겨지고 있다. 변증은 분명 우리 안에 있는 소망의 훌륭한 이유를 제시할 수 있지만(벧전 3:15), 이제 많은 사람들은 인간 이성의 힘만으로 기독교 신앙이 참임을 **증명**할 수 있다는 생각을 거부할 것이다.

캐나다의 변증가이자 신학자인 존 스택하우스(John Stackhouse)는 인간 이성의 한계와 그 한계가 변증에 미치는 영향을 정확히 상기시킨다. "인간과 특히 우리 사고의 유한성과 타락에 관한 기독교의 역사적 가르침을 고려할 때 우리가 믿는 것에 대해 너무 많은 것을 주장하지 않도록 주의해야 한다." 변증은 분명히 하나님을 믿는 것 혹은 기독교 신앙의 다른 측면을 믿는 것에 좋은 이유가 있음을 보여줄 수 있다. 그러나 이런 믿음은 '2+2=4'나 '전체는 부분보다 크다'는 것을 증명하듯이 용어의 엄밀한 의미대로는 **증명**할 수 없다. 인식론적 겸손, 즉 우리의 죄와 유한성으로 인해 인간의 추론에 주어진 한계를 인식하는 것이 필요하다.

변증은 단지 더 넓은 문화 안에서 신앙의 개연성을 유지하는 데만 중요한 것은 아니다. 변증은 또한 그리스도인 개인의 신앙 성숙에서도 중요한 측면이 된다. 변증을 통해 신앙의 핵심 주제를 더 잘 이해하고 확신하면 자신의 신앙 체계에 대한 인식이 깊어진다. 변증은 그리스도인의 제자도가 성숙하는 과정의 일부이며 그리스도인이 신앙의 상호 연관성과 다양한 측면들의 일관성을 더 깊이 이해하도록 돕는다.

그런데 변증이 잘못될 수 있음을 인식하는 것이 필요하다. 초기 기독교 변증의 예는 이 점을 명확히 하는 데 도움이 될 것이다. 2세기의 순교자 유스티누스와 3세기 알렉산드리아의 클레멘스와 같은 몇몇 초기 기독교 변증가들은 플라톤주의자들에 맞서 기독교의 핵심 사상을 표현하기 위해 주요 플라톤 사상가(플로티누스 같은)의 사상과 언어를 사용하여 기독교를 변호했다. 그러나 일부 학자들은 유스티누스와 클레멘스가 기독교를 플라톤주의자들이 받아들일 수 있게 만들려고 하다가 결국 플라톤주의를 그리스도인들이 받아들일 수 있게 만들었다고 주장한다. 물론 이런 문제는 피할 수 있는 것이지만 경각심을 갖는 것이 중요하다.

앞서 언급한(27, 35쪽) 캐나다의 철학자 찰스 테일러는 우리가 속한 현대 "세속의 시대"의 기원을 분석하는데, 이는 변증을 생각하는 모든 이에게 중요한 의미를 지닌다. 테일러에 따르면 현대는, 인간의 이성이 우주를 완전히 이해할 수 있고 그 복잡성을 파악하고 통달할 수 있다는 믿음이 점점 증가하는 특징을 보이는 시대다. 많은 기독교 변증가들은 이 세속의 시대에 신뢰를 주고 효과적으로 대응하기 위해서 이 시대의 도구와 방법을 사용해야만 한다고 생각했다. 그러나 그 과정에서 그들은 종종 시대의 더 넓은 전망, 즉 인간이 모든 것의 인식론적 중심이며 신앙을 위한 논증에 신적 은총이 필요하지 않다는 믿음을 받아들이고 말았다. 이러한 상황에서 변증은 너무도 쉽게 단순한 이성적인 설득으로 이해되며, 하나님이 변증 과업에 어떤 식으로든 관여하여 사람들의 생각과 마음을 기독교 복음을 향해 열게 하신다는 결정적으로 중요한 생각을 놓치게 되었다.

이 빈곤한 합리주의 변증에 대한 테일러의 많은 우려 중 하나는, 그런 변증이 기독교 신앙의 풍부한 신학적 전통과의 접촉을 잃은 듯하다는 점이다. 그는 근대 초기의 기독교 변증은 "17세기에는 풍부히 다루었던 그리스도의 구원 사역을 거의 말하지 않았고 경건과 기도의 삶도 언급하지 않았다. 논증은 오로지 창조주로서의 하나님을 증명하고 그의 섭리를 보여주는 쪽으로만 향했다"라고 말한다. 테일러가 지적하듯이 이러한 전략은 결국 이성적 변호는 용이했지만 점점 더 관련성이 없어 보이는 보다 일반화된 신을 변호하기 위해 기독교 신앙의 특수성을 깎아내리고, 축소된 이신론의 신만 돋보이게 만든 것으로 귀결된다.

　　그러나 좀 더 긍정적으로 보자면 테일러는 하이데거가 "세계상의 시대"(the Age of the World-Picture)라고 불렀던 시대에 우리가 살고 있다고 말한다. 테일러는 이런 발전에 대해 우려했지만, 이것을 기독교적 방식의 틀로 바꾸어 보면 현실에 대한 '큰 그림'을 제시하는 것으로 기독교를 생각해 볼 수 있다. 이것은 다음 단락에서 살펴볼 주제다.


## '큰 그림'으로서의 기독교

기독교는 합리적으로 개연성 있고 상상력을 자극하는, 현실에 대한 설득력 있는 '큰 그림'을 제시한다. 기독교는 고립된 개별 신념의 집합이 아니라 상호 연결된 신념의 그물망이며, 부분적으로는 그 포괄성 때문에 그리고 부분적으로는 지적이고도 상상력이 풍부한 회복력 때문에 힘과 호소력을 지닌다. 프랜시스 스퍼포드는 기독교의 "상상력을 제공하는 정당성"과 "우리 모두가 꿈꾸고, 희망하고, 추측하는 영역에서" 기독교의 마땅한 지위를 강조하는 많은 변증가 중 한 명이다. 철학자 키스 얀델(Keith Yandell)은 기독교 신앙의 좀 더 지적인 측면을 잘 설명했는데, 기독교가 제시하는 큰 그림이 "세계와 그 안에서 인간의 위치에 대한 해석을 제시하고, 그 해석에 근거하여 삶을 어떻게 살아야 하는지 설명해 주는 기초를 놓으며, 의례와 제도, 관습의 집합으로서 이러한 해석과 삶의 방식을 표현한다"라고 말한다.

기독교 신학은 성경적 진리의 실타래를 엮어서 의미의 패턴을 드러낸다. 마치 여러 가닥의 실을 한데 모은 태피스트리가 더 깊은 의미와 상호 연관성을 감상할 수 있게 해주는 것과 같다. 한 가닥의 실만으로는 그 패턴을 보여줄 수 없다. 실을 하나로 엮는 과정을 통해서만 그 패턴이 드러난다. 하지만 각각의 실은 중요하다. 이것은 기독교 변증에서 결정적으로 중요한 주제이며, 특히 가장 영향력 있는 두 명의 변증가인 G. K. 체스터턴(그림 1.1)과 C. S. 루이스와 관련이 있다. 체스터턴의 접근 방식은 특히 흥미롭고 이해하기 쉬우므로 그 내용을 살펴보자.

1890년대에 불가지론에 빠져 있던 체스터턴은 기독교가 이해할 수 있는 세계상을 제공한다는 것을 깨닫고 기독교로 돌아온다. 자신의 신앙 복귀를 자축하는 1903년의 유명한 에세이 「천사의 귀환」(The Return of the Angels)에서 체스터턴은, 기독교의 특정한 한 측면이 아니라 기독교가 제공하는 실재에 대한 전반적인 '큰 그림', 그의 표현으로는 "영적인 이론"이 특별히 그에게 설득력 있었다고 지적했다. 체스터턴을 설득한 것은 기독교의 개별 요소들보다는 실재에 대한 기독교의 비전 **전체**였다. 기독교는 현실의 여러 측면을 일관된 전체로 연결하는 힘을 제공하며 "아치를 이룬 돌들처럼 조각들이 서로 연관성을 유지하도록 배열"되게 한다. 기독교는 과학 이론처럼, 관찰과 경험을 얼마나 잘 이해하게 만드는지를 보고 판단해야 한다. "우리가 [기독교]로 돌아온 이유는 그것이 이해할 수 있는 세계상이기 때문이다. 합리주의를 거부하고 나니 세상이 갑자기 합리적이 되었다. 그래서 우리는 기독교로 돌아왔다." 체스터턴은, 자연에 대한 개개의 관찰들이 기독교가 참임을 '증명'하는 것이 아니라 그러한 관찰들을 전반적으로 의미있게 만들 수 있는 능력 때문에 기독교의 타당성이 입증된다고 말한다. "현상이 종교를 증명하는 것이 아니라 종교가 현상을 설명한다."

그림 1.1 재치 있는 산문 및 빅토리아 시대와 에드워드 시대 유명인의 캐리커처로 유명한 런던의 잡지 「베니티페어」에 묘사된 저널리스트이자 변증가 G. K. 체스터턴.

'큰 그림'의 중요성은 세속 과학철학자 콰인(W. V. O. Quine) 같은 다른 저술가를 통해서도 탐구해 볼 수 있다. 콰인은 획기적인 에세이 「경험주의의 두 가지 도그마」에서, 정말 중요한 것은 한 이론을 **전체**로 고려했을 때 그것이 세상을 이해하게 하는 능력이라고 주장한다. 우리의 신념들은 상호 연결된 그물망을 이루고 있으며, 그 그물망은 중심부가 아닌 경계면에서 감각 경험과 접촉한다. 따라서 콰인은 한 신념을 테스트하는 유일하게 유효한 방법은 그 신념이 우리의 경험을 전체적으로 이해할 수 있게 만드는 연결된 신념들의 그물망에 들어맞느냐에 달렸다고 논증했다.

체스터턴과 콰인 두 사람의 논점은 (비록 방식은 다르나) 기독교 변증의 중심이 된다. 변증가는 기독교 신앙의 각 측면을 **근접하여** 살펴보면서 각각이 어떻게 빛을 비추며 변화를 일으키는지, 어떻게 기독교 신앙을 변호하고 돋보이게 할 수 있을지 보여줄 수 있다. 내 이야기를 해보겠다. 나는 기독교 특유의 성육신 사상이 기독교가 무엇에 관한 것인지 파악하는 데, 계시와 구속 그리고 우리 삶의 의미를 밝히는 것과 변화와 관련해 기독교가 왜 중요한지를 이해하게 하는 결정적 요소임을 발견했다. 성육신은 역사 속에 있기로 선택하신 하나님, 우리 중 하나로 내가 사는 곳에 오기로 선택하신 하나님, 나와 다른 많은 이들처럼 고난받으셨지만 그 고난을 우리 구원의 기초로 삼기로 선택하신 하나님에 대해 말해 주었다. 요약하면 나를 집으로 데려오기 위해 내가 유배된 곳까지 찾아오신 하나님을 발견한 것이다. "말씀이 육신이 되어 우리 가운데 거하시매"(요 1:14)라는 성경 말씀은 하나님이 인간 상황에서 동떨어진 수동적 관찰자가 아닌, 역사의 과정 속 능동적 동료 여행자요 한결같은 동반자로 계신다고 확언한다. 하나님은 우리가 예배와 기도 안에서 알고 말을 건넬 수 있는 분이다.

그러나 변증가는 또한 **멀리서** 보면서 기독교 신앙의 더 큰 비전 전체에 초점을 맞출 수 있다. 그 '큰 그림'은, 실재의 일관성을 기뻐하고 삶의 여러 측면들을 감싸고 포용해 주는 생각과 삶의 방식을 우리가 받아들이고 그 안에서 살아갈 수 있다고 격려해 준다. 체스터턴과 루이스를 비롯한 많은 변증가들은 이 '큰 그림'이 어떻게 다른 경쟁 후보들보다 우리가 세상에서 관찰하는 것과 우리 자신 안에서 경험하는 것에 더 부합하는지를 효과적이고 개연성 있게 보여주는 것이 그들의 임무라고 여겼다. 루이스가 1945년 옥스퍼드 강연의 결론으로 말한

기념비적인 발언은 변증의 이런 점에 관한 가장 훌륭하고 간결한 요약문으로 널리 인용된다. "나는 태양이 떠올랐다고 믿듯이 기독교를 믿는다. 내가 태양을 보기 때문만이 아니라 태양 덕분에 다른 모든 것을 보기 때문이다."

이 강력한 시각적 이미지는, 기독교 신앙이 어떻게 성경과 인간의 경험, 관찰의 실타래를 함께 엮어서 신뢰할 수 있고 만족스러운 삶에 대한 설명을 제공할 수 있는지 이해하는 데 도움을 준다. 루이스는 '들판을 비추는 태양' 같은 조명(illumination)의 이미지를 사용하여, 사물을 이해할 수 있게 하는 기독교 신앙의 능력을 전달하는 많은 저술가 중 하나다. 미국의 변증가 프랜시스 쉐퍼도 비슷한 말을 했는데, 기독교가 "사상의 통일성을 보여주고 인생 전체에 대한 통일된 답을 제공한다"라고 그는 주장했다.

그러나 기독교 신앙의 광범위한 설명력을 표현하는 다른 방법도 있다. 예를 들면 이야기 같은 것인데 이는 6장에서 살펴볼 것이다. 루이스 자신의 풍부한 기독교 이해는 근본적으로 내러티브적인 기독교의 성격에 궁극적 기반을 둔다. 루이스에게 기독교 교리는 하나님이 이미 "더 적절한" 언어로 표현해 두신 것, 곧 기독교 신앙 자체의 "원대한 내러티브"를 "우리의 **개념**과 **사상**으로 번역한 것들"이다.


### 변증은 전도와 어떤 관련이 있나?

변증과 전도는 이론적으로는 분명 구분할 수 있지만 실제로 분리하기는 어렵다. 많은 이들이 전도의 공간을 마련하는 것으로 변증을 생각하면 유익하다고 말한다. 마치 공관복음에서 세례 요한이 예수 그리스도의 오심을 위해 길을 예비한 것과 비슷하다. 변증은 신앙으로 향하는 길에 놓인 장애물을 제거하고 공간을 정비하는 일이다. 변증의 목표는 그리스도 안에 있는 구원의 선포를 받아들일 수 있도록 개연성을 확립하는 것이라고 말할 수 있다. 예를 들면 인류의 타락이나 죄성과 관련해 문화사에 근거한 지적 논증을 계발하거나, 하나님과 우리의 진정한 목적에서 소외됨의 표지로서 영적 갈망의 경험에 호소하는 것 등이다.

전도를 실용적으로 대략 정의하면 "누군가를 그리스도인이 되도록 초대하는 일"이라고 말할 수 있다. 그렇다면 변증은 그 초대를 위해 공간을 정비하여 긍정적인 반응을 더 잘 얻도록 만드는 것이다. 전도는 빵을 주는 것에 종종 비유된다. 그렇다면 변증은 먼저 빵이 있다는 것을 설득하고, 다음으로는 빵을 먹으면 좋다는 것을 설득하여 이 빵을 받으라고 초대하기 위해 공간을 정비해 두는 일이라고 할 수 있다.

변증이 종종 **대화**라면 전도는 **초대**의 경향이 있다. 데이비드 보쉬(David Bosch)가 전도를 '초대'로 정의한 것은 널리 받아들여지고 있으며, 전도와 변증을 어떻게 구별할 수 있는지를(**분리할** 수는 없지만) 명확히 하는 데 도움이 된다.

전도는 그리스도를 믿지 않는 사람들을 향한 그리스도 안에 있는 구원의 선포다. 그들을 회개와 회심으로 나오도록 부르며, 죄 사함을 선포하고, 그리스도의 지상 공동체의 살아 있는 일원이 되어 성령의 능력 안에서 타인을 위해 봉사하는 삶을 시작하도록 초대한다.

따라서 변증은 전도의 길을 예비하며, 신앙으로 향하는 길에 마련된 베이스캠프 역할을 한다. 변증은 신앙을 받아들일 때 이성을 포기하는 것은 아니라는 확신을 사람들에게 주며, 그 길에 놓인 장애물을 넘을 수 있도록 돕는다.

간단히 말하면 이 책은 기독교 변증의 기본 내용 소개를 목표로 삼는다. 그러나 성공회, 복음주의, 가톨릭 또는 루터교 등 특정 형태의 기독교를 변호하거나 정당화하지는 않는다. 예를 들어 '성공회식 변증'도 충분히 상상 가능하다. 그것에는 주교제 형태의 교회 통치 질서를 변호하는 내용이 포함될 것이다. 그러나 이 책은 **기독교** 변증에 초점을 맞추는데 이것은 보다 일반적으로 교파를 초월하여 공유되는 기독교적 주제를 변호하고 정당화하는 일이며, 특히 오늘날 그 주제들에 제기되는 질문과 도전을 다룬다. 여기서 기독교란 C. S. 루이스가 "순전한 기독교"라고 이름 붙인, 관대하고 모두가 인정할 수 있는 정통 기독교 같은 것이다. 이를 위해 이렇게 하고자 한다.

1. 그리스도인 저술가들과 교회가 여러 시대에 걸쳐 변증을 어떻게 이해해 왔는지 설명한다.

2. 기독교 전통에 등장했던 다양한 변증 접근법을 탐구하고 평가하되, 주요한 신학적, 신앙고백적 전통의 입장을 적절히 표현할 수 있도록 주의를 기울인다.

3. 기독교 신앙의 여러 측면과 관련해 제기된 반대와 우려를 향한 대표적인 변증 답변들을 소개한다.

4. 변증 이론이 어떻게 실천으로 옮겨질 수 있을지 살펴본다. 특히 기독교 신앙이 삶에 일으킬 수 있는 변화, 기독교의 핵심 주제들을 가장 잘 설명하는 방법들, 몇몇 중요한 인물들의 변증 **실천 사례**에 초점을 맞춘다.


## 변증은 신학과 어떤 관련이 있나?

20세기에 등장한 일부 합리주의 변증은, 변증의 기술이란 순수하게 인간적인 작업이며 설득과 수사적 조작의 테크닉을 숙달하여 논쟁에서 승리하려는 것이라고 보았다. 그러나 기독교 신학은 언제나 회심에 하나님이 개입하신다는 점을 인식해 왔다. 변증은 마치 어두운 방에 햇빛이 들어올 수 있도록 덧문을 열듯 신앙의 장애물을 제거하는 데 도움이 될 수 있다. 그러나 변증이 믿음을 만들어 내지는 못한다. 마치 덧문을 연다 해서 햇빛을 만들어 낼 수는 없는 것처럼.

아리스토텔레스가 고전 시대에 제시한 것들과 같은 전통적인 수사적 기술이 인간의 모든 소통에서 중요하지만 기독교 변증에는 본질적으로 **신학적** 차원이 있다. 이 시점에서 기독교 변증과 마르크스주의 변증을 대조해 보면 도움이 될 것이다. 후자는 사람들에게 마르크스주의가 참이라고 설득하고 그 정치 운동의 일부가 되라고 초대한다. 기독교 변증도 처음에는 비슷해 보일 것이다. 기독교가 진리임을 사람들에게 설득하고 이 공동체의 일원이 되도록 초대하는 시도라고 기술할 수 있을 것이다.

그러나 이 비교는 큰 오해의 소지가 있다. 기독교와 마르크스주의는 사고 체계로서 동등하지 않은 측면이 있다. 기독교는 스스로를 그리스도 안에 나타난 하나님의 자기 계시에 대한 응답으로 이해한다는 점 때문이다. 그래서 하나님은 기독교 변증의 목표만이 아니라 변증 과정의 적극적 참여자로도 간주된다. 기독교는 단순히 기독교 핵심 신념에 대한 이성적 수용이 신앙이라고 이해한 적이 전혀 없다. 기독교 신학에 따르면 신앙의 진리를 향해 인간의 생각과 마음을 여는 일은 인간적인 수사학 기술만으로 확보할 수 없다. 그것은 성령의 사역을 통해 일어난다. 성령은 변증가의 기술과 함께하며 능력을 부여하고 효력을 더하신다.

따라서 기독교 신학은 신적 계시와 은혜의 틀 안에서 변증의 과제를 설정한다. 그 틀에서 보면 기독교의 선포에 응답하고 신앙 안에서 성장하는 과정은 하나님의 은혜에 달려 있다. 바울은 고린도의 그리스도인들에게 그들의 회심에서 자신이 한 역할을 이렇게 설명했다.

"나는 심었고 아볼로는 물을 주었으되 오직 하나님께서 자라나게 하셨나니 그런즉 심는 이나 물 주는 이는 아무 것도 아니로되 오직 자라게 하시는 이는 하나님뿐이니라"(고전 3:6-7). 16세기 제네바의 신학자 장 칼뱅은 믿음이 "성령에 의해 우리 마음에 계시되고 또한 우리 마음에 인쳐진다"(89-90쪽)라고 선언하여 기독교 전통 전체를 대변하고 있다.

변증은 기독교 신앙의 풍성함과 적절함을 파악하도록 도움으로써 사람의 생각을 열 수 있다. 또한 신앙의 장벽과 장애물을 줄이거나 제거하는 데 도움이 될 수 있다. 그러나 '회심'으로 널리 알려진 변화와 갱신의 과정을 시작하고 지속하는 분은 하나님이시다. 신학적으로 보면 변증에서 인간 대리인의 중요한 역할이 있다. 그러나 기독교 신학자들은 성령이 청중의 마음을 열거나 준비시키시듯, 변증가도 어떤 방식으로 신적 은혜로부터 도움을 받고 능력을 공급받는다고 주장할 것이다. 미국의 성공회 신학자 마크 매킨토시(Mark McIntosh)는 이 점을 잘 표현한다. "하나님의 이야기가 지닌 힘은 생기 없는 말들의 효과에서 나오지 않는다. 바로 하나님의 영이 우리 안에 거하시면서 말씀(the Word)을 들을 수 있는 귀와 그 말씀이 삶에서 의미하는 바를 다른 사람들과 나눌 수 있는 혀를 주시는 것이다."

기독교 변증가들은 복음을 변호하고, 설명하며, 돋보이게 만드는 과업이 바로 그 선포되는 하나님에 의해 도움을 얻고 격려를 받으며 동기를 부여받는다고 올바르게 믿고 있다. 회심을 일으키는 분은 변증가가 아니라 하나님이다. 변증은 설교와 마찬가지로, 인간 행위자가 자신이 선포하는 하나님에 의해 인도받고 능력을 부여받는다고 이해하는 것이다. 기독교 신학자들은 은혜와 인간의 행동이 어떻게 관련되어 있는지에 대해 의견이 다를 수 있지만, 기독교 변증이 하나님의 변혁하는 은혜를 향해 마음과 생각을 여는 것과 관련된다는 점에서는 대부분 동의할 것이다.

신학이 어떻게 변증을 가능하게 하는지는 이 책의 뒷부분에서 더 자세히 다룰 것이다(예를 들어 144-161쪽). 다음 장에서는 기독교 변증의 역사에서 중요한 에피소드를 몇 가지 살펴볼 것이며, 그 이후 장에서는 구체적인 변증 질문들을 더 자세히 살펴볼 것이다.

추가 독서 자료

Justin Ariel Bailey. *Reimagining Apologetics: The Beauty of Faith in a Secular Age*(Downers Grove, IL: InterVarsity, 2020).

Voddie Baucham. *Expository Apologetics: Answering Objections with the Power of the Word*(Wheaton, IL: Crossway, 2015).

Josh Chatraw. *Telling a Better Story: How to Talk about God in a Skeptical Age*(Grand Rapids, MI: Zondervan, 2020).

Josh Chatraw and Mark D. Allen. *Apologetics at the Cross: An Introduction for Christian Witness*(Grand Rapids, MI: Zondervan, 2018).

Paul Copan and William Lane Craig. *Come Let Us Reason: New Essays in Christian Apologetics*(Nashville, TN: B & H Academic, 2012).

Steven B. Cowan and William Lane Craig. *Five Views on Apologetics*(Counterpoints. Grand Rapids, MI: Zondervan, 2000).

William Lane Craig. *Reasonable Faith: Christian Truth and Apologetics*(3rd ed. Wheaton, IL: Crossway Books, 2008). (『오늘의 기독교 변증학: 기독교 진리에 대한 변증』 정남수 역, 그리스도대학교 출판국, 2006)

Andrew Davison, ed. *Imaginative Apologetics: Theology*(Philosophy and the Catholic Tradition. London: SCM Press, 2011).

Avery Dulles. *A History of Apologetics*(2nd ed. San Francisco, CA: Ignatius Press, 2005).

Joseph C. Fenton. *Laying the Foundation: A Handbook of Catholic Apologetics*(Steubenville, OH: Emmaus Road Publishers, 2016).

J. V. Fesko. *Reforming Apologetics: Retrieving the Classic Reformed Approach to Defending the Faith*(Grand Rapids, MI: Baker, 2019).

Norman Geisler. *Christian Apologetics* 2nd ed(Grand Rapids, MI: Baker, 2013). (『기독교 변증학』 위거찬 역, 성광문화사, 1990)

Paul M. Gould. *Cultural Apologetics: Renewing the Christian Voice, Conscience, and Imagination in a Disenchanted World*(Grand Rapids, MI: Zondervan, 2019).

Timothy Keller. *Making Sense of God: Finding God in the Modern World*(New York, NY: Penguin Books, 2018). (『팀 켈러의 답이 되는 기독교』 윤종석 역, 두란노, 2018)

Kevin Kinghorn and Jerry L. Walls. "The Spirit and the Bride Say 'Come:' Apologetics and the Witness of the Holy Spirit." In *The Testimony of the Spirit: New Essays* edited by R. Douglas Geivett and Paul K. Moser, pp. 223–43(New York, NY: Oxford University Press, 2017).

Peter Kreeft. *Fundamentals of the Faith: Essays in Christian Apologetics*(San Francisco: Ignatius Press, 1988).

Peter Kreeft and Ronald K. Tacelli. *Handbook of Catholic Apologetics: Reasoned Answers to Questions of Faith*(San Francisco: Ignatius Press, 2009).

Andrew McGowan. "Eating People: Accusations of Cannibalism against Christians in the Second Century." *Journal of Early Christian Studies* 2, no. 4 (1994): 413–42

Alister E. McGrath. *Mere Apologetics: How to Help Seekers and Skeptics Find Faith*(Grand Rapids, MI: Baker Books, 2011). (『알리스터 맥그래스의 기독교 변증』 전의우 역, 국제제자훈련원, 2014)

Alister E. McGrath. *Narrative Apologetics: Sharing the Relevance, Joy, and Wonder of the Christian Faith*(Grand Rapids, MI: Baker Books, 2019). (『포스트모던 시대, 어떻게 예수를 들려줄 것인가』 홍종락 역, 두란노, 2020)

Alister E. McGrath. *Through A Glass Darkly: Journeys through Science, Faith, and Doubt*(London: Hodder & Stoughton, 2020). (『알리스터 맥그래스의 지성적 회심』 홍병룡 역, 생명의말씀사, 2021)

Rebecca McLaughlin. *Confronting Christianity: 12 Hard Questions for the World's Largest*

*Religion*(Wheaton, IL: Crossway, 2019). (『기독교가 직면한 12가지 질문』 이여진 역, 죠이북스, 2021)

Brian Morley. *Mapping Apologetics: Comparing Contemporary Approaches*(Downers Grove, IL: IVP Academic, 2015).

Armand M. Nicholi. *The Question of God: C. S. Lewis and Sigmund Freud Debate God, Love, Sex, and the Meaning of Life*(New York, NY: Free Press, 2003). (『루이스 vs. 프로이트』 홍승기 역, 홍성사, 2004)

Holly Ordway. *Apologetics and the Christian Imagination: An Integrated Approach to Defending the Faith*(Living Faith. Steubenville: Emmaus Road Publishing, 2017).

Allen Quist. *The Reason I Believe: The Basics of Christian Apologetics*(Saint Louis, MO: Concordia Publishing House, 2017).

James W. Sire. *A Little Primer on Humble Apologetics*(Downers Grove, IL: InterVarsity Press, 2006).

James W. Sire. *Apologetics Beyond Reason: Why Seeing Really Is Believing*(Downers Grove, IL: InterVarsity Press, 2014).

Francis Spufford. *Unapologetic*(London: Faber and Faber, 2012).

John G. Stackhouse. *Humble Apologetics: Defending the Faith Today*(Oxford: Oxford University Press, 2002).

John G. Stackhouse. *Can I Believe? Christianity for the Hesitant*(Oxford: Oxford University Press, 2020).

Khaldoun A. Sweis and Chad V. Meister. *Christian Apologetics: An Anthology of Primary Sources*(Grand Rapids, MI: Zondervan, 2012).

James E. Taylor. *Introducing Apologetics: Cultivating Christian Commitment*(Grand Rapids, MI: Baker Academic, 2006).

Toren, Bernard van den. *Christian Apologetics as Cross-Cultural Dialogue*(London: T&T Clark, 2011).

Todd H. Weir and Hugh McLeod, eds. *Defending the Faith: Global Histories of Apologetics and Politics in the Twentieth Century*(Oxford: Oxford University Press for the British Academy, 2021).

# 2

# 변증: 몇 가지 역사적 주제들

Apologetics: Some Historical Themes

변증을 공부하는 당신은 거의 2,000년 동안 진행된 대화에 발을 들여놓게 된다. 이 대화의 역사를 아는 것은 큰 도움이 된다! 이번 장에서는 몇 가지 주제와 주요 대표자들을 살펴볼 것이다. '변증'이라는 용어는 4세기 전반 카이사레이아의 유세비우스에 의해 소개될 때까지는 초기 기독교 공동체 내에서 사용되지 않았지만, '변증'으로 알려진 그것의 역사는 현재 신약성경 시대까지 추적될 수 있음이 분명하다. 형태와 접근 방식은 역사적 장소마다 달랐지만, 변증은 기독교 역사에서 늘 신앙 공동체의 중심 과제였다. 신약성경 자체가 변증 접근법과 관련해 몇 가지 중요한 사례를 제시하고 있으며, 또한 기독교 신앙을 설명하고 변호하라고 독려하고 있다. 감독들 등 초기 교회의 어떤 지도자들이 중요한 변증적 역할을 수행하기도 했지만, 초기의 기독교 변증가들 중 많은 이들이 평신도였다.

　이번 장에서는 기독교 변증의 역사적 주제를 몇 가지 간략히 살펴볼 것이다. 변증의 역사적 발전 전반에 대한 포괄적인 설명은 아니다. 그 발전 과정에서 일어난, 특히 초기 교회와 이후 몇 세기 동안의 중요한 에피소드들을 보여주는 일련의 순간 포착에 가깝다. 이를 통해 독자들은 변증이 어떤 문제와 씨름해야만 했는지 감을 잡을 수 있을 것이다. 각 역사적 시대와 상황은 그 자체의 변증적 문제들을 발생시켰는데, 그런 과거를 우리의 현재와 씨름할 때 정보와 자원으로 활용하는 것이 중요하다.

많은 독자들이 변증 방법, 접근법, 전략 논의에 바로 뛰어들고 싶겠지만, 그럼에도 기독교가 역사 속에서 변증을 어떻게 이해하고 실천해 왔는지 이해하면 도움이 될 것이다. 이것은 현재의 관심사에서 고개를 돌리는 것이 아니라, 오늘날의 변증적 관심사와 접근법을 적절한 맥락 속에 놓는 데 도움을 주며, 오늘날의 변증가들에게 자원을 제공하는 일이기도 하다. 최근 몇 년간 히포의 아우구스티누스 같은 초기 기독교 저술가들의 접근법을 다시 가져와서 현대의 관심사와 이슈에 적용하는 '되살림(retrieval)의 변증'에 관심이 높아지고 있다. 먼저 초기 기독교 사상과 실천에서 출현한 변증을 살펴보자.

## 초기 기독교

변증은 신약성경이 나타난 사도 시대에도 분명히 중요한 의미를 지녔다. 실제로 신약학자인 브루스(F. F. Bruce)는 초기 기독교의 주된 변증 접근법 대부분이 신약성경, 그중에서도 사도행전에 그 뿌리를 두었다고 지적했다.

2세기 기독교 변증의 세 가지 주요 유형들과 관련하여 누가는 1세기적 원형들을 제시한다. 이방 종교와 관련한 변증(기독교는 참이고 이방 종교는 거짓이다), 유대교와 관련한 변증(기독교는 진정한 유대교의 성취를 나타낸다), 정치권력과 관련한 변증(기독교는 로마법을 어기는 어떠한 범죄도 저지르지 않는다).

사도행전은 그리스도가 유대교의 성취를 나타낸다고 주장하는 베드로의 오순절 설교(행 2:14-36)와 그리스도가 만물의 참된 의미를 드러낸다고 주장하는 바울의 아테네 아레오바고(또는 "마르스의 언덕") 설교(행 17:22-31) 등 변증적 연설의 몇 가지 중요한 사례를 포함한다. 이 두 연설의 변증적 중요성에 대해서는 이 책의 뒷부분(246-252쪽)에서 살펴볼 것이다. 베드로전서는 신앙에 관한 질문을 받을 때 답변하라고 그리스도인들에게 강권한다. "너희 속에 있는 소망에 관한 이유를 묻는 자에게는 대답할 것을 항상 준비하되 온유와 두려움으로 하고"(벧전 3:15).

변증에 대한 이러한 관심은 때로 "교부 시대"라고도 불리는 초기 기독교 시대에도 지속되었다. 일반적으로 신약성경의 마지막 책이 나온 후부터 칼케돈 공의회(451년)까지의 기간으로 이해된다. 이 시기는 지중해 세계에서 기독교가 발전하는 놀랍도록 창조적이고 중요한 단계였으며, 주요 기독교 사상가들이 신약성경에 제시된 신앙의 핵심 사상을 공고하게 하였고, 예수 그리스도의 정체성과 의미, 기독교의 특유한 하나님 이해에 대한 결정적 진술들을 공식화하였다. 그 시기에는 특별히 정경 확정을 통해 신학 자료에 대한 합의가 이루어졌다. 이러한 내부적 도전들은 그 시기를 교회 내에서 놀랍도록 창조적인 신학적 성찰이 일어나는 시기로 만들었다.

그러나 초기 교회는 이 시기에 외부의 도전도 직면해야만 했다. 가장 주목할 만한 것은 그리스-로마 세계의 다른 종교 및 철학 운동들, 특히 유대교와 그리스 철학, 로마 전통 종교의 기독교를 향한 적대감 증가에 대응해야 할 필요가 있었다. 교회의 정체성을 보호하려면 신학적 명료화도 중요했지만, 또한 초기 기독교 공동체는 경쟁하는 종교적, 문화적 대안들에 맞서 자신을 정의하고 변호해야만 했다. 이러한 도전에 대응하기 위해 이 시기에 네 가지 주요 변증 양식이 등장했다.

1. 이교도가 제기한 부도덕함 또는 선동 혐의에 대해 기독교 신앙 또는 기독교 공동체 편에서 이의를 제기하고 바로잡는 저작. 초기 기독교는 로마 제국 문화 내에서 널리 오해를 받았고, 이러한 변증 저작들은 오해와 왜곡을 바로잡는 것이 목표였다. 대부분 저작은 2세기와 3세기 초에 나타났으며, 아테네의 아리스티데스가 쓴 『변론』(*Apology*), 『디오그네투스에게 보내는 편지』(the *Letter to Diognetus*), 순교자 유스티누스의 『제1, 2차 변론』(the *First and Second Apologies*), 테르툴리아누스의 『변론』(*Apology*) 등이 있다. 순교자 유스티누스는 유대인의 기독교 비판에 응답하는 특별히 중요한 변증 저작을 썼다. 155–160년경에 쓰인 것으로 추정되는 『트리포와의 대화』(*Dialogue with Trypho*)에서 그는 기독교가 유대인의 삶과 사상의 성취라고 주장했다.

2. 유대교, 그리스 철학, 로마 시민 종교 등 기독교와 경쟁하던 후기 고전 시대의 사상 체계에 대한 비판. 사르디스의 멜리토는 2세기 설교 『유월절에 관하여』(*On Pascha*)에서 그리스도는 십자가에 못 박히고 부활함으로써 이스라엘의 율법을 성취한 말씀(그리스어 '로고스')이시며 그렇게 하여 율법을 종식하신다고 주장한다. 따라서 그리스도의 오심은 구약성경의 율법을 성취하는 동시에 율법을 불필요한 것으로 만든다. 아시리아의 타티아누스가 2세기에 쓴 『그리스인들을 향한 연설』(*Oration to the Greeks*)은 그리스 철학의 수사학적 허구에 대한 비판 형식을 취한다. 시카의 아르노비우스가 쓴 『열방들에 반대하여』(*Against the Nations*)는 아마도 디오클레티아누스 박해 당시인 4세기 초에 쓰인 것 같다. 이 저작은 3세기 말과 4세기 초에 널리 퍼진 생각, 즉 기독교의 발흥 때문에 신들이 로마 제국으로부터 은총을 거두었다는 생각을 조롱했다.

3. 세 번째 그룹의 저술은 기독교를 비난한 비평가 개인들을 겨냥한 것으로서, 그들의 관심사들에 대응하여 잘못과 과장이 있음을 보여준다. 이것들 중 가장 유명한 것은 3세기 중반에 쓰인 오리게네스의

『켈수스를 논박함』(*Against Celsus*)이다. 2세기 말에 기독교 비판을 처음 제기하기 시작했던 켈수스는 기독교가 유대교의 왜곡되고 철학적으로 정교하지 못한 한 아류에 지나지 않는다고 주장했다. 이러한 비판에 응답한 오리게네스는 몇 가지 기독교의 중심 주제들을 자세히 설명하고, 특히 켈수스가 히브리 성경을 제대로 이해하는 데 도움이 되었을 해석학적 열쇠를 찾는 데 실패했다고 지적했다. 오리게네스가 보기에 기독교는 히브리 성경에 뿌리를 두기는 하지만, 유대교와는 다른 해석의 틀을 사용하므로 히브리 성경 본문과 그 의미를 새로운 방식으로 이해한다.

**4.** 네 번째 종류의 저작은 논쟁과 비판을 피하는 대신 기독교 신앙을 건설적으로 설명한다. 이 저작들은 최선의 기독교 방어는 기독교의 사상과 실천에 대한 적절한 설명이라는 전제에 기초를 둔다. 알렉산드리아의 클레멘스는 그리스 철학자들에게 기독교를 설명하기 위해, 또한 그리스도인들에게 철학이 진지하게 수용될 수 있음을 설득하기 위해 그의 『스트로마타』(*Stromata*: "여러 주제들", 그리스어)를 썼다 (그림 2.1). 그러나 이런 작품들 중 가장 중요한 것은 아마도 히포의 아우구스티누스가 쓴 『신국론』일 것이다. 이 작품은 로마가 전통 종교를 버림으로써 410년 비시고트족에 의해 굴욕적인 "로마 약탈"(Sack of Rome, 이 사건은 서로마 제국 멸망의 시작을 알리는 표지로 흔히 간주된다)을 겪게 되었다는 이교도들의 주장을 반박하면서 기독교 신학 전반을 요약하여 설명한다.

그렇다면 초기 기독교 변증에서는 어떤 이슈들을 탐구했을까? 몇 가지 대표적인 사례를 살펴봄으로써 우리가 관여해야 할 주제들이 무엇인지 알 수 있다. 그중 하나가 2세기 기독교에 특히 중대한 도전이 되었던 영지주의의 부상이다. 비록 이 운동의 기원과 독특한 사상에 대한 우리의 이해는 부분적이지만, 복음과 언어적으로 유사하나

그림 2.1 초기 기독교 변증의 중요한 중심지였던 고대 도시 알렉산드리아의 유적지. 기원전 298–302년 사이에 세워진 폼페이우스의 기둥들을 볼 수 있다.

다른 구원 사상을 제시함으로써, 또 신약성경을 존중하면서도 비기독교적인 독특한 방식으로 해석함으로써 영지주의가 교회에 심각한 위협이 되었던 것은 분명하다. 2세기 리옹의 이레네우스는 영지주의에 대한 가장 유력한 비평가 중 한 명이었다. 그의 『이단 논박』(*Against the Heresies*)은 영지주의의 내적 일관성과 역사적 뿌리를 강력히 비판했고, 동시에 기독교의 핵심 신념들을 명료하게 설명했는데, 경쟁하는 이방 종교들에 비해 기독교가 내적 일관성과 탁월성이 있음을 강조했다.

2세기 말에 로마의 정치적, 군사적 힘이 쇠퇴하기 시작했다. 많은 사람들은 제국의 안녕에 필수적으로 여겨지던 로마 전통 종교의 영향력이 약화된 이유는 기독교의 부상 때문이라고 주장했다. 기독교가 부상하면서 로마 제국의 안정이 달려 있던 전통 종교가 쇠퇴한 주된 원인이 되었다는 우려는, 로마 건국 1천 주년이 되던 250년경 서방 라틴 지역에서 절정에 달했다. 그리스도인들은 로마 시민 종교의 다신론을 따르지 않는다는 이유로 '무신론자들'로 불리게 되었다. (초기 그리스도인들이 하나님에 대한 믿음을 신앙의 중심에 두었으므로 '무신론'이라는 말에 놀랄 독자들도 있겠지만, 고대 그리스 철학자 소크라테스도 그리스 전통 종교에 대한 비판 때문에 '무신론자'로 비난당했던 것을 생각해 보자.)

이 무렵에 이르면 라틴어권 서방 교회에 중요한 변증 전통이 확립된다. 3세기 연설가인 테르툴리아누스는 가장 중요한 초기 라틴 지역 변증가 중 한 명이며, 북아프리카의 로마 대도시 카르타고에서 활동했다고 일반적으로 알려졌다. 테르툴리아누스는 신앙의 근본 진리들을 두고 세속 철학과 영지주의, 유대교를 비롯한 여러 중요한 문화 운동의 옹호자들과 논쟁을 벌였다. 테르툴리아누스는 종종 종교적 믿음의 합리성 논쟁에서 자주 인용되는 라틴어 문구, "나는 터무니없기 때문에 믿는다"(*Credo quia absurdum est*)와 관련되어 언급된다. 초기 기독교 연구자들은 테르툴리아누스가 실제로 이 문구를 사용한 적이 없으며, 어쨌든 이 말은 신앙의 합리성에 대한 그의 접근 방식과 일관되지 않음을 보여주었다. 피터 해리슨(Peter Harrison)이 지적하듯이, 이 잘 못된 인용은 종교를 비합리적인 것으로, 신앙을 인식론적 악덕으로 묘사하고자 했던 18세기 합리주의자들이 재빨리 활용했다. 이성에 대한 테르툴리아누스의 태도는 다음 인용문에 정확하게 요약되어 있다.

> 이성은 하나님의 속성이며, 만물의 창조주이신 하나님이 이성으로써 예견하시고 배정하시고 결정하시지 않은 것은 아무것도 없기 때문이다. 더 나아가, 이성에 의해 탐구되고 이해되기를 하나님이 원하시지 않는 것은 아무것도 없다.

테르툴리아누스에게 기독교는 합리적인 신앙이며, '이성으로 탐구되고 이해될 수 있는 것'에는 한계가 없다. 추론 능력을 갖도록 인간을 창조하신 바로 그 하나님은 세상을 탐구하고 표현하는 데 이성이 사용되기를 바라신다. 그리고 이성을 사용하는 자들의 그러한 활동으로 그들이 하나님을 발견하는 길로 이끌리기를 바라신다.

그리스어권 동방 교회는 특히 이집트의 대도시 알렉산드리아에서 그들만의 고유한 변증 접근법을 발전시켰다. 위에서 언급했듯, 기독교에 대한 켈수스의 철학적이자 도덕적이며 종교적인 비판에 대한 오리게네스의 상세한 반박은, 초기 기독교 변증에서 가장 중요한 작품 중 하나로 널리 인정되고 있다. 이것은 그리스도인 철학자가 학식 있는 이교도 비평가에 맞서 자신의 주장을 펼칠 수 있었음을 보여준다. 3세기에 쓰인 이 저작은 복음의 지적이고도 도덕적인 신뢰성에 대한 주목할 만한 확신을 드러낸다. 오리게네스의 접근 방식은 4세기의 다른 알렉산드리아 저술가들과 니사의 그레고리우스 같은 카파도키아 지역 저술가들이 계승하였다. 4세기의 가장 중요한 변증가 중 한 명인 알렉산드리아의 아타나시우스는 기독교 신앙의 내적 일관성과 항상성(consistency)을 강조하여 유대인과 그리스-로마 청중 모두에게 기독교 신앙을 변호할 수 있는 근거를 마련했다.

아타나시우스에게는, 인간이 하나님의 형상대로 창조되었다는 기독교의 신념은 인간의 이성이 하나님의 마음을 반영할 능력이 있다는 의미로 받아들여진다. 따라서 기독교의 진리는 밤하늘 같은 자연 세계를 면밀히 관찰함으로써 확인할 수 있다. 아타나시우스는 『성육신에 관하여』(On the Incarnation)라는 그의 중요한 논문에서 이 생각을 발전시켰다. "인류는 하늘의 광대함을 바라보고 창조 세계의 조화를 깊이 생각함으로써 그 통치자, 곧 아버지의 말씀을 알 수 있다. 그리고 그 말씀의 주권적 섭리는 아버지를 모든 사람에게 알리신다."

312년경 콘스탄티누스의 개종으로 기독교가 문화적으로 수용 가능해졌고, 결국 4세기 후반에는 로마 제국 내에서 지배적인 정치적 위치까지 차지하게 되었다. 그러나 후대의 교부 신학자들은 이것이 복음의 이성적 수용을 반드시 보장하지는 않음을 정확히 예견했다. 이는 라틴어권 서방 최고의 변증가인 히포의 아우구스티누스(386년 8월에 일어난 그의 개종은 서구 기독교 발전의 이정표가 되는 사건으로 널리 간주된다)의 저서에 잘 드러난다.

아우구스티누스는 기독교 신앙의 합리성에 대한 철학적 변호, 인간이 하나님에 대해 신뢰할 수 있는 지식을 확보할 때 신성한 조명의 필요성, 신앙의 문제에서 기억과 느낌과 같은 주관적 세계의 중요성 등 몇 가지 수준에서 변증에 중요한 기여를 했다. 아우구스티누스의 중대한 신학적 성과들은 변증을 위한 견고한 개념적 토대를 마련했는데, 그는 대화에서 신적 은총과 조명의 역할을 인식함과 동시에 변증 과업에서 인간 역할의 중요성을 강조했다. 아마도 가장 중요한 부분은 그가 서로마 제국의 취약성을 인식하고, 눈앞에 다가온 급진적 변화의 세상에서 기독교가 어떻게 번성할 수 있을지 전략을 세우기 시작했다는 점일 것이다. 그것은 예언적 비전이었다. 5세기 후반에 중심부 로마가 마침내 무너지자 서유럽에서 기독교가 부상할 무대가 마런되었고, 아우구스티누스는 기독교의 가장 중요한 신학적, 변증적 자원 중 하나로 널리 인식되었다.

## 초기 이슬람 세계의 변증

서부 지중해 지역에서 로마 제국이 붕괴되자 서방 기독교의 상황에 중대한 변화가 일어났다. 더 이상 국가인 로마의 보호에 의존할 수 없게 된 것이다. 그러나 동부 지중해 지역에서는 상황이 크게 달랐다. 324년 콘스탄티누스는 고대 도시 비잔티움이 로마 제국의 새 수도가 될 것이라고 선언했다. 330년에 그 도시는 '콘스탄티노플'(그리스어로 '콘스탄티누스의 도시'라는 뜻)로 개명되었다. 콘스탄티노플은 서로마 제국의 붕괴 이후에도 동로마 제국의 수도로 살아남아 1453년 이슬람 세력에게 함락될 때까지 존속했다. 이 기간 동안 그리스와 소아시아(오늘날의 튀르키예)의 기독교 신학은 종종 '비잔틴' 신학이라 느슨하게 기술되는 고유한 주제들을 발전시켰다. 아마도 이 시대의 가장 중요한 변증가는 14세기 신학자 그레고리오스 팔라마스(Gregory Palamas, 1296?-1359)일 것이다. 그는 이성적 논증에 지나치게 의존하기보다는 하나님을 직접 인식해야 한다고 주장했고 그의 주장은 일부 변증 및 영성 학파에서 여전히 중요하게 받아들여진다.

서방에서 로마 제국이 몰락하자 이 지역에 중대한 정치적 불안정이 일어났다. 동방에서는 로마 제국의 기능이 남아 있었고 콘스탄티노플은 '새로운 로마'로 등장했다. 그러나 7세기에 아라비아 반도에서 이슬람이 이 지역의 신흥 세력으로 부상했다. 632년 무함마드의 사망 이후부터 이슬람은 군사적 정복을 통해 급속히 팽창했다. 640년에는 메소포타미아와 시리아, 팔레스타인으로, 642년에는 이집트로, 643년에는 페르시아 제국까지 '칼리프국'(Caliphate, 이슬람의 지배를 받는 지역)이 확장되었다. 다마스쿠스, 알렉산드리아, 안디옥 등 이 지역은 이전까지 기독교의 거점 도시가 많았다. 이 지역으로의 이슬람 확장은 이후 몇 세기 동안 계속되었고, 마침내 1453년에는 동방 기독교의 거점이었던 콘스탄티노플이 정복되었다(그림 2.2). 1529년에는 오스만 군대가 비엔나를 포위했는데 비엔나는 이 공격에 저항했고, 이 사건은 일반적으로 유럽에서 이슬람의 확장이 끝났음을 알린다고 간주된다.

그림 2.2 콘스탄티노플의 코라 성당(카리예 박물관) 남쪽 돔 비잔틴 모자이크 '전능자 그리스도.'

이슬람의 발흥과 군사력 증대는 기독교 변증가들이 동방의 새로운 지적, 문화적 경쟁자를 대면하고 있음을 분명하게 보여주었다. 하나님의 절대적인 '유일성'(아랍어 '타위드')을 강조하는 이슬람 변증가들은 기독교의 삼위일체와 그리스도의 신성 교리에 의문을 제기했다. 이슬람 지역에 있던 기독교 변증가들은 특히 성육신과 삼위일체 교리와 관련하여 그들의 신앙의 일관성과 합리성을 옹호하기 시작했다.

다마스쿠스의 요한(675?-749)은 이슬람과의 대화를 위한 지적 다리를 놓고, 기독교의 가르침에 대한 이슬람의 비판들에 비추어 복음의 이성적 신빙성을 보여준 최초의 주요 기독교 신학자였다. 8세기에 다마스쿠스 칼리프의 궁정에서 고위 관리로 일했던 요한은 이슬람 신학을 깊이 이해하고 있었으므로 이슬람 청중에게 설득력 있는, 중요한 그리스도의 신성 변론을 발전시킬 수 있었다. 비슷한 시기에 셀레우키아-크테시폰의 총대주교 티모테오스 1세(흔히 '바그다드의 디모데'로 알려짐)는 781년, 바그다드의 칼리프 마흐디가 제기한 질문에 답하면서 기독교를 변호하는 『변론』(Apology)을 저술했다. 이 문서는 복음에 대한 이슬람의 질문들에 어떻게 응답해야 하는지에 대해 9세기 교회의 훈련 교재로 널리 사용되었다.

9세기에 이르러 아랍어는 시리아를 비롯한 이슬람 세계의 많은 지역에서 공용어로 확고히 자리를 잡았다. 기독교 변증가들은 이슬람 저술가들과 건설적인 대화를 나눌 수 있는 동시에 기독교 신앙의 합리성을 보여줄 수 있는 아랍어 변증서가 필요함을 인식했다. 북부 시리아의 주교 테오도어 아부 쿠라(750?-825?)는 아랍어를 주 언어로 사용한 최초의 기독교 저술가 중 한 명이다. 그는 변증서들을 통해 기독교 신앙에 대한 중요한 변론을 펼쳤다. 이슬람은 성육신 사상을 신성모독으로 간주하고 있었다. 그러나 아부 쿠라는 인간을 죄로부터 해방하기 위해 하나님이 인간의 존재를 취하고 인간의 고통을 경험해야 했다고 논증했다. 아부 쿠라의 작품 가운데 일부는 후에 그리스어로 번역되어 기독교가 이슬람에 응답하는 주된 흐름에 영향을 끼쳤다.

## 중세 시대

서유럽 기독교는 로마 제국의 붕괴 이후에도 그 지역에서 살아남았고 학문 중심지들을 재건하는 데 주도적인 역할을 했다. 11세기에 이르러 서유럽은 어느 정도 정치적 안정을 회복했고, 대학이 출현했으며, 도시 문화는 점점 세련되게 발전했다. 유럽에서 기독교 지역으로 확립된 '기독교 세계'(Christendom)가 이루어지면서 서구 교회의 삶에서 변증의 중요성은 감소했다. 그러나 중세 시대의 몇몇 중요한 저술가들은 종교적, 문화적 경계를 넘어 기독교 사상을 효과적이고도 설득력 있게 전해야 할 필요성을 인식했음이 분명하다.

중세 초기에 수도원들은 기독교의 영적, 지적 발전소가 되었다. 노르망디의 벡(Bec) 베네딕트회 수도원은 이 점에서 특히 중요했다. 캔터베리의 안셀무스(1033?-1109, 11세기 캔터베리의 대주교로 원래 벡 수도원의 수도사였음. 그림 2.3)는 기독교 신학의 지적 쇄신을 위해 노력했고, 성육신이나 속죄 같은 핵심적 신념들을 어떻게 합리적으로 확언하고 옹호할 수 있는지 보여주었다. 안셀무스는 기독교 교리가 본래적으로 지닌 이성적 특성은 기독교 교리를 공적으로 옹호하는 것이 가능하다는 의미라고 보았다.

파리 대학은 서유럽의 가장 중요한 학문 중심지 가운데 하나로 부상하여 많은 기독교와 유대교, 이슬람 학자들이 이곳에 모여들었다. 13세기의 가장 중요한 신학자 중 한 명인 토마스 아퀴나스는 파리의 주요 인물이었고, 유대교와 이슬람교 독자들에게 합리적 기독교 변호를 제공하는 것이 중요함을 인식했다. 아퀴나스는 이전의 안셀무스와 마찬가지로 기독교 신앙은 이성의 한계를 초월하더라도 근본적으로 합리적이며, 따라서 일관되고도 합리적인 변호 체계를 형성할 수 있다고 믿었다. 1259년에서 1265년 사이에 쓰인 아퀴나스의 『대이교도대전』(Summa contra Gentiles)은 일반적인 어조와 접근 방식에서 명백히 변증적이다. 아퀴나스의 가장 잘 알려진 저서인 『신학대전』(Summa Theologiae)은 기독교 신학의 상세한 개요서로서 기독교 독자들의 필요와 관심사를 염두에 두고 쓰인 반면, 『대이교도대전』은 유대교와 이슬람교 또는 세속적 청중이 제기할 수 있는 질문을 예견하고 있다. 이 책은 현대 변증가들에게도 중요한 자료인데, 특히 기독교의 핵심 신념을 사려 깊게 변호하고 명료하게 설명하기 때문이다.

그림 2.3 독일 바이에른 뮌스터슈바르자흐 수도원의 제단에 묘사된 캔터베리의 안셀무스(왼쪽). 성육신의 합리성을 영향력 있게 설명한 작품 『왜 하나님은 사람이 되셨는가』(*Cur Deus homo*)가 무릎에 놓여 있다.

그러나 안셀무스나 아퀴나스는 유대교나 이슬람교 등 다른 종교적 전통의 대표자들과 직접적인 문화적 혹은 지적 만남을 경험한 기회가 별로 없었던 것으로 보인다. 많은 중세 저술가들처럼, 경쟁하는 종교적 신념들에 대한 그들의 지식은 대체로 간접적이었다. 14세기 저술가 라몬 유이(Ramon Llull)가 특별히 중요한데 그는 13세기에 마요르카 왕국에서 지내며 대안적 종교 관점들, 특히 이슬람의 관점들과 직접 접촉했기 때문이다. 중세 스페인은 이 시기에 기독교와 이슬람 신학자들 간 대화의 주요 중심지가 되었다. 이러한 점은 이슬람 독자들의 관심사에 주의를 기울이면서 일반적인 이성적 변호를 시도하는 『이방인과 세 현인의 책』(*The Book of the Gentile and the Three Wise Men*) 같은 류이의 변증 저술들에 반영되어 있다.

16세기 초 유럽의 종교개혁은 신학적으로 중요한 의미가 있었지만, 변증적 질문에 대해서는 별 관심을 보이지 않았다. 마르틴 루터와 장 칼뱅 등 주도적 개신교 개혁가들은 주로 서유럽 기독교 교회들의 개혁과 갱신에 관심이 있었으므로, 기성 기독교 세계를 넘어서는 선교학적 또는 변증적 질문에는 깊이 관여하지 않았다. 16세기 후반과 17세기 초반의 중요한 변증 활동과 성찰은 대부분 가톨릭에서 이루어졌다. 왜냐하면 위대한 발견을 낳은 스페인과 포르투갈 항해사들의 항해로 남미와 인도, 중국의 사상 세계가 열리면서 기독교가 씨름해야 할 변증적 질문들이 나타났기 때문이다. 이 시기에 나타난 변증 형태들의 좋은 예는, 1580년대 중국 남동부에서 활동했던 미켈레 루기에리(Michele Ruggieri, 1543-1607)와 마테오 리치(Matteo Ricci, 1452-1510)의 저술에서 찾아볼 수 있다(그림 2.4). 리치의 『천주실의』(*True Record of the Lord of Heaven*, 1585)는 유교권 독자들이 쉽게 이해할 수 있도록 기독교의 기본 사상을 설명한 변증 작품의 탁월한 예다.

그림 2.4 아타나시우스 키르허(1602-1680)의 판화. 왼편은 마테오 리치이며, 오른편은 그의 선교로 개종한 첫 중국인 서광계(Xu Guangqi)이다.

## "이성의 시대"

유럽의 종교개혁 시기는 신학적으로 매우 중요한 시기로서 교회의 본질과 성경 해석에 대한 중요한 논쟁을 새로 일으켰다. 그러나 변증 문제는 의제로 두드러지지 않았다. 16세기 후반 동안 개신교와 가톨릭은 그들의 서로 다른 기독교 이해를 상대에 맞서 옹호하는 방식들을 계발했다. 그러나 다른 사고 방식들에 맞서 기독교를 일관된 신념 체계로 옹호하려는 시도는 이 시기에 거의 없었다. 논쟁은 주로 칼뱅주의, 가톨릭, 루터교 등 다른 형태의 기독교 사이에서 일어났고, 어떤 기독교가 가장 정통적이라고 할 수 있는지가 초점이었다. 이는 **교파적**

변증의 한 형태로서, 기독교 자체가 변호 가능한지에 초점을 맞추는 더 일반적인 **기독교** 변증과는 달리 특정 형태의 기독교를 옹호하는 데 관심을 둔다.

이러한 초점은 "이성의 시대"['계몽주의'와 함께 자주 사용되는 용어로 "장기 18세기"(1685-1815) 동안 서유럽과 북미에 나타난, 합리주의로 점점 기울어졌던 문화를 가리킴] 동안 변화하기 시작했다. '계몽주의'는 종교적, 사회적, 정치적 문제를 해결하는 데 인간 이성의 독자적 능력을 점점 강조했던 복합적 현상이었다. 계몽주의는 유럽의 종교 전쟁 이후 등장한 일군의 운동들로 보는 것이 최선일 것이다. 이 시기에는 공동 의사 결정에서 인간의 이성이 종교보다 더 신뢰할 수 있는 근거를 제공한다는 공감대가 확산되었다. 계몽주의 사상가들은 인간의 이성이 유일하게 신뢰할 수 있는 지식의 원천이라고 주장했으며, 합리적 비판에 닫혀 있던 많은 전통적이자 문화적이며 종교적인 관념들에 의문을 제기했다. 삼위일체 교리나 원죄 개념도 여기에 포함되었다.

이 시기는 교회에 새로운 도전을 가해 왔고, 서유럽 대부분 지역에서 점점 합리주의적으로 바뀌어 가는 문화적 분위기에 대처하기 위한 변증 접근법이 계발되었다. 네덜란드의 법학자이자 변증가인 후고 그로티우스(Hugo Grotius)는 그의 저서 『진리에 관하여』(De veritate)에서 경쟁 종교들, 특히 이교와 유대교, 이슬람교에 비해 기독교의 우월성을 입증하고자 했다. 이 과정에서 그는 자신의 주장과 함께 근거들을 제시했는데, 그는 이 근거들이 특정 종교 전통을 합리적으로 수용하기 위해 당시 기대되는 기준들을 충족한다고 보았다. 물론 이러한 합리적 기준들을 지금 사용하기에는 위험 부담이 없지 않다. 이러한 접근법에 대해 비판자들이 지적한 우려 가운데 하나는, 기독교를 합리적 철학으로 축소할 위험과 함께 기독교의 영적이고 정서적인 측면을 보호하지 못한다는 것이었다.

프랑스의 저명한 신학자이자 수학자인 블레즈 파스칼이 이 문제를 언급했다. 1654년 11월 23일 밤에 일어난 영적 체험의 결과, 그는 자신의 믿음은 "철학자나 지식인의 하나님이 아닌, 아브라함의 하나님, 이삭의 하나님, 야곱의 하나님"이라고 고백했다. 파스칼의 변증은 탁월하게 이성적이다. 그러나 그는 실재를 파악하는 이성의 역량에는 한계가 있으며, 종교적 진리를 발견하는 데는 인간의 마음(heart)이 중요함을 강조했다. "마음은 이성이 전혀 알 수 없는 이유들을 가지고 있다. 하나님을 지각하는 것은 이성이 아니라 마음이다." 파스칼은 여기서 비합리주의를 지지하는 것이 아니라 하나님을 인식하는 데 감정과 직관이 중요함을 강조하고 있다. 근래 많은 변증가들은 파스칼의 접근법이 유익하다고 생각하며, 그는 변증의 발전에 가장 영향력 있는 기여자 중 한 명으로 남아 있다.

영국에서는 '이신론'(Deism)으로 알려진 운동이 일어나면서 18세기 동안 반직관적 성격이 최소화된 형태의 종교를 향한 관심이 자라났다. 이신론은, 우주를 창조하고 인간에게 도덕적 지침을 제공하는 것에 하나님의 역할을 제한한다. 이것은 영국의 교육받은 계층에게, 전통적 기독교 사상 중 삼위일체나 그리스도의 신성 교리처럼 이성적 난제로 보이는 것들을 제거한 종교가 제시된 듯 보였다. 17세기 후반의 "과학 혁명"으로 어떤 이들은, 우주는 신에 대한 의존 없이 기능하는 단순한 기계에 불과하다는 주장을 하게 되었다.

근대에는 미국식 특징을 지닌 변증 접근 방식이 등장했는데 특히 조나단 에드워즈(Jonathan Edwards, 1703-1758)의 저술들에 나타난다. 에드워즈는 유럽 철학의 동향을 놀라울 정도로 잘 파악하고 있었다. 그러나 그의 변증 접근 방식은 명백히 미국 식민지의 문화적 현실에 기반을 둔다. 에드워즈는 이성적 접근과 정서적 접근이 혼합된 몇 가지 변증 전략을 계발했다. 그는 세상에 존재하는 아름다움과 디자인, 통일성의 표지들이 신적 설계를 가리킨다고 주장했지만, 한편으로는 단순히 신앙을 위한 "외적 논증들"을 제시하기보다 "신앙적 정서들"을 다루는 것이 중요하다고 역설했다.

근대 초기에는 종교적 신앙에 더욱 비판적인 문화적 분위기가 되면서 변증이 점점 중요해졌다. 타 종교 등 외부적 도전도 변증의 중요한 동기로 남아 있었지만, 서구 문화 내에서 기독교의 몇몇 핵심 주제들에 회의가 증가하는 문제도 추가되었다. 이러한 경향은 19세기에도 지속되었고, 서유럽과 북미의 대다수 주요 기독교 교단에서 변증적 이슈들에 대한 관심이 증가하게 만들었다. "이성의 시대"는 합리성을 추구하는 접근 방식을 채택했고(82-86쪽) 이는 21세기에는 문제가 있다고 여겨지지만, 기독교 신앙이 합리적임을 보여주는 것은 여전히 중요하다.

## 20세기

20세기의 첫 10년 동안 기독교 교회 내 많은 이들이 변증에 의심의 눈초리를 보냈다. 1907년 독일의 자유주의 신학자 마르틴 라데(Martin Rade)는 '변증'이라는 용어가 많은 문제를 안고 있기에 버려야만 한다고 주장했다. 그러나 다른 이들은 동의하지 않았다. 20세기 초반의 영국 작가 G. K. 체스터턴은 상상력에 호소하는 변증 접근법을 계발했다. 그는 성육신과 같은 기독교 신앙의 핵심 주제들이 어떻게 인간의 직관과 공명하는지를 보여주었다. 그러나 체스터턴은, 기독교의 호소력은 개별 사상들 안에 있다기보다 이런 사상들이 함께 짜인 결과로 나타나는 실재에 대한 더 큰 전반적 그림에 있다고 보았다. 언론인으로서 체스터턴은 훌륭한 커뮤니케이션 기술이 중요함을 알았고, 이는 "추리 소설의 황금기"에 베스트셀러였던 추리 소설 「브라운 신부」(Father Brown) 시리즈(1910-1936년 출간)에 특히 잘 드러났다. 아서 코난 도일이 창조한 탐정 셜록 홈스가 순전히 이성적 접근법만 사용해 사건을 해결했다면, 브라운 신부는 보다 직관적이고도 풍부한 상상력을 이용했다.

　유사한 접근법이 소설가 도로시 세이어즈(Dorothy L. Sayers, 1893-1957)의 저술에서도 발견되는데, 그는 기독교가 실재의 더 깊은 패턴을 드러내고 조명할 수 있다고 믿었다. 세이어즈는 1920년대 말과 1930년대 초에 영국에서 최고의 인기를 얻었던 추리 소설을 썼는데, 그 주인공은 귀족 출신의 아마추어 탐정 피터 윔지 경이었다. 세이어즈는, 보이는 사건 이면에 숨은 패턴을 탐정이 발견하듯 기독교 변증의 과제도 이와 유사하다고 보았다(349-354쪽). 두 경우 모두 겉으로 보이는 것을 넘어 이면에 숨은 더 깊은 진실의 패턴을 발견하려고 시도한다.

　체스터턴은 20세기 변증에서 중요한 선례가 되었는데, 바로 교회의 권위 구조 밖에 존재하는 재능 있는 개별 변증가의 등장이다. 이러한 전통에 속하는 사람들로는 J. R. R. 톨킨(J. R. R. Tolkien, 1892-1973), C. S. 루이스, 도로시 세이어즈, 마릴린 로빈슨(Marilynne Robinson, 1943-) 등이 있다. 이들은 자신들이 문학적 재능을 사용하여 신앙을 옹호하고 빛내라는 부름을 받았다고 생각했다. 루이스는 확고한 원칙을 가지고 "순전한 기독교"(Mere Christianity, 제도적 측면들을 부차적으로 여기고 합의 가능한 요소만 남긴 정통 기독교)를 옹호했는데, 이 작업은 교파 간 경계를 넘어 변증의 중요성이 받아들여지는 데 중요한 기여를 했음이 증명되었다. 루이스는 변증에 대해 강한 이성적 접근을 보여주는 부분들도 있지만(『순전한 기독교』의 몇몇 장처럼), 그의 일반적인 접근 방식은 상상력에 호소하고, 신앙이 개인의 삶을 어떻게 변화시킬 수 있는지 이야기를 사용하여 보여주며, 우리가 세상에서 보는 것과 우리 안에서 경험하는 것을 기독교가 이해하게 해준다는 확신을 주는 방식 등을 결합한 것이다.

　유럽의 저술가들이 주도했던 대화에서, 2차 세계대전 이후에는 미국의 목소리가 점점 중요한 역할을 맡기 시작했다. 이것은 수많은 신학교와 기독교 대학이 미국에 생겨난 것과 미국 개신교의 특수한(고유한 것까지는 아닐지라도) 특징인 기독교 고등 교육에 대한 관심이 자연스럽게 불러온 결과로 볼 수 있다. 이와 관련하여 "문화 전쟁"이라고도 불리는 현상이 미국에서 일어난 것도 중요한 요인임이 분명하다. 어떤 문화적 변화들은 그리스도인 목회자들과 학자들의 변증적 대응을 요구하는 듯 보였다. 코넬리우스 반 틸(Cornelius van Til), 프랜시스 쉐퍼, 에드워드 존 카넬(Edward John Carnell), 존 워윅 몽고메리(John Warwick Montgomery), R. C. 스프라울(Sproul) 등은 기독교 고등 교육과 교회들의 삶에서 변증이 지속적으로 중요한 자리를 차지하게 만든 접근법과 사역을 발전시켰다.

지난 50년 동안 서구 기독교 내에서 변증에 대한 관심은 크게 증가했다. 한편으로는 종교적 믿음을 향한 세속주의의 도전에 대응할 필요성을 점점 느낀 것과, 다른 한편으로는 기독교 제자도에서 변증이 중요하다는 인식이 높아진 것을 반영한다. 20세기 후반의 미국 변증학은 '증거주의'나 '전제주의' 같은 특정 학파나 방법이 주도한 경향이 있었다. 그러나 점차 개별 변증가들이 자신의 특정한 관심사와 사역을 염두에 두고 발전시킨, 보다 다양한 접근법에 자리를 내주고 있다. 가장 좋은 예는 뉴욕 리디머 장로교회의 창립 목사인 티모시 켈러(Timothy Keller)인데, 그는 젊은 직장인 회중이 제기한 질문들에 반응하며 변증 사역을 발전시켰다(263-266쪽). 그의 베스트셀러인 『팀 켈러, 하나님을 말하다』(The Reason for God, 2008)는 이러한 질문에 대해 강력하게 관계적이고도 목회적인 응답을 제시하며, 기독교 신앙이 진리이며 또한 변혁적임을 전인격적 접근으로 보여주고자 한다.

1970년대 이후 기독교 철학의 급격한 부상은 종종 개혁주의 철학자 앨빈 플랜팅가(Alvin Plantinga)의 업적으로 여겨진다. 그는 유신론의 정당성 회복에 그치지 않고 신앙을 철학적으로 변호하는 방식의 변증에 대한 새로운 관심을 철학계에 불러일으켰다. 영국의 철학자 리처드 스윈번(Richard Swinburne) 또한 신앙의 합리성 옹호로 널리 알려졌는데, 특히 그는 유신론적 신념의 단순성이 그 신념의 개연성을 나타낸다는 논증을 펼쳤다. 스윈번의 기념비적 작품인 『유신론의 정합성』(*The Coherence of Theism*)과 『신은 존재하는가』(*The Existence of God*)는 여전히 널리 인용되고 있으며, 많은 젊은 변증가들에게 중대한 영향을 끼쳤다. 윌리엄 레인 크레이그(William Lane Craig, 1943 - )가 여러 영역에 걸쳐 기독교를 옹호한 것은 특히 학생들에게 큰 영향을 끼쳤다. 아마도 그의 가장 중요한 업적은 칼람 논증(the Kalām argument, 중세 이슬람 스콜라 신학에서 개발된 논증—옮긴이)을 되살려내고, 신 존재 논증으로 방향을 전환한 데 있을 것이다. 논란의 여지는 있지만 그 논증은 과학적 우주론의 발전을 통해 새로운 의미를 부여받았다(106-107쪽).

　　서구 문화에서 가장 중요하면서 아마도 서로 연결된 두 가지 힘은 세속주의와 자연과학일 것이다. 변증은 이러한 흐름과 어떻게 관계를 맺어야 할까? 많은 사람들이 세속주의의 성격과 기원을 분석한 캐나다의 사회철학자 찰스 테일러의 영향력 있는 연구를 주목해 왔다. 테일러의 『세속의 시대』(*A Secular Age*, 2006)는 종교의 사회적 영향력과 중요성이 점차 줄어들고 있다고 보던 당시의 지배적 세속화 모델에 이의를 제기했고, 현대 세계의 특징은 종교의 소멸이 아니라 오히려 종교의 다변화와 많은 곳에서의 종교의 성장이라고 주장했다. 소설가이자 변증가인 마릴린 로빈슨은 다른 접근법을 취한다. 그는 현대 자연주의가 제공하는 미학적으로 그리고 실존적으로 한계가 있는 우주에 대한 설명을 따라서는 우리가 누구인지 이해하지 못하며, 그것을 뒷받침한다고 제시된 '증거'도 충분하지 않다고 주장했다. "인류에게 현대 세계를 거주지라는 의미로만 제시한다면, 우리에게 그 세계는 너무 작고 너무 지루하며 너무 빈약하다. 어쨌든 우리는 독특한 존재들이다. 피조물 중 우주의 문법을 조금이나마 배운 것은 우리뿐이다." 우리는 자연과학의 성공을 인정하는 동시에 삶의 가장 깊은 질문에 대한 답을 주지 못하는 자연과학의 실패도 인정하는 더 크고 더 만족스러운 실재관이 필요하다.

변증에서 자연과학은 계속 중요한 의미를 지닐 것이다. 특히 21세기 첫 10년 동안 리처드 도킨스(Richard Dawkins)나 샘 해리스(Sam Harris) 같은 저술가들이 주창하는 "새로운 무신론"(New Atheism)의 핵심에 놓인, 과학과 신앙의 관계를 '전쟁'으로 그리는 내러티브의 끈질긴 지속성 때문이다. 존 레녹스(John Lennox)와 알리스터 맥그래스는 무신론자들이 과학을 무기화하는 것에 맞서, "새로운 무신론"의 근간이 되는 '과학주의'(scientism)에 도전하는 변증 접근법을 발전시켰다.

지난 두 세대 동안 서구 변증 현장은 제기되는 질문이나 답변의 태도 면에서 모두 크게 변화한 것이 분명하다. 많은 변증가들은 성경의 권위와 관련된 전통적인 질문들이 여전히 중요하나 그 중요성은 줄어들었고, '어떻게 살아야 하는가', '삶의 의미는 무엇인가'와 같은 더 관계적이고 실존적인 질문에 대한 관심이 높아지고 있다고 말한다. 미래에는 더 큰 변화가 예상된다. 그러나 다양한 접근 방식과 반응의 출현은 변증의 중요성이 지속된다는 분명한 증거다. 변증은 교회가, 신학적으로 충실하며 문화적으로 유의미한 방식으로 인생의 가장 깊은 질문과 씨름하고 대답하도록 돕는다.


## 결론

이번 장에서는 기독교 변증의 주요 주제들을 간략히 개관했고, 이 책의 뒷부분에서 더 상세히 논의할 수 있는 배경을 마련했다. 많은 독자들이 역사를 살펴보는 일은 그 가치가 제한적이라고 느끼겠지만, 두 가지 요점을 숙고해 보는 것은 중요하다. 첫째로, 기독교 변증가들은 교회 역사 전반에 걸쳐 존재하고 활동하면서 교회의 비판자들에 맞서 신앙을 옹호했고, 신앙이 개인들과 공동체들을 어떻게 연결하는지 탐구했다. 둘째로, 우리는 이러한 과거의 접근 방식으로부터 배울 수 있으며, 과거의 지혜를 현재에 적용하는 "되살림의 변증"을 얻을 수 있다. 이 책 곳곳에서 우리는 과거로 돌아가서 오래된 변증 방식들을 찾아내 먼지를 떨어내고, 오늘날 상황에서 이런 방식들이 어떻게 새 생명력을 얻을지 탐구할 것이다. 다음 장에서는 변증의 가장 큰 주제 중 하나인 신앙의 합리성을 살펴보겠다.

### 생각해 볼 물음

1. 신약성경 저자들의 주요 변증적 관심사 세 가지는 무엇인가?

2. 초기 기독교에서 변증이 출현하게 된 배경에는 어떤 압력들이 있었는가?

3. 종교개혁 시대에 변증이 중요하게 다뤄지지 않은 이유는 무엇인가?

4. 20세기 영국의 많은 변증가들은 교회 내에서 권위 있는 지위에 있지 않았던 개인이었다. 이 사실은 어떤 의미가 있는가? 변증가의 위치와 역할에 대해 무엇을 말해 주는가?

Stamenka Emilova Antonova. *Barbarian or Greek? The Charge of Barbarism and Early Christian Apologetics*(Leiden: Brill, 2019).

Deane Baker. "Charles Taylor's 'Sources of the Self:' A Transcendental Apologetic?" *International Journal for Philosophy of Religion* 47, no. 3 (2000): pp. 155–74.

F. F. Bruce. *The Defense of the Gospel in the New Testament*(Grand Rapids, MI: Eerdmans, 1977).

William Lane Craig. *Reasonable Faith: Christian Truth and Apologetics* 3rd ed(Wheaton, Ill.: Crossway Books, 2008). (『오늘의 기독교 변증학』 정남수 역, 그리스도대학교 출판국, 2006)

Avery Dulles. *A History of Apologetics*(2nd ed. San Francisco, CA: Ignatius Press, 2005).

Mark J. Edwards, ed. *The Routledge Handbook of Early Christian Philosophy*(London: Routledge, 2021).

Mark J. Edwards, Martin Goodman, Simon R. F. Price, and Christopher Rowland, eds. *Apologetics in the Roman Empire: Pagans, Jews, Christians*(Oxford: Oxford University Press, 1999).

Michela Fontana. *Matteo Ricci: A Jesuit in the Ming Court*(London: Rowman & Littlefield, 2011).

Benjamin K. Forrest, Joshua D. Chatraw, and Alister E. McGrath, eds. *History of Apologetics: A Biographical and Methodological Introduction*(Grand Rapids, MI: Zondervan, 2020).

Adam Gregerman. *Building on the Ruins of the Temple: Apologetics and Polemics in Early Christianity and Rabbinic Judaism*(Tubingen: Mohr Siebeck, 2016).

Christina M. Gschwandtner. *Postmodern Apologetics? Arguments for God in Contemporary Philosophy*(New York, NY: Fordham University Press, 2013).

Peter Harrison. "'I Believe Because it is Absurd': The Enlightenment Invention of Tertullian's Credo." *Church History* 86, no. 2 (2017): pp. 339–64.

Anders-Christian Jacobsen and Jorg Ulrich, eds. *Three Greek Apologists: Origen, Eusebius and Athanasius*(Frankfurt: Peter Lang, 2007).

Anders-Christian Jacobsen. "The Apologists," in *The Early Christian World* edited by Philip F. Esler, 547–64. 2nd ed. (New York, NY: Routledge, 2017).

Daniel Janosik and Peter G. Riddell. *John of Damascus, First Apologist to the Muslims: The Trinity and Christian Apologetics in the Early Islamic Period*(Eugene, OR: Pickwick Publications, 2016).

Sandra Toenies Keating. *Defending the "People of Truth" in the Early Islamic Period: The Christian Apologies of Abū Rā'iṭah*(Leiden: Brill, 2006).

Craig S. Keener. "Paul and Sedition: Pauline Apologetic in Acts." *Bulletin for Biblical Research* 22, no. 2 (2012): pp. 201–24.

Andrew Louth. (1970). "Reason and Revelation in Saint Athanasius." *Scottish Journal of Theology* 23, no. 4 (1970): pp. 385–96.

Constantin-Ionuţ Mihai. "Gregory Thaumaturgus and Early Christian Apologetics." *Vigiliae Christianae* 75, no. 2 (2021): pp. 185–204.

Thomas V. Morris. *Making Sense of It All: Pascal and the Meaning of Life*(Grand Rapids, MI: Eerdmans, 1992). (『파스칼의 질문』 유자화, 이윤 역, 필로소픽, 2012)

Jørgen S. Nielsen and Khalil Samir. *Christian Arabic Apologetics During the Abbasid Period (750–1258)*(Leiden: Brill, 1994).

Daryl W. Palmer. "Atheism, Apologetic and Negative Theology in the Greek Apologists of the Second Century." *Vigiliae Christianae* 37 (1983): pp. 234–

59.

Martin Rade. "Bedenken gegen die Termini 'Apologetik' und 'christliche Weltanschauung.'" *Zeitschrift fur Theologie und Kirche* 17 (1907): pp. 423–35.

Salam Rassi. *Christian Thought in the Medieval Islamicate World: Abdīshō of Nisibis and the Apologetic Tradition*(Oxford: Oxford University Press, 2022).

Charles E. Ronan and Bonnie B. C. Oh, eds. *East Meets West: The Jesuits in China, 1582–1773*(Chicago: Loyola University Press, 1988).

Nicolas Standaert. *Methodology in View of Contact Between Cultures: The China Case in the 17th Century*(Hong Kong: Chinese University of Hong Kong, 2002).

Xiaochao Wang. *Christianity and Imperial Culture: Chinese Christian Apologetics in the Seventeenth Century and their Latin Patristic Equivalent*(Leiden: Brill, 1998).

Todd H. Weir and Hugh McLeod, eds. *Defending the Faith: Global Histories of Apologetics and Politics in the 20th Century*(Oxford: Oxford University Press, 2021).

Daniel H. Williams. *Defending and Defining the Faith: An Introduction to Early Christian Apologetic Literature*(New York, NY: Oxford University Press, 2020).

# 3

# 믿음의 합리성
The Rationality of Faith

기독교 변증의 중심 과제는 신앙이 합리적임을 보여주는 것이다. 그렇다면 하나의 신념이나 신념 체계가 '합리적'이라는 말은 어떤 의미일까? 두 가지 대답이 가능하다. 첫째로, 이론은 **증거**로 뒷받침될 때, 즉 증거가 이론을 요구하거나 강요할 때 '합리적'이다. 둘째로, 한 이론이 경쟁 이론보다 일련의 관찰을 더 잘 연결하고 조율할 수 있다면 '합리적'이다. 합리성에 대한 이 두 가지 이해는 모두 기독교 변증에서 널리 사용되어 왔고, 자연과학과 같은 다른 형태의 성찰에도 유사한 개념이 존재한다.

대부분의 기독교 변증가들은 기독교가 합리적임을 **확언**하고 **제시**하는 것이 중요하다고 믿는다. 그래서 기독교의 핵심 신념들에 좋은 근거를 제시하고, 기독교 신앙이 관찰과 경험의 세계를 이해하게 만든다는 것을 보여주려고 한다. 이 두 가지는 서로 연결되어 있는 듯 보인다. 경험과 관찰을 이해할 수 있게 하는 점이 기독교 신앙이 진리임을 가리키는 근거로 여겨지기 때문이다. 이에 대한 좋은 예는, 20세기 영국의 가장 영향력 있는 변증가 중 하나였던 소설가 도로시 세이어즈다. 세이어즈는 기독교에 끌린 이유를 분명히 밝혔다. 그에게 신앙은 "우주를 이해할 수 있는" 도구를 주었다. 숨겨진 패턴을 드러내고, 불투명하던 신비 속에서 의미를 분별할 수 있게 해주었던 것이다. 세상과 자신의 삶을 이해하고자 하는 세이어즈의 열망은 많은 이들이 공유하는 것이다.

그러나 기독교는 단순히 이성적인 신념 체계가 아니라 우리의 **생각하는** 방식을 변화시키는 참된 무엇이다. 그것은 의미 있는 **삶**의 모습을 창조하고 지속할 수 있는 무엇이다. **참인** 것과 **변화**를 일으키는 것 사이에는 어떤 필연적 연결도 없다. 예를 들어 '2+2=4'와 '전체는 부분보다 크다'라는 **참인** 진술에는 어떤 실존적 무게도 실려 있지 않음을 생각해 보라. 프랑스의 고전학자 피에르 아도(Pierre Hadot)는 대부분의 고대 철학 학파가, 지적 성찰을 넘어 신념과 실천을 통합한 '삶의 방식'을 발전시키는 것까지 자신들의 문화적 역할에 포함된다고 보았음을 지적했다. 고대 세계에서 철학은 지적인 교리 이상의 의미가 있었다. 그것은 또한 선에 대한 어떤 이상을 제시하고 이를 추구하도록 도움으로써 선한 삶을 촉구하는 것이었다. 따라서 철학자는 "특정한 삶의 선택을 하고 특정한 삶의 방식을 받아들인 사람"으로 이해되었다.

따라서 초기 기독교는 삶으로 살아낼 수 있는 지혜의 한 형태로 간주되었다. 그것은 한편으로는 인간의 정체성과 목적, 의미, 진리 그리고 아름다움을 위한 추구를 이해할 수 있게 해주는, 다른 한편으로는 인간 본성의 많은 부족함과 연약함에도 불구하고 이러한 목표를 달성할 수 있는 방법을 보여주는 개념적 또는 상상적 틀이었다. 기독교는 추종자들이 세상의 본질을 이해하고 그 안에서 통합된 삶을 살도록 도움을 주었고, 기독교적 목표를 달성하는 데는 신의 은총이 필요함을 항상 인식하게 했다. 초기 기독교가 후기 고전 고대 시기에 호소력을 지녔던 부분적 이유는, 기독교가 삶을 변화시키고 인격을 갖춘 사람을 창조할 수 있다는 인식을 얻었기 때문이었다. 기독교는 고통의 존재를 지적으로 설명하기보다, 고통에 **대처하는** 방법을 제시했다 (255–256, 295–298쪽).

현재 많은 사람들은 우리가 포스트합리주의 시대에 살고 있다고 주장한다. 특히 젊은이들 사이에서 이 시대는 인간 이성의 결함과 한계가 일반적으로 인정된다. 리처드 도킨스(그림 3.1)를 비롯한 "새로운 무신론" 관련 저술가들이 기독교 신자들에게 신의 존재를 '증명'하라고 요구하는 것은 그들이 낡은 합리주의에 갇혀 있는 것처럼 보이게 만든다(신이 존재하지 않음을 자신들은 '증명'할 수 없다는 사실은 편리하게 간과한다). 프랜시스 스퍼포드는 그의 영향력 있는 저서 『변증적이지 않은』에서 신의 존재 여부에 관한 그럴싸한 '합리적' 주장들에 대한 이러한 문화적 의심을 표현했다. "나는 신이 있는지 없는지 모른다. 당신도, 리처드 도킨스 교수도, 그 누구도 마찬가지다. 그것은 당신이 알 수 있는 종류의 문제가 아니다. 알 수 있는 항목이 아니다."

그림 3.1 영국의 진화 생물학자이자 유명한 무신론자이며 『만들어진 신』(*The God Delusion*, 2006)의 저자인 리처드 도킨스.

스퍼포드는 비합리주의를 옹호하는 것이 아니라 단순히 인간의 이성에 대한 순진한 과잉 의존을 경고하는 것이다. 다른 도구와 마찬가지로 이성도 보정하고 점검할 필요가 있다. '합리주의'는 기본적으로 모든 질문에 답을 얻으려고 이성에 과잉 의존하는 것이다. 이는 '주

정주의'(emotionalism)가 우리의 느낌에 과도하게 의존하는 것과 마찬가지 문제다. 그러나 이성과 감정은 모두 변증에서 적절하고 소중한 위치를 지닌다.

　　이번 장에서는 기독교 신앙의 합리성을 살펴보겠다. 하지만 먼저 이 논의를 위한 맥락을 설정할 필요가 있다. 기독교가 합리적임을 보여주는 것이 변증적으로 중요한 까닭은 무엇일까?

## 맥락 설정하기: 포스트합리주의 시대의 변증

앞 장에서 언급했듯이 18세기에 "이성의 시대"가 나타나 서유럽과 북미, 호주에서는 기독교 신학에 새로운 도전을 가져왔지만, 아프리카와 아시아, 라틴 아메리카에서는 그렇지 않았음을 강조해야겠다. 서구 문화에서 합리주의는 부분적으로 유럽의 종교 전쟁, 특히 30년 전쟁(1618–1648)의 파괴적 영향력 때문에 촉발되었다. 그로 인해 조직화된 종교에 대한 문화적 의심이 자라났고, 종교의 사회적 역할과 합리성에 의문이 제기되었다. 데카르트의 『방법서설』(Discourse on Method, 1637)과 스피노자의 『에티카』(Ethics, 1677)는 신념을 확립하고 검증하는 일에서 인간의 이성에 우선순위를 두는 철학적 문화 형성에 기여했다. 현재 많은 학자들은 하나님에 의존하지 않고도 이성의 필연적 진리에 근거하여 확실하게 신념을 구축하려고 노력하는 점이 현대 철학의 결정적 특징이라고 주장한다.

　　"이성의 시대"라는 표현은 계몽주의와 동의어로 자주 사용되는데, 예전에는 이성을 무시하거나 소외시켰다는 것을 암시하기 때문에 오해가 생긴다. 그러나 중세 시대도 나름 정당하게 "이성의 시대"로 생각될 수 있는데, 그때도 종교적 신념에 대한 정교한 이성적 변호 논리들이 발전되었기 때문이다. 이번 장의 뒷부분에서 살펴볼 토마스 아퀴나스의 "다섯 가지 길"이 대표적 예이다. 그러나 중요한 차이점도 있다. 중세 저술가들이 인간 이성을 일차적으로 지식을 발전시키는 데 **필수적 도구**(예를 들어 계시된 진리와 그 함의를 성찰하는)로 여겼다면, 계몽주의는 인간 이성은 다른 도움이 필요 없으며 신뢰할 수 있는 인간 지식의 **토대**라고 생각했다. 따라서 '합리주의'는 순수한 이성에 의해 도출되고 정당화되는 사상을 가리키는 말이 되었다. 서유럽의 합리적 기준들은 지역과 역사에 관계없이 보편타당한 것으로 취급되었다. 인간의 추론 패턴은 부분적으로 역사적 맥락에서 형성된다. 따라서 실제로는 '지역적인' 합리성이지만 보편타당한 것으로 취급한 것이다.

일부 기독교 변증가들은 엄격한 논리와 논증으로 신앙에 접근하는 방식을 계발함으로써 "이성의 시대"에 대응했다. 그러나 신앙의 합리성을 보여주는 것이 중요하지만, 변증은 너무도 쉽게 신앙 공동체 외부 사람들과의 논쟁에서 이기려는 기술로 전락할 수 있다(25, 121-123쪽). 이렇게 강력하게 논증적인 접근 방식을 사용하면 지나간 시대의 사고방식에 사로잡힐 위험이 있으며, 결국 우리는 막스 베버의 유명한 표현처럼 합리주의의 "철창"에 스스로를 가둘 수 있다. 더 나아가 기독교의 합리성 강조는 기독교가 단지 **사상**에 불과하다는 문화적 인식으로 이어질 수도 있다. 마릴린 로빈슨이 올바르게 지적했듯이 이러한 '논증들'은 종종 영적으로 얄팍하고 인식론적으로 단순해 보인다. "나는 믿음을 변호하려는 시도가 오히려 믿음을 불안정하게 만들 수 있다고 생각한다. 궁극적인 것을 논증할 때는 항상 부적절함이 있기 때문이다."

계몽주의를 철학적으로 비판하는 이들[알래스데어 매킨타이어(Alasdair MacIntyre)나 존 그레이 등]은 계몽주의의 지식의 보편적 토대와 기준 추구는 방대하게 축적된 반증의 무게 때문에 무너졌다고 주장했다. 간단히 말해, 하나의 보편적 합리성을 추구하던 비전은 변호할 수도 성취할 수도 없었다는 것이다. 명확하고, 모호하지 않으며, 절대적이고, 순수하게 이성적인 진리가 없는 상태로 살아가야 한다는 사실을 인정하는 것 외에는 우리 인간들에게 다른 선택지가 없다. 물론 우리의 신념을 정당화할 수 있는 기준들을 명확히 진술하고 변호해야 하지만, 동시에 그러한 신념이 증명의 한계 너머에 있을 수도 있음을 알아야 한다. 예를 들어 매킨타이어는 계몽주의의 관념인 인간의 보편적 합리성은 역사적 증거에 근거하여 변호할 수 없다고 주장했다. "특정 전통이나 다른 전통에서 제공하는 바를 떠나서는 이성적 논증을 전개하고 평가하며 수용하고 거부하는 행위에 참여할 근거나 질문할 자리, 방법은 존재하지 않는다."

매킨타이어의 관점은 영향력을 발휘하고 있으며 학계에서 널리 수용되고 있다. 그의 분석에 따르면, 계몽주의는 단지 보편타당하다고 잘못 믿어졌던 특정한 사고 전통일 뿐이다. 매킨타이어의 역사적이고도 철학적인 분석은 정의와 윤리에 대한 '합리적' 접근법의 다양성 자체가 필연적으로 "계몽주의의 유산은 합리적 정당화라는 달성 불가능하다고 증명된 이상을 제시했다"라는 결론으로 이끈다는 점을 분명하게 만들었다.

이러한 점은 변증에서 매우 중요한 의미를 지닌다. 기독교를 판단할 수 있는 합리성에 근거한 그러한 보편적 기준은 존재하지 않는다. 정말로 중요한 것은 기독교가 내적 일관성이 있고, 우리 안에서 경험되고 주변에서 관찰되는 것을 이해할 수 있게 하며, 의미와 중요성에 대한 갈망처럼 사람들에게 정말로 중요한 것들과 우리를 연결할 수 있다는 것을 보여주는 데 있다. 이러한 주제들은 기독교 변증의 초기에, 특히 초기 기독교와 중세 시대에 분명히 존재했던 것들이다. 계몽주의의 완고한 합리주의가 저물고 있는 지금은 이런 접근법들을 되찾아서 새롭게 활용할 때이다.

변증에서 이성주의적 접근법의 한계를 강조했던 인물 가운데는 18세기 미국의 위대한 청교도 신학자 조나단 에드워즈도 있다. 그는 순전히 이성주의적인 변증 접근법을 비판한 가장 중요한 인물 중 한 명으로 남아 있다. "대각성 운동"(1730년대와 1740년대에 뉴잉글랜드 지역에서 일어난 종교적 부흥)의 지도적 인물 중 하나였던 에드워즈는 이성적 논증이 기독교 변증에서 가치 있고 중요한 자리를 차지하지만, 변증가가 활용할 유일한 자원은 아니며 어쩌면 가장 중요한 자원도 아니라고 믿었다. 에드워즈는, 변증은 지성뿐만 아니라 마음과 상상력까지 다루며, 하나님이 주신 우리의 모든 능력들에 변증이 미치는 영향을 무시한다면 복음이 빈곤해진다고 보았다.

> 외적인 논증들을 무시해서는 안 되고, 적극적으로 사용해야 하며 매우 귀중하고 가치 있게 여겨야 한다. 왜냐하면 논증은 불신자들을 깨우고, 그들을 진지한 숙고로 이끌며, 참된 성도의 믿음을 확증하는 데 큰 도움이 될 것이기 때문이다. … [그러나] 심판에 대한 영적인 확신과 관련된 것이 아니라, 신성한 것들의 영적인 아름다움과 영광에 대한 관심에서 발생하는 일들에만 해당한다.

에드워즈의 통찰은, 합리적 논증이 사람들의 생각을 변화시키고 신앙에 더 수용적인 상태로 만들 수는 있지만 **회심**하게 하지는 못한다는 것이다. 논증은 회심의 장애물을 제거하고 신자들의 믿음을 지지할 수는 있지만 그 자체로 인간을 변화시킬 수 있는 능력이 없다. 에드워즈는, 진정한 회심은 영광스럽고 은혜로우신 하나님과의 만남에 달려 있으며, 논증에 설득되는 것에 달려 있지 않다고 보았다. 이러한 통찰은 해방적 성격을 지닌다. 변증이 교묘한 기술을 계발하는 일이 아니라, 하나님의 은혜와 영광을 인식하고 의지하는 것임을 다시 한번 확언해 주기 때문이다. 변증은 하나님에 대한 기독교적 비전을 사람들이 발견하도록 돕는 일이며, 이것은 말로 적절히 소통하거나 표현할 수 없는 것이다.

　　그렇다면 기독교 신앙이 이성적임은 보여줄 수 있을까? 아니면 일부 신랄한 비평가들의 주장처럼 합리적 정당화가 불가능한 것일까? 리처드 도킨스나 크리스토퍼 히친스(Christopher Hitchens) 같은 새로운 무신론자들은, 합리적인 인간은 그저 **생각**하지만 종교인들은 **그들의 종교적 신념에 비추어** 생각하기 때문에 비판을 허용하지 않는 종교적 세계관에 갇혀 있다고 주장한다. 새로운 무신론 철학자 A. C. 그레일링(Grayling)은 이런 생각을 반영하여, 신학적 추론은 합리적인 사람이 받아들일 수 없는데 한 체계의 "전제들과 매개 변수들" 안에서 수행되기 때문이라고 주장했다. 그러나 그레일링은 과학적 사고를 포함한 **모든** 인간의 사고가 수학과 논리를 포함한 이런저런 체계의 "전제들과 매개 변수들" 안에서 일어난다는 중요한 사실을 간과하는 것처럼 보인다.

　　서유럽과 북미에서 지배적이었던 합리주의 세계관이 사라져 감에 따라 이제 좀 더 폭넓은 변증 접근법 회복이 가능해졌다. 변증은 아름다움과 선함, 진리에 대한 기독교의 관심을 충실하고 생생하게 묘사하여, 기독교의 실재에 대한 비전의 풍부함과 깊이에 매료되게 하는 수단이다.

　　이번 장에서는 신앙의 합리성과 관련된 주요 주제를 몇 가지 살펴볼 것이다. 아마도 믿음에 대한 기독교의 생각과 그것이 어떻게 '이성적'으로 간주될 수 있는지 살펴보는 것이 가장 좋은 출발점일 것이다. 변증은 참이라고 증명될 수 없는 것인데 그것을 믿는 일을 정당화하는 것, 믿음의 내용을 정당화하는 것 이 두 가지를 모두 다룬다.


## 정당화된 신념으로서의 믿음

'믿음'은 무엇을 의미하는가? 예로부터 그리스도인 저술가들은 '믿음'

이라는 단어의 두 가지 의미를 구분해 왔다. 첫째로, '우리가 믿을 때 사용하는 믿음'(a faith by which we believe)이 있다. 즉 신뢰(trust)와 동의(assent)의 행위이다. 하나님께 '예'라고 대답하고, 하나님을 우리의 삶과 생각의 안전한 근거로 여겨 손을 뻗어 하나님을 붙잡고 굳게 붙어 있는 것이다. 둘째로, '우리가 믿는 믿음'(a faith which we believe), 다른 말로 하면 신경(Creeds)에 명시된 것들 같은 일군의 신념들(beliefs)이 있다. 이런 의미에서의 믿음은 믿고 신뢰하는 **행위**가 아니라 그리스도인이 믿는 **내용**을 가리킨다. 이번 장에서는 우선적으로 관심의 초점을 믿는 **행위**를 위한 지적 동기들에 맞출 것이다. 이것을 어떻게 이해해야 할까?

기독교 외부의 사람들은 대부분 신앙을 일종의 신념이나 지적인 동의로 간주한다. 하나님을 믿는다는 것은 하나님의 존재를 믿는 것이다. 믿음은 좀 더 낮은 형태의 지식이다. 즉 참이라고 증명될 수 있는 일보다는 의견이나 판단과 관련된 것이다. 하지만 루트비히 비트겐슈타인이 지적했듯이, 공동체가 언어를 사용하는 방식에 귀를 기울이는 것이 중요하다. 한 사람이나 집단이 어떤 단어를 써서 의미하는 바를 이해하려면 그들의 말을 듣고, 실제로 그 단어를 어떻게 사용하는지 보아야 한다. 예를 들어 사도신경은 거의 항상 "나는 믿습니다"(I believe)로 번역되는 라틴어 단어 '크레도'(credo)로 시작된다. 그러나 신경이 기록될 당시 이 라틴어의 의미는 "사람이나 사물을 신뢰하거나 확신하다, 확신을 가지다, 신뢰하다"였다. 최근의 학문적 연구는 신약성경 시대의 문화 속에서 '믿음'의 지배적인 의미를 가장 잘 묘사하는 말은 '관계적 신뢰'라고 말한다.

예를 들어 초기 기독교 역사를 연구하는 테레사 모건(Teresa Morgan)은 "하나님, 그리스도, 인간 사이의 관계에서 신뢰(trust)가 작동하는 방식은 그리스도인들에게 역사와 신학의 토대를 형성한다. 이를 탐구함으로써 기독교적 믿음(faith)에 대한 우리의 이해를 더 온전하게 만들 수 있다"라고 주장한다. 오늘날 많은 사람들이 믿음을 **지적 판단**과만 관련시켜 생각하지만, 신경은 믿음을 또한 **개인적인 헌신**으로 보기도 한다. 따라서 5세기 신학자 리에즈의 파우스투스(Faustus of Riez)는 그의 독자들에게 하나님을 믿는(*credere*) 것은 "우리 자신과 우리의 애정을 온전히 하나님께 바치며 예배와 사랑으로 하나님께 응답하는 것"이라고 설명했다. 믿음은 생각, 마음, 의지를 포괄하며, 이성적인 것만이 아니라 관계적이다.

따라서 믿음은 모험이며, 신자들이 그들이 의존하는 존재에게 자신을 의탁하는 관계의 여정이다. 이것은 맹목적 선택이 아니라, 이 단계가 이성적인 것이라는 결론을 내리게 한 통찰과 직관, 성찰 때문에 이루어진 선택이다. 믿음은 단순히 **인지적**인 것("나는 이 진술이 참이라고 믿는다")만이 아니라, **관계적**이고 **실존적**인 것("나는 이 사람을 신뢰한다")이기도 하다. C. S. 루이스는 이렇게 말한 적이 있다. 당신은 "동의를 요구하는 논증과 마주한 것이 아니라, 당신의 신뢰를 요구하는 인격과 마주하고 있다." 믿음은 우리 자신을 하나님께 의탁하는 것과 관련된다. 그러나 이러한 신뢰 또는 믿음의 행위는 신뢰할 만한 충분한 이유가 있다는 점에서 정당화될 수 있다. 미국의 철학자 앨빈 플랜팅가는 이러한 점을 강조했는데, "이성의 시대"로부터 물려받은 '토대주의'(foundationalism)가 **믿음의 본성**과 **믿음의 이유**에 대한 잘못된 기대를 만든다고 주장했다.

성공회 신학자 W. H. 그리피스토머스(Griffith-Thomas)는 기독교적 신앙 이해의 핵심적인 측면들을 통합하는 정의를 제시했다.

> [믿음]은 적절한 증거에 기초한 정신(the mind)의 소신(the conviction)에서 시작하여, 소신에 기초한 마음(the heart)이나 감정의 확신(the confidence)으로 이어지고, 그 위에 의지의 동의라는 관이 씌워져 소신과 확신이 행동(conduct)으로 표현된다.

이 유용한 정의는 기독교의 특징적인 믿음 이해의 핵심 요소들을 하나로 엮었는데, 믿음에 정신과 마음, 의지가 관련된다는 점을 명확히 드러낸다. 제네바의 장 칼뱅은 그의 『기독교 강요』(그림 3.2)에서, 자주 인용되는 신앙에 대한 정의를 통해 비슷한 점들을 언급했다.

[믿음]은 우리를 향한 하나님의 호의에 대한 안정적이고 확실한 지식이며, 그리스도 안에 있는 하나님의 은혜로운 약속의 진리에 기초한 것으로서, 우리 정신에 계시되고 또한 성령에 의해 우리 마음에 인 쳐진다.

그림 3.2 16세기의 가장 영향력 있었던 신학 저술 중 하나인 장 칼뱅의 『기독교 강요』 1559년 판 표지.

이런 주제를 함께 엮어 보자. 아주 일반적으로 말하면, 기독교는 '믿음'이라는 용어를 근거가 있는 지적이고도 관계적인 신뢰의 태도를 가리키는 데 사용한다. 여기에는 세 가지 핵심 요소가 있다.

1. 믿음은 어떤 것들이 참으로 존재하는 '정황'(a state of affairs)을 믿는 것과 관련이 있다. 내가 '하나님을 믿는다'라고 말할 때, 그 말의 의미는 내가 하나님이 존재한다고 생각(그리고 신뢰)하는 것이다. 따라서 믿음은 실재의 본성에 관한 일군의 신념들에 동의하는 것이다. "나는 하나님을 믿는다"라는 말은 "나는 하나님이 존재한다고 믿는다" 또는 "나는 신이 존재한다고 생각한다" 정도의 의미이다. 이것은 변증적 토론을 위한 좋은 출발점이다. 하나님이 어떤 분인지, 하나님에 대한 믿음이 인간 실존에 어떤 변화를 가져올 수 있는지를 말하기 전에, 우리는 먼저 하나님이 존재한다는 믿음에서 출발해야만 한다.

2. 믿음은 신뢰다. 내가 하나님의 약속들을 믿는다고 말할 때, 나는 그것들을 **신뢰**한다고 선언하는 것이다. 따라서 믿음은 이런 약속들의 존재를 인식하는 것을 넘어서, 그것들을 신뢰하고 의지할 수 있고 또 그런 **의미로** 주어졌음을 알아차리는 것이다. 마르틴 루터가 끊임없이 강조했듯이 믿음은 약속하시는 하나님을 신뢰하는 것이다. "약속하시는 하나님의 말씀이 있는 곳에는 그것을 받아들이는 사람의 믿음도 있어야만 한다. 그러므로 우리 구원의 시작은 약속하시는 하나님의 말씀에 매달리는 믿음이다."

3. 믿음은 하나님의 약속들 안으로 들어가서, 그 약속들이 제공하는 바들을 받는 것이다. 약속이 존재하며 그것들을 신뢰할 수 있음을 인식한 후에는, 그 약속에 근거해 행동할 필요가 있다. 즉 약속들 안으로 들어가서 약속된 것을 받음으로써 그 혜택을 누리는 것이다. 믿음의 첫 두 단계는 세 번째 단계를 위한 준비 단계이며, 세 번째가 없다면 불완전한 것이다.

# 믿음, 증거 그리고 불확실성 : 클리포드에서 도킨스까지

참이라고 증명할 수 없는 어떤 신념들을 신뢰한다는 생각은 많은 비판을 받아왔다. 리처드 도킨스와 같은 많은 합리주의 저술가들은 "증거가 불충분한 상태에서 무엇을 믿는 것은 언제나, 어디서나, 누구에게나 잘못된 것"이라는, 영국 수학자 윌리엄 클리포드가 1877년에 선언한 말을 따르고 있다. 그 누구도 논증이나 증거가 불충분한 것을 믿도록 허용해서는 안 된다는 말이다. 클리포드는 이것이 단지 지적 책임의 문제가 아니라 근본적인 **도덕적** 의무라고 주장했다. 도킨스도 비슷한 견해를 취하며, 믿음은 증거를 다루기를 거부한다고 주장한다. 도킨스에게 믿음이란 "맹목적 신뢰이며, 증거가 없는데도, 심지어 강력한 반증이 있을 때조차도 신뢰하는 것"을 의미한다. 이는 흥미롭고 영향력 있는 주장이지만, 클리포드나 도킨스가 생각하는 것보다 상황은 실제로 훨씬 더 복잡하다.

이 주장을 평가하기 위해, 우리 우주가 유일한 우주인지 여러 우주 중 하나인지를 다루는 주요한 과학 논쟁('다중 우주' 가설로 알려진)을 고려해 보자. 결정적인 증거는 없으며 두 가능성 모두 과학계에 지지자가 있다. 그러나 클리포드의 말이 맞다면, 과학자들은 양쪽 모두 "증거가 불충분"하므로 **어느 쪽도** 지지해서는 안 된다. 주어진 증거만을 가지고는 양쪽이 모두 결정적이라고 할 수 없으므로 어떤 판정도 내릴 수 없다. 다행히도 과학자들은 클리포드보다도 증거의 미결정성(underdetermination)과 이론의 잠정성 문제를 훨씬 잘 인식하고 있다. 심지어 리처드 도킨스조차도 어떤 **신학적인** 이유로 다소 사변적인 다중 우주 이론을 지지한다. 천문학자 버나드 카(Bernard Carr)는 "당신이 신을 원하지 않는다면 다중 우주를 믿어야 한다"는 유명한 말을 남겼다. 도킨스의 비평가들이 보기에 도킨스는 자신의 무신론적 신념에 부합한다는 이유만으로 증거가 부족한 이 선택지를 지지하는 것처럼 보인다.

오늘날 클리포드의 진술은 수사학적 과잉, 즉 수학적 증명 개념을 다른 모든 이에게 부과하고 싶었던 이가 주의를 끌기 위해 과장한 말이라고 일반적으로 간주된다. 스스로의 기준을 따르면 클리포드는 무신론자가 될 수 없다는 점에 많은 이들이 동의한다. 하나님이 없다는 것을 **증명**한 사람이라는 의미에서도, 좀 더 약한 의미로 하나님이 없다고 믿는 사람이라는 의미에서도 그러하다. 한 세대 후에 철학자이자 심리학인 윌리엄 제임스(William James)는 클리포드를 비판하면서, "충분한 증거"가 아닌 다른 적절한 믿음의 근거가 있다고 주장했다. 제임스는 수학이나 논리학 같은 특정 분야 외에서는 실제로 달성할 수 없는 지식의 확실성을 추구하는 계몽주의의 열망을 강력하게 비판했는데, 대부분의 경우에는 어느 정도의 불확실성을 인정해야 하며 이는 사람들이 대부분 어려움 없이 받아들일 수 있다고 주장했다. 증거는 모호하지만 결정이 필요한 상황이 발생할 수 있다. 제임스와 실용주의 전통에 선 다른 저술가들은 증거와 관련 없는 다른 근거를 통해서도 우리가 신념을 정당하게 받아들일 수 있으며, 신념의 증거적 기초에 관해서 어느 정도의 불확실성을 안고 살아갈 수 있다고 주장했다. 문학평론가 테리 이글턴(Terry Eagleton)은 증명할 수 없는 신념을 도킨스가 거부하는 것에 대해, "우리는 반박할 수 없을 정도의 합리적 정당성을 지니지는 못하지만, 그럼에도 수용하기에 적절한 정도로 이성적인 많은 신념을 붙들고 있다"고 지적했다.

이러한 관점은 철학의 과제를 평가한 버트런드 러셀(Bertrand Russell, 1872-1970)의 중요한 말에서도 나타난다. "확실성은 없지만 주저함에 마비되지 않고 살아가는 법을 가르치는 것이야말로, 아마도 우리 시대에 철학을 공부하는 이들에게 철학이 여전히 줄 수 있는 가장 중요한 일이다." 지성사가이자 철학자인 이사야 벌린(Isaiah Berlin) 경은 그의 유명한 강연 "이상의 추구"에서 이 점을 더욱 강력하게 표현했는데, 그들의 방법으로 "무엇을 해야 하고 무엇이 되어야 하는지에 대한 명확하고 흔들리지 않는, 의심의 여지를 전혀 허용하지 않는 확신"에 도달한 사람들은 철학적 파멸을 맞는다고 말했다. 벌린은 소원 성취보다 그다지 나을 것 없는 그러한 인식론적 오만의 근거와 함의를 혹평했다. "그런 안락한 독단의 침대에서 쉬고자 하는 사람들은 스스로 초래한 근시안의 희생자이며, 인간이 되는 것이 무엇인지를 이해하려는 것이 아니라 자기만족의 눈가리개를 쓰고 있다고 말할 수밖에 없다."

러셀과 벌린은 클리포드가 내놓은 무신론의 얕은 철학적 근거에 명백히 의문을 제기한다. 그러나 여기서 고려해야 할 또 다른 점이 있다. 러셀은 종종 '무신론자' 철학자로 언급되지만, 그는 명시적으로 자신이 **불가지론자**라고 밝혔다. 하나님에 대한 질문을 증명의 범위 밖에 있는 문제로 여겼기 때문이다. 러셀은 하나님이 존재한다는 사실을 증명할 수는 없지만, 하나님이 없는 **것처럼** 살 수 있다는 **실용적인** 견해를 취했다. 철학자 존 그레이가 지적했듯이, 무신론자는 하나님이 없다는 것을 **증명한** 사람이 아니라 하나님이 필요하지 않은 사람이라고 정의하는 것이 더 낫다. 왜냐하면 이러한 지적 증명은 단순히 이성과 증거가 닿을 수 있는 범위 너머에 있기 때문이다. 다행히도 일부 변증가들은 인간 이성의 능력과 한계에 대한 이러한 보완된 접근이 지닌 속뜻을 받아들였다.

캐나다의 철학자이자 변증가인 존 스택하우스는 "정당화할 수 없는 확실성과 냉소적 절망 사이의 중간 길을 찾아야 한다"라고 주장한다. 어떤 철학이나 신학도 "우리의 모든 질문을 완전히 만족시키는 완벽한 지식"을 제공할 수는 없다. 삶을 이해하려는 시도에는 반드시 간극과 변칙과 긴장이 존재하는데, 한편으로는 세상의 복잡성이 반영되며, 다른 한편으로는 인간 이성의 추론적 한계와 문화적 제약성이 반영되기 때문이다.

아마도 더 흥미로운 점은, 데이비드 흄(David Hume)의 귀납적 일반화 비판에 따르면 클리포드의 과도한 주장은 자연과학을 많은 부분 훼손한다고 어떤 이들이 지적한 것이다. 예를 들어 찰스 다윈(그림 3.3)은 1859년에 발표한 자신의 "자연 선택 이론"이 참임을 증명할 수 없으며, 증거의 측면에서 미흡하다고 확고한 입장을 취했다. 그러나 자신의 자연 선택 이론은 신뢰할 수 있는데, 그것은 증거를 수용할 수 있는 능력 때문이라고 다윈은 명확히 말했다. 그는 자연주의자 F. W. 허튼(Hutton)의 명료한 입장을 칭찬하는 편지에서, "[허튼은] 종의 변화를 직접 증명할 수 없으며, 그 이론이 현상을 분류하고 설명하는 능력에 따라 사라지거나 살아남아야 한다고 보는 극소수의 사람들 중 한 명이다"라고 적었다.

그림 3.3 영국의 자연주의자이자 『종의 기원』(*The Origin of Species*, 1859)의 저자인 찰스 다윈(1809–1882).

다윈은 해결이 필요한 모든 철학적 문제를 자신이 적절히 다루었다고 믿지는 않았지만, 자신의 설명이 최선이라는 점에는 확신을 가졌다. 『종의 기원』 마지막 6판에 추가된 언급이 이 점을 명확하게 보여준다.

거짓 이론이 자연 선택 이론만큼 만족스러운 방식으로 위에 제시한 몇 가지 큰 부류의 사실을 설명할 수 있다고 생각하기는 어렵다. 최근에는 이것이 안전하지 않은 논증 방법이라는 반론이 제기되었지만, 이것은 삶의 일상적 사건들을 판단하는 데 사용되는 방법이며, 위대한 자연 철학자들에 의해 종종 사용되었던 방법이다.

다윈은 자신의 이론이 완전히 확실하게 증명될 수 없음을 인식했다. 그러나 자연과학에서 이미 널리 사용되고 있는 수용과 정당화의 기준들에 기초하여 자신의 이론을 변호할 수 있으며, 그 이론의 설명 능력 자체가 진리를 향한 신뢰할 수 있는 지침임을 분명히 믿었다. 만약 다윈이 클리포드의 합리성 기준을 채택했다면 자연 선택 이론의 기초에 대해 확신할 수 없었을 것이다.

다윈의 관점을 진지하게 살펴볼 필요가 있다. 과학철학에서 이론은, 종종 광범위한 관찰들을 결합할 수 있는 최선의 개념적 틀을 제공하는 듯 보이기 때문에 제안된다. 관찰이 이론을 **증명**한다기보다는, 이론이 관찰을 정리하는 데 가장 적합한 틀을 제공하는 듯 보이는 것이다. 이번 장의 앞부분(91-94쪽)에서 언급했듯이, 이는 현재 일반적으로 "최선의 설명으로의 추론"으로 알려져 있으며 오늘날 과학철학의 지배적 흐름에 속한다. 리처드 스윈번과 다른 사람들이 지적했듯이(116-121쪽), 이것은 기독교 변증가들에게 중요한 지적 도구를 몇 가지 제공한다.

양자물리학자이자 신학자인 존 폴킹혼(John Polkinghorne)은, 모든 신념에 대해 증거를 요구하고 모든 지성적 헌신에 대해 확실성을 요구하는 사람들을 가리켜, 인간의 진리 추구에서는 그것이 과학이든 기독교 신앙이든 간에 절대적으로 확실한 결론을 얻을 수는 없다고 지적한다. 신앙은 "세계가 존재하는 방식에 대한 일관되고 합리적으로 동기가 부여된 관점"이다. 폴킹혼이 보기에는 과학이나 신학 모두 "바보들 외에는 아무도 부정할 수 없는 그러한 논리적으로 강압적인 증명"을 확립하거나 얻기를 기대할 수 없다. 두 분야 모두 필연적으로 "어느 정도의 지적 위험성"을 감수해야 한다. "인간의 피할 수 없는 인식론적 조건"은 우리가 증명할 수는 없지만 참이라고 받아들일 만한 좋은 이유가 있는 신념들에 스스로를 맡긴다는 것이다. 우리는 우리가 참이라고 신뢰하는 것, 그러나 참임을 증명할 수 없는 것, 그러나 신뢰할 만한 좋은 이유가 있다고 믿는 것을 믿는다. 그러므로 믿음(faith)은 정당화된 신념(belief)의 한 형태다.

## 신 존재 논증: 세 가지 접근법

이번 장에서 기독교 변증가들이 사용하는 몇 가지 논증의 경로를 이미 살펴보기 시작했지만, 지금부터는 철학 교과서에서 자주 논의되는 세 가지 큰 접근 방식에 초점을 맞추겠다. 먼저 토마스 아퀴나스의 유명한 "다섯 가지 길"을 살펴볼 것인데, 이는 문헌에서 널리 논의되고 있으며 변증적 맥락에서 다양한 방식으로 발전시킬 수 있는 하나님의 존재에 대한 고전적인 '논증들'이다.

### 토마스 아퀴나스: 다섯 가지 길

토마스 아퀴나스(그림 3.4)는 아마도 가장 유명하고 영향력 있는 중세 신학자일 것이다. 그는 생애 말기에 집필을 시작했으나 사망할 때까지 완성하지 못한 『신학대전』(Summa Theologiae)으로 가장 잘 알려져 있다. 그러나 다른 중요한 저술이 많은데, 특히 『대이교도 대전』(Summa contra Gentiles)은 기독교 신앙의 합리성, 특히 하나님의 존재에 대한 고전적 진술을 담고 있다.

아퀴나스는, 일반적인 인간의 세계 경험에 근거하여 하나님의 존재를 가리키는 단서를 찾아내는 방법이 전적으로 적절하다고 믿었다. 그의 "다섯 가지 길"은 하나님의 존재를 설득하는 다섯 가지 논증으로서, 각 논증은 창조주의 존재를 "가리키는" 세계의 어떤 측면에서 끌어낸 것이다.

그림 3.4 베노조 고촐리(Benozzo Gozzoli, 1420-1497)의 1471년 작 〈성 토마스 아퀴나스의 승리〉 일부.

아퀴나스는 가리키는 요소로 어떤 것들을 염두에 두고 있을까?

아퀴나스를 끌고 가는 기본적인 사고의 흐름은 세상이 창조주이신 하나님을 비추는 거울이 된다는 것이다. 이것은 "존재의 유비"(analogy of being)라는 그의 신조에 좀 더 공식적으로 표현되었다. 마치 예술가가 그림에 서명을 하여 자신의 작품임을 알리듯, 하나님은 창조물에 신성한 '서명'을 찍어 놓았다. 우리가 세상에서 관찰하는 것, 예를 들어 존재하는 질서의 표지들은 하나님이 창조주시라면 설명될 수 있다. 만일 하나님이 세상을 존재하게 하셨고 그 위에 신적 형상과 모양을 찍어 놓으셨다면, 피조물을 통해 하나님의 본성을 무언가 알 수 있을 것이다.

그렇다면 하나님의 존재에 대한 증거를 창조 세계 어디에서 찾을 수 있을까? 아퀴나스는 세상에 드러난 질서가 하나님의 존재와 지혜에 대한 가장 설득력 있는 증거라고 주장한다. 이것은 "다섯 가지 길" 공통의 기본 가정이지만, 흔히 "설계로부터의 논증" 또는 "목적론적 논증"이라고 불리는 논증의 경우에 특별히 중요하다.

첫 번째 길은 세상 만물이 움직이거나 변화하고 있다는 관찰에서 시작한다. 세상은 정적이지 않고 역동적이다. 그 예는 쉽게 열거할 수 있다. 하늘에서 비가 내린다. 돌들이 계곡에서 굴러 내려온다. 이것을 보통 "운동으로부터의 논증"이라고 한다. 그러나 여기서 말하는 '운동'은 사실 일반적인 용어로 이해되므로, 때로는 '변화'라는 용어가 더 적절한 번역어가 된다.

그렇다면 자연은 어떻게 움직이게 되었을까? 왜 변화할까? 아퀴나스는 움직이는 모든 것은 다른 어떤 것 때문에 움직여진다고 논증한다. 모든 운동에는 원인이 있기 때문이다. 사물은 그냥 움직이는 것이 아니라 다른 어떤 것에 의해 움직여진다. 이제 운동의 각 원인에는 그 자체의 원인이 있어야 한다. 그리고 그 원인에도 반드시 원인이 있어야 한다. 그리하여 아퀴나스는 우리가 아는 이 세계의 배후에 일련의 운동의 원인들이 있다고 논증한다. 이제 그는 이러한 원인들이 무한히 존재하지 않는다면, 그 일련의 기원에는 반드시 단일 원인이 존재해야 한다고 주장한다. 이 원초적인 운동의 원인에서 다른 모든 운동이 궁극적으로 파생된다. 이것이 우리가 보는 세계가 작동하는 방식에 반영된, 거대한 인과관계 사슬의 기원이다. 따라서 아퀴나스는 사물이 운동하고 있다는 사실로부터 이 모든 것의 단일 원인의 존재를 논증한다. 아퀴나스에 따르면, 오직 하나님만이 이 원인이 될 수 있다.

최근에는 이 논증이 '우주를 존재하게 한 하나님'이라는 말로 재진술되어 왔다. 이런 이유로 이 논증은 '우주론적'(cosmological) 논증이라고도 불린다('우주'를 의미하는 그리스어 '코스모스'에서 유래). 가장 흔히 접할 수 있는 이 논증의 진술은 다음과 같다.

1. 우주의 모든 것은 존재하기 위해 다른 무언가에 의존한다.
2. 우주의 각 부분에서 참인 것은 우주 자체에 대해서도 참이다.
3. 따라서 우주는 존재하기 위해, 우주가 존재해 오는 동안 그리고 앞으로 존재할 동안, 무언가에 의존하고 있다.
4. 따라서 우주는 존재하기 위해 신에게 의존한다.

이 주장은 기본적으로 우주의 존재에 설명이 필요하다고 가정한다. 이런 유형의 논증은 현대 우주론 연구, 특히 우주의 기원에 관한 '빅뱅'이론과 직접 연결된다는 점이 앞으로 분명해질 것이다.

두 번째 길은 인과관계 개념에서 시작된다. 한 사건(효과)은 다른 사건(원인)의 영향으로 설명할 수 있다. 앞에서 설명한 것과 유사한 추론을 사용하는 아퀴나스는, 모든 효과가 하나의 단일한 원인으로 거슬러 올라갈 수 있다고 논증한다. 그 단일한 원인이 하나님이다.

세 번째 길은 우연적 존재들; 즉 필연성과 상관없이 존재하는 것들이 있다는 사실을 고려한다. 아퀴나스는 이러한 유형의 존재를 필연적 존재(필연적으로 있어야만 하는 존재)와 대조한다. 아퀴나스는 하나님은 필연적 존재인 반면, 인간은 우연적 존재라고 주장한다. 우리가 여기 있다는 사실은 설명을 요구한다. 왜 우리는 여기 있는가? 우리가 존재하기 위해 무슨 일이 일어났는가? 아퀴나스는 어떤 존재가 있다는 것은 이미 존재하던 무엇이 그 존재를 있게 만들었기 때문이라고 주장한다. 다시 말해 우리의 존재는 다른 존재에 의해 생겨났다. 우리는 일련의 인과관계에 따른 결과물이다. 아퀴나스는 이 일련의 과정을 기원까지 거슬러 추적하는데, 오직 필연적으로 있어야만 하는 존재, 즉 하나님만이 존재의 근본적 원인이 될 수 있다고 선언한다.

네 번째 길은 진실, 선함, 고귀함 등 인간이 소중히 여기는 가치에서 시작된다. 이러한 가치는 어디에서 오는 것인가? 무엇이 그것들을 있게 했는가? 아퀴나스는 그 자체로 참되고 선하며 고귀한 어떤 것이 존재해야만 하며, 그것이 우리의 진리, 선, 고귀함의 관념을 있게 한다고 주장한다. 아퀴나스는 이러한 관념들의 기원이 바로 그것들의 근본 원인인 하나님이라고 말한다.

다섯 번째이자 마지막 길은 목적론적(teleological) 논증으로 알려져 있다(목적 또는 목표를 의미하는 그리스어 '텔로스'에서 유래). 아퀴나스는 세계가 지적 설계의 흔적을 분명히 보여준다고 말한다. 자연의 과정과 사물은 명확한 목적을 염두에 두고 맞춘 것처럼 보인다. 그것들은 목적을 지닌 듯 보인다. 마치 설계된 듯하다. 그러나 사물은 자신을 설계할 수 없으므로 누군가 또는 다른 무언가에 의해 생겨나고 설계된 것이다. 이러한 관찰로부터 아퀴나스는 자연 질서의 근원은 하나님임을 인정해야 한다는 결론을 내린다.

아퀴나스는 자신의 다섯 가지 "길들"을 신 존재 **증명**으로 보지 않았으며, 각각의 길이 기독교 신앙의 내적 합리성을 보여주는 방법으로 간주되어야 함을 분명히 했다. 따라서 아퀴나스는 자신의 접근법을 언급할 때 더 명확한 라틴어 용어인 '증명'(*demonstratio*)이 아닌 '추론'(*ratio*)이라는 용어를 사용했다. 이 접근법들은 현대 기독교 변증가들, 특히 기독교가 세상의 여러 양상과 얼마나 잘 조화되는지, 그 양상들을 얼마나 효과적으로 '수용'할 수 있는지 보여주고자 하는 이들, 기독교에 대한 '큰 그림' 접근법을 계발하는 이들에게 여전히 중요하다.

아퀴나스의 다섯 번째 논증은 후대의 변증가들이 폭넓게 받아들였다. 윌리엄 페일리(William Paley)는 이런 생각의 출처로 아퀴나스를 언급하지는 않았지만, 그의 유명한 책 『자연신학』(Natural Theology, 1802)에 나오는 하나님 논증은 아퀴나스의 주제 중 일부를 반영한다. 생물학적 세계는 우연히 발생하기에는 너무 복잡하다. 더 나아가 자연 세계는 목적론(teleology)을 내장한 듯 보인다. 특정한 목적이나 목표를 이루는 방향으로 가고 있는 것처럼 보이기 때문이다. 설계가 관찰된다는 것은 설계자의 존재를 암시한다. 페일리의 논점은 중요하지만 비판의 여지가 있다. 예를 들어 존 헨리 뉴먼(John Henry Newman)은 자연 세계가 창조주 하나님에 대한 그리스도인의 믿음을 강화할 수는 있지만, 애초에 그러한 믿음을 일어나게 할 수는 없다는 견해를 취했다. "나는 신을 믿기 때문에 설계를 믿는 것이지 설계를 믿기 때문에 신을 믿는 것은 아니다."

### 캔터베리의 안셀무스: 존재론적 논증

캔터베리의 안셀무스는 기독교의 지적 토대를 강력히 변호한 인물이며, 특히 1079년에 쓴 영적 명상의 글 『프로슬로기온』(Proslogion)에서 처음으로 전개한 하나님의 존재에 대한 "존재론적 논증"으로 유명하다. 이 저작에서 안셀무스는 자신에게 하나님 관념이 얼마나 자명해졌는지, 그것의 함의가 무엇인지를 성찰한다. 안셀무스 자신은 하나님의 개연성에 대한 자신의 논의를 "존재론적"(ontological, 'ontology'는 존재 관념을 다루는 철학의 한 분야)으로도, "논증"으로도 부르지 않는다. 안셀무스에게 그것은 신앙의 내적 일관성에 대한 확장된 묵상일 뿐이었다. 그러나 후대의 종교철학자들은 안셀무스의 사고 과정을 문맥에서 떼내었다. 그래서 원배경을 모르는 이들에게는 이상하고 설득력이 부족해 보인다.

안셀무스는『프로슬로기온』에서 하나님을 "그보다 더 큰 것을 생각할 수 없는 존재"로 생각하라고 제안한다. 다른 말로 하면, 하나님은 인간의 마음이나 상상력의 산물을 뛰어넘는 존재라는 것이다. 그는 만약 하나님에 대한 이런 식의 생각이 올바르다면 그것이 하나님의 존재를 함의한다고 지적한다. 왜 그런가? 만약 신이 존재하지 않는다면, 하나님에 대한 **관념**에 상응하는 하나님은 존재하지 않는 상태로 관념만 사람의 마음에 남아 있는 것이다. 그러나 안셀무스는 하나님의 **실재**는 하나님에 대한 **관념**보다 더 커야만 한다고 지적한다. 그러므로 만일 하나님이 "그보다 더 큰 것을 생각할 수 없는 존재"라면, 이런 특정한 하나님에 대한 정의는 하나님의 **실재**를 받아들이는 것으로 이끌어야 한다. 그렇지 않을 경우 하나님에 대한 그 단순한 **관념**이 생각할 수 있는 가장 큰 것이 되기 때문이다. 그러므로 하나님이라는 관념이 존재하고, "그보다 더 큰 것을 생각할 수 없는 존재"라는 하나님에 대한 정의를 받아들인다면 이러한 하나님의 실재는 필연적으로 따라온다. 안셀무스는 이것을 다음과 같이 표현한다.

그보다 더 큰 것을 생각할 수 없고, 존재하지 않는다고 생각할 수 없는 그 무엇이 존재합니다. 당신이 바로 이런 존재입니다, 오, 주님, 우리의 하나님! 그러므로 당신은 참으로 존재하십니다, 오, 주님, 나의 하나님! 당신은 존재하지 않는다고 생각될 수 없습니다. 그에 대한 좋은 이유가 있습니다. 왜냐하면 만일 인간의 정신이 당신보다 더 큰 것을 생각할 수 있다면, 그 피조물은 창조자보다 더 높이 올라갈 것이고 당신을 심판할 것입니다. 그것은 분명히 터무니없습니다.

이 논증은 안셀무스의 초기 비평가 중 한 명인 마흐무띠에의 베네딕트회 수도사 가우닐로(Gaunilo of Marmoutiers)를 설득하지 못했다. 그는 안셀무스에 대한 응답으로서 "어리석은 자를 두둔한 답변"(A Reply on Behalf of the Fool)이라는 글을 썼다. 이렇게 제목을 붙인 이유는 안셀무스가 인용한 시편 14:1의 "어리석은 자는 그의 마음에 이르기를 하나님이 없다 하는도다"라는 구절 때문이다. 가우닐로에 따르면 안셀무스의 '논증'에는 명백한 논리적 약점이 있다(안셀무스가 애초에 그것을 논증으로 간주하지 않았다는 점은 강조되어야 하지만). 가우닐로는 너무도 아름다워 더 완벽한 것은 상상할 수 없을 정도로 아름다운 섬을 상상해 보라고 제안한다. 같은 논증을 따른다면 그런 섬은 존재해야만 한다고 가우닐로는 말한다. 왜냐하면 섬의 실재는 반드시 단순한 관념보다 더 완벽해야만 하기 때문이다. 그러나 이런 섬은 상상 속의 섬, 인간 정신이 만들어 낸 환상에 불과할 것이다.

많은 사람들은 가우닐로가 안셀무스의 논증에서 심각한 약점을 드러냈다고 생각한다. 그러나 안셀무스를 그렇게 쉽게 일축할 수 없음을 지적해야 한다. 안셀무스의 논증의 일부는 "그보다 더 큰 것을 생각할 수 없는 존재"가 하나님이라는 것이 하나님 정의의 본질적 부분이라는 것이다. 그러므로 하나님은 섬과는 완전히 다른 범주에 속한다. 다른 모든 것을 초월하는 것은 하나님 본성의 일부다. 더 나아가 안셀무스는 가우닐로가 자신을 완전히 이해하지 못했다고 주장했다. 안셀무스가 『프로슬로기온』에서 제시한 논증은 실제로 다른 어떤 존재보다도 큰 존재가 있다는 관념을 포함하지 않는다. 그보다 안셀무스는 너무도 커서 그보다 더 큰 것을 **상상**조차 할 수 없는 존재에 대해 논증했던 것이다. 그 논쟁은 계속되고 있으며 안셀무스의 논증에 진정한 근거가 있는지는 오늘날까지도 논란 중이다. 그렇다면 이 논증은 어떻게 활용되는가? 이 논증은 근래에 앨빈 플랜팅가 같은 철학자들 사이에서 많은 관심을 끌었다. 그러나 이 논증을 활용하는 변증가는 상대적으로 많지 않다. 우선, 이 논증은 추상적이고 이론적이며 이해하기 어렵다고 생각하는 사람들이 많다(위에서 제시한 단순 요약 설명도 마찬가지다). 이것이 변증적 강연이나 설교에서 어떻게 활용될 수 있을지 상상하기 어렵다. 두 번째로, 이 논증은 또한 개연성이 떨어지는 듯 보인다. 많은 사람들이 토마스 아퀴나스의 견해, 즉 어떤 개념이 현실에 상응하는 존재 없이도 인간의 마음속에 존재할 수 있다는 관점에 공감할 것이다. 안셀무스의 논증은 정신적 개념에서 실재를 추론할 때 이것은 하나님이라는 특정한 경우에만 유효하며, 가우닐로의 섬에는 적용되지 않아야 한다. 그러나 이 논증의 철학적 장점이 무엇이든 간에, 이러한 점은 대부분의 변증 맥락에서 단순하고 효과적으로 소통하기가 어렵다.

그런데 안셀무스의 접근법은 C. S. 루이스의 첫 출판물인『순례자의 귀향』(*The Pilgrim's Regress*, 1933)에서 변증적으로 유용하게 개정되고 재구성되었다. 루이스는 1932년 8월 15일부터 29일까지 벨파스트에서 문학 활동을 계속하던 중에 갑자기 쏟아내듯 이 책을 집필했다. 작품의 주인공 순례자 존은 강렬하면서도 덧없는 갈망을 불러일으키는 한 섬에 대한 환상을 가지고 있다. 때때로 존은 이 그리움에 압도되고 그 의미를 이해하기 위해 씨름한다. 그것은 어디에서 오는 것인가? 그는 무엇을 그리워하는 것인가?

그렇다면 이 '강렬한 갈망'의 궁극적 대상은 무엇인가? 루이스는 자신의 "욕구로부터의 논증"의 초기 형태를 전개해 나간다. 그는 파스칼이 처음 발전시킨 생각, 즉 인간의 영혼에는 너무도 커서 오직 하나님만이 채울 수 있는 거대한 "심연"이 있다는 생각을 따라가며 탐구한다. 이미지를 바꾸어 보면, 인간의 영혼에는 아직 도착하지 않은 손님을 기다리는 "의자"가 있다. "자연이 헛된 것을 만들지 않는다면, 이 의자에 앉을 수 있는 분이 반드시 존재해야만 한다."

처음에 우리는 이 욕구를 세상 안에 있는, 만질 수 있는 무엇에 대한 그리움으로 이해한다. 이후에는 세상 안에 있는 어떤 것도 우리의 욕구(Desire)를 충족시킬 수 없음을 깨닫게 된다. 순례자 존은 처음에 섬(the Island)을 갈망한다. 그러나 점차 그는 자신의 진정한 갈망이 사실은 "주인"(Landlord, 루이스가 하나님을 가리키는 말)을 향한 것이었음을 깨닫는다. 이 그리움의 감각에 대한 다른 모든 설명이나 다른 제안된 목표는 지적으로나 실존적으로 만족을 주는 데 실패한다. 그런 것들은 욕구의 "거짓 대상들"이며, 그 거짓됨은 궁극적으로 인간의 가장 깊은 갈망을 충족시키지 못함으로써 드러난다.

만일 사람이 이 욕구를 부지런히 따르며, 거짓된 대상들을 그들의 거짓됨이 드러날 때까지 추구하다가 이후에 단호히 버린다면, 그는 마침내 다음과 같은 명백한 지식에 도달하고야 말 것이다. 즉 인간의 영혼은 한 번도 온전히 주어지지 않았던 어떤 대상을 즐거워하기 위해 만들어졌다는 것이다. 아니, 그 대상은 현재의 주관적이고 시공간에 제약된 우리의 경험 방식으로는 주어졌다는 상상조차 할 수 없었던 것이다.

루이스는 진실로 인간의 영혼에는 의자가 있으며, 그 의자가 마련된 대상은 하나님이라고 선언한다. 안셀무스가 우리의 **정신적 개념**에서 하나님의 존재론적 실재성을 논증했다면, 루이스는 우리의 **욕구**가 존재론적 실재로서의 하나님을 드러낸다고 논증한다. 오직 그분만이 인간의 갈망을 만족시킬 수 있는데, 왜냐하면 이 하나님은 우리 갈망의 근거이면서 또한 목표이기 때문이다. 이 "욕구"(Desire)에 대한 우리의 경험은 우리의 진정한 정체성을 드러내는 동시에 우리의 진정한 목표를 가리킨다.

루이스의 존재론적 논증의 재구성은 안셀무스의 원접근법보다 변증적으로 유용하다. 우선, 그것은 욕구 또는 갈망이라는 인간의 공통 경험과 연결되며, 두 번째로, 모든 인간의 욕구에는 그 욕구가 가리키는 대응하는 실재가 있고, 그 실재는 그것을 충족시킬 수 있다는 좀 더 개연성 있는 주장을 한다. 루이스는 나중에 이것을 다듬어서 "욕구로부터의 논증"(111-116쪽)을 만들었고, 그것은 현대 기독교 변증에서 널리 사용되고 있다.

### 윌리엄 레인 크레이그: 칼람 논증

"칼람" 논증으로 오늘날 일반적으로 알려진 이 논증은 중세 초기에 번성했던 이슬람 철학의 한 학파에서 유래된 이름이다. 그 학파의 주요 대표자 중 한 명은 12세기 이슬람 신학자 알가잘리(Al-Ghazāli, 1056?-1111)인데, 그는 『철학자들의 비일관성』(*The Incoherence of the Philosophers*)이라는 책으로 "시작이 없는" 우주에 대한 아리스토텔레스의 견해를 비판한 인물이다. 알가잘리는 수니파 이슬람의 뛰어난 대표자였으며, 경쟁 분파인 시아파 신학자들이나 아랍 전통의 아리스토텔레스 철학자들과의 주요 논쟁에 개입했다. 알가잘리는, 우주는 시작이 있어야 하며, 원인 없이 존재하게 되는 것은 아무것도 없으므로, 우주의 초월적 창조자는 반드시 있어야만 한다고 보았다. 그의 논증의 기본 구조는 네 가지 명제로 제시해 볼 수 있다.

1. 시작이 있는 모든 것에는 반드시 원인이 있다.
2. 우주는 존재하기 시작했다.
3. 따라서 우주가 존재하기 시작한 것도 어떤 원인에 의한 것임이 틀림없다.
4. 그러한 원인이 될 수 있는 존재는 하나님뿐이다.

이러한 형태의 칼람 논증은 최근에 주요한 논쟁의 대상이 되었는데, 1950년대 이후 널리 받아들여진 우주의 기원에 대한 빅뱅 이론으로 새 활력을 얻었기 때문이다. 현대 우주론은 우주에 시작이 있었다고 강력하게 주장한다. 우주가 특정 시점에 존재하기 시작했다면 반드시 원인이 있었을 것이다. 그렇다면 하나님 외에 어떤 원인이 있는가? 최근에 이 논증을 옹호한 가장 주요한 이들 중 하나인 미국의 종교철학자 윌리엄 레인 크레이그는 이 접근법을 학문적 논쟁과 토론에 다시 소개한 인물로 널리 인정받는다. 크레이그는 이 접근법의 주요 특징을 다음과 같이 제시한다.

> 존재하기 시작하는 모든 것에는 그 존재의 원인이 있고, 우주는 존재하기 시작했기 때문에 우리는 우주의 존재에 원인이 있다고 결론을 내린다. … 전체 우주를 초월하여 우주를 존재하게 만든 원인이 존재한다.

칼람 논증은 두 가지 주요 질문을 중심으로 논쟁이 진행된다. 첫째, **원인** 없이도 어떤 것이 **시작**될 수 있는가? 데이비드 흄은 한 대화에서, 어떤 존재의 결정적 원인을 지적하지 않고도 어떤 존재의 생겨남을 생각하는 것이 가능하다고 주장한다. 하지만 이 주장은 심각한 난점들을 야기하는데, 그것이 직관과 크게 충돌한다는 부분적 이유 때문이다. 둘째, 우주가 '원인'에 의해 생겨났다고 간주될 수 있다면, 그 원인을 하나님과 직접적으로 동일시할 수 있는가? 어떤 사람들은 이 질문에 대해서 의미 있는 답변을 할 수 없다고 주장하지만, 원인은 그것이 초래하는 사건보다 선행해야 한다고 말하는 사람들도 있다. 따라서 우주의 존재가 시작된 원인을 말하는 것은 우주 이전에 존재했던 무언가를 언급하는 것이다. 만일 이것이 하나님이 아니라면 그것은 무엇이었을까?

## 신 존재 논증의 요점

그렇다면 하나님의 존재에 대한 이런 논증들은 어떻게 활용될 수 있을까? 그 논증들의 우선적인 역할은 아직 이런 입장을 취하지 않은 이들을 설득하는 것보다는, 이미 하나님을 믿는 사람들의 믿음을 강화하는 것이라고 주장하는 사람들이 있을 것이다. 오스트리아의 철학자 루트비히 비트겐슈타인(Ludwig Wittgenstein, 1889-1951)은, 이른바 "신 존재 증명들"은 일반적으로 이미 하나님을 믿는 사람들이 다른 이유로 계발하지만 자신들의 신앙을 이성적으로 방어하는 데 요긴하게 쓰인다고 말했다.

> 하나님의 존재 증명은 신이 존재한다는 것을 정말로 자신에게 확신시킬 수 있는 것이 되어야만 한다. 그러나 내가 보기에 그러한 증명들을 제시한 **신자들**이 하고자 했던 것은 그들의 '믿음'에 지적인 분석과 토대를 제공하려는 것이었다. 그런 증명들의 결과로 자신들이 믿음을 가진 것은 결코 아니었다.

비트겐슈타인은 이러한 논증들을 "증명들"(proofs)이라고 부르지만, 이 용어는 수학이나 논리학에서 이해하듯 엄밀한 의미의 **증명들**이 아니라는 점을 짚어 두는 것이 중요하다. 내가 볼 때, 이러한 논증은 사실상 하나님에 대한 믿음의 합리적 일관성과 조화로움을 논증하는 것이다. 이는 엄격한 의미의 '증명'에는 미치지 못하지만 변증에서는 중요한 이슈다. 종교철학자 리처드 스윈번 등 많은 변증가들은, 하나님 존재의 증거를 제시하는 시도는 누적적이며 여러 가지 고려 사항들에 근거를 두므로, 각각의 증거는 그 자체로 결정적이지 않지만 함께 모으면 상당한 힘이 있다고 주장한다. 스윈번은 그의 저서 『신은 존재하는가』에서 종교적 경험은 누적적 논증으로 통합될 수 있다고 주장한다. 종교적 경험은 그 자체만으로는 하나님을 믿는 것을 확실히 정당화하지 못한다. 그럼에도 하나님의 존재에 관한 누적적 논증에서는 중대한 역할을 맡을 수 있다. 그보다 앞서 종교철학자 바실 미첼(Basil Mitchell)은 변증에 대한 "누적적 사례" 접근법이 법정 재판과 같다고 주장한 바 있다. 법정 사례는 하나의 논증이나 한 가지 증거에 의존하지 않으며, 여러 증거를 종합하여 달아 보고 평가해야 한다. 무엇이 가장 만족스러운 '큰 그림'인가? 어떤 이론적 틀이 개별 증거들을 가장 설득력 있고 자연스럽게 하나로 묶어 주는가?

그림 3.5 20세기의 위대한 철학자이자 분석철학의 대표자인 루트비히 비트겐슈타인.

프랑스의 수학자이자 철학자인 블레즈 파스칼은 아퀴나스가 사용한 것과 같은 이성적 논증에 대해 두 가지 중요한 의문을 품었다. 첫째로, 그러한 논증의 결과로 나온 다소 추상적인 철학적 신(god)과 신구약 성경의 살아 계신 하나님(God) 사이에는 상당한 간극이 있는 듯 보였다. 파스칼은 그의 책 『팡세』(*Pensées*)에서 "신의 존재에 대한 형이상학적 증명은 인간의 일상적 사고와는 너무 거리가 멀고 또 복잡해서 영향력이 별로 없다"라고 말했다.

둘째, 파스칼은 이런 "증명들"에는 하나님이 주로 **이성**을 통해서 알려진다는 가정이 있다고 보았다. 그러나 인간의 **정서**(affections)는 어떤가? 파스칼은 인간의 마음(heart)도 나름대로 하나님을 믿거나 믿지 않는 이유가 있다고 보았다. "우리는 이성뿐만 아니라 마음을 통해서도 진리를 알 수 있다." 하나님이 인간의 조건에 다가오시는 방식은 기독교 신앙의 사상과 우리가 아는 세상 사이의 공명 같은 것을 훌쩍 뛰어넘는다. 그것은 마음속 깊이 자리한 하나님에 대한 갈망도 포함하며 더 확장된다. 파스칼은 이 갈망이 하나님과 최종 의미를 향한 인간의 길고 끝없는 추구에서 커다란 중요성을 지닌다고 생각했다. 결국 파스칼에 따르면, 신의 존재는 증명하거나 반증할 수 있는 것이 아니다.

G. K. 체스터턴은 그의 널리 알려진 에세이 「천사의 귀환」에서, 기독교의 개별적 측면들이 아니라 기독교가 제시하는 실재에 대한 전체적인 큰 그림이 설득력 있다는 더 흥미로운 주장을 했다. 이 실재에 대한 더 큰 비전은 참이라고 **증명**될 수는 없다. 그러나 세상을 이해할 수 있게 만들어 주는 능력 때문에 신빙성을 지닌다. 체스터턴은 초기에 불가지론자로 살다가 기독교로 돌아온 자신을 발견했는데, 복잡하고 수수께끼 같았던 세상을 기독교를 통해 이해할 수 있었다고 보았기 때문이다. 자연에 대한 개개의 관찰들이 기독교가 참임을 '증명'하지는 않는다. 기독교는 그러한 관찰들을 이해하게 만드는 능력으로 스스로의 타당성을 나타낸다. "현상이 종교를 증명하는 것이 아니라 종교가 현상을 설명한다." 체스터턴은 그리스도인의 사고 체계 속으로 들어와서, 기독교가 실재를 지성적으로 제시하는 내용의 질을 파악하

고 경험해 보라고 독자들을 초대한다. "외투가 잘 맞는지 확인하는 가장 좋은 방법은, 사람과 외투를 각각 재는 것이 아니라 한번 입어 보는 것이다."

이제 실재 이해에 '단서'(clues)가 지니는 변증적 중요성에 관한 C. S. 루이스의 논의를 살펴보자.


## 단서 연결: C. S. 루이스와 욕구로부터의 논증

C. S. 루이스는 20세기의 가장 잘 알려진 변증가 중 한 사람으로, 간결한 글과 명료한 표현, 상상력과 이성에 호소하는 신앙 탐구로 명성을 얻었다. 루이스의 가장 영향력 있는 변증 저술들은 1939년부터 1954년 사이에 옥스퍼드에서 집필되었으며, 르네상스 문학에 대한 그의 사랑과 깊은 지식이 풍부하게 스며들어 있다. 루이스는 무신론자였으나 옥스퍼드에서 기독교를 발견했다. 그는 기독교에 어려움을 느끼는 사람들에게, 자신도 한때 기독교에 그런 고민이 있었지만 지금은 해결한 사람으로서 말할 수 있다고 생각했다.

루이스에게 하나님에 대한 믿음은 자신이 주변에서 관찰한 것과 내면에서 경험한 것에 대한 **설명과 상상의** 틀을 제공했다. 나는 루이스가 "시력이 추가된 합리성"을 제시했다고 주장해 왔다. 그런 합리성은 기독교 신앙이 이성으로 파악될 수 있고, 상상력으로 시각화될 수 있음을 인식한다. 루이스는 순수한 연역적 논증의 형식만으로 변증을 할 필요는 없음을 알게 해주었다. 변증이란 기독교가 사물을 바라보는 방식 안으로 들어오도록, 그리고 그 자리에 서보면 사물이 어떻게 보이는지 탐구해 보라고 초대하는 일로 이해하고 제시할 수 있다. "사물을 **이런 식으로** 보려고 시도해 보라!" 세계관이나 메타내러티브를 렌즈에 비유할 수 있다면, 어떤 렌즈로 사물을 가장 선명하게 볼 수 있는가? 루이스에게 변증은, 우리의 관찰과 경험에 대한 기독교적 설명의 우수함을 발견하고, 우리 자신과 세상에 대한 이런 변화된 비전 안에서 살기로 선택하는 것과 관련된다.

루이스는 체스터턴을 따라서, 기독교 신앙의 개별 요소도 변호가 가능하지만, 기독교의 변증적 강점은 그것이 만들어 낸 현실의 '큰 그림'에 있으며, 이는 세상과 인간 실존의 수많은 측면과 잘 어울릴 수 있다고 보았다. 루이스의 전반적인 접근법은 옥스퍼드 강연의 마지막 문장에 요약되어 있다. "나는 태양이 떠올랐다고 믿듯이 기독교를 믿는다. 내가 태양을 보기 때문만이 아니라 태양 덕분에 다른 모든 것을 보기 때문이다." 루이스는 기독교 신앙이 비록 그 진리에 대해 반박할 수 없고 고칠 수 없는 증거를 제시하지는 못하더라도, 우리가 관찰하고 경험하는 것을 이해하게 만든다고 주장한다. 루이스에게는 설명하는 능력이야말로 기독교의 진실성을 나타내는 지표다.

루이스의 가장 의미 있는 변증 저작은, 20세기의 가장 중요하고도 영향력 있는 기독교 출판물 가운데 하나로 간주되는 『순전한 기독교』다. 이 작품은 기독교 신앙의 근본적인 합리성을 확언하고 있다. 그러나 루이스는 주로 평범한 사람들이 공유하는 경험, 즉 도덕적 의무감이나 깊은 만족감을 주면서도 유한한 존재나 창조된 것을 통해서는 전달되지 않는 그 무엇에 대한 갈망 등에 호소하는 접근법을 사용한다. 이는 『순전한 기독교』 첫 장에 나오는 유명하면서도 인기 있는 진술인 "도덕성으로부터의 논증"에 잘 드러난다.

여기서 루이스는 논쟁을 벌이는 두 사람을 생각해 보라고 제안한다. 누가 옳고 누가 그른지 판단하려는 모든 시도는 어떤 규범이나 표준에 대한 인식에 달려 있으며, 그 규범은 분쟁의 양 당사자 위에, 그들을 초월하여 존재하며 양쪽이 암묵적으로 그 구속력과 권위를 인정해야 한다. 루이스는 모든 사람이 우리보다 "더 높은" 무엇이 있다는 것을 어느 정도는 감지한다고 말한다. 사람들은 그것에 호소하고 다른 이들도 그것을 준수하기를 기대한다. 그것은 "우리가 발명하지 않았고 우리가 따라야만 한다는 것을 알고 있는 진짜 법"이다. 루이스는 이것이 우주의 의미를 가리키는 많은 "단서들" 중 하나라고 주장한다.

그러나 모든 사람이 이 법에 관해 알고 있으나, 모든 사람이 이 법을 따라 살지는 못한다. 따라서 루이스는 "우리 자신과 우리가 사는 우주에 관한 모든 명료한 사고의 토대"에는 도덕법에 대한 지식과, 우리가 그것을 지키지 못한다는 인식이 존재한다고 말한다. 이러한 인식은 우리에게 "무언가가 우주를 이끌고 있고, 내 안에서는 법으로 작용하여 나에게 옳은 일을 하도록 촉구하며, 내가 잘못했을 때는 책임감과 불편함을 느끼게 한다"라는 "의구심을 일으켜야만" 한다. 루이스는 이 단서가 우주를 질서 있게 다스리는 지성(mind)을 가리키며, 이는 기독교의 하나님 개념과 공명한다고 주장한다.

따라서 옳고 그름은 "우주의 의미에 대한 단서들"로 취급된다. 단서들은 그 자체로는 아무것도 증명하지 못한다. 단서들의 중요성은 오히려 그것들의 누적적이고도 맥락적인 힘에 있다. 다시 말해 주어진 실재관에 만족스럽게 수용될 수 있는 단서의 수가 많을수록 그 실재관은 더 신뢰할 만하다. 루이스는 저술 전반에 걸쳐 그러한 "단서들"을 풍부하게 사용했는데, 그중 하나는 땅에 속한 어떤 사물이나 경험도 만족시킬 수 없는 인간 내면의 깊고 강렬한 갈망이다. 인간의 경험 속에는 "거룩한 불만족"이 존재하며, 이것은 인간 마음의 욕구를 충족시키려는 인간의 추구를 만족시키는 무엇이 존재하는지 질문하게 만든다. 루이스는 이러한 충족의 경험을 "기쁨"이라고 부르며, 그 기쁨은 그것의 근원이자 목표인 하나님을 가리킨다고 본다. [그래서 그의 자서전 제목은 『예기치 못한 기쁨』(*Surprised by Joy*)이다.]

루이스는 『순전한 기독교』에서, 인간의 진정한 갈망은 인간의 진짜 필요를 가리키며, 이는 다시 그 필요에 상응하는 실제 대상을 가리킨다고 주장한다. 그는 배고픔은 인간의 느낌이 진정한 육체적 필요와 상응한다는 점을 보여주는 훌륭한 사례라고 말한다. 이 필요는 그것을 채울 수 있는 음식의 존재를 가리킨다. 갈증은 인간의 갈망이 인간의 필요를 가리키는 또 다른 예이며, 그 필요는 다시 그 충족인 수분 섭취를 가리킨다. 따라서 루이스는 인간이 마음속 깊이 느끼는, 육체적이거나 유한한 사물 혹은 사람으로는 충족될 수 없는 무한한 갈망은 실제로 인간의 필요를 가리키는 것이 틀림없으며, 그 필요의 기원과 충족은 모두 하나님 안에 있다는 논증이 합리적이라고 본다. 여기서 루이스는 인간 본성의 기원과 목표에 대한 전통적인 기독교적 사고라는 큰 주제를 반향하고 있다. "당신은 우리를 당신 자신을 위해 만드셨고, 우리의 마음은 당신 안에서 쉼을 찾을 때까지는 쉬지 못합니다"(히포의 아우구스티누스).

　　루이스의 "욕구로부터의 논증"은 하나님이 인간 마음의 가장 깊은 욕구를 충족시킬 수 있다는 그의 핵심 신념에 기초를 둔다. 인류는 하나님과 관계를 맺기 위해 창조되었으며, 하나님은 우리가 집으로 돌아가는 것을 돕도록 불만족의 감각을 창조하셨다. 예를 들어 루이스는, 충족되지 않은 욕구에 대한 인간 경험을 어떻게 해석할 수 있으며, 그에 대한 최선의 설명은 무엇인지를 『순전한 기독교』에서 탐구한다. "이 세상의 어떤 경험도 충족시킬 수 없는 욕구를 나 자신 안에서 발견한다면, 가장 가능성 있는 설명은 내가 다른 세계를 위해 만들어졌다는 것이다." 이것은 무언가를 '증명'하려는 것이 아니다. 충족되지 않은 욕구에 대한 경험을 무엇이 가장 잘 설명할 수 있는지 규명하려는 시도다.

　　루이스는 이에 대해 세 가지 설명을 제시하고, 이를 비판적으로 비교, 분석한다. 먼저, 이러한 좌절이 욕구의 진정한 대상이나 목표를 엉뚱한 곳에서 찾기 때문에 발생하며, 따라서 해결책은 탐구를 계속하는 것이라고 주장하는 이들이 있다. 또, 더 이상의 탐색은 반복적 실망을 낳을 뿐이므로 현 세상보다 더 나은 것을 찾으려는 노력은 의미가 없고, 따라서 우리 욕구의 진정한 대상을 찾을 수 있다는 희망을 포기하는 것이 해결책이라고 주장하는 이들이 있다. 그러나 루이스는 제3의 접근법이 있다고 본다. 그것은 이런 지상의 갈망들은 우리의 진정한 고향에 대한 "일종의 복사본, 메아리 또는 신기루일 뿐"임을 인식하는 것이다. 자연은 우리의 가장 깊은 욕구를 충족시킬 수도 없고, 그것을 위해 존재하는 것도 아니다. 그러므로 루이스의 해결책은 우리 마음의 욕구의 기원이자 목표로 하나님을 제시하는 것이다. 루이스는 이것이 인간 욕구에 대한 유일한 설명이라고 과장하지는 않으며, "가장 가능성 있는 설명"이라고 말한다.

　　루이스의 "욕구로부터의 논증"은 결론을 도출하려는 연역적 논증이 아니다. 루이스의 주장은 **가정적**(suppositional)이다. 그것은 사고 실험과 비슷하다. 정말 신이 있다고 가정해 보자. 이것은 우리가 실재를 실제 경험하는 바와 잘 맞아떨어지지 않는가? 그리고 이러한 가정과 경험의 공명은 가정이 참임을 가리키는 것 아닐까? 루이스는 독자들에게 기독교적 사고방식과 상상력 안에 있는 자신을 상상해 보고, 그 자리에서 세상이 어떻게 보이고 경험되는지 파악해 보라고 권한다. 이 이론적 렌즈는 얼마나 초점이 잘 맞는가? 루이스의 접근법은 일종의 지적인 또는 상상적인 공감에 해당한다. 초대받은 외부인은 기독교의 렌즈를 통해 세상을 바라보고, 그것이 어떤 경험일지 느껴 본다. 루이스는 그의 청중에게 기독교의 진리를 받아들이라고 요구하는 것이 아니라, 기독교가 제공하는 실재에 대한 비전의 우수함과 그것이 삶에 가져다주는 차이를 음미해 보라고 요청하는 것이다. 한번 이런 것들을 맛보면 자연스럽게 질문이 생긴다. 이것은 참인가? 신뢰할 수 있는 것인가? 이 질문의 맥락은 더 이상 가벼운 호기심이 아니라 인생의 큰 질문들에 대한 유효한 해답일 수도 있다는 인식이 된다.

　　루이스는 이런 말을 한 적이 없으나 그의 접근 방식은 현 자연과학의 지배적 철학으로 널리 알려진 "최선의 설명으로의 추론"이라는 개념과 매우 유사하다. 어떤 '큰 그림'이 관찰 결과를 가장 잘 설명할 수 있는가? 어떤 메타내러티브가 가장 포괄적이고도 개연성 있게 관찰 결과들을 배치하여 실재에 대한 최고의 지도를 제공하는가? 루이스는, 실재에 대한 기독교적 비전이 제공하는 일종의 '이해하게 만들기'(sense-making)는 기독교의 이론과 세상이 나타나 보이는 방식 사이의 공명을 분별하는 것과 관련이 있다고 본다. 기독교가 제공하는 이론적 안경은 실재를 선명하게 보도록 돕는 것으로 보인다. 반면에, 잘못된 이론은 실제로 존재하는 것을 보지 못하게 만든다.

다음으로는 영국의 철학자이자 변증가인 리처드 스윈번이 자신의 변증 저술에서 "최선의 설명으로의 추론"을 어떻게 적용했는지 살펴보고, 다시 돌아와서 루이스가 이 접근법과 매우 유사한 방법을 어떻게 사용하는지 더 상세히 살펴볼 것이다. 둘 다 변증에 매우 유용하다.

## 최선의 설명으로의 추론: 리처드 스윈번

근래 과학철학에서는 "최선의 설명으로의 추론"이라는 개념에 대한 관심이 증가하고 있다. 이것은 과학적 방법에 대한 과거의 실증주의적 이해에서 벗어나는 결정적 변화를 가리킨다. 실증주의적 과학관은 아직도 과학과 종교의 관계에 대한 대중적 설명들 속에서 종종 등장한다. 이 과학관은 과학이 증거나 추론에서 무오한 이론적 증거를 제시할 수 있으며, 그래야만 한다고 주장한다. 이런 접근법은 리처드 도킨스의 저술들 여러 곳에서 발견되며, 지금은 심각한 문제가 있다고 여겨진다. 특히 중요한 점은 이것인데, 과학적 데이터가 여러 가지로 해석될 수 있으며, 각 해석마다 증거가 어느 정도 뒷받침될 수 있다는 점이다. 실증주의는 이와 대조적인데, 모호하지 않은 유일한 증거 해석이 있으며, 그것은 올바른 생각을 가진 관찰자라면 누구나 발견할 수 있다고 주장하는 경향이 있다. 특정한 문제에 대해 많은 설명이 있다면, 그중 가장 좋은 설명을 어떻게 가려낼 수 있을까?

오늘날 일반적으로 "최선의 설명으로의 추론"이라고 알려진 접근법은, 주어진 관찰들에 대해 복수의 설명이 제시될 수 있음을 인정한다. 그리고 그런 설명 중 최선이 무엇인지 규명하고 정당화할 수 있는 기준들을 찾아내고자 한다. 그러나 최선의 이론이라고 하더라도 참된 이론은 아닐 수 있다. 단지 특정한 역사적 시점에 존재하는 가장 좋은 접근법에 지나지 않을 수 있는 것이다. 그렇다면 이 기준들은 무엇일까? 과학철학자들은 이론이나 설명을 평가하는 여러 방법을 제시해 왔다. 아래에서는 널리 사용되는 세 가지 기준들을 살펴보겠다.

**1. 단순함**. 중세 후기 철학자 오컴의 윌리엄은 불필요한 가설을 피하라는 권고를 했다. "오컴의 면도날" 또는 "사고 절약의 원리"(Principle of Parsimony)로도 알려진 이 원리는 유용하다. 항상 그렇지는 않지만 가장 단순한 이론이 가장 좋은 이론인 경우가 많다. 코페르니쿠스의 태양계 모델은 우아하고 단순하며, 행성들이 태양 주위를 원 궤도 위에서 일정한 속도로 공전하는 것으로 그린다. 그러나 이후에 천문학자 요하네스 케플러(Johannes Kepler)는 행성들이 수학적으로 단순한 원이 아니라 더 복잡한 수학적 표현을 요구하는 타원 궤도로 공전함을 보여주었다. 게다가 태양 주위를 도는 동안 행성들의 속도도 변했다. 단순성이 진실을 **가리킬** 수 있지만, 진실을 **보장하는** 것은 아니다. 또한 단순성이 수학적으로 복잡하지 않다는, 이해하기 쉽다는 의미인지, 아니면 최소한의 법칙들을 가지고 폭넓게 다양한 현상들을 설명한다는 의미인지 해결되지 않은 논쟁도 있다.

**2. 우아함과 아름다움**. 많은 사람들이 성공적인 이론은 종종 우아

하다고 말한다. 1955년 물리학자 폴 디랙(Paul Dirac)은 칠판에 다음과 같은 문장으로 자신의 물리 철학을 제시했다. "물리 법칙은 수학적으로 아름다워야 한다." 디랙은 뉴턴의 고전역학이 단순하다는 점을 지적했다. 아인슈타인의 상대론적 역학은 복잡하지만 수학적으로 우아하다. 디랙은, 상대성 이론이 단순함의 원칙에 어긋남에도 물리학자들이 상대성 이론을 받아들인 이유에 대해 "뛰어난 수학적 아름다움" 때문이라고 말했다. 그러나 우아함이나 아름다움이라는 주관적인 기준이 왜 진리의 지표가 되어야만 하는가는 분명하지 않다.

**3. 예측 능력.** 많은 과학자들은 과학 이론이 예측 능력을 갖춰야 한다고 주장한다. 몇 가지 혁신적 이론의 탁월한 사례가 있다. 위에서 언급한 아인슈타인의 일반상대성 이론 같은 것인데, 예상할 수 없던 예측들을 제시했고 나중에 확인되었다. 그러나 새로운 예측이 확인될 때의 심리적 영향 외에는, 예측 능력이 왜 그렇게 중요하게 여겨져야 하는지가 불분명하다. 핵심적인 질문은, 증거가 이론을 뒷받침하는가, 그 증거를 취하는 데 사용된 선택 과정은 엄격했는가다. 다윈은 자신의 자연 선택 이론이 참이라고 증명될 수 없고 시험해 볼 수 있는 예측도 하지 않는다고 단호하게 말했지만, 그럼에도 자신의 이론이 옳다고 믿었다. 현대의 "끈 이론" 역시 예측을 내지 않으며, 경험적으로 검증도 반증도 할 수 없다. 그러나 두 이론 모두 이 기준을 충족하지 못하지만 과학적인 것으로 간주되고 있다.

기독교 철학자들과 변증가들은, 특별히 하나님의 존재에 대한 질문과 관련하여 신앙의 합리성에 귀납적으로 접근하는 방법에 점점 관심을 가졌다. 이 단락에서는 철학자 리처드 스윈번의 접근 방식을 살펴볼 것이다. 더 큰 누적 논증의 일부로서, 그는 하나님의 존재는 세계 안에서 관찰되는 것을 최선으로 설명한다고 보아야 함을 주장한다. 스윈번은, 우주의 존재는 하나님에 의해 생겨났다고 가정하면 납득할 수 있다고 보았다. 스윈번은, 우주의 존재를 그저 "주어진 사실"(brute fact, 버트런드 러셀)로 받아들이기보다 설명이 필요하다는 핵심 신념에 기반하여, 더 넓은 틀로 접근한다. 러셀은, "우주는 존재한다"는 진술 외에는 우주의 존재나 근본적인 특징들에 대해 더 이상의 설명이 있을 수 없다고 보았다. 그렇다면 가능한 설명들은 무엇이며, 그중 가장 좋은 설명은 무엇일까? 스윈번은 기본적으로 두 개의 주요 경쟁 이론이 가능한 설명으로 고려될 수 있다고 말한다. 과학이 이 우주의 존재를 자연적으로 설명할 수 있다는 견해와, 우주와 그 현상이 '하나님'으로 알려진 인격적 존재의 의도적인 인과적 활동 때문에 존재한다는 유신론적 견해다.

따라서 스윈번은 우주에 대한 가능한 설명을 찾고, 그중 어떤 것이 '최선'인지 판단하고자 했다. 결정에 앞서 스윈번은 자신이 하나님의 존재를 증명해야 한다고 보지 않았다. 그의 과제는 하나님의 존재가, 독립적인 가설로서 얼마나 개연성이 없어 보이는지는 상관없이, 유물론적 자연주의 같은 대안보다 우리의 관찰들과 경험들의 결합체를 더 잘 설명하는가 보여주는 것이다. **선험적**(A priori)으로는 유신론이 거의 개연성이 없다고 볼 수 있다. 그러나 스윈번은 유신론적 설명이 다른 경쟁 이론보다 훨씬 더 개연성이 높다고 주장한다.

그렇다면 스윈번은 우주의 존재를 두고 경쟁하는 설명들을 평가할 때 어떤 기준을 사용하는가? 스윈번은 이런 귀납적인 우주론적 논증을 전개할 때 단순성의 기준에 호소하면서 우주의 존재에 관한 경쟁 가설들 사이에서 판정을 내린다. 그는 "과학은 데이터에 대한 가장 단순한 설명을 제시하라고 요구한다"라고 주장한다. 이론이 단순할수록 옳을 가능성이 높다. 그의 주장은 반박의 여지가 있다. 그러나 유신론의 합리성에 대한 스윈번의 접근법은, 과학에서 사용되는 이론의 선택 기준들이 최근의 변증 논의에 도입되었다는 것을 보여주는 주요 사례다.

이 단락의 앞부분에서는 과학 이론에서 아름다움과 진리 사이에 상관관계가 뚜렷하다고 언급했다. 그렇다면 또한, 이것이 어떤 중요한 변증적 논증의 길을 열어 줄 수도 있을까? 스윈번은 분명 그렇게 생각했다.

하나님은 아름다운 무생물의 세계, 즉 아름다운 물리적 우주를 창조할 이유를 지니고 있다. 하나님이 창조하는 것은 무엇이든 좋은 것이 될 것이다. 그래서 그가 창조하는 물리적 우주는 어떤 것이든 아름다울 것이다. … 그리고 그것이 예시하는 아름다움의 종류는 유한한 존재나 하나님 자신의 아름다움과는 다를 수도 있다. 그러나 나는 우주가 그 아름다움과 관련하여 하나님 자신이 소유하지 않은 그런 류의 선함을 예시한다는 점이 명백하다고 보지 않는다.

스윈번의 분석은 "최선의 설명으로의 추론"이 변증에서 지니는 잠재력을 이해할 때 도움을 준다. 이 접근법의 핵심은, 이 세상에 대한 개연성 있는 설명이 여럿 존재하며, 그중 어느 것도 결정적으로 참이라 **증명**될 수 없음을 인식하는 데 있다. 이 접근법은 단순함과 우아함, 일관됨 등 최선의 설명을 식별하고 정당화할 수 있는 여러 기준을 제시한다. 그러나 또한 현재의 **최선의** 설명이 **올바른** 이론이 아닐 수도 있으며, 단지 특정한 이 역사적 순간에 우리가 사용할 수 있는 증거와 이론적 도구에 근거하여, 현재 우리가 제시할 수 있는 최선의 설명일 뿐임도 인식한다. 따라서 최선의 이론이라고 해서 참된 이론이 아닐 수도 있다.

이 접근법의 변증적 중요성은, 수용 가능하고 신뢰할 수 있는 과학적 설명으로 인정받기 위해 사실이라고 증명할 필요는 없음을 명시적으로 인정하는 데 있다. 경쟁자들보다 더 낫다는 것만 보여주면

된다. 20세기 초의 과학적 실증주의는 과학적 이론을 증명할 수 있다는 믿음으로 낙관했으나, 이러한 맥락에서 이제는 증명의 한계를 더 잘 인식하는 좀 더 현실적인 접근 방식으로 대체되었다. 그래서 C. S. 루이스 같은 많은 변증가들은 그들의 기독교 신앙을 **증명**하지 않으며, 유물론이나 과학주의 등 경쟁하는 대안들보다 더 합리적임을 보여주는 것을 목표로 삼는다. 루이스와 스윈번은 기독교가 세속주의나 유물론적 대안보다 이 세상에 대한 더 나은 설명을 제공한다고 본다.

## 합리적 논증의 사용: 신학적 고려 사항들

이번 장 전체를 통해, 변증의 임무 중 하나는 기독교 신앙의 합리성을 드러내고 긍정하는 것이라고 주장했다. 그러나 우리는 복잡한 세상을 이해하는 인간의 능력을 과대평가할 때 위험성이 따름을 알아야 한다. 찰스 테일러는 "세속 시대"의 출현 분석에서, 근대성이 "은총의 퇴색"을 가져왔다고 올바르게 지적했다. 그는 그 안에서 인간의 목표들(세상을 완전히 이해하는 것을 포함하여)을 달성하는 데 신적 도움은 더 이상 필수 요건으로 여겨지지 않는다고 말한다.

> 신이 설계한 질서는 이성으로 볼 수 있도록 존재한다. 인간은 이성과 훈련을 통해 그 도전에 응함으로써 질서를 인식할 수 있을 것이다. 이성의 힘을 매우 높게 보는 견해에 동의했을 과거의 정통 사상가들조차도, 이 지점에서는 '우리의 타락한 상태를 고려할 때 합리성의 훈련 프로그램 수행에 필요한 최대량의 선한 의지는 하나님의 은혜를 요구한다'고 첨언하고자 했을 것이다.

테일러의 요점은, 인간이 순전히 자연의 힘을 사용하는 것만으로도, 인간 이성 앞에서 투명한 우주의 신비를 밝혀 낼 수 있다는 기대가 생겨났다는 것이다. 이는 인간의 이성이 모든 신비를 파고들고, 모든 질문에 답할 수 있으며, 다른 도움 없이 이성만으로 신의 존재를 보여줄 수 있다는 비현실적 기대로 이어졌다.

미국의 철학자이자 신학자인 제임스 스미스는 찰스 테일러를 언급하는데, 인간 지성이 실재를 완전히 이해할 수 있다는 "이성의 시대"의 지나친 자신감은 "인식론적 펠라기우스주의"라고 표현했다. 여기서 스미스는 인간의 본성이 완전해질 수 있으며 탁월하다고 간주했던 5세기 저술가 펠라기우스를 간접적으로 언급한다. 펠라기우스는 인간이 어떤 의미에서 죄로 인해 손상되거나 무력화되었다는 히포의 아우구스티누스의 주장에 놀라움을 금치 못했다. 펠라기우스의 사상은 **계시**(인간은 하나님에 관한 모든 것을 이성으로 파악할 수 있다)와 **구원**(인간은 구원을 얻기 위해 필요한 것은 무엇이든 할 수 있다)의 개념과 관련해서도 발전될 수 있다.

그러나 초기 및 중세의 기독교 저술가들은 하나님에 대한 신뢰할 만한 지식은 오직 계시의 은총을 통해서만 오며, 이 은총 안에서 하나님은 악에 치우치기 쉽고도 연약한 인간의 특성에 적합한 방식으로 자신을 드러내신다고 주장했다. 안셀무스와 아퀴나스는 하나님의 존재나 성품은 '증명'할 수 없음을 분명히 했다. 그러나 창조 질서나 인간의 마음에 새겨진 신성한 표식을 향한 합리적 경로를 개척하여, 피조물 안에 있는 하나님의 지문을 드러내는 것은 가능하다고 보았다. 물론 이것이 신의 존재를 **증명**하는 데까지 나아가지는 않는다. 인간의 이성은 이를 성취할 능력이 없기 때문이다. 개혁주의 전통의 저술가들은 고려 사항을 추가했다. 인간의 이성적 능력이 단지 피조물이라는 우리의 지위에 의해 **제한**될 뿐 아니라, 죄에 의해 **왜곡**되어 있음도 지적한 것이다. 죄가 사고에 끼치는 영향을 인식하자 인간 이성이 기독교의 하나님을 신뢰할 수 있는 만큼 드러낼 수 있는지, 하나님에 대한 어떤 왜곡되거나 일그러진 설명을 가리키는 것은 아닌지 의문이 제기되었다. 이러한 이유와 또 다른 이유들로 인해 대부분의 기독교 변증가들은, 모든 문제를 우리가 스스로 풀어낼 수 있다는 심각하게 문제 있는 가정에 기초를 두었던 일부 초기 근대식 변증에 내재했던 합리주의를 넘어섰다. 우리는 모든 것을 증명하거나 이해할 수 없다. 우리는 인간 혹은 우리가 사는 세계의 합리성에 대한 근본적인 믿음을 포기하지 않으면서도 어느 정도의 불확실성을 안고 살아가는 법을 배워야 한다. 악의 존재라는 문제를 포함해 우리 세계의 모든 측면을 '설명'해야만 하며, 우리의 신념을 하나하나 '증명'해야만 한다는 합리주의자들의 요구는 이제 합리주의적 과도함으로 여겨진다. 한편으로는 우리 세계의 복잡성을 다루지 못하는 실패이자, 다른 한편으로는 세상을 지배하고자 하는 인간 정신의 능력을 과장한 견해일 뿐이다.

인간의 이성으로 하나님의 존재를 증명할 수는 없지만 하나님을 믿는 것이 의미 있음은 보여줄 수 있으며, 따라서 사람들이 이성의 한계를 넘어서서 계시된 하나님을 발견하도록 이끌 수 있다는 것이 기독교의 고전적 견해다. 인간의 이성과 경험은 그것들 너머에 있는, 파악할 수도 드러낼 수도 없는 세계를 가리킨다. 아퀴나스에게는 그 순간이 바로 계시가 역할을 넘겨받는 때다. 계시는 이성과 충돌하는 것이 아니라, 이성의 한계 너머로 우리를 데려가며 하나님이 어떤 분이신지 보여준다.


## 증명 요구: "새로운 무신론"의 문제점

'새로운 무신론자'이자 저술가인 리처드 도킨스와 크리스토퍼 히친스가 그리스도인들에게는 하나님에 대한 그들의 믿음을 이성과 과학으로 증명하라고 요구하면서도, 자신들의 무신론은 증명이 필요 없을 정도로 자명하다고 가정하는, 기묘한 합리적 비대칭성을 보인다는 점은 많은 논평가들이 지적하는 바다. 이는 두 가지 이유로 이 운동의 비평가들을 당혹스럽게 했다. 첫째로, 하나님의 존재를 이런 방식으로 결정적으로 증명하거나 반증할 수 없다는 것이 널리 합의되고 있기 때문이며, 둘째로, 이 저술가들은 자신들의 사상에는 적용할 수 없는 평가 기준으로 기독교를 판단하기 때문이다. 도킨스의 증거 비대칭성은 그와 함께하는 많은 동료들을 크게 불편하게 만들고 있다. 만일 도킨스가 신념을 증명하라고 상대에게 요구한다면, 무신론적 신념 체계를 비판하는 발판으로 종교적 신념을 사용하기보다는 자신도 자신의 신념을 분명히 증명해야 하지 않는가? 예를 들어 도킨스의 저술 여러 곳에서 만나는 이런 논증(실제로는 확언)을 생각해 보라.

종교인들은 신을 믿는다.
그러나 신은 존재하지 않는다.
그러므로 신에 대한 믿음은 망상이다.

이 대담한 주장은 영향력이 입증되었을지는 모르지만 심각한 결함이 있다. 증명할 수 없는 신념("신은 존재하지 않는다")이 여기서는 공격할 수 없는 진리로 취급되고, 다른 신념을 조롱하는 데 이용된다. 도킨스의 주장은 간단히 말하면 이것이다. '무신론자의 관점에서 볼 때 종교적 신념은 의미가 없다.' 신이 없다고 **가정**(증명할 수 없기 때문에)해 놓고는, 신이 있다고 믿는 사람들은 망상에 빠졌다고 결론을 내린다. 무신론자 철학자 존 그레이는 이 부분의 중요성을 인식했다. 그는 이제 신의 존재를 증명하거나 반증할 수 있느냐는 무의미한 토론에서 벗어나 더 의미 있는 탐구, 즉 왜 어떤 사람들은 신이 "쓸모없다"고 생각하여 "신의 대리자"를 찾게 되었는지로 논의를 옮겨야 한다고 제안한다.

크리스토퍼 히친스는 이러한 도전에 응답했는데, 새로운 무신론은 어떠한 "신념들"도 가지고 있지 않으며, 참이라고 드러난 진리들을 인식할 뿐이라고 주장한다. 이것은 당혹스러운 진술이다. 왜냐하면 히친스의 『신은 위대하지 않다』(God is Not Great, 2007)에서 그의 논증의 흐름을 보면 종교는 악하다고 단언하는 내용이 지배적인데, 이것은 이성이나 과학으로 증명할 수 없는 도덕적 판단이며 명백히 하나의 **의견**이기 때문이다.

그리스도인 변증가들은 "새로운 무신론"에서 배울 필요가 있다. 도킨스와 히친스는 올바른 생각을 가진 사람이라면 새로운 무신론 사상은 누구도 부정할 수 없는 자명하고 합리적으로 확실한 것이라고 말한다. 이들은 수사적 기술을 통해 상대방을 무시하고 자신들의 입장에 근본적으로 증거가 부족함을 은폐하고 있다. 새로운 무신론이 확실하다고 단언했던 것들은 처음에는 많은 사람들에게 호소력이 있었지만 곧 해체되었고, 금방 사라지고 말 문화적 신념들이었음이 드러났다.

이 점은 저널리스트 게리 울프(Gary Wolf)가 포착한 것이다. 그는 도킨스와 그의 동료인 대니얼 데닛(Daniel Dennett), 샘 해리스가 내세우는 메시아적 무신론을 지칭하기 위해 2006년에 "새로운 무신론"이라는 용어를 고안한 사람이며, 이들이 자신들의 신념을 확언하고자 공격적인 수사적 수단들을 사용한다고 지적했다. 울프는 이러한 무신론의 주요 지지자들이 확실하다고 내세우는 날선 주장에 충격을 받았다. 그는 많은 사람들이 이러한 확실성 단언이 오만하고 개연성이 없다고 보며, "새로운 무신론" 진영의 지적 만용이 될 수 있다고 언급했다. "사람들은 그 확신에 찬 어조에서 모순을 본다. 새로운 무신론의 지지자들은 타인의 믿음을 경멸하면서도 자신의 믿음은 의심하지 않는다. 그들은 근본주의자들이다."

## 결론

이번 장에서는 신앙의 합리성 논의의 몇 가지 측면을 살펴보았다. 우리가 본 것처럼, 이는 한편으로는 기독교가 참이라고 믿는 이유들을 탐구하는 측면과, 다른 한편으로는 기독교가 사물을 이해하게 하는 능력을 탐구하는 측면으로 표현될 수 있다. 전자의 질문은 '어떻게 역사적 증거와 합리적 성찰이 기독교로 이끄는가?'이고, 후자의 질문은 '기독교를 받아들이면 어떻게, 다른 신앙 전통이나 이데올로기가 하지 못하는 방식으로 세상을 이해하게 되는가?'이다. 그런데 지적 여행의 다양한 방향을 이해하는 것이 중요하다. 첫 번째 방향은 증거에서 시작하여 이것이 어떻게 최선의 설명으로서 기독교를 가리키는지 묻는다. 두 번째 방향은 기독교의 설명적 틀에서 시작하여 이 렌즈가 어떻게 실재를 선명하게 보게 하는지를 묻는다. 각각은 나름대로 장점이 있다!

그러나 여기에는 기독교를 **합리화하고**, 하나님의 의미를 인간 **이해**의 영역으로부터 좀 더 지성적 영역인 **설명**의 영역으로 옮겨 놓을 위험성이 있다. 이해는 설명보다 더 많은 것을 포함한다. 그것은 실재의 큰 그림을 파악하고 그 안에서 우리의 위치와 역할을 헤아리는 것이다. 철학자 린다 재그제브스키(Linda Zagzebski)가 지적했듯이, "이해는 개별 대상을 향한 것이 아니라 한 부분과 다른 부분의 관계, 나아가 부분과 전체의 관계를 보는 것을 포함한다." 철학자 리처드 스윈번이 하나님을, 영혼의 삶을 풍요롭게 하고 변화시키는 분보다 세계에 대한 우리의 경험을 이해하게 하는 "설명을 위한 가설"로 주로 다루었다면, C. S. 루이스는 단순히 우리 세계의 모습에 대한 **설명**이 아니라 세계를 **이해**할 수 있도록 돕는 분으로 하나님을 바라보았다. 기독교는 합리적 설명들만을 제공하는 것이 아니라, 의미와 가치라는 중요한 질문에도 관여한다. 다음 장에서는, 이 논점을 계속 따라가면서 변증이 어떻게 기독교 복음의 핵심 주제들을 인간 상황의 여러 요소와 연관시키고, 그것을 통해 청중과 의미 있는 관계를 맺고자 하는지 탐구해 보겠다.

## 생각해 볼 물음

1. 하나님의 존재를 논증으로 증명할 수 없다면, 이런 논증들을 사용하는 것은 어떤 의미가 있을까?

2. 하나님의 존재에 대한 아퀴나스의 논증들을 자신의 말로 요약해 보라. 이 논증들을 변증 강연이나 글에서 어떻게 활용할 수 있겠는가?

3. C. S. 루이스의 "욕구로부터의 논증"은 매우 이해하기 쉽고 매력적이라고 입증되었다. 이 논증의 기본 내용을 자신의 말로 제시해 보라. 이 논증이 호소력이 있는 이유는 무엇인가? 그것을 어떻게 활용할 수 있겠는가?

4. 이 책의 앞부분에서(25쪽) 나는 애버리 덜레스의 발언, 즉 많은 사람들이 변증가를 "정당한 수단이나 부당한 수단을 모두 동원해 사람들을 교회에 나오도록 설득하는 공격적이고 기회주의적인 사람"으로 여긴다는 점을 언급했다. 이런 인식은 어떻게 생겨났을까? 어떻게 하면 현명하고 은혜롭게 논증들을 활용할 수 있을까?

# 추가 독서 자료

Juha Ahvio. *Theological Epistemology of Contemporary American Confessional Reformed Apologetics*(Helsinki: Luther-Agricola-Society, 2005).

Atocha Aliseda. *Abductive Reasoning: Logical Investigations into Discovery and Explanation*(Dordrecht: Springer, 2006. Azadegan, brahim. "Divine Hiddenness and Human Sin: The Noetic Effect of Sin." *Journal of Reformed Theology* 7, no. 1 (2013): pp. 69–90.

Keith M. Baker and Peter H. Reill, eds. *What's Left of Enlightenment? A Postmodern Question*(Stanford, CA: Stanford University Press, 2001).

Mark J. Boone. "Augustine and William James on the Rationality of Faith." *Heythrop Journal* 61, no. 4 (2020): pp. 648–59.

J. R. Brown. *The Laboratory of the Mind: Thought Experiments in the Natural Sciences*(2nd ed. London: Routledge, 2011).

Bernard Carr, ed. *Universe or Multiverse?* (Cambridge: Cambridge University Press, 2007).

Robin Collins. "The Teleological Argument: An Exploration of the Fine-tuning of the Cosmos." In *Blackwell Companion to Natural Theology* edited by William Lane Craig and J. P. Moreland, pp. 202–81(Oxford: Blackwell, 2009).

Paul Copan and William Lane Craig. *The Kalām Cosmological Argument: Scientific Evidence for the Beginning of the Universe*(New York, NY: Bloomsbury Academic, 2018).

William Lane Craig. *The Kalām Cosmological Argument*(London: Macmillan, 1979).

William Lane Craig. "The Existence of God and the Beginning of the Universe." *Truth: A Journal of Modern Thought* 3 (1991): pp. 85–96.

Helen De Cruz. "The Enduring Appeal of Natural Theological Arguments." *Philosophy Compass* 9, no. 2 (2014): pp. 145–53.

Jorge Alejandro Florez. "Peirce's Theory of the Origin of Abduction in Aristotle." *Transactions of the Charles S. Peirce Society* 50, no. 2 (2014): pp. 265–80.

Tamar Gendler. *Thought Experiment: On the Powers and Limits of Imaginary Cases*(New York, NY: Garland, 2000).

Christina M. Gschwandtner. *Postmodern Apologetics? Arguments for God in Contemporary Philosophy*(New York, NY: Fordham University Press, 2013).

Pierre Hadot. *What is Ancient Philosophy?* (Cambridge, MA: Harvard University Press, 2002).

Peter Harris. *The Rage against the Light: Why Christopher Hitchens is Wrong*(Eugene, OR: Wipf & Stock, 2018).

Wilko van. Holten. "Theism and Inference to the Best Explanation." *Ars Disputandi* 2, no. 1 (2002): pp. 262–81.

Anthony Kenny. *The Five Ways: St. Thomas Aquinas' Proofs of God's Existence* (London: Routledge & Kegan Paul, 2003).

Brian Leftow. "The Ontological Argument." In *Oxford Handbook of Philosophy of Religion* edited by William J. Wainwright, pp. 80–115(Oxford: Oxford University Press, 2005).

Peter Lipton. *Inference to the Best Explanation* 2nd ed(London: Routledge, 2004).

Andrew Ter Ern Loke, *God and Ultimate Origins: A Novel Cosmological Argument*(New York, NY: Palgrave Macmillan, 2017).

Alister E. McGrath. "An Enhanced Vision of Rationality: C. S. Lewis on the Reasonableness of Christian Faith." *Theology* 116, no. 6 (2013): pp. 410–17.

Alister E. McGrath. *The Territories of Human Reason: Science and Theology in an Age of Multiple Rationalities*(Oxford: Oxford University Press, 2019).

Kevin Mongrain. "The Eyes of Faith: Newman's Critique of Arguments from Design." *Newman Studies Journal* 6 (2009): pp. 68–86.

Teresa Morgan. *The New Testament and the Theology of Trust: "This Rich Trust."*(Oxford: Oxford University Press, 2022).

Nikolaj Nottelmann and Patrick Fessenbecker. "Honesty and inquiry: W. K. Clifford's Ethics of Belief." *British Journal for the History of Philosophy* 28, no. 4 (2020): pp. 797–818.

Stuart Peterfreund. *Turning Points in Natural Theology from Bacon to Darwin: The Way of the Argument from Design*(New York, NY: Palgrave Macmillan, 2012).

Alvin Plantinga. *Warranted Christian Belief* (Oxford: Oxford University Press, 2000).

Bruce Reichenbach. "Explanation and the Cosmological Argument." In *Contemporary Debates in the Philosophy of Religion* edited by Michael Peterson and Raymond van Arragon, pp. 97–114(Oxford: Wiley-Blackwell, 2004).

Cassiano Terra Rodrigues. "The Method of Scientific Discovery in Peirce's Philosophy: Deduction, Induction, and Abduction." *Logica Universalis* 5 (2011): pp. 127–64.

Albert Rothenberg. "Creative Cognitive Processes in Kekule's Discovery of the Structure of the Benzene Molecule." *The American Journal of Psychology* 108, no. 3 (1995): pp. 419–38.

Lydia Schumacher. "The Lost Legacy of Anselm's Argument: Rethinking the Purpose of Proofs for the Existence of God." *Modern Theology* 27, no. 1 (2011): pp. 87–101.

Jordan Howard Sobel. *Logic and Theism: Arguments for and against Beliefs in God*(Cambridge: Cambridge University Press, 2004).

Richard Swinburne. *The Existence of God* 2nd ed(Oxford: Clarendon Press, 2004).

Richard Swinburne. "God as the Simplest Explanation of the Universe." *European Journal for Philosophy of Religion* 2, no. 1 (2010): pp. 1–24.

Donald W. Winnicott. *Playing and Reality* (London: Routledge, 2005).

Philip Yancey. *Rumours of Another World*(Grand Rapids, MI: Zondervan, 2007).

Linda Zagzebski. 2001. "Recovering Understanding." In *Knowledge, Truth, and Duty: Essays on Epistemic Justification, Responsibility, and Virtue* edited by Matthias Steup, pp. 235–52(Oxford: Oxford University Press).

# 4

# 기독교 신앙과 인간 상황의 연결

Connecting the Christian Faith with the Human Situation

앞서 살펴본 것처럼 변증은 세 가지 주요 요소를 지닌다고 볼 수 있다. 첫째로, 변증은 종교적 신념에 대한 반대 문화들, 특히 포스트기독교 사회에서 공적 담론을 지배하는 반대 의견들과 씨름해야 한다. ("새로운 무신론"의 등장은 이런 만연한 지배적 가정들과 그 변증적 함의 이해에 유용한 연구 사례다.) 둘째로, 변증은 일반인들의 삶과 관심사에 기독교 신앙이 연결될 수 있는 다양한 방법이 있음을 확언하고 그것을 탐구해야 한다. 셋째로, 기독교 신앙이 동시대 문화에 지적으로, 관계적으로, 정서적으로 의미 있게 제시되도록, 기독교 사상을 청중들의 문화적 언어로 번역해야 한다. 변증은 기독교 신앙의 합리성이나 상상적 깊이, 또는 도덕적 비전을 **발명**하지 않는다. 그보다는, 사람들이 이러한 신앙의 특징들을 명확하게 보고 있는 그대로 평가할 수 있도록, 그것들을 **짚어 주고 살아 냄**으로써 그 특징들을 **선보이는**(showcasing) 것이다.

이 점은 '해체' 현상을 다룰 때 특히 중요하다. 여기서 해체란 여러 이유로 개인이 기독교 신앙과 단절되고 있다고 느끼는 현상이다. 이 과정에서 한 가지 중요한 요인을 들자면 기독교가 개인이 경험하는 현실과 연결되지 않는다는 인식이 커지는 것이다. 이번 장과 다음 장에 제시하는 자료는 기독교가 실존적 이슈들에 관여하는 여러 방식을 소개함으로써 재연결의 기초 작업을 돕고자 한다. 이번 장들에 제시된 자료는 구체적인 청중에 맞추어 변경할 필요가 있지만(7장을 보라), 기본 주제들은 다양한 변증적 맥락에서 사용될 수 있다.

앞 장에서는 기독교 신앙의 합리성을 긍정하고 탐구할 수 있는 몇 가지 방법을 살펴보았다. 그러나 지나간 "이성의 시대"가 남긴 충격이 있기 때문에 종종 변증가들은 믿음이 '이성적'임을 보여주는 것만으로도 사람들이 이를 상관성 있고 변혁적이라고 수용하고 끌어안을 충분한 근거가 된다고 오해한다. 우리는 어떤 신념이 합리적임을 보여주면 자동적으로 그 신념을 수용할 것이라는 말을 들어 왔다. **그런 일은 일어나지 않는다.** 예를 들어 천왕성에는 다섯 개의 주요 위성이 있다는 훌륭한 증거가 있다. 또한 나는 2의 제곱근은 무리수임을 수학적 진리로 확신할 수 있다. 하지만 이 두 가지 생각을 내가 **지성적으로** 받아들일 수는 있지만, 이 생각들은 **실제적**으로나 **실존적**으로 나에게 아무런 변화를 주지 않는다. 실제 삶에 아무 영향이 없다. 그것들은 **참**이다. 그렇다. 하지만 그래서 어쨌단 말인가? 그것들이 의미를 찾고자 하는 인간의 탐구, 잘 살고자 하는 노력, 또는 삶을 이해하고자 하는 갈망과 무슨 상관이 있는가? 변증은 기독교가 청중과 어떻게 연결되며, 그들이 세상을 보고 살아가는 방식에 어떻게 변화를 가져오는지 보여주는 것이다.

사물을 보는 기독교적 방식은 인지적, 실존적으로 실재를 이해하게 하며, 우리 자신과 우리의 우주를 강력하고도 설득력 있으며 매력적인 방식으로 설명한다. 기독교는 우리에게 이해될 뿐 아니라 우리를 이해하게 한다. 우리를 우주적 역사의 거대한 내러티브 속에 서게 하며, 의미라는 정신적 지도 위에 자리를 잡아 준다. 기독교는 사물을 보는 또 다른 방식과 삶의 방식을 제시하며, 듣는 이들이 그것을 발견하고 경험하도록 초대한다.

이번 장은 기독교 변증에서 가장 중요한 주제 중 하나를 다룬다. 즉 기독교 신앙의 현실과 평범한 인간 존재들의 삶과 희망, 열망 그리고 트라우마를 연결해야 할 필요성이 있다는 점이다. 최근 "인간의 곤경에 근거한 기독교 변증은 극히 최근의 현상"이라고 주장한 변증가들도 있지만, 역사적 증거를 보면 이런 형태의 변증은 최소한 1,500년 전에도 존재했으며, 초기 기독교 시대까지로 거슬러 올라간다는 것이 분명하다. 히포의 아우구스티누스의 저술에는 이것이 명확히 드러나 있다(그림 4.1).

그림 4.1 프랑스어 필사본에 묘사된, 초기 기독교 신학자 히포의 아우구스티누스(354-430)가 동료들과 대화하는 모습.

아우구스티누스는 창조와 구속의 교리에 근거하여 인간의 욕망을 신학적으로 분석한다. 인간은 하나님과 관계를 맺기 위해 창조되었지만, 이 관계는 죄 때문에 깨지고 손상되었다. 그럼에도 우리는 하나님 안에 있는 우리의 진정한 목표를 가리키는 갈망을 느낀다. 아우구스티누스는 이것을 유명한 기도로 표현했다. "당신은 우리를 당신 자신을 위해 만드셨고, 우리의 마음은 당신 안에서 쉼을 찾을 때까지는 쉬지 못합니다." 인류가 '하나님의 형상'을 지니고 있다는 사상은, 창조주이자 인류의 궁극적인 목표인 하나님을 향한 '귀향 본능'으로 작용하는 어떤 동력이 인간의 본성에 내재한다는 의미다. 마치 나침반의 바늘이 자극을 향해 끌리듯, 인간의 상상력도 이성을 따라, 또는 그에 못지않게 직관을 따라 하나님 안에 있는 그 기원과 목표를 향해 이끌린다.

우리의 직관, 욕구, 불안은 모두 변증적으로 중요한 의미를 지닌다. 그것들은 모두 인간의 충만함을 위해 진정한 목표로 이끄는 단서들이기 때문이다. 합리주의가 한때 꿈과 망상으로 치부했던 것들이 이제는(과거에 기독교가 인정해 주었던 것처럼) 인간의 정체성과 충만함을 가리키는 중대한 단서로 인정받고 있다. 철학자 앨빈 플랜팅가는, 하나님이 인류를 창조하실 때 지각과 기억, 이성 등과 유사한 하나의 본성적 능력으로서 "신성의 감각"(sensus divinitatis)을 부여하셨고, 이 능력은 외적 증거에 의존한 신념들 없이도 우리 안에서 믿음을 만들어 낼수 있다고 주장한다.

철학자 한스게오르크 가다머는 이러한 종류의 해석과 연결의 과정을 설명하기 위해 "지평 융합"(Horizontverschmelzung)이라는 표현을 사용했다. 그는 이렇게 말한다. "지평이란 이해를 하고자 한다면 반드시 지녀야 할 우월한 시야의 폭을 표현한다. 지평을 획득한다는 것은 눈앞에 있는 것을 넘어 바라보는 법을 배운다는 뜻이다. 이는 눈앞의 것을 외면하기 위해서가 아니라 더 잘 보기 위해서다." 가다머의 요점은 새로운 지평, 예를 들어 기독교 신앙의 지평과 같은 것을 발견하면 우리 자신을 새롭게 보고 이해할 수 있다는 것이다.

에드워드 존 카넬(Edward John Carnell) 등 20세기 중반의 많은 미국 합리주의 변증가들은 기독교와 인간의 경험적 세계 연결이 중요하다는 사실을 경시했다. 그러나 이후 서구 문화에서 합리주의에 대해 환멸이 일어났고, 21세기 변증가들은 기독교 신앙의 세계와 인간의 내면세계 연결에 다시 초점을 맞추게 되었다. 이것은 개인에게 미치는 실존적 영향력으로 기독교가 축소되었다는 의미가 아니다. 그보다는 기독교가 이미 태생적으로 그러한 실존적, 상상적, 정서적 호소력이 있음을 받아들이고, 이를 **변증적으로** 발견하고 적용하도록 초대하는 것이다. 이 점을 보여주는 예는 미국 변호사 찰스 콜슨(Charles Colson)인데, 그는 C. S. 루이스의 책들을 통해 기독교의 매력을 발견했다.

콜슨은 1969년부터 1970년까지 닉슨 대통령의 특별 보좌관으로 일했고, 이후 워터게이트 사건에 연루되어 투옥되었다. 그때까지만 해도 콜슨은 종교에 관심이 없었다. 그러나 1973년 8월, 자신의 상황과 기독교 신앙이 갑작스레 연결되면서 마음이 바뀐다. 이러한 일은 어느 면회자가 루이스의 『순전한 기독교』에서 교만을 다룬 부분을 읽어 주면서 시작되었다. 콜슨은 갑자기 **자신이** 본문 속에 들어가 있고, 루이스가 **자신에** 관해 말한다고 느꼈다. 이렇게 연결을 짓고 나자 콜슨은 루이스가 자신의 문제를 진단했고, 치료의 방향을 알려 주었음을 깨달았다. 루이스는, 콜슨이 자신의 상황과 기독교 신앙의 몇 가지 핵심 주제를 잇는, 인생을 바꾸어 놓을 연결 고리를 만들게 도와주었다. 이러한 사례를 본 일부 변증가들은 성경을 인용해 들려주는 것만으로도 충분하며, 듣는 이들은 설명이나 안내 없이도 자신의 상황과 성경 말씀의 관련성 및 의미를 이해할 것이라고 주장한다. 그들은 본문의 의미는 자명하다고 주장한다. 그러나 신약학자 존 바클레이(John Barclay)는 성경 본문은 신학적 해석이 필요하다고 정확히 지적한다.

> 우리의 과제는 각 세대와 각 문화, 역사의 상황 속에서 단순히 이 말씀들을 보존하는 것이 아니라, 그것을 펼쳐, 해설하고, 그 의미를 풀어내는 것이다. 끊임없이 변화하는 우리의 현재를 '능숙히 다루는', 즉 솔직히 직면하며 설득력 있게 소통할 수 있는 수준이라야 한다.

바클레이의 분석은 성경 본문이 청중의 실존적 상황에 대해 어떻게 말하는지 보여주는 설교자와 변증가의 역할을 강조한다. [구체적 청중의 중요성은 뒤에서 살펴볼 것이다(7장 참고)].

이번 장에서는 "연결하기" 주제의 변증적 중요성을 살펴볼 것이다. 연결하기는 기독교가 어떻게 개인의 상황을 이해하도록 하며, 그들의 갱신과 변화에 어떻게 희망을 가져다주는지 파악하도록 돕는 일이다. 여기에는 두 가지 주제가 맞닿아 있다. 첫째는, 기독교가 인간의 상황을 **조명**한다는 것, 둘째는, 기독교가 우리를 **변화**시킬 수 있다는 것이다. 의학 용어를 사용하자면, 기독교는 우리의 상태를 진단하고 또한 치유할 수 있다는 것이다. 이번 장에서는 기독교 신앙의 주요 주제들이 인간 실존의 현실과 어떻게 연결되는지 살펴보고, 변증가가 이러한 생각들을 어떻게 효과적으로 발전시킬 수 있는지 고찰할 것이다.

## 사실만으로 충분하지 않은 이유: 변증과 인간의 상황

기독교 변증의 핵심 주제 중 하나는 기독교 신앙이 진리라는 것이다. 그렇다면 이 중심 개념인 '진리'는 어떻게 이해되어야 하는가? 어떤 이들에게 '진리'는 단순히 '정확한 사실'을 의미한다. 복음주의 변증가인 존 워윅 몽고메리는 그의 저서 『역사와 기독교』(*History and Christianity*, 1971)로 잘 알려져 있다. 이 작품은 신약성경 본문의 신뢰성을 입증할 수 있는 증거들의 확률 및 선택 기준을 판단하는 법적 표준들을 제시하며 '역사적-법적' 변증을 펼친다. 몽고메리는 하버드 로스쿨 초기의 영향력 있는 학자였던 사이먼 그린리프(Simon Greenleaf, 1783-1853)의 변증 접근법을 발전시켰다. 그 접근법은 하나님의 존재 논증이 아니라 신약 복음서 본문들의 신뢰성에 초점이 있었다. 기독교의 "그 절대적 주장들의 진실성은 확실한 역사적 사실들에 정직하게 근거를 두고 있으며, 그 사실들은 평범한 조사가 가능한 것들이라고 선언한다."

몽고메리의 긍정적이고도 사실에 의존하는 증거주의적 접근법은 특히 20세기 후반 북미 복음주의권에서 큰 영향력을 나타냈고, 두 가지 목적, 즉 특정 신약성경 본문의 신뢰성을 변호하고 기독교 신앙 전반의 진실성을 공적으로 옹호하는 데 기여했다. 그러나 변증은 역사적 기록의 '진실성' 문제, 예를 들면 그리스도의 부활에 관한 기록이 사실인가의 문제를 넘어서야만 한다. 여기서 문제는 사실들이 **중요하**지만 그것만으로는 **충분**하지 않다는 점이다. 사실이 지닌 의미가 분명히 드러나도록 청중에게 사실을 **해석하고 설명해야** 할 필요가 있다. 때로 어떤 것은 **참**이면서 **중요하지 않을** 수도 있다

증거주의는 변증에 훌륭한 토대와 출발점을 제공한다. 그러나 더 많은 것을 말해야 한다. 사실만으로는 충분하지 않다. 우리는 실재의 '큰 그림'을 파악할 필요가 있으며, 그것은 삶의 가치와 의미를 드러내고 의미에 대한 깊은 질문을 다룰 수 있는 그림이라야 한다. 루트비히 비트겐슈타인은 1916년에 쓴 문장에서 이런 점을 언급했다. "하나님을 믿는다는 것은 삶의 의미에 대한 질문을 이해하는 것이다. 하나님을 믿는다는 것은 세상의 사실들이 모든 일의 끝이 아님을 아는 것이다."

알베르트 아인슈타인은 사실을 넘어 사실들의 더 깊은 의미 파악이 중요하다고 언급한 주요 인물이다. 아인슈타인은 "과학적 방법은, 사실들이 서로 어떻게 관련되어 있고 서로의 조건에 의해 어떻게 제약되는지를 넘어서는 그 어떤 것도 가르쳐 줄 수 없다"라고 주장했다. 그러나 그는 인간에게는 "우리 존재에 대한 순전히 합리적인 개념"이 줄 수 있는 것을 넘어서는 무엇이 필요하다고 강조한다. 우리는 사실들을 넘어 세계와 그 안에서 우리의 위치에 대한 해석을 제시해야만 한다. 아인슈타인에게 "우리의 행동과 판단에 필수적이고 결정적

인" 근본 신념들은 "견고한 과학적 방식"으로 계발할 수도, 유지할 수도 없다. 의미 있는 삶을 살려면 과학이 제공할 수 있는 것을 넘어서야 한다. 루트비히 비트겐슈타인은 이 점을 명확히 했다. "**가능한 모든** 과학적 질문에 답을 얻는다 해도, 우리는 아직도 삶의 문제가 전혀 다루어지지 않았다고 느낄 것이다."

변증은 분명 기독교 신앙이 역사적으로나 합리적으로 좋은 근거 위에 있음을 보이는 것이 목표다. 그러나 이것만으로는 충분하지 않다. 기독교가 삶을 변화시키고, 의미와 희망을 제공하여, 혼란스럽고도 괴로움을 주는 세상에 대처할 수 있게 한다는 것을 보여주어야 한다. 예를 들어 다음 두 문장을 생각해 보자.

1. 예수 그리스도는 십자가에서 죽으셨다.
2. 예수 그리스도는 세상의 죄를 위해 십자가에서 죽으셨다.

첫 번째 문장은 역사적 진술이며, 그리스도인들이 정확한 사실이라고 간주하는 진술이다. 두 번째 문장은 이 역사적 진술을 확언하지만 중요한 신학적 해석을 덧붙인다. 즉 그리스도의 죽음이 어떠한 방법을 통해 죄 용서를 성취한다고 말한다. 이것이 바울이 자신에게 맡겨진 신앙을 언급하는 유명한 진술에서 표현한 요점이다. "내가 받은 것을 먼저 너희에게 전하였노니 이는 성경대로 그리스도께서 우리 죄를 위하여 죽으시고"(고전 15:3). 바울은 독자들에게 단순히 그리스도께서 십자가에서 죽으셨다는 **사실**이 아니라, 그 사건의 의미에 대한 기독교적 해석, 즉 그 일이 구원을 가져다준다는 것을 전하고 있다. 십자가의 역사적 사실성을 확언하는 것만으로는 충분하지 않다. 십자가가 개인에게 주는 의미를 확언하고 설명해야만 한다.

따라서 변증가는 관련성을 설명할 필요가 있다. 예를 들어 그리스도의 부활이 자신에게 어떤 차이를 만드는지 알지 못하는 이들에게 그 사건과 그들의 관련성을 알려 주어야 한다. 변증은 신약성경의 역사적 주장들을 단순 반복하는 것을 넘어, 그 주장들의 의미를 동시대의 언어로 설명하여 그 잠재적 중요성을 음미하게 도와야 한다. 네덜란드의 위대한 선교학자 헨드릭 크래머(Hendrik Kraemer)는 1938년 인도 탐바람에서 열린 국제선교협의회(International Missionary Council) 회의의 토대를 마련한 주요 연구에서 이 점을 설득력 있게 부각시켰다. "[우리에게는] 기독교 신앙의 도전을 이해할 수 있고 사람들이 살아가는 현실의 고유한 특성과 관련 지을 수 있는 용어와 표현 양식으로, 기독교 신앙을 제시하고자 노력할 의무가 있다." 변증의 목표는 성경 본문이 오늘의 독자들에게 의미하는 바를 소통하는 것이다. 현재 이해되는 용어로 설명하지는 않으면서 본문만 단순 반복하는 것이 아니다.

C. S. 루이스는, 성경적 신앙의 실재들을 오늘의 청중과 연결시키는 언어와 개념으로 변증이 계속 번역되어 나타난다고 말한다. 1945년 부활절의 유명한 "기독교 변증" 강의에서 루이스는, 한편으로는 기독교 신앙이 지닌 진실성의 중요성을, 다른 한편으로는 이를 청중이 이해할 수 있는 용어로 번역해야 할 필요성을 역설한다. "우리의 일은 시대를 초월하는 것(어제나 오늘이나 내일이나 동일한, 히 13:8 참조)을 우리 시대의 특정한 언어로 제시하는 것이다. … 우리는 신학의 모든 조각을 모국어로 번역해야 한다."

변증과 관련해서 충분히 주의를 기울이지 않았던 질문이 있다. 그중 하나는 기독교적 신념, 예를 들어 성육신 교리가 참이라면 그것이 개인과 신앙 공동체에 어떤 차이를 가져오는가다. 그것은 불확실성에 대처하는 데 어떤 도움을 주는가? 의미 있는 삶을 사는 데 무슨 도움이 되는가? 과연 실천할 수 있는 것인가? 지혜로워지는 데 어떤 도움이 되는가? 우리의 번영에 어떻게 도움이 될 수 있는가? 변증가는 청중이 이러한 연결 고리를 만들도록 도와야 한다. 가장 좋은 방법은 자신이 이런 연결 고리를 직접 보고, 신앙이 삶에 일으키는 변화를 맛

보고, 이를 다른 사람에게 설명하는 것이다.

이번 장에서는 기독교의 핵심 주제들이 실제 삶의 중요한 측면, 예를 들어 의미에 대한 인간의 탐구나 광대한 우주에서 인간의 중요성 등 많은 이들의 깊은 고민과 어떻게 연결되는지 살펴본다. 특히 기독교의 풍부한 구원의 성격 이해와 기독교의 변증적 호소력 등에 드러나는 변혁적 측면을 주목할 것이다. 그러나 우선은 기독교 신앙을 어떻게 **복잡한 통일체**(a complex unity)로 간주할 수 있는지 탐구하는 데서 시작하겠다. 기독교는 여러 측면과 양상이 있으며, 이들은 신학적으로나 변증적으로 모두 중요하다. 그 양상들은 단절된 사상들의 집합이 아니라 통일된 전체로 간주된다.

이 점이 왜 중요한가? 어떤 변증가들은 기독교 신앙의 일부 양상과 측면들에만 협소하게 관심을 둔다. 그래서 그들이 활용할 수 있는 모든 가능성을 음미하거나 펼쳐 놓지 못한다. 어떤 이들은 기독교를 몇 가지 기본 주제로 축소하고, 신약성경이 신앙의 생명력을 풍부하게 증언함에도 그 주제들을 확장하려 들지 않는다. 이번 장의 목표는 변증가들의 선택 폭을 넓히고 풍성하게 하며, 한편에는 신약성경 다른 한편에는 동시대 사람들이라는 "두 지평"을 연결하는 잠재적으로 생산적이면서도 유용한 방법들을 제시하는 데 있다. 여기에는 듣는 이들의 정체성이 기독교 제시 방식을 어떻게 형성하는지, 또 복음과 개인 사이의 연결 고리를 어떻게 계발해야 하는지 살펴보는 것 등이 포함된다. 한편으로 변증은 기독교의 복잡성과 풍성함을 존중하면서, 다른 한편으로는 기독교 안의 여러 요소가 변증적으로 중요함을 규명하고 음미하려는 시도다.

## 기독교의 복잡성 소통하기: 아이작 뉴턴과 메리 미즐리

철학자 이언 맥길크리스트(Iain McGilchrist)는 그의 유명한 저서 『주인과 심부름꾼』(The Mastery and his Emissary)에서 이렇게 말한다. "부분을 관찰하기 위해 분할하는 우리의 재능은 너무나 중요하다. 그러나 전체를 보기 위해 분할의 능력을 초월할 수 있는 역량보다는 아래다." 맥길크리스트의 유익한 언급은 변증에서 전체와 부분의 상호 작용이 매우 중요함을 강조한다. 기독교는 지적이고도 영적인 생태계와 같아서, 많은 측면과 요소가 서로 연결되어 있다. 이 요소들은 더 큰 전체의 일부이나, 각각 고유한 신학적 의미와 변증적 중요성이 있다. 기독교 복음은 하나이나 많은 요소가 서로 연결되어 있으며, 각 요소는 인간의 관심사와 욕구, 필요와 연결될 수 있다. 변증의 과제 중 하나는 기독교의 이러한 다양한 측면들이 지닌 변증적 잠재력을 규명하고 음미하는 데 있다. 그렇다면 복잡한 통일체라는 개념을 어떻게 시각화할 수 있을까? 이 단락에서는 이 문제를 생각할 때 많은 사람들이 도움이 된다고 여기는 두 가지 모델을 살펴볼 것이다.

첫 번째는 17세기에서 유래했다. 1672년 영국의 위대한 과학자 아이작 뉴턴은 케임브리지 대학 트리니티 칼리지 연구실에서 몇 가지 실험을 거친 논문을 발표했다(그림 4.2). 그는 태양광을 유리 프리즘에 통과시켜서 백색광을 빨강, 주황, 노랑, 초록, 파랑, 남색, 보라의 7가지 주요 색상 스펙트럼으로 분리하는 실험을 했다. 무지개에서는 자연 발생하는 현상인데, 빛을 스펙트럼의 구성 요소들로 분리하는 이 과정을 전문 용어로 '분산'(dispersion)이라고 한다. (중세에는 무지개를 빨강, 노랑, 초록, 파랑, 보라의 5가지 색상으로만 묘사했다. 뉴턴은 주황과 남색을 추가했는데 그 이유는 밝혀지지 않았다.) 여기서 중요한 점은, 이런 색들이 프리즘에 의해 백색광에 **추가된** 것이 아님을 뉴턴이 실험으로 보여주었다는 것이다. 이 색들은 원래부터 태양광에 존재했으며, 프리즘을 통해 만들어진 것이 아니라 '분산'(뉴턴의 용어) 또는 '분리'되어 각각 드러난 것이다.

　　그렇다면 이 잘 알려진 실험은 기독교 신앙과 같은 복잡한 통일체를 생각하는 데 어떤 도움을 주는가? 뉴턴의 실험은, 복잡하고도 단일한 실재(태양광)가 지닌 여러 측면 및 요소가 각각 더 큰 전체의 일부라는 사실을 놓치지 않으면서도 어떻게 이들을 개별적으로 구분하여 연구할 수 있는지 보여주는 시각적 모델이다. 신학에는 이 '분산'의 과정에 분명히 상응하는 것이 존재한다. 신학도 기독교 복음의 근본적 통일성을 존중하는 동시에 각 구성 요소의 변증적 잠재력을 구별하고 음미하는 것이 목표이기 때문이다. 다음 단락에서 살펴보겠지만, 구원의 본질에 대한 신약성경의 풍부한 이해를 신학적으로 분석할 때, 그리스도의 삶과 죽음과 부활로 인한 인간 존재의 변화에 대한 여러 '이미지' 또는 '모델'이 포함된다. 각각은 구원에 대한 전반적인 기독교 이해의 일부이지만, 또한 각각 나름대로 독특한 정체성과 변증적 호소력을 지닌다.

그림 4.2 케임브리지 트리니티 칼리지에 있는 자신의 방에서 백색광선을 구성 색으로 분해하는 뉴턴.

이 문제에 접근하는 두 번째 모델은 영국의 공공철학자 메리 미즐리(Mary Midgley)가 제시한 것이다. 그는 우리 세계의 통일성을 긍정하면서 한편으로는 그 풍성함을 강조했다. 미즐리는 환원주의적 세계 접근을 강력히 비판했고, 그런 접근은 세계의 복잡성을 빈곤하게 만들고 왜곡한다고 믿었다. 우리가 사는 세상을 올바로 대하려면, 그 복잡성을 존중하고 그것을 최선을 다해 포착하고 표현하려고 노력해야만 한다.

나는 한편으로는 세상이 정말로 하나뿐임을 강조하고 싶지만, 다른 한편으로 이 세상은 매우 복잡하고 다양하기 때문에 우리가 이를 이해하려면 수십 가지 특징적 사고 패턴이 필요하다는 점도 강조해야만 한다. 우리는 이러한 모든 사고 방식들을 단일한 모델로 축소할 수 없다. 대신 모든 철학적 도구를 사용하여 서로 다른 종류의 사고를 하나로 모아야 한다.

미즐리의 요점은, 우리가 세상을 가장 단순한 형태로 축소하려는 유혹을 받고 있으며, 그렇게 되면 서로 구별되면서도 그 자체로 중요한 많은 측면들을 볼 수 없다는 것이다.

미즐리는 여러 지도들을 생각해 보라고 제안한다. 각각의 지도는 세계의 특징을 일부 식별하는 데 매우 효과적이지만, 어느 지도도 그것만으로는 전체 세계를 충분히 표현할 수 없다. 우리에게는 "불완전한 지도가 여럿 필요하다. 모든 지도가 불완전하나, 한데 모으면 새로운 지역에 대한 이해가 점차 형성된다. 그 지도를 한군데 모음으로써 … 우리는 외부 세계가 실제로 말해 주는 바에 점점 가까이 다가가도록 인도하는 복합 그림을 만들 수 있다." 이와 마찬가지로, 신학은 실재에 대한 기독교적 비전의 풍요로움과 세밀함을 드러내고 그 통일성을 기뻐하는 것이 목표다. 미즐리의 이미지를 따라, 각 신학적 지도는 변증에 도움을 줄 수 있다.

　다음 단락에서는, 그리스도를 통한 인간 변화(흔히 "구원"이라고 부르는)에 대한 풍성한 이해가 어떻게 각기 고유한 신학적 의미와 변증적 중요성을 지니는 일련의 개별 요소 안으로 분산될 수 있는지 탐구해 보겠다.

## 구원의 변증적 측면들

1521년, 독일 루터교 신학자 필리프 멜란히톤(Philip Melanchthon)은 그리스도의 정체성과 의미 등 핵심 주제 중심으로 신학적 논의를 정리한 교과서 『신학총론』(Loci Communes, 라틴어, '공동의 장소들')을 출간했다. 이 책에 나오는 짧은 문구는 변증과 관련하여 매우 중요하다. "그리스도를 안다는 것은 그의 혜택들을 아는 것이다." 멜란히톤은 그리스도가 누구인지 이해하려면 그분이 우리를 위해 무엇을 하셨는지 이해할 필요가 있다고 선언한다. 구원에 대한 기독교적 이해(흔히 "구원론"이라고 부른다)는 이러한 여러 '그리스도의 혜택들'을 규명하고, 그리스도가 인간 존재를 변화시킨 여러 가지 방식들의 지도를 신약성경이 이해하는 대로 그리게 해준다. 그리고 이런 각각의 방식들은 인간의 관심사들과 필요들, 우리의 가장 깊은 열망들과 각각 다른 모습으로 연결된다.

　신약성경은 그리스도의 삶과 죽음, 부활을 통해 인간의 삶과 생각을 변화시키는 새로운 무언가가 일어났음을 분명히 밝힌다. 그리스도를 통해 가능해진 인간 상황의 변화를 표현하기 위해 몇 가지 이미지가 사용된다. 신약성경 저자들은 독자들의 경험 세계와 연결되는 일련의 은유와 비유를 사용하여 그리스도를 받아들일 때 어떤 일이 일어났는지를 독자들이 상상하거나 그려보도록 했다. 어떤 것들은 기독교의 기원이 되는 풍부한 유대교 유산에서 왔고, 다른 것들은 신약성경 서신서 독자라면 대부분 친숙했던 1세기 그리스-로마의 상업적, 법률적, 사회적 세계에서 유래했다. 얀 판 데르 바트(Jan G. van der Watt)가 지적했듯이, 신약성경은 독자들이 이해하기 쉬운 이미지들을 사용하며, 그들에게 친숙한 종교적, 문화적 관습을 활용하여 구원의 성격을 파악하도록 돕는다.

기독교의 구원 메시지는 일반인이 이해할 수 있는 언어로 상황화되었다. 초기 그리스도인들이 이해하고 공감할 수 있었던 이미지들, 은유들, 비유들은 전도자들의 손에 들려, 새로운 개종자들이 하나님과 함께 이 새로운 모험의 길을 걷기 시작했을 때 그들에게 무슨 일이 일어난 것인지 설명하는 중요한 도구가 되었다.

이런 이미지들은 교회 내 가르침과 교회 밖 전도의 기초가 되었다. 이번 장에서는 신약성경의 구원의 이미지들을 살펴보고, 이를 어떻게 변증적으로 사용할 수 있는지 생각해 보겠다. 많은 그리스도인들이 구원을 단순히 어떤 것**으로부터**, 예를 들면 죄의 속박이나 죽음의 공포, 죄책감 등으로부터 구출받는 것이라고 생각하는 경향이 있다. 그러나 이것은, 구원이 어떤 것**으로부터** 다른 것**으로** 옮겨 가는 것도 포함한다는 점을 간과한다. 구원은 인간 상황의 변화와 관련이 있다. 그래서 법적인 또는 개인적인 지위의 변화, 위험한 장소에서 벗어나 안전한 장소로 옮기는 것, 질병의 치유 등이 구원을 생각하는 친숙한 방식이 된다.

그러나 이런 구체적인 구원의 이미지나 모델은 더 큰 전체의 한 측면을 각각 나타낼 뿐이다. 이러한 모델들은 불완전하지만(기독교의 구원에 관한 비전에는 한 모델에 담긴 것보다 더 많은 것이 포함되므로), 구원의 비전이 지닌 개별적 측면을 각각 조명하는 데 도움이 된다. 따라서 변증가는 이 모델들을 사용하여 청중과 소통하고 연결할 수 있으며, 기독교 복음에 대한 다양한 접근법을 모색할 수 있다. 구원의 여러 이미지에 초점을 맞추는 이 과정은 모든 이미지를 가치 있게 여기고 존중하며 탐구한다는 점에서 환원주의가 아니다. 각각의 이미지가 가진 변증적 영향력을 파악할 필요가 있다는 점이 중요하다.

변증가는 구원에 관한 신약성경의 설명이나 모델에 각각 초점을 맞추면서 두 가지 구체적인 질문을 할 수 있다. 첫째, 인류의 상태를 묘사하는 방식 및 그 상태가 변화되는 방법을 어떻게 특징적으로 설명하는가? 예를 들어 구원을 하나님과의 화해라는 측면에서 이해할 때 인간의 자연적 상태는 하나님으로부터 소외된 상태로 이해된다. 둘째, 이런 식으로 구원을 시각화하고 이해하는 방식이 이 이미지를 변증적으로 사용하는 데 어떤 영향을 끼치는가? 이 이미지가 특별히 빛을 비추고 도움을 줄 수 있는 구체적 인간 상황이나 개인의 유형이 존재하는가?

### 변증에서 진리와 욕구

이 지점에서, 이런 접근이 기독교를 일종의 필요 기반 심리 치료로 축소하는 것 아니냐고 어떤 이들은 우려를 나타낼 것이다. 그러나 인간 본성에 대한 신학적 설명에 따르면, '필요'와 '욕구'는 하나님이 우리 안에 창조하신 것이며, 하나님 없이는 우리가 충만할 수 없고 불완전하다는 것을 드러내는 수단이다. 11세기의 신학자이자 영성 저술가인 캔터베리의 안셀무스는 기도문에서 이 점을 매우 명확하게 보여준다. "주님, 제가 원하게 하신 것을 제게 주소서. 당신이 불어넣어 주신 욕구로 인해 찬양과 감사를 드립니다. 당신이 시작하신 것을 완성하시며, 당신이 저로 갈망하게 하신 것을 저에게 허락해 주소서."

필요, 욕구, 우리가 원하는 것을 살펴봄으로써 안셀무스가 이 기도를 시작한다는 사실을 주목하라. 그러나 그는 이 필요를 즉시 신학적으로 해석하고 있다. **하나님이 이 필요를 창조하신 것은 우리를 집으로 이끄시려는 것이다.** 그것은 인간이 구성한 것이 아니다. 그것은 하나님에게서 온 자극에 대한 인간의 지각이며, 하나님께로 인도하는 것이다. 그러므로 이러한 욕구를 억압할 것이 아니라, 인정하고 그것이 무엇을 가리키는지 묻는 것이 중요하다. 우리는 우리가 누리도록 창조된 최고의 선을 내버려 둔 채 더 하찮은 선들에 종종 집착하는 것이 사실이다. 안셀무스의 요점은 우리의 갈망의 감각은 부정하거나 무시할 것이 아니라는 것이다. 그것은 창조주가 우리 안에 심어 두신 귀향 본능이며, 우리가 누구이며 어떤 존재가 되어야 하는지 가리키는 단서다. 그 목적은 하나님께로 돌아감으로써 성취된다.

따라서 기독교는 하나님이 주신, 하나님에 대한 갈망으로 하나의 경험(이 경우에는 궁극적인 의미를 지닌 무언가에 대한 인간의 욕구)을 이해할 수 있는 해석의 틀, 즉 '큰 그림'을 제공한다. 이러한 기독교적 틀에서 볼 때, 이 경험은 우리가 정말 **누구인지**, 우리가 정말 **무엇을** 원하는지 가리키는 단서다. 경험이 해석되지 않으면 그 자체로는 변증적 가치가 거의 없다. 그러나 올바른 방식을 통해 '초월의 신호'로 간주될 때, 즉 인류의 궁극적 목표가 하나님과의 관계 맺음에 있음을 상기시키는 것이라고 이해될 때는 큰 의미를 지닌다. 안셀무스의 기도는 바로 이것을 강조한다. 히포의 아우구스티누스, 블레즈 파스칼, C. S. 루이스 등 시대를 초월한 변증가들의 글에서도 비슷한 주제가 드러난다. 하나님은 우리 안에 이런 공허감을 창조하시고, 오직 하나님만이 우리의 가장 깊은 갈망을 충족시키실 수 있음을 깨닫게 하신다. 예를 들어 루이스는 이 갈망을 "기쁨"으로 표현하며, 하나님을 그 근원이자 목표로 간주한다. 루이스는 영적 자서전 『예기치 못한 기쁨』에서 자신을 회심으로 이끈 사건들을 기술한다. "나는 이제 어린 시절부터 나를 향해 기쁨의 화살을 쏘아 댄 그 근원에 다가가고 있었다. … 나는 실재의 중심이란 어떤 장소와 같은 상징으로 가장 잘 표현되는 것이기를 바라 왔지만, 그것이 한 인격임을 발견하게 되었다."

따라서 기독교 신앙은 우리 자신을 볼 수 있는 진실한 틀을 제공한다. 그것은 우리가 하나님과 관계 맺기 위해 하나님에 의해 창조되었다는 사실을 깨닫도록 도와주며, 우리의 필요에 대한 감각이 하나님과 "그리스도의 혜택"에 대한 우리의 필요를 드러낸다고 설명하거나 그렇게 해석한다. 이 진리에 담긴 경험적 속뜻은, 하나님과 관계 맺기 전까지는 결코 만족할 수 없다는 것이다. 따라서 기독교는 우리에게 인간의 본성을 볼 수 있는 방법을 제공하며, 그것을 통해 인간의 문제가 실제로 무엇인지, 그것에 관해 무엇을 할 수 있는지, 그리고 이것이 어떤 차이를 만드는지 이해하도록 돕는다. 기독교는 우리의 상황을 조명하고, 망상과 오해를 제거하며, 이 문제를 다루는 데 그리스도의 구원 사역이 왜 중요한지 파악하도록 돕고, 그 사역이 인간의 삶에 미치는 결과를 펼쳐 보여준다. 이번 장 앞부분(144쪽)에서 언급한 멜란히톤의 표현을 빌리자면, 신학은 "그리스도의 혜택들"을 **이해**하도록 돕고, 변증은 이러한 혜택들을 각각의 인간 상황과 **연결**하도록 돕는다. 이 과정에서 변증가는 그러한 연결 고리를 **발명**하는 것이 아니라, 그 연결 고리를 끌어내고 그 의미를 보여준다.

기독교는 우리의 가장 깊은 필요를 충족시키고, 우리의 가장 깊은 두려움을 진정시킨다. 요한복음의 몇 가지 주제를 살펴보면, 그리스도는 우리의 목마름을 해소하는 생수(요 4:5-30)이시며, 우리의 배고픔을 채워 주는 생명의 떡(요 6:30-5)이다. 따라서 복음은 인간의 상황 진단과 그 상황을 변화키는 방법을 모두 제공한다. 그리스도는 우리의 영혼을 거울 앞에 세우며, 우리의 곤경을 보여주고 상처를 치유해 주는 의사이시다.

아래에서는 신약성경의 몇 가지 구원 이미지들이 신학적 근거를 갖춘 변증 계발에 어떻게 도움이 되는지 간략하게 살펴볼 것이다.

이러한 이미지들은 그리스도의 정체성, 죄와 구원의 성격 등을 설명하고 소통하는 데 도움이 된다. 각 이미지는 인간의 곤경과 그것이 그리스도를 통해 어떻게 변화되는지를 고유한 방식으로 조명하여, 교회 안팎의 사람들이 구원이라는 복잡한 개념을 이해하도록 이끈다. 독자들은 이 성경 이미지의 목록을 쉽게 확장하여 청중과의 더 많은 연결 고리를 만들 수 있다.

### 의사 그리스도: 상처받고 깨진 인류의 치유

구약성경의 중심 주제 가운데 하나는 하나님이 망가진 세상을 치유하고 상처받은 사람들을 회복시키신다는 것이다. 이사야서의 매우 중요한 예언 중 일부인 '고난받는 종'은 상처받은 인류를 치유하시는 하나님의 이야기를 명시적으로 보여준다.

> 그는 실로 우리의 질고를 지고 우리의 슬픔을 당하였거늘 우리는 생각하기를 그는 징벌을 받아 하나님께 맞으며 고난을 당한다 하였노라 그가 찔림은 우리의 허물 때문이요 그가 상함은 우리의 죄악 때문이라 그가 징계를 받으므로 우리는 평화를 누리고 그가 채찍에 맞으므로 우리는 나음을 받았도다(사 53:4-5).

구약성경의 다른 예언자들은 치유의 희망을 강조하면서 하나님을 의사 또는 "치료하는 광선을 비추며" 떠오르는 "공의로운 해"(말 4:2)에 비유했다. 그리스도의 치유 사역은 기독교에서 이러한, '인류를 치유하시는 하나님' 주제의 연장으로 볼 수 있다.

이 주제는 십자가에 집중적으로 초점을 맞추는 신약성경에서 더욱 심화된다. 십자가에 못 박히신 그리스도의 상처와 고난이 신자들의 삶을 변화시킨다고 간주된다. 어떤 의미에서 그리스도는 다른 사람들이 치유되도록, 그들을 위해 이 고통과 고난을 짊어지셨다. 초기 기독교 저술가들은 이 주제의 변증적 중요성을 인식했다. 1세기 말 안디옥의 이그나티우스는 복음을 "불사의 약", 즉 인류의 치명적 질병을 치료할 수 있어서 더 이상 죽음을 두려워할 필요를 없애 버린 약이라고 말했다.

5세기 히포의 아우구스티누스는, 교회는 상처입고 병든 사람들로 가득 찬 야전 병원과 같으며, 이들은 의사이신 그리스도의 보살핌 아래 그가 제공하는 약으로 회복되는 중이라고 했다. 아우구스티누스는, 인간은 죄로 인해 손상되었고 죄에 사로잡혀 있으며, 이 상태는 유전병과 같이 한 세대에서 다른 세대로 전해지면서 인간성을 약화시키고 있고, 인간의 힘으로는 치료할 수 없다고 보았다. 그리스도는 거룩한 의사이시며 우리의 상황을 진단하고 '자신의 상함으로써 우리를 치유하신다'(사 53:5). 따라서 우리는 하나님의 은혜로 치유를 받으며, 우리의 마음은 하나님을 인식하고 우리의 의지는 거룩한 은혜에 응답할 수 있게 된다.

그렇다면 이 주제를 어떻게 변증적으로 활용할 수 있을까? 어떻게 우리의 문화적 분위기와 평범한 사람들의 열망과 관심사에 연결할 수 있을까? 미국 신학자 리처드 니버(H. Richard Niebuhr)는 두 가지 치유 내러티브를 구분한다. 하나는 "과학적 사례의 역사"로 볼 수 없었던 사람이 시신경 변화로 보게 되는 이야기다. 다른 하나는 "내면의 역사"로 "어둠 속에서 살아왔던 사람이 이제 나무와 일출, 아이들의 얼굴과 친구의 눈을 다시 보게 된" 이야기다. 이 두 번째 이야기는, 시신경을 고치는 기계적인 이야기라기보다는 개인의 변화 이야기이며, 온전하고도 제대로 된 삶을 살 능력을 회복하는 이야기다. "내면의 역사"는 개인의 주관적 세계가 어떻게 신체적 결함을 객관적으로 교정함으로써 변화되었는지 설명해 준다. 그러나 "과학적 사례의 역사"는 치유의 주관적이고도 실존적인 의미를 끌어내는 데 실패한다.

인간은 상처를 입었거나 손상되어 회복되어야 할 상황에 처해 있다. 그러나 우리에게는 단순히 육체적 손상을 고치는 것보다 더 깊은 치유가 필요하다. 신성한 치유의 본질에 대한 최근의 성찰에서 호주의 외과의사 제임스 맥타비시(James McTavish)는 고뇌 속에서 목숨을 끊고자 손목을 그었던 한 청년의 이야기를 들려준다. 맥타비시와 그의 팀은 수술을 통해 손목 손상을 복원할 수 있었다.

> 나는 그에게 손을 고쳤다고 말해 주었다. 그는 울기 시작했다. 내가 물었다. "왜 우니? 최악은 지나갔잖아. 우리가 네 손을 고쳤어." 그러자 그가 대답했다. "내 손은 선생님이 고쳤지만, 내 인생은 누가 고쳐 주죠?"

물론 '건강'과 '구원' 사이에는 중요한 상관관계가 있을 것이다. 하지만 맥타비시가 지적했듯이, 구원은 건강 이상의 의미가 있다. 그것은 중요하고도 의미를 지닌 새로운 삶과 활력에 관한 것이다.

구원론적 은유로서 치유는, '우리가 그리스도의 혜택을 받으려면 무엇을 해야 하는가?'라는 질문을 탐구할 때에도 유용하다. 멜란히톤이 "그리스도의 혜택들"이라고 불렀던 것의 본질이 무엇이냐는 논의는, 언제나 '우리가 이런 혜택들과 어떻게 연결될 수 있느냐'는 성찰로 이어져야 한다. 멜란히톤은 이 질문에 다음과 같이 대답했다.

> 그러므로 믿음이 그리스도의 혜택들을 붙잡는다고 말할 때 이해해야만 하는 것은, 사람들이 그리스도 때문에 그 혜택들을 붙잡는다는 것과, 또한 반드시 신성한 약속에 동의하고 그것이 정말로 우리를 위해 주어졌음을 믿어야만 한다는 것이다. 믿음은 그저 역사에 대한 지식을 의미하지 않으며, 그리스도로 인해 약속된 자비를 신뢰하고 그 신성한 약속에 동의하는 것을 의미한다.

멜란히톤에게 믿음은, 신자가 그리스도와 연결되는 수단 또는 통로이며, 그것을 통해 그리스도께서 자신의 삶과 죽음, 부활을 통해 확보하신 혜택들을 공유하게 된다. 그렇다면 믿음을 통해 그리스도의 혜택들을 붙잡는다는 멜란히톤의 생각을 어떻게 시각화하거나 모델 링할 수 있는가? 감을 잡도록 도와주는 예가 있다. 나는 옥스퍼드 대학교 인문학부에서 근무하고 있는데, 인문학부가 사용하는 이 건물은 1770년에 옥스퍼드 중심부 근처에 세워진 래드클리프 진료소였다. 1941년 2월, 하워드 플로리(Howard Florey) 교수는 래드클리프 진료소에서 43세의 경찰관 앨버트 알렉산더를 대상으로 신약 페니실린의 첫 임상시험을 실시하였고, 이 항생제가 안전하고 효과적임을 입증했다.

당신이 앨버트 알렉산더처럼 치명적 감염병에 걸렸다고 상상해 보라. 치료가 필요함을 당신은 안다. 또한 페니실린이 치료제라는 것도 안다. **하지만 이러한 지식이 당신을 치료해 주지는 않는다.** 이 약이 감염과 싸울 수 있도록 당신 편에서의 행동, 즉 약 복용이 필요하다. 멜란히톤에게 믿음이란, 그리스도를 멀찍이 세워 두는 것이 아니라 그의 혜택들이 우리의 일부가 되도록 그리스도를 붙잡는 것이다. 믿음의 의의는 그것을 통해 그리스도를 내적으로 전유하는 데 있다. 그리스도가 우리의 의사라면 우리는 그의 지시를 따르고, 그가 제공하는 약을 사용해야 한다.

또 다른 비유도 어렵지 않게 생각해 볼 수 있다. 변증의 기술 중 하나는, 듣는 이와 연결되는 이미지나 비유, 이야기를 통해 그리스도의 혜택을 개인적으로 받아들이는 것이 중요함을 인식하도록 돕는 것이다.

### 희생 제물 그리스도: 하나님의 임재 안으로

초창기 기독교는 이스라엘 역사와의 관계를 신중하게 설명하고자 애썼고, 하나님 백성의 소망과 선교의 성취인 동시에 그 틀을 재형성한 것으로 스스로를 제시했다. 이러한 관점을 뒷받침하는, 널리 인용되는 부분은 바로 산상수훈에 나오는 그리스도의 선언이다. "내가 율법이나 선지자를 폐하러 온 줄로 생각하지 말라 폐하러 온 것이 아니요 완전하게 하려 함이라"(마 5:17). 히브리서는 특별한 영향력을 끼친 접근법을 발전시켰는데, 곧 그리스도를 고대 이스라엘의 종교 제의를 성취하신 분으로 묘사한 것이다. 이것은 희생 제사 관습과 제사 제도, 제사 도구 자체를 더 이상 필수적이지 않은 것으로 만들어 버렸다. 그러한 분석에서 그리스도는 전통적인 '속죄일' 제사 의식(레 16:6, 15-19, 32-33)의 맥락을 따라 정결한 대제사장이자 완전한 희생 제물로 제시된다. 이 속죄일 의식은 매년 반복되어야 했고, 이것은 죄를 정화하는 이 제의적 수단의 실패로 해석된다. 이것은 제사를 드리는 대제사장과 바쳐지는 제물 모두의 결함이나 부정함에 부분적 원인이 있다. 문제가 **확인**되었다. 효력 있는 희생 제물 없이는 하나님께 가까이 갈 수 없다. 그러나 이 문제에 대한 유대교 제의의 해결책이 새것으로 **대체**되었다고 선언된다.

히브리서는 그리스도를 대제사장으로 묘사한다. 그가 "단번에 모두를 위해"(once and for all) 자신을 바치신 희생이 마침내 죄 문제를 해결했다. 여기서 인간은 하나님의 임재에 접근하지 못하는 상황으로 이해된다. 인류는 부정한 것에 오염되거나 더럽혀져서 하나님께 가까이 나아갈 수 없다. 그리스도는 인류를 대신하여 희생하심으로써, 부정함을 제거하여 하나님께 다가가는 새로운 길을 마련하셨다.

그렇다면 이러한 기독교적 구원 이해의 측면은 변증에서 어떤 효력을 발휘하는가? 강조해야 할 핵심은, 거룩하신 하나님의 임재 안으로 들어갈 수 없다고 스스로 느끼게 하는 부적절함의 느낌이나 죄책감을 많은 이들이 지니고 있다는 점이다. 죄라는 용어로 표현하지는 않지만 그들은 기본적으로 자신이 하나님께 가까이 갈 자격이 없다거나, 하나님의 임재 안으로 들어갈 만한 가치가 없다거나, 자신이 너무

하찮은 존재라서 하나님이 관심을 기울이지 않으실 것이라고 생각한다. 이번 장의 뒷부분(161-168쪽)에서 자존감과 관련해 성육신의 중요성을 생각해 볼 것이다. 변증과 관련한 요점은, 그리스도께서 우리의 부적절함을 고쳐 주시고 죄책을 정화해 주심으로써, 하나님께 가까이 나아갈 수 있게 하신다는 것이다.

### 입양: 믿음과 소속감

신약성경에 나오는 많은 구원 이미지들은 이스라엘의 역사와 뚜렷한 연결 고리가 있다. 앞 단락에서 살펴본 것처럼, 신자들이 거룩하신 하나님 앞에 설 수 있도록 희생 제사를 드리는 대제사장으로 그리스도를 그리는 것이 한 예다. 그러나 구원의 다른 이미지 중에는 유대 독자들에게 낯설고 이해하기 어려운 문화적 틀에 놓인 것들도 있다. 그 좋은 예로는 바울이 자신의 편지 여러 곳에서 "하나님의 자녀들"인 신자와 "하나님의 아들"이신 예수 그리스도를 구별하기 위해 사용한 '입양' 이미지를 들 수 있다(롬 8:15, 23; 9:4; 갈 4:5).

로마의 입양법에 따르면, 한 가족의 가부장(*pater-familias*)은 자신의 가족 외부로부터 자유롭게 아들을 입양할 수 있었으며, 그에게 양자의 법적 지위를 줄 수 있었다. 이는 입양된 사람들에게 세 가지 결과를 가져왔다. 첫째, 기존의 모든 채무가 소멸된다. 둘째, 가부장의 친자녀와 동일한 상속권이 부여된다. 셋째, 입양된 가족의 이름을 사용하고 다른 구성원들과 동일한 사회적 지위를 갖는다.

이 은유는 로마 관습에서 유래한 문화적 비유로, 신자가 하나님 백성 **밖에서** 하나님께로, 곧 특권을 누리는 공동체 **안으로** 법적, 사회적 위치가 바뀌는 과정에 대한 비유다. 이것은 그리스도와 신자 사이에 지적인, 상상의 다리를 놓고, 신자가 하나님께 받아들여졌을 때 그들의 사회적 지위와 상속권 및 자존감에 어떤 변화가 생기는지를 탐구하게 한다. 이 은유는 이러한 사회적 재배치와 새 이름을 주는 행위의 법적 측면을 명확히 설명하는 동시에, 입양된 사람들에게 미치는 감정적 영향을 음미해 보게 한다. **외부인**이 **내부인**이 되어 지위와 새로운 정체성을 얻었고, 그 결과로 관계의 변화와 개인적 신분 및 사회적 신분 이동을 경험하게 된다. 그들은 받아들여졌고, 가치를 부여받았으며, 장차 권력도 얻을 것이라고 **느낀다**.

이 풍부한 성경적 이미지는 인간의 가장 심오한 감정과 열망 중 하나인, 어디엔가 **소속**되고자 하는 욕구로 연결된다. 입양은 누군가가 원하는 존재가 되는 것이다. 그것은 소속에 대한 강력한 확인이다. 입양을 통해 어떤 이는 관계의 황무지를 벗어나 가족 안으로 받아들여진다. 가장의 초대를 받아 그 가족의 집에 들어가는데, 그것은 그가 선택을 받았기 때문이다. 원함을 받으며, 가치 있게 여겨지고, 의미 있는 존재가 된다. 이들은 불청객도, 침입자도 아니다. 발각이나 노출, 추방의 위협을 느끼며 끊임없이 두려워하는, 소위 "사기꾼 증후군"에 시달릴 필요가 없다. 그들은 하나님 나라에 몰래 숨어든 자들이 아니라 환영받는 손님이므로, 가족의 집에서 안전과 온기를 마음껏 누릴 수 있다. 그들은 자신이 거기 있을 권리가 있음을 안다. 이러한 양자의 법적 지위를 받은 우리는 하나님을 "아바", 즉 아버지라고 부를 수 있다. 이제 하나님이 우리 아버지가 되셨기 때문이다(롬 8:15).

그러므로 입양 이미지는 로마의 문화적 관습에서 가져온 개연성이 높은 비유가 되며, 신자가 하나님의 백성 외부에서 하나님의 가족 내부로 법적 및 사회적으로 지위 이동을 하는 과정을 잘 이해하게 한다. 여기서 일차적으로 음미해 볼 중요한 점은 사회적 재배치와 새 이름을 주는 행위의 법적 측면이 아니라, 입양이 입양된 사람들에게 끼치는 감정적 영향력이다. 외부인이 내부인이 되어 지위와 새 정체성을 얻었고, 그 결과 관계의 변화와 개인적, 사회적으로 신분 이동을 경험하게 되었다. 그들은 받아들여졌고, 가치를 부여받았으며, 장차 권력도 얻을 것이라고 **느낀다**. 또한 이 구원론적 은유가 어떻게 기독교 공동체, 즉 교회에 의미심장한 역할을 부여하는지 인식하는 것도 중요하다. 이제 교회는 하나님의 가족으로서, 가족의 일원이 된 외부인을 환영하고, 긍정하며, 포용하는 공동체가 되어야 한다.

### 해방: 속박으로부터의 구출

그리스도의 죽음과 부활이 가져온 차이를 설명할 때, 신약성경은 종종 '구속'(redemption)이라는 말을 사용한다. 이것은 어떤 형태의 속박이나 노예 상태에서 풀려나 자유롭게 됨을 의미하는 개념이다. 초기 기독교가 있었던 사회에서는 속박이나 노예 됨 개념을 이해하는 데 별 어려움이 없었는데, 둘 다 일상적으로 친숙한 사회 현실이었기 때문이다. 바울의 '구속' 개념은 구체적 상황 속에 자리를 잡았다. 1세기 도시 거주민 셋 중 하나는 노예였으며, 그들은 아마도 빚 때문에 자신을 노예로 팔았을 것이다. 이런 노예들은 후원자가 상업적 거래를 통해 그들의 자유를 사면 '구속'될 수 있었다. 바울은 그리스도인의 자유가 구매된 것이며, 그리스도인들은 "값을 치르고 산 자들"(고전 6:20, 7:23)이라고 본다. 하나님은 우리를 하나님의 자녀로 '입양'하시고자 그리스도를 통해 죄의 속박으로부터 자유롭게 하셨다(갈 4:4-5).

그리스도께서 인류의 구원을 이루기 위해 "값을 치르는" 일은, 그 자체만 놓고 보면 비인격적인 거래 행위처럼 보인다. 그러나 주목해야 할 요점은, 신약성경이 그리스도를 해방자, 즉 포로와 속박된 자를 풀어 주기 위해 어떤 일이든 하실 분으로 본다는 점이다. 때로는 그들의 구속을 위해 값을 치르기도 하시고, 때로는 사로잡은 자들을 힘으로 압도하시기도 한다(후자는 특히 그리스도의 사역을 "승리자 그리스도"의 관점에서 접근할 때 강조된다). 이후로 기독교 신학자들은 그리스도와 관련된 무엇이 속박된 자들의 해방을 위해 치른 값인지 탐구했다. 크게 두 가지 방향으로 논증이 발전되었다. 포로들의 자유를 사들일 수 있었던 그리스도의 능력은 성육하신 하나님이라는 그분의 신분에 있다는 주장이 하나이고, 하나님에 대한 그분의 순종에 근거하였다는 주장이 다른 하나다. 이 구원의 이미지는 우리로 하여금, 인간의 상태를 속박 또는 투옥으로, 그리스도의 변혁적 영향력을 해방과 그로 인해 변화된 사회적이고도 법적인 신분, 그리고 해방이 가져오는 해택들로 상상하라고 요청한다.

해방의 이미지는 죄로부터의 자유라는 측면에서도 변증적으로 중요하다. 기독교적 관점에서 볼 때, 인간의 본성은 죄로 인해 손상되고 상처를 입었으므로 도움 없이는 그 잠재적 가능성을 충분히 성취할 수 없다. 이 주제는 특히 히포의 아우구스티누스에 의해 발전되었다. 그는 인간의 나약함, 깨지기 쉬움, 부서짐에 대해 놀라울 정도로 섬세하고 민감했다. 아우구스티누스는, 죄는 우리를 사로잡고 있는 힘과 같고, 우리 스스로는 그 손아귀에서 벗어날 수 없다고 주장한다. 인간의 자유의지는 죄에 사로잡혀 있으며, 은혜에 의해서만 해방될 수 있다. 따라서 그리스도는 해방자로, 죄의 권세를 깨뜨리는 은혜의 근원으로 여겨진다. 또한 죄는 한 세대에서 다른 세대로 대물림되는 죄책, 또는 도덕적 부정함 같은 것이다. 따라서 그리스도는 용서와 사면을 베풀려고 오셨다. 아우구스티누스는 이러한 이미지들을 사용하여 인간 본성에 대한 강력한 설명 방식을 구축했다. 인간의 본성은 약해졌고, 빈곤해졌고, 죄에 사로잡혀 있지만, 은혜에 의해 치유되고 해방된다는 것이다. 하지만 '죄'라는 단어는 탐구와 설명이 더 필요하다.

### 죄의 성격 설명

'죄'라는 용어는 세속 청중에게 설명하기가 가장 어려운 기독교 용어 중 하나다. 인간이 불완전하거나 결함이 있다는 말을 많은 사람들이 모욕이나 비하로 간주하여 저항한다는 것이 그 한 가지 이유다. 여기서 다시 한 번 히포의 아우구스티누스에게 돌아가 보자. 그는 이러한 우려에 대해 적절한 관점을 가지도록 도와준다. 아우구스티누스는 '의사이신 그리스도'(*Christus Medicus*) 이미지를 설교에서 자주 사용했는데, 그것은 복음서에 나오는 그리스도의 치유 사역에서 가져온 것이다. 사역 초기에 그리스도는 "건강한 자에게는 의사가 쓸데없고 병든 자에게라야 쓸 데 있느니라"(막 2:17)라고 선언하셨다. 따라서 "나는 의인을 부르러 온 것이 아니요 죄인을 부르러 왔노라"(막 2:17)라고 그리스도는 말씀하신다. 특별히 그리스도의 치유 사역의 맥락에서 볼 때, 죄와 질병의 유비 관계는 설득력이 있다. 이 지점에서 치유받은 사람들에게 하신 말씀이 중요해진다. "네 믿음이 너를 치유하였다"(눅 18:42 참조). 여기서 '치유하다'로 번역한 그리스어 동사(*sōzein*)는 '구원하다' 또는 '온전케 하다'로도 번역할 수 있다. 구원은 인간의 회복과 관련되며 죄책과 죄를 정화하는 치유의 과정이다.

아우구스티누스는 성경이 증언하는 죄의 여러 핵심 요소를 활용하여 죄에 대한 풍부한 이해를 발전시켰다. 아우구스티누스는, 죄는 우리를 자기중심성으로 기울게 만드는 조건이며, 우리의 결점들과 약점들에 눈멀게 만든다고 보았다. 우리에게는 무언가 잘못된 것이 있어서, 모든 것을 엉망으로 만들며 자기기만적인 사고 패턴과 파괴적 행동 패턴에 가두는 경향성을 만든다. 죄는 우선적으로 하나님으로부터 소외된 상태이며, 이는 죄악 된 행동을 낳는다. 저명한 복음 전도자 빌리 그레이엄(Billy Graham)은 이런 말을 늘 반복했다. "죄(S-I-N)는 죄악들(S-I-N-S)을 낳는다." 죄는 우리 안에 깊숙이 자리 잡은 영적 질병과 같으며, 우리가 진정 누구이며 무엇을 해야만 하는지 인식하지 못하게 한다.

죄를 덫에 걸림이나 감금된 상태로 보는 이런 사상은, '옳다고 아는 것을 행하지 못한다'고 말하는 바울의 다음 성찰에 잘 나타나고 있다.

그러므로 내가 한 법을 깨달았노니 곧 선을 행하기 원하는 나에게 악이 함께 있는 것이로다 내 속사람으로는 하나님의 법을 즐거워하되 내 지체 속에서 한 다른 법이 내 마음의 법과 싸워 내 지체 속에 있는 죄의 법으로 나를 사로잡는 것을 보는도다 오호라 나는 곤고한 사람이로다 이 사망의 몸에서 누가 나를 건져내랴 우리 주 예수 그리스도로 말미암아 하나님께 감사하리로다 그런즉 내 자신이 마음으로는 하나님의 법을 육신으로는 죄의 법을 섬기노라(롬 7:21-25).

여기서 죄는 우리 안에 있는 힘, 또는 존재로 이해된다. 이것은 우리 자신의 자원을 뜻대로 사용하거나 통제할 수 없게 만들고, 반역과 실패, 죄책, 불만의 패턴 속에 가두어 놓는다. 문제는 우리 내부에 구축된 죄의 상태, 즉 아우구스티누스가 '원죄'라고 부르는 것으로, 이는 우리가 선택할 수 있는 것이 아니라 인간 정체성에 내재하는 것임을 강조하는 용어다. 이러한 것은 폐기해야 할 낡은 전근대적 세계관이 아니라, 체스터턴이 지적했듯 역사가 계속 재확인하는 인간 본성에 관한 영속적 진리이며, 인간 상황을 올바르게 이해하는 데 필수적이다. 고전 시대 스토아 철학자들도 '에피튀미아'(탐욕)에 사로잡히지 않도록 주의하라고 경고했는데, 이것은 사물의 진정한 가치에 대한 잘못된 견해에 근거한 비합리적 감정으로, 삶을 올바르게 이해하는 것을 가로막는다.

근래의 많은 세속 저술가들은 "이성의 시대"에 유행한 순진한 낙관주의에 대한 반동으로, 인간의 사로잡힘(entrapment) 문제를 인식하고 인간이 어떻게 이 포로 상태를 벗어날 수 있을지 고찰했다. 도리스 레싱(Doris Lessing)은 『우리가 살기로 선택한 감옥』(Prisons We Choose to Live Inside)에서 우리가 어떻게 마음의 감옥을 만드는지 탐구했으며, 우리를 유혹하여 감금하는 빈곤하고도 파괴적인 세계관을 그렸다. 앙드레 지드(André Gide)는 『전원교향곡』(Symphonie Pastorale)에서, 태어날 때부터 눈이 멀어 그를 둘러싼 산과 호수의 아름다움을 볼 수 없었던 한 소녀를 등장시킨다. 소녀는, 로잔의 외과의사의 도움으로 시력을 회복한 후에야 빈곤한 실재관에 사로잡힌 상태에서 해방되어 세상을 실제 그대로 볼 수 있었다. 루트비히 비트겐슈타인은, 우리가 세계를 보는 관점을 왜곡하고 그 거짓들 속에 사로잡아 두는 "그림에 의해 포로가 되었다"고 말했다. 지그문트 프로이트(Sigmund Freud)는 인간이 환상에 사로잡혀 있으며, 이 환상은 인간을 심리적으로 감금하고 빈곤하게 만든다고 썼다. 아마도 죄에 대한 기독교적 이해의 핵심 요소들을 포착하는 가장 효과적인, 그러나 다소 불편하게 만드는 문화적 유비 중 하나는 중독일 것이다. 알코올과 아편은 사람들을 손쉽게 사로잡고 함정에 빠뜨리며, 그들의 도덕적 본능을 압도하는 욕구에 끌려다니게 만들고, 만족을 얻지 못하는 그들의 삶을 지배한다. 다음 번 투약 외에는 모든 것이 부차적으로 바뀌는 것이다. 이러한 접근 방식들은 모두 인간이 처한 곤경의 어떤 측면들을 인식한다. 하지만 기독교는 인간의 상황을 진단하고, 인류로 하여금 치유를 얻게 한다. 죄는 우리를 영적으로 압도하여 하나님을 차단시키게 만들며, 그렇게 함으로써 우리의 치유를 가로막는다. 죄는 질병과 비슷하다. 우리가 병에 걸렸고, 치료가 필요하다는 사실을 인정하지 못하게 하는 질병이다. 죄를 특정 증상을 일으키는 질병과 비교하는 것은 변증에 유효하다. 증상에 대처하는 것만으로는 사람을 치유할 수 없다. 그 증상들의 뿌리가 되는 원인을 다루어야만 한다. 죄인은 치유받을 필요가 있다.

그리스도인들이 죄 인정이나 '고백'을 그렇게 강조하는 이유 중 하나는(예를 들어 공적 예배에서 드리는 고백 기도) 그것이 우리가 선하고 자신만으로 충분하다는 망상적 사고 패턴을 깨뜨리고, 치유와 변화와 기쁨의 원천이신 하나님을 향해 방향을 재조정하게 만들기 때문이다. 우리는 자신이 병에 걸렸음을, 스스로 치유할 수 없음을 모두 인정한다. 그 결과 병을 치료해 줄 유능한 의사의 도움을 찾는다. 그렇게 치유를 받은 결과, 우리는 삶의 패턴과 생활 방식을 변화시킬 수 있고, 점차 죄의 속박을 깨뜨리고 자유롭게 된다. 한 가지 더 짚어 둘 점이 있다. 기독교의 모든 구원 개념에는 그에 상응하는 죄의 개념이 있다. 우리는 이미 죄가 어떻게 **질병**으로, 구원이 어떻게 **치유**로 이해될 수 있는지 보았다. 다른 개념들도 이렇게 변증적으로 사용될 수 있다. 구원이 하나님과의 **화해**라면, 죄는 하나님으로부터의 **소외**다. 구원이 포로 됨 또는 속박으로부터의 **구속**이라면, 죄는 포로 됨과 속박에 **사로잡힘**이다. 변증가는 인간의 곤경에 대한 기독교적 이해나 복음의 변혁적 효과를 탐구할 때 다양하고 풍부한 이미지들을 활용할 수 있다.


## 성육신의 변증적 측면들

지금까지 기독교의 구원 이해가 인간의 상황과 죄의 개념에 중요한 접촉점과 연결점을 제공하고 어떻게 의미 있는 변증적 함의를 갖는지 살펴보았다. 그렇다면 성육신 교리에 대해서는 무엇을 말할 수 있을까? 신약성경의 핵심에는 예수 그리스도 안에서 무언가 **새로운** 일, 삶을 변화시키는 사건이 일어났다는 믿음이 있다. 요한일서의 서두에는 그리스도의 삶, 죽음, 그리고 부활로 말미암아 열린 새로운 세상에 대한 놀라움이 기록되어 있다.

> 태초부터 있는 생명의 말씀에 관하여는 우리가 들은 바요 눈으로 본 바요 자세히 보고 우리의 손으로 만진 바라 이 생명이 나타내신 바 된지라 이 영원한 생명을 우리가 보았고 증언하여 너희에게 전하노니 이는 아버지와 함께 계시다가 우리에게 나타내신 바 된 이시니라(요일 1:1-2).

성육신 교리는 하나님과 인류 사이의 직접적이고도 변혁적인 인격적 만남을 말한다. 이것은 하나님의 아들이 우리 가운데 볼 수 있고 만질 수 있는 모습으로 오심으로써 가능해진 것이다. 그러나 성육신이 오랫동안 기독교 신앙의 핵심으로 인식되어 왔음에도, 그 변증적 측면은 종종 소홀히 여겨졌다. 그렇다면 성육신의 **변증적** 유용성은 무엇일까? 아래에서는 기독교적 성육신 이해의 몇 가지 측면을 풀어 보고, 그 변증적 적용에 관심을 기울여 볼 것이다.

### 하나님의 본성 다시 생각하기

프랑스 철학자 블레즈 파스칼(Blaise Pascal, 그림 4.3)은 "아브라함의 하나님, 이삭의 하나님, 야곱의 하나님"과 "철학자들의 하나님"을 예리하게 구별했다. 우리는 '신'(God, 하나님)이라는 용어가 여러 가지로 해석될 수 있음을 잊으면 안 된다. 물론 기독교 신학의 핵심 주제는 신앙의 중심에 어떤 하나님이 자리 잡고 있는지를 밝히는 것이다. 성육신 교리는 이 과정에서 중요한 역할을 한다. 내가 무신론자에서 기독교인으로 개종할 때 하나님의 본질을 다시 생각하는 것은 중요한 부분이었다. 그래서 이 이슈의 변증적 의미를 명확히 하기 위해 이 시점에 내 이야기를 들려주고자 한다.

나는 10대 시절에 무신론자였는데, 과학과 종교가 서로 전쟁을 벌이고 있다고 믿었다는 것이 부분적 이유였고, 신은 전혀 상관없는 존재로 보였다는 것이 또 다른 이유였다. 신은 하늘에 (그곳이 어디든) 있고 나는 땅 위에 있었다. 나에게 신은, 인간의 실존적 고민에 무관심하며 역사의 트라우마들로부터 보호막이 쳐진 상태로, 역사의 뒤편이나 바깥에 멀리 서 있는 실재인 듯 보였다. 그런 신을 믿어야 할 지적인 또는 실존적인 근거를 찾을 수 없었다. 나는 자연과학을 공부하기 위해 옥스퍼드 대학에 왔다가 얼마 있지 않아서 무신론을 떠나게 되었다. 부분적인 이유는 내가 이전에 받아들였던 무신론들의 지적 야망이 지나치게 크다는 것을 점차 깨달았기 때문이며, 또한 내가 주위에서 관찰하고 내 안에서 경험하는 세상을 이해하도록 기독교가 길을 제공했음을 알게 되었기 때문이다.

그림 4.3 철학자이자 수학자였던 블레즈 파스칼(1623-1662). 그는 17세기의 가장 중요한 변증가 중 한 명이다.

기독교는 합리적 개연성과 설득력이 있는, 상상 가능한 현실에 대한 '큰 그림'을 제시해 주었고, 나의 세계와 관심사를 선명하게 보도록 해주었다. 기독교는 고립된 개별 신념들의 집합이 아니라 서로 연결된 신념들의 그물망에 가까웠다. 기독교가 힘과 매력을 지녔던 것은 기독교의 포괄성 때문이기도 했고, 또 다른 부분으로는 지성과 상상력에 탄력을 제공한다는 점 때문이었다. 기독교 신학은 성경의 진리라는 실타래를 엮어서 의미의 패턴을 드러내는데, 마치 태피스트리처럼 수많은 실들을 한데 모아 더 깊은 의미와 상호 연관성을 음미하게 만든다. 이 '큰 그림'의 중심 주제가 성육신이다. 성육신 교리는 예수 그리스도의 존재가 인류에게 어떤 의미를 갖는지 파악하는 데도 도움을 주지만, 그리스도인들이 사랑하고 경배하는 하나님이 어떤 분인지도 말해 준다. "말씀이 육신이 되어 우리 가운데 거하시매"(요 1:14)라는 성경의 확언은 근본적으로 다른 하나님 개념을 제시한다. 그 하나님은 추상적이고 멀리 있는 "철학자들의 신"이 아니라 우리를 돌보시는 분이며, 거리를 둔 수동적 관찰자가 아니라 능동적인 동료 여행자요 역사의 과정 속에 항상 함께하는 동반자이시다. 하나님은 우리가 알 수 있고, 기도와 예배 안에서 만날 수 있는 분이시다.

10대 시절 내가 기독교의 신념에 반대했던 이유 중 하나는 신은 실존적으로 상관이 없다고 느꼈기 때문이었다. 나는 이 존재하지 않는 신을 세상에 전혀 개입하지 않는 먼 존재로 생각했다. 신은 하늘에 (그곳이 어디든) 있었다. 그리고 나는 인간의 역사라고 부르는 시공의 흐름 속에 놓여 있었다. 그 역사의 흐름 속에 신이 부재했기 때문에 나에게 신은 상관없는 존재로 보였다.

나의 10대 시절 무신론은, 부분적으로는 하나님을 정적이고도 비인격적이며 무관심한 존재, 인류 역사를 벗어나 역사 위에 서 있는 존재로 이해했던 내 합리주의적 사고의 결과였다. 철학자 로저 스크루턴(Roger Scruton)은 신에 대한 이런 사고 방식과 그 결과를 다음과 같이 통찰력 있게 요약했다. "철학자들의 신은 세상의 배후로 사라졌다. 왜냐하면 그 신은 3인칭으로 기술되고 2인칭으로 언급되지 않기 때문이다." 성육신 교리에 대해 생각해 본 나는 성육신 개념이 패러다임을 바꾼다는 것을 볼 수 있었다. 만일 이 교리가 옳다면, 그리스도인의 하나님 경험은 신이 어떠해야만 한다는 나의 무딘 합리주의적 선입견과는 매우 다를 것이다.

따라서 성육신은 하나님에 대해 **사고**하는 새로운 방식과 하나님을 **시각화**하는 새로운 방식을 모두 제공한다. 하나님은 "보이지 아니하는 하나님의 형상"(골 1:15)이신 그리스도를 닮았다. 하나님은 역사 안에 우리와 함께 계신다. 단순히 우리 편이 되신다는 의미를 넘어, 우리 곁에 나란히 서 계신다. 우리의 이야기를 공유하시고 우리와 함께 여행하신다. 하나님은 세상의 고난들을 안전한 거리에서 무관심하게 지켜보는, 멀리 있는 무관심한 독재자가 아니었다. 이 하나님은 우리 세계에 들어오시기로, 세상의 고통과 슬픔을 공유하시기로, 인간의 모습으로 역사 속에 들어오시기로 선택하셨다. 이 선택에 따르는 모든 위험을 감수하셨다. 왜 그랬는가? 우리는 하나님께 소중한 존재이기 때문이다. 그것이 하나님의 모습이다.

### 하나님의 얼굴을 보는 것

그리스도인들은 단지 하나님의 성품을 아는 것에 그치지 않고 하나님의 얼굴을 볼 수 있다고 믿는다. 그러나 잘 알려진 것처럼 알베르트 아인슈타인은, 관찰되는 우주 배후에 있는 비인격적이고도 비육체적인 '정신'으로 하나님을 생각했다. 아인슈타인은 거듭거듭 우주의 배후 또는 너머에 있는 '지성', '정신', '힘'을 언급하며 그것을 하나님과 동일시한다. "경험의 세계에서 자신을 계시하는 탁월한 정신에 대한 이러한 확고한 믿음, 이것이 하나님에 대한 나의 개념을 나타낸다." 아인슈타인에게 하나님은 얼굴이 없는, 우주 속의 신비스러운 비인격적 임재다. 신비에 둘러싸여 알 수도 없고 시각화할 수도 없다. 이는 C. S. 루이스의 후기 소설 『우리가 얼굴을 찾을 때까지』(*Till We Have Faces*)를 읽은 이들에게 친숙한 모습이다. 탐구할 수 없는 이 하나님은 인류의 운명에 무관심하며 관찰되거나 알려질 수 없다.

그러나 하나님을 "얼굴과 얼굴을 마주보며" 안다는 생각은 기독교 신학과 영성 두 영역에서 모두 큰 중요성을 지닌다. 심오한 상상력을 요구하고 관계성을 강조하는 이 풍부한 비유는 얼굴 없는 하나님 개념에 심각한 신학적 결함이 있음을 알려 준다. 철학자 로저 스크루턴은 최근 이 점의 중요성을 잘 표현했다. 즉 인간의 정체성은 다른 인격들과 의미 있는 관계를 맺을 수 있는 능력과 연관되며, 인격이란 얼굴을 지닌 존재이고 그의 얼굴은 어떤 식으로든 그가 누구인지를 드러낸다는 것이다. 스크루턴은 하나님이 말씀(*logos*)이시며 "대상을 주체와 관계 맺게 하시는데, 그것은 마치 미소가 나와 당신을 관계 맺게 하는 것과 같다"라고 말한다.

스크루턴의 견해는 미국 철학자 폴 엘머 모어(Paul Elmer More, 1864-1937)의 저술에서도 반향을 찾아볼 수 있다. 젊은 시절 모어는 아름다운 플라톤적 형상들로 이루어진 이데아의 세계, 고요하고 장엄하지만 완전히 비인격적인, 순수하게 이상적인 세계에 매료되었다. 처음에는 깊은 만족감을 느꼈다. 그러나 그는 이 정지된 고요함의 영역에서 말할 수 없는 황량함과 외로움을 경험하기 시작했다. "벌거벗은 영혼이 생기 없는 이데아 사이를 개인적인 안내자나 위로자도 없이 끝없이 여행하고 있다는 생각은 … 내가 전율과 오싹함을 느끼게 만들었다." 그는 그 비인격적 형상(form)들이 인격적인 것이 되어 얼굴을 드러내기를 갈망했다. 모어에게 플라톤적 형상들의 세계는 비인격적이고도 얼굴이 없는 것처럼 보였기 때문에 소외감을 안겼다. "무한한 침묵으로부터 귀에 들리는 어떤 목소리를 듣고 싶은 나의 갈망은 점점 커져서 마치 고문처럼 느껴졌다. 만족을 얻으려면 나는 얼굴과 얼굴을 마주해야 했다. 즉 만져 보고 느껴 보아야만 했다."

실재의 중심에서 인격적 실재를 발견하고자 했던 모어의 갈망은, 성육신 교리의 의미를 파악함으로써 마침내 충족되었다. 모어는 이 교리에서 하나님이 인격적인 모습으로 나타났고, 여기에 얼굴을 지니신 하나님이 계시며, 여기에 보고, 알고, 만지고, 이름을 부를 수 있는 하나님이 계셨다고 선언했다. 이 점의 신학적, 영성적, 예술적 중요성은 스코틀랜드의 미술사학자 닐 맥그리거(Neil MacGregor)가 분명히 밝혀 주었다. "무슬림이나 유대인과 달리 그리스도인(적어도 초기 그리스도인)은 그들의 하나님을 **보았다**. 기독교는 말씀이 육신이 된 종교이며, 주로 그 사건의 결과로 또한 형상(image)의 종교이기도 하다."

하나님의 얼굴을 보고자 하는 욕구, 이에 상응하여 하나님의 얼굴이 숨겨져 있거나 접근할 수 없을지도 모른다는 두려움은 고대 이스라엘의 신앙과 신약성경에 깊이 내재해 있다. 시편 기자는 하나님 보기를 갈망했다. 즉 산 자의 땅에서 하나님의 얼굴을 보고자 했다. "내 영혼이 하나님 곧 살아 계시는 하나님을 갈망하나니 내가 어느 때에 나아가서 하나님의 얼굴을 뵈올까"(시 42:2). 중세의 저술가 쿠사의 니콜라스(Nicholas of Cusa)는 하나님을 보는 것과 **하나님께 보여지는 것**의 중요성을 다음과 같이 명쾌한 경구로 요약했다. "당신이 나를 바라보시기 때문에 나는 존재합니다"(*Ego sum quia tu me respicies*). 그런데 어떻게 하나님을 볼 수 있을까? 특히 개인적 또는 집단적 예배에서 어떤 형태로든 하나님의 형상을 만들거나 사용하기를 명백히 거부했던 고대 이스라엘의 신학적 문화 속에서, 하나님의 아름다움은 어떻게 표현될 수 있었는가?

이러한 관심사들에 비추어 볼 때, 우리는 왜 성육신이 이 문제에서 패러다임을 바꾸는지 이해할 수 있다. 성육신 교리는, 볼 수도 만질 수도 없는 하나님이 **볼 수 있고 만질 수 있는 형태로** 세상에 들어오겠다고 선택하셨음을 확언했다. 전율을 일으킬 만한 이 선언은 그리스도의 의미에 대한 신약성경 증언의 핵심이다. 그리스도는 신자들로 하여금 하나님을 얼굴과 얼굴을 마주하여 보게 하고, 대상이 아닌 인격으로서 하나님을 알게 한다. 그리스도 안에서 하나님은 몸을 입으심으로써, 만질 수 있고, 볼 수 있고, 들을 수 있게 되셨으며, 따라서 인간이 접근할 수 있는 분이 되셨다.

그리스도가 "보이지 아니하는 하나님의 형상"(골 1:15)이라는 신약성경의 주장은 하나님께서 그리스도 안에서 자신을 드러내기로 선택하셨음을 말하고 있다. 이 놀랍고도 신학적으로 심오한 표현 방식은, 만물이 그리스도 안에 "함께"(골 1:17) 서 있다는 선언과 함께, 신성을 시각화하고 창조 질서의 내재적 일관성을 확인하는 기독론적 틀을 제공한다. 미국 신학자 캐서린 손더레거(Katherine Sonderegger)가 언급하듯이, 신약성경은 그리스도가 "모든 창조 세계의 근거 논리(Logic)"임을 분명히 가리켜 보인다.

여기서 성육신의 변증적 함의가 선명히 드러난다. 즉 성육신은, 단지 **대상으로서** 알려지는 것이 아니라 **인격으로서** 알려지기 원하시는 하나님의 얼굴을 드러낸다. 모어가 얼굴 없는 플라톤적 형상들의 세계로부터 경험한 소외감과 소원함의 느낌, 특히 초월적 존재를 "얼굴과 얼굴을 마주하여" 보고 싶고 "만져 보고 느껴 보고" 싶어 했던 그의 깊은 갈망은 기독교적 성육신 이해를 폭넓게 논의할 수 있는 중요한 출발점이 된다.


## 의미를 향한 인간의 탐구와 기독교

영국의 소설가 재닛 윈터슨(Jeanette Winterson)은 삶의 의미를 찾는 것이 인간에게 얼마나 중요한지를 훌륭하게 표현한 많은 작가 중 한 명이다. 그는 의미가 인간을 동물과 구별되게 하며, 인생에서 진정 중요한 것을 정의한다고 주장한다.

인간에게 의미 없는 삶은, 동물의 자의식 없음과 달리 조금도 존엄성을 가지지 못한다. 우리는 그저 먹고, 자고, 사냥하고, 번식하기만 할 수는 없다. 우리는 의미를 찾는 피조물이다. 서구 세계는 종교를 제거했지만 우리의 종교적 충동은 제거하지 못했다. 우리는 돈과 여가, 사회적 진보만으로 충분하지 않은 것 같다. 더 고상한 목적, 삶의 어떤 의미가 필요해 보인다.

현대 심리학은 지구상의 모든 인간에게 의미의 필요성을 느끼는 감각이 존재하는 것 같다고 말한다. 거의 모든 인간은, 자신이 경험하는 것을 이해하기를, 자신의 삶에 의미와 목적이 있다고 느끼기를 원한다. 경험 심리학이 삶의 의미를 결정할 수는 없지만, '의미'라는 관념이 인간에게 얼마나 중요한지, 그것이 인간의 번영과 행복에 어떤 차이를 가져오는지 분명한 이론은 확립했다. 의미와 목적 센터(the Center for Meaning and Purpose)의 소장이자 콜로라도 주립대학 심리학 교수인 마이클 스테거(Michael F. Steger)는 '삶의 의미'를, "사람들이 자신의 삶에서 중요한 것을 파악하고 이해하며 보는 범위와, 그것에 동반하여 자신에게 삶의 목적, 사명, 또는 전반적인 목표가 있다고 인식하는 정도"로 생각할 수 있다고 했다. 의미는, 세상을 이해하고, 자신의 삶에서 중요성을 보며, 사물의 더 큰 체계 안에서 자신의 위치를 알게 되는 것과 관련이 있다.

아리스토텔레스주의와 스토아 철학에서 파생된 많은 철학 전통도 삶의 의미에 관해 많은 것을 말하고 있다. 그런데 일반적으로 종교, 그중에서도 특히 기독교는 포괄적이고 통합적인 의미의 틀을 제시하여 관찰과 경험을 이해하는 데 도움을 주며, 자신의 제한된 경험과 상황을 초월하여 더 큰 무언가와 연결하도록 돕는 특성을 지녔다는 점이 널리 인식되고 있다.

1990년 케임브리지 대학에서 행한 통찰력 있는 강연에서, 소설가 살만 루슈디(Salman Rushdie)는 종교가 세속의 합리주의적 물질주의가 채워주지 못한 세 가지 유형의 욕구를 충족시켜 왔다고 주장했다. 첫째로, 종교는 우리의 경외감과 경이로움을 구체적으로 표현하게 해준다. 한편으로는 삶의 광대함을 파악하도록 도움으로써, 다른 한편으로는 우리가 특별하다는 것을 확언해 줌으로써 이것이 가능하다. 둘째로, "답할 수 없는 것들에 대한 답들"을 제공하여 종종 우리를 괴롭히고 당혹스럽게 하는 깊은 질문들과 씨름하게 돕는다. 그리고 마지막으로, 종교는 우리가 좋은 삶을 살도록 도덕의 틀을 제공한다. 루슈디가 보기에 "하나님 개념"은 우리에게 "삶에 대한 경외감과 경이로움의 저장고, 실존의 거대한 질문들에 대한 답"을 제공한다. "인간이 지닌 영적 필요를 배제하는 용어로" 인간 존재를 기술하거나 정의하려는 시도는 실패로 끝날 수밖에 없다.

그렇다면 우리가 말하는 것은 어떤 종류의 '의미'인가? 다음 단락에서는 변증적으로 중요한 몇 가지 이슈를 살펴보고, 그것이 기독교 신앙의 핵심 주제들과 어떻게 연결되는지 탐구해 보겠다.

### 인생의 안전기지 발견

신앙생활의 본질과 관련된 고전적인 기독교 사상의 중심 주제는 "그리스도를 붙잡는 것"(apprehendere Christum) 또는 "그리스도와의 연합"(unio cum Christo)의 중요성이다. 장 칼뱅이나 마르틴 루터와 같은 저술가들에게 신앙은, 신자가 그리스도에게 붙거나(attached) 또는 그리스도와 연합됨으로써 변화와 갱신의 과정을 시작하는 것과 관련된다. 많은 중세 영성 저술가들은 "그리스도께 붙음(attachment)"이라는 주제가 중요함을 알았다. 20세기 후반에는 애착(attachment)이라는 말이 '애착 이론', 즉 부모와의 애착 관계에서 생겨나는 어린 자녀의 "안전기지"가 중요함을 강조하는 이론과 관련되어 특별하게 사용되었다. 이는 사회심리학자 존 볼비(John Bowlby)의 연구, 특히 1988년에 출간한 『안전기지』(A Secure Base)라는 책에서, 부모와의 애착이 긍정적인 인격 발달에 중요하며 분리는 부정적인 영향을 끼친다는 것을 강조한 이후 생긴 일이다. 이 모델이 그리스도 안에 나타난 하나님 아버지의 돌봄 개념이 가진 정서적 측면들을 조명하는 데 유용하다는 것이 분명해질 것이다. 하나님은 우리의 일생 동안 동행하시며, 우리가 삶의 모호함과 복잡함에 대처할 수 있는 "안전기지"가 되신다.

### 성취의 발견

많은 이들이 개인과 공동체의 진정성과 성취 추구를 가장 중심적이고도 핵심적이라고 간주한다. 기독교가 그러한 성취를 구체적으로 표현하고 가능하게 만든다는 생각은 기독교의 시초부터 존재했던 것 같다. 기독교는 자신의 모태가 된 유대교의 적이 아니라 그 절정과 성취를 나타내는 것으로 스스로를 제시했다. "내가 율법이나 선지자를 폐하러 온 줄로 생각하지 말라 폐하러 온 것이 아니요 완전하게 하려 함이라"(마 5:17). 그러나 1세기 후반에 기독교는 로마와 그리스 문화 속에 자리를 잡았다. 초기 기독교 저술가들은 기독교가 인간의 지혜에 대한 고전적인 탐구의 성취라고 말하며, 플라톤과 플로티누스 같은 철학자들의 저술에 나오는 주제들과 기독교가 공명하는 부분을 강조했다.

또 다른 초기 기독교 저술가들은, 기독교의 의미를 좀더 실존적인 수준에 두었다. 히포의 아우구스티누스는, 기독교가 인간 마음의 가장 깊은 갈망을 충족시킬 수 있는 분으로 하나님을 제시했다고 보았다. 이는 그의 유명한 기도에 잘 표현되어 있다. "당신은 우리를 당신 자신을 위해 만드셨고, 우리의 마음은 당신 안에서 쉼을 찾을 때까지는 쉬지 못합니다." 아우구스티누스는, 하나님과 관계 맺고자 하는 어떤 갈망이 인간에게 내장되어 있으며(그는 이것을 '하나님의 형상'과 관련지었다), 따라서 하나님을 찾고 포용하는 것은 우리가 본연의 모습이 되는 것이며, 그렇게 하여 기쁨과 평화를 찾게 된다고 주장했다. 이런 의미에서, 종교는 인류에게 부적절하고 역기능적인 강요라고 주장하는 세속적 인본주의 사상 등에 반대하여 "기독교적 인본주의"를 말하는 것은 완전히 합리적이다.

### 일관성 있는 세계에 거주하기

철학자 아이리스 머독(Iris Murdoch)은 세상을 합리적이고 의미 있게 바라보는 것이 마음을 "고요하게" 하고 "치유"하는 효과가 있음을 일깨운 많은 저술가 중 한 명이다. 개별 교리 요소들의 총합이 아닌 '큰 그림'으로 기독교를 생각할 때 얻는 유익 가운데 하나는, 기독교가 일관된 사고 체계임을 분명히 인식하게 되는 것이다. 아주 이른 시기부터 기독교 신학자들은, 고난의 존재 등 비합리적으로 보이는 것들이 기독교 신앙에 내재한 의미와 목적 개념을 손상시키지 않는다고 주장해 왔다. 예를 들어 히포의 아우구스티누스는 세상 속 악의 존재에 대해, 세상의 본래적 통합성, 선함, 합리성을 긍정하는 접근법을 제시했다. 악과 고난은 자유의 오용에서 비롯되며, 그 영향은 구속을 통해 치료되고 변혁된다. 아우구스티누스는, 신자들이 세상의 본래적 선함을 기억하고 천국에서의 최종적인 갱신과 회복을 기대함으로써, 세상의 고통과 악의 수수께끼를 이해할 수 있다고 주장한다.

그러나 현대 서구 문화는 많은 부분에서, 물리학자 스티븐 와인버그(Steven Weinberg)의 견해처럼 자연과학이 우주의 무의미함을 드러낸다는 관점을 반향하고 있다. "우주가 이해할 수 있는 것처럼 보이면 보일수록, 그것은 더더욱 의미가 없어(pointless) 보인다." 그러나 이것은 하나의 신념일 뿐, 객관적인 사실이나 정당화된 결론이 아니다. 신약성경은 다른 관점을 취하며, 만물이 그리스도 안에서 "함께 서 있다" 또는 "함께 짜여 있다"(골 1:17)라고 말함으로써 드러난 세상의 모습 아래에 감추어진 일관성이 있음을 시사한다. 기독교는 **실재의 일관성**을 긍정할 수 있는 틀을 제공한다. 우리의 경험 세계가 아무리 조각난 듯 보일지라도 만물을 함께 붙들어 주는, 일부만 드러나 있는 '더 큰 그림'이 있으며, 그 실타래는 일견 일관성 없고 의미 없어 보이는 의미의 그물망을 연결해 준다.

이것은 가장 뛰어난 기독교 문학 고전 중 하나인 단테의 『신곡』에 나타난 주요 주제다. 르네상스 시대의 이 위대한 시 마지막 부분에서, 단테는 우주의 여러 양상들과 수준들이 단일한 전체로 수렴하는 우주의 통일성을 얼핏 엿본다. 물론 이 통찰은 매혹적이나 지상에 있는 그의 관점에서 거부되고 만다. 하지만 일단 파악한다면 이 관점은 그의 삶을 새롭게 바라보도록 만든다. 단테의 통찰은 이것이다. 즉 우리가 경험하는 세계가 겉보기에는 덧없고 일관성 없어 보이지만, 그 이면에는 숨겨진 의미와 연관성의 그물망이 있다는 것이다.

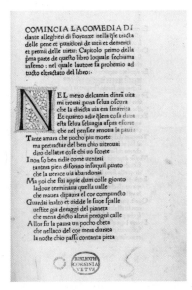

그림 4.4 단테(Dante Alighieri, 1265-1321)가 1308년부터 1320년까지 쓴 장편 서사시 『신곡』의 일부로 지옥편, 연옥편, 천국편으로 나뉜다. 사진은 1472년 발행본.

### 자기 가치감

사랑받고 소중히 여겨지는 경험은 많은 이들에게 결정적으로 중요하다. 시인 레이먼드 카버(Raymond Carver)는 좋은 사례가 되는데, 그는 "내가 사랑받는다는 것을 알고, 이 땅 위에서 사랑받고 있음을 느끼고 싶은" 자신의 갈망을 표현한다. 그의 말은 왜 많은 사람들이 인격적 관계를 그토록 중요하게 여기며, 관계를 통해 자신의 자기 가치(self-worth)를 인정받고 입증받으려 하는지 이해할 때 도움이 된다. 그러나 이러한 생각은, 광대한 우주라는 상황을 고찰할 때 뚜렷하게 드러나는 인류의 초라함 때문에 계속 전복된다. 지그문트 프로이트는 과학 발전이 우주 안에서 인류의 위치와 중요성을 근본적으로 재평가하게 만들었으며, 인간의 위대함과 고유함이라는 허상을 무너뜨렸다는 널리 알려진 주장을 폈다. 우주에 대한 우리의 지식이 확장됨에 따라, 우리는 우리 은하계 너머에 얼마나 많은 은하들이 있는지 인식하게 되었다. 인간의 수명은 우주의 무한정한 나이에 비하면 미미할 뿐이다. 이 광활한 우주를 배경으로 자신을 바라보면, 자신의 초라함이라는 감정에 압도될 수 있다.

그렇다면 이러한 절망과 의미 없음의 느낌에 어떻게 응답할 수 있는가? 이러한 고찰은 우리의 자기 가치를, 파괴까지는 아니더라도 훼손하는 것인가? 어떤 이들은, 사물의 더 큰 구도 속에서 우리의 제한된 역할을 숙고하면서, 대담하게 지적으로 저항하거나 우아한 체험으로 황량한 공허를 수용하여 우리의 상황을 직면할 필요가 있다고 주장할 것이다. 그리스도인 저술가들은 반복해서 이런 질문과 씨름해 왔고, 종종 하나님의 '손길'을 통한 인간 삶의 초월적 재평가(transvaluation)를 언급했다. 예를 들어 조지 허버트(George Herbert)의 시 전반에서 이 주제가 발견된다. 허버트는 은혜로운 하나님의 '손길'을, 값싼 금속을 금으로 바꾸어 주는 중세 연금술 이야기의 '현자의 돌'에 비유한다(이 주제로 다시 돌아올 것이다. 337-342쪽). 중세 저술가 노리치의 줄리안(Julian of Norwich)의 유명한 표현처럼, 우리는 기독교 내러티브 안에 살면서 우리 자신을 그리스도의 사랑에 감싸인 존재로 인식하게 되고, 이는 새로운 안전감과 정체성, 가치를 안겨 준다. 우리의 자기 가치는 하나님의 사랑을 받음에 근거를 둔다.

앞에서 나는 인간의 자기 가치감을 긍정하는 데 인격적 관계들이 중요함을 지적했다. 이것은 왜 많은 영성 저술가들이 기독교의 인격적 하나님 사상을 그렇게 중요하게 여겼는지를 이해하도록 도와주는 듯하다. 인격적인 하나님은 인간 개개인을 사랑하시고, 성육신과 속죄의 행위를 통해 그 사랑을 보여주신다. 하나님은 우리와 관계를 맺으시는 분이며, 바로 그 관계 맺음의 특권을 통해 우리의 가치와 중요성에 대한 느낌을 변화시키신다. 우리는 하나님께 중요한 존재다.

마릴린 로빈슨(그림 4.5)은 「시편 8편」이라는 변증적 통찰력이 넘치는 에세이에서 이 점을 잘 드러냈다. 로빈슨은 이 시편의 처음 몇 구절을 인용하는데, 우주의 시공간적 광대함 앞에서 인간이 느끼는 깊은 왜소함이라는 느낌을 다룬다.

> 주의 손가락으로 만드신 주의 하늘과
> 주께서 베풀어 두신 달과 별들을 내가 보오니
> 사람이 무엇이기에 주께서 그를 생각하시며
> 인자가 무엇이기에 주께서 그를 돌보시나이까(시 8:3-4).

로빈슨은, 우리가 하나님에 의해 창조되었다는 사실은 적어도 어떤 의미에서 우리의 특별함을 확신하게 만든다고 말한다.

> 시편 기자의 전략은 규모의 관념을 모두 혼란스럽게 함으로써 하나님과 인간 사이의 무한한 거리를 좁혀 놓는 것이다. 만약 거대한 하늘이 하나님의 손가락으로 만든 작품이라면, 죽을 수밖에 없는 작은 인간은 무엇인가? 이 시편은 자기 질문에 이렇게 스스로 답한다. 인간은 영화와 존귀로 관을 썼다. 그는 특별

한 의미에서 하나님이 만드신 존재, 그에게 수여된 하나님의 존엄 때문에, 천사의 광채와 같은 더 높은 수준의 광채를 입은 존재다.

그림 4.5 2013년 백악관에서 열린 2012 전미 인문학상 시상식 후 오바마 대통령과 함께한 마릴린 로빈슨.

그리고 로빈슨은 이 말에 두 번째 통찰을 더한다. 즉 "하나님과 인간 사이의 무한한 거리"는 하나님이 의도적으로 은혜롭게 마련하신 다리로 연결된다는 것이다. 로빈슨의 요점은, 성육신의 행위 안에서 하나님은 인류를 '방문'하셨으며, 우리가 하나님의 그러한 거룩한 겸손과 연민의 행위를 받을 가치가 있다고 여기셨다는 것이다. 하나님의 창조와 구속의 사역은 인간 존재가 하나님께 중요함을 모두 확인해 준다. **그들은** 특별하며 **우리도** 특별하다.

이번 장에서는 기독교가 몇 가지 근본적인 관심사와 어떻게 연결되며, 어떻게 그것들을 다루는지와 관련해 중요한 주제들을 살펴보았다. 다음 장에서는 이 탐구에서 한 걸음 더 나아가 '접촉점' 개념과 접촉점의 변증적 중요성을 살펴볼 것이다.

**생각해 볼 물음**

1. 변증이 인간의 갈망에 호소한다면 비합리적인가?

2. 기독교의 구원 이해에 나타나는 구속, 치유, 입양 등의 측면들을 변증에서 활용하는 예가 있다면 자신의 말로 제시해 보라.

3. 성육신이라는 주제를 어떻게 설득력 있게 변증에 활용할 수 있을지 자신의 말로 제시해 보라.

4. 인류가 하나님께 정말로 중요한 존재임을 성육신은 어떻게 확인해 주는가?

James K. Aitken, Hector M. Patmore, and Ishay Rosen-Zvi, eds. *The Evil Inclination in Early Judaism and Christianity*(Cambridge: Cambridge University Press, 2021).

Richard J. Clifford and Khaled Anatolios. "Christian Salvation: Biblical and Theological Perspectives." *Theological Studies* 66, no. 4 (2005): pp. 739–69.

Brenda B. Colijn. *Images of Salvation in the New Testament*(Downers Grove, IL: IVP Academic, 2010).

Ivor J. Davidson and Murray Rae. *God of Salvation: Soteriology in Theological Perspective*(Farnham: Ashgate, 2011).

James D. G. Dunn. *The Theology of Paul the Apostle*(Grand Rapids, MI: Eerdmans, 1998). (『바울 신학』 박문재 역, 크리스천다이제스트, 2003)

Christian A. Eberhart. *The Sacrifice of Jesus: Understanding Atonement Biblically* 2nd ed(Eugene, OR: Wipf & Stock, 2018).

Ole Jakob Filtvedt. "The Transcendence and Visibility of the Father in the Gospel of John." *Zeitschrift fur die Neutestamentliche Wissenschaft* 108, no. 1 (2017): pp. 90–118.

Joel B. Green. *Practicing Theological Interpretation: Engaging Biblical Texts for Faith and Formation*(Grand Rapids, MI: Baker Academic, 2011).

Tom Greggs. *The Breadth of Salvation: Rediscovering the Fullness of God's Saving Work*(Grand Rapids, MI: Baker Academic, 2020).

Erin M. Heim. *Adoption in Galatians and Romans: Contemporary Metaphor Theories and the Pauline Huiothesia Metaphors*(Leiden: Brill, 2017).

Justin S. Holcomb. *Christian Theologies of Salvation: A Comparative Introduction*(New York, NY: New York University Press, 2017).

Harm W. Hollander. "Seeing God 'in a Riddle' or 'Face to Face': An Analysis of 1 Corinthians 13.12." *Journal for the Study of the New Testament* 32, no. 4 (2010): pp. 395–403.

Jan A. B. Jongeneel. "Hendrik Kraemer's Christian Message in a Non-Christian World: A Magnum Opus after Seventy-five Years." *International Bulletin of Mission Research* 37, no. 4 (2013): pp. 203–6.

Robert Brian Lewis. *Paul's "Spirit of Adoption" in Its Roman Imperial Context*(London: Bloomsbury T&T Clark, 2018).

Michael J. MacKenzie and Roy F. Baumeister. "Meaning in Life: Nature, Needs, and Myth." In *Meaning in Positive and Existential Psychology* edited by Alexander Batthyany and Pninit Russo-Netze, pp. 25–38(New York, NY: Springer, 2014).

Jean-Luc Marion. "Seeing, or Seeing Oneself Seen: Nicholas of Cusa's Contribution in De Visione Dei." *Journal of Religion* 96, no. 3 (2016): pp. 305–31.

Thomas F. Martin. "Paul the Patient: Christus Medicus and the 'Stimulus Carnis' (2 Cor. 12:7): A Consideration of Augustine's Medicinal Christology." *Augustinian Studies* 32, no. 2 (2001): pp. 219–56.

Alister E. McGrath. "The Owl of Minerva: Reflections on the Theological Significance of Mary Midgley." *Heythrop Journal* 61, no. 5 (2020): pp. 852–64.

Alister E. McGrath. "Place, History, and Incarnation: On the Subjective Aspects of Christology." *Scottish Journal of Theology* 75, no. 2 (2022): pp. 137–47

James McTavish. "Jesus the Divine Physician." *Linacre Quarterly* 85, no. 1 (2018): pp.

18-23.

R. W. L. Moberly. "Salvation in the Old Testament." *Journal of Theological Interpretation* 15, no. 2 (2021): pp. 189-202.

James Warwick Montgomery. *History and Christianity*(Minneapolis: Bethany House, 1964).

James Warwick Montgomery. *Defending the Gospel in Legal Style: Essays on Legal Apologetics and the Justification of Classical Christian Faith*(Bonn, Germany: Culture and Science, 2017).

Joshua S. Nunziato. *Augustine and the Economy of Sacrifice: Ancient and Modern Perspectives*(Cambridge: Cambridge University Press, 2019).

Robin Ryan. *Jesus and Salvation: Soundings in the Christian Tradition and Contemporary Theology*(Collegeville, MN: Liturgical Press, 2015).

Michael F. Steger, "Meaning in Life." In *Oxford Handbook of Positive Psychology* edited by Shane J. Lopez, pp. 679-87(Oxford: Oxford University Press, 2009).

Scott R. Swain. *Trinity, Revelation, and Reading: A Theological Introduction to the Bible and Its Interpretation*(London: T & T Clark International, 2011).

David du Toit, Christine Gerber, and Christiane Zimmermann, eds. *Sōtēria: Salvation in Early Christianity and Antiquity*(Leiden: Brill, 2019).

J. G. van der Watt, ed. *Salvation in the New Testament: Perspectives on Soteriology* (Leiden: Brill, 2005).

# 5

# 신앙의 접촉점 탐색

Exploring Points of Contact for the Christian Faith

사회학자들과 신학자들은 "초월의 신호"(피터 버거) 또는 "깊은 상징"(에드워드 팔리)에 대해 오래전부터 언급해 왔다. 이것은 인간의 경험이나 직관이 그 자체를 넘어서 실재에 대한 더 큰 비전을 가리키는 것처럼 보이는 경우들을 말한다. 버거에게 이러한 "초월의 신호"는 초월적인 것, 즉 어떤 진정한 '타자'의 표시나 징후를 드러내는 인간의 경험 혹은 직관과 연결되어 있는 듯 보이는 일상생활의 요소다. 현대 세속 문화는 "세속화된 합리성 규범이 금지한 경외감, 신기한 것, 그리고 그 외의 모든 가능성을 감지하는 성향을 잃지 않았다." 그러나 기독교적 해석의 틀에서 볼 때는 이런 것들이 인간의 투사물이나 구성물이 아니라 하나님이 심어 놓은 직관으로 간주된다. 이것은 인간이 "하나님의 형상"을 지닌 존재라는 신학적 통찰에 근거한다.

기독교 변증은 인간의 문화와 경험에 이미 내재되어 있는, 복음과 접촉점이 될 만한 것들을 찾아내고, 이런 것들을 기독교 신앙이 변혁적 영향력을 발휘하게 하는 데 활용하고자 한다. 기독교 신학은 변증을 위해 조직화의 틀을 제공하여, 일반적인 인간 경험의 특정 측면을 알아차리고, 강조하고, 해석하며, 일상적인 것과 초월의 영역을 연결하는 지적인 다리를 놓는다. "초월의 신호"가 지닌 문화적 중요성을 강조한 버거는, 신학자와 변증가들이 이러한 신호를 어떻게 탐구하고 활용할 수 있을지 더 고민하자고 제안한다. "신호"에 대한 버거의 기술은 자세히 공부해 볼 가치가 있으며, 이번 장에서 살펴보는 변증 접근법의 바탕이 된다. 버거는 변증가에 대해 이렇게 말했다.

경험적으로 주어진 인간 상황 속에서 초월의 신호라고 할 수 있는 것을 찾아야 한다. 나는 그러한 신호를 이루는 원형적인 인간의 몸짓들이 있다고 말하고 싶다. 내가 초월의 신호라고 부르는 이것은 우리의 '자연적' 실재의 영역에서 발견되지만, 그 실재 너머를 가리키는 것처럼 보이는 현상을 의미한다.

앞선 장에서는 기독교가 인간의 경험과 실존에 어떻게 중요하고도 의미 있게 연결될 수 있는지 변증적으로 탐구하는 것이 중요하다는 점을 생각해 보았다. 이번 장에서는 '접촉점'이라는 용어를 사용하여 이러한 인간의 본능, 직관, 관심사 등을 기술할 것이다. 이런 것들은 초월, 즉 우리의 경험과 관찰의 세계 **너머의** 무엇으로 나아가는 통로가 되도록 그 목적과 방향을 조정할 수 있다.

### '접촉점' 개념

변증가는 때로 기독교 신앙이 청중의 삶과 상황에 어떻게 연결되는지 알 수 있도록 어느 정도 창의적 사고를 해야 한다. 훌륭한 설교자의 특징 가운데, 기독교 신앙과 청중을 연결하는 데 도움이 되는 강력한 내러티브나 예화를 설교에서 창안하거나, 빌려 오거나, 고쳐 쓸 수 있는 능력이 있다. 그러나 때때로 그러한 접촉점은 이미 자연 세계 안에, 혹은 인간 영혼의 심층 구조에 내장되어 있고, 동시에 그 수준 너머를 가리키면서 그들의 궁극적 기원인 하나님을 반영하고 있다. 예를 들어 기독교의 창조 교리는 변증적으로 풍부한 잠재력을 내재하고 있으면서도 너무 쉽게 간과된다.

그리스도인들은 인간이 "하나님의 형상"으로 창조되었다고 믿는다(창 1:17). 이 풍부한 개념은 여러 측면을 지니고 있으며, 기독교 신학자들에 의해 널리 탐구되어 왔다. 예를 들어 "하나님의 형상"은 인간에 대한 하나님의 권위를 상기시키는 것으로 볼 수 있다. 고대 근동의 군주는 한 지역에서의 권력을 확인하기 위해 종종 자신의 형상을 전시했다(단 3:1-7에 묘사된 느부갓네살의 황금 신상을 보라). "하나님의 형상"을 이해하는 두 가지 주된 방식은 특히 중요한 변증적 함의가 있다.

첫째로, 인간이 "하나님의 형상"을 지녔다는 것은 인간의 이성과 창조주 하나님의 합리성 사이에 어떤 상관관계가 있음을 의미한다. 칼뱅은, 이러한 상관관계는 죄로 인해 손상되거나 가려질 수 있지만, 여전히 인간 조건의 일부로 남아 있다고 보았다. 사물에 대한 이러한 이해에 따르면, 세상의 구조와 인간의 이성 활동 사이에는 본질적인 공명이 있다. 이런 접근법은 히포의 아우구스티누스의 주요 신학 저술인 『삼위일체론』(*On the Trinity*)에 특별히 명료한 언어로 제시되어 있다.

> 창조주의 형상은 인류의 합리적 또는 지성적인 영혼에서 발견된다. … [인간의 영혼]은 이성과 지성을 사용하여 하나님을 이해하고 바라볼 수 있도록, 하나님의 형상을 따라 창조되었다.

아우구스티누스는, 창조 세계를 성찰함으로써 하나님을 발견하는 길로 나아갈 수 있는 지성적 자원을 지닌 상태로 우리가 창조되었다고 보았다. **하나님의 창조 세계**로부터 **하나님**께로, **하나님의 작품**에서 **하나님의 인격**으로 연결되는 다리를 놓는 일은 변증가에게 비교적 쉽다. 이론적으로는, 이런 움직임은 기독교의 창조 교리에 기반을 둔다. 하지만 실제적으로는, 우리가 주변의 창조 세계와 기독교 신앙을 연결하는 방법을 고안한다기보다, 분별하도록 초대받고 있음을 의미한다.

둘째로, "하나님의 형상"은 **하나님과 관계 맺을 수 있도록 부여된 역량**을 의미한다. 하나님을 향한 인간의 갈망은 인간의 발명품이 아니라 하나님의 창조 사역에 기인한다. 우리는 이런 식으로 생각하도록 **만들어졌고** 그렇게 **의도되었다**. 하나님은 구체적 목표를 가지고 인류를 창조하셨다. 즉 하나님과 관계를 맺는 것이다. "하나님의 형상"으로 창조되었다는 것은 하나님과 관계 맺는 잠재력을 지닌다는 뜻이다. 이 주제는 기독교 영성과 변증에서 중요한 역할을 해왔다. 왜 그런가? 그것은 하나님과 인간 갈망의 경험 사이에 단단한 신학적 연결 고리를 구축하기 때문이다. 우리는 하나님과 관계 맺기 위해 창조되었다. 아우구스티누스는 이 생각을 하나님을 향한 널리 알려진 기도에 담았으며, 이 기도는 수많은 기독교 예전과 경건 서적에 인용되었다.

당신을 찬양하는 것은 당신의 작은 피조물인 인간의 욕구입니다. 당신은 인간을 자극하여 당신을 찬양하는 데서 즐거움을 얻게 하십니다. 왜냐하면 당신은 우리를 당신 자신을 위해 만드셨기 때문입니다. 그리고 우리의 마음은 당신 안에서 쉼을 찾을 때까지는 쉬지 못합니다.

아우구스티누스와 많은 그리스도인 저술가들에게 인간의 깊은 갈망의 감각은 하나님에게서 온 것이며, 하나님 안에서만 채워짐을 얻을 수 있다. 하나님께로 돌아간다는 것은 이 세상의 그 무엇도 제공할 수 없는 평화와 만족을 발견하는 것이다. 하나님은 우리가 깨닫지 못하는 가운데 평생 찾아 헤매었던 분이다. 캔터베리의 안셀무스는 신의 존재에 대한 "존재론적 논증"으로 가장 잘 알려져 있지만(101-106쪽), 그는 신앙의 합리성이란 단순히 인간의 추론 과정에서가 아니라 인간의 갈망과 욕구의 심층 구조에서 드러나는 것임을 이해했다.

이 모든 것은 신약성경의 기본적인 통찰, 즉 역사와 문화 또는 인간 경험 안에서 하나님을 만난 증언이 없지 않다는 주장의 세부적 발전으로 볼 수 있다(행 14:17). 변증의 과제는 이렇게 이미 내재하는 간접적인 증언을 찾아내어 기독교 복음을 선포하는 접촉점으로 활용하는 데 있다. 이러한 '접촉점'을 변증적으로 활용한 좋은 예는 사도행전에 기록된 바울의 아레오바고 연설이다(행 17:16-34). 여기서 바울은 아테네 청중을 향해 말하며, 각 개인에게 존재하는 "신성에 대한 감각"을 기독교 신앙의 접촉점으로 삼아 호소한다. 이렇게 바울은 기존의 그리스 유신론의 전제들과 연결하는 동시에, 기독교 복음이 어떻게 이를 뛰어넘어 그 결함들을 보완하는지 보여준다. 바울은 그리스인들이 알려지지 않았다고 여겼던(어쩌면 알 수 없다고 여겼던) 존재가 그리스도의 부활을 통해 알려졌다고 선포한다. 바울은 기독교적 '큰 그림'의 일부인 지적인 다리를 사용하여 청중의 경험적이고도 인지적인 세계와 연결될 수 있었다.

내재된 "신성의 감각"이라는 사상은 수세기 동안 많은 그리스도인 저술가들이 채택하여 발전시켰다. 신학자로서는 칼뱅이 탁월한 예다. 그는 종교적 신념이 본성적인 것임을 강조하기 위해 이 개념을 사용했다.

> 인간의 마음속에는, 물론 본성적 충동으로서, 신성에 대한 감각(*divinitatis sensus*)이 존재한다. 이것은 논쟁의 여지가 없다. 누구든 무지를 가장하여 변명하는 것을 막기 위해, 하나님은 직접 자신의 신성한 위엄에 대한 확실한 이해를 모든 사람에게 심어 놓으셨다. … 신성에 대한 감각은 본성적으로 인간의 마음에 새겨져 있다.

칼뱅은, 인간에게 하나님에 대한 본성적 인식이 있으며, 이것은 창조를 통해 인간 정신의 구조에 내장되었고, 적절한 성취를 이루도록 기독교 안에서 지도받아야 할 필요가 있다고 보았다. 이 중요한 신학적 관찰은 앨빈 플랜팅가(Alvin Plantinga, 1932–, 그림 5.1)의 "개혁주의 인식론"에서 중대한 역할을 하며, 21세기에 들어 점점 중요해지고 있다.

그림 5.1 2005년, 노터데임 대학에서 연설하는 미국 철학자 앨빈 플랜팅가.

## 여섯 가지 '접촉점': 고찰과 적용

그렇다면 변증에서는 어떤 '접촉점'이 중요한가? 이번 내용에서는 여섯 가지 접촉점을 살펴보고, 각각의 고유한 특징과 실제적 활용을 탐구할 것이다. 어떻게 이 접촉점들을 C. S. 루이스의 널리 알려진 표현인 "우주의 의미에 대한 단서"로서 제시할 수 있을까? 각각의 사례에서 두 가지 핵심 질문을 탐구할 것이다. 그것은 '여기서 다루고 있는 경험은 무엇인가?'와 '그 경험의 변증적 해석과 적용은 무엇인가?'이다. 우리는 이 책에서 이미 언급했던 '접촉점', 즉 가장 중요한 무언가에 대한 갈망의 감각에서 시작할 것이다. 이것이 처음 고려되는 '접촉점'이므로, 다음 단락에서는 전에 언급했던 해석학적 질문들을 더 자세히 살펴볼 것이다.

### 갈망의 감각

아우구스티누스의 중요한 신학적 통찰 가운데 하나는, 하나님만이 마음의 진정한 욕구의 대상이며, 인간 갈망의 근원이자 목표라는 것이다. 파스칼, 조나단 에드워즈, C. S. 루이스 등 많은 기독교 영성 저술가들과 변증가들은 이 주제를 더욱 발전시켰다. 우선 여기서 살펴보고자 하는 경험이 어떤 경험인지를 명확히 진술해 보자.

정말로 중요한 것으로 보이지만 우리가 붙잡을 수 없는 무언가에 대한 깊은 갈증을 많은 사람들이 느낀다. 독일어 젠주흐트(*Sehnsucht*, 그리움, 동경)는 정의할 수도 없고 소유할 수도 없는 무언가에 대한 일반적 갈망의 감각을 기술할 때 흔히 사용된다. 영국 시인 매슈 아널드(Matthew Arnold)는 이를 "애처롭고, 부드럽고, 눈물겨운 그리움"이라고 묘사했다. 괴로울 만큼 붙잡기 어려운 무언가에 대한 이런 쓰라린 욕구는 인간의 보편적 경험이며, '종교적'이거나 '영적'인 사람들에게만 국한되지 않음을 아는 것이 중요하다. 무신론자인 철학자 버트런드 러셀은 이러한 경험을 잘 기술하고 있다.

> 내 중심에는 언제나 그리고 영원히 계속될 끔찍한 고통이 있는데 … 세상에 있는 것 너머의 무엇을 찾고자 하는 고통이다. 그것은 더 고귀하고 무한한 무엇, 지복의 환상 또는 신, 내가 발견하지 못하는 것이며 발견되리라고 생각지도 못하는 것, 하지만 내 삶이란 그것을 향한 사랑이라고 말할 수 있는 것, … 그것은 실제로 내 안에 존재하는 생명의 샘이다.

"세상에 있는 것 너머의 무엇을 찾고자 하는" 이 경험은 분명 중요한 접촉점이다. 그렇다면 이 경험을 어떻게 설명할 수 있을까? 아마도 더 중요한 물음으로서, 그것은 무엇을 의미하는가? 그것은 우리를 어디로 데려가는가? 변증가는 신앙과 이어지는 다리를 놓는 데 이 경험을 어떻게 사용할 수 있을까?

이것이 널리 알려진 인간의 경험이라는 그 이유 때문에, 기독교 신학자들은 그 경험의 **기원**과 **목표**를 기독교적 틀 안에서 어떻게 받아들이고 해석할 수 있을지 광범위한 저술을 남겼다. 중세의 영성 저술가 노리치의 줄리안은 이러한 해석 전통을 잘 드러내는데, 그는 하나님을 욕구의 기원이자 궁극적인 목표로 기술하고 있다. "나는 너희로 사랑하게 하며, 너희로 갈망하게 하는 자이다. 나는 모든 참된 욕구들의 끝없는 충족, 바로 그것이다." 줄리안의 중세 영어는 현대 독자들이 볼 때 다소 어색할 수 있지만, 그가 말하는 영적, 변증적 요점은 명료하고 또 중요하다.

그렇다면 이 경험을 어떻게 변증에서 활용할 수 있을까? 중요한 점은 이 경험에 이름을 붙일 필요가 있다는 점이며, 가장 좋은 방법 중 하나는, 비록 그 경험이 말로 축약하기 어렵다 해도 그것을 기술하는 것이다. "세상에 있는 것 너머의 무엇"에 대한 러셀의 대략적인 설명은 유용한 출발점이 될 수 있다. 자서전 『예기치 못한 기쁨』에서 C. S. 루이스가 말했던 어린 시절의 경험도 마찬가지다. 그는 알 수도 없고 붙잡기도 어려운 무엇에 대한 강렬한 갈망을 경험했는데, 그것은 지식의 지평 너머에 있는 궁극적 중요성을 지닌 무엇을 가리키는 듯했다. 루이스는 이 어린 시절의 갈망 경험을 기술하면서 당시에는 그 갈망을 이해할 수 없었다고 분명히 말한다. 나중에 기독교 신앙의 관점에서 이 경험을 되돌아본 후에야, 그는 실제로 무슨 일이 일어났는지 이해할 수 있었고 그 의미를 온전히 파악할 수 있었다.

나를 덮쳤던 그 느낌에 걸맞을 만큼 충분히 강한 단어를 찾기가 어렵다. … 물론 그것은 욕구와 관련된 느낌이었다. 그러나 무엇에 대한 욕구였을까? 내가 욕구한 것이 무엇인지 알기도 전에 욕구 자체가 사라져 버렸다. 내가 얼핏 보았던 것 전체가 없어진 것이다. 세상은 다시 평범한 장소가 되었고, 방금 사라진 그 갈망을 갈망하는 마음만 일렁거리고 있었다.

여기에는 구약성경에 나오는 사무엘의 소명 이야기와 흥미로운 유사점이 존재한다. 사무엘 이야기(삼상 3:4-20)의 핵심은 자연적 사건이나 경험이 그 자체를 넘어 그 경험의 진정한 기원과 목표를 가리킬 수 있다는 것이다. 사무엘은 밤새 네 번이나 자신을 부르는 소리를 듣는다. 처음 세 번은 엘리가 부른다고 믿고 그를 찾아 달려간다. 엘리는 이 자연 현상을 하나님에게서 온 것으로 해석해야 한다고 말해 준다. 네 번째 부름을 들었을 때, 사무엘은 적절하게 반응한다. 대다수 학문적 설명은 이 구절의 핵심 이슈가 **분별**임을 포착하지 못한다. 자연 속 사건이 새로운 방식으로 해석되고, 그 결과 새로운 의미를 지니는 것으로 간주되는 것이다.

구약학자 월터 모벌리(Walter Moberly)는 이 핵심 문제를 정확히 파악하고 그 의미를 다음과 같이 요약한다. "그러자 하나님은 사무엘에게 말씀하신다. 하지만 그분의 말씀은 즉시 그 이야기의 핵심 이슈, 즉 분별력의 문제를 부과한다. 왜냐하면 하나님이 말씀하실 때, 사무엘은 그 음성을 하나님의 음성으로 인식하지 못하기 때문이다." 모벌리는 그 경험에 본질적으로 초자연적이라거나 특별히 신적이라 할 것이 없음을 지적한다. 하나님의 부르심은 처음에는 하나님의 음성으로 식별될 수 없을지도 모른다. 왜냐하면 그것은 자연 영역 안에서, 자연 영역을 통해 매개되기 때문이다.

따라서 접촉점은 우리가 경험하거나 관찰하고, 기술하며, 무엇보다도 **적절하게 해석하는** 것이다. 달리 말하면, 그 자체가 목적지라기보다는 목적지를 가리키는 이정표로 나타난다. 우리는 경험 자체에 집착하기보다는 그 경험이 무엇을 **의미하는지** 물을 필요가 있다. 그것은 무엇을 가리키는가? 어떤 경험을 **이정표**로서 해석하면 그 경험은 어떤 의미의 틀 안에 놓이게 된다. 그 의미의 틀은 갈망의 감각에 의미를 부여하는 동시에 실존적 의미를 지닌 무언가로 향하는 관문 역할을 한다. 우리가 정말로 원하는 것은 이 갈망의 경험이 가리키는 무엇이다. 루이스의 "욕구로부터의 논증"은 자연이 우리의 가장 깊은 욕망들을 충족시킬 수 없고, 그 충족을 위한 것도 아니라는 통찰에 기초한다. 자연적 경험들은 그 자체를 넘어서는 무언가에 대한 신호다. "그것들은 잠시 동안, 그 기술할 수 없는 무엇을 전하는 전령들이 된다."

모든 접촉점을 이와 같이 말할 수 있다. 즉 변증의 본질적 과제는 개인이나 공동체의 의식 속에 이미 존재하는 경험이나 관찰을 해석하는 것이며, 그리하여 그 경험 자체가 자기 참조적 관심의 대상이 되지 않고, 다른 것을 가리키는 도구가 되게 만드는 데 있다. 즉 한편으로는 기독교 신앙의 실재를 가리키되, 다른 한편으로는 인간 존재의 실존적 실재와 연결될 수 있는 기독교 신앙의 능력을 가리켜야 한다. 신학자 요제프 피퍼(Josef Pieper)는 우리의 자연적 희망과 갈망이, 우리 너머에 있지만 우리에게 이질적이지 않은 어떤 것에 근거하고 있음을 지적한 많은 저술가 중 한 명이다. "우리의 모든 자연적인 희망은 어떤 충족의 대상들을 향하는데, 그 대상들은 영원한 생명에 대한 모호한 반영들이나 전조들, 또는 영생을 위한 무의식적인 준비들 같은 것이다."

그렇다면 이 접촉점 혹은 다른 접촉점의 위상은 무엇인가? 무언가를 증명하는가? 아니다. 그것은 우리가 관찰하거나 경험하는 것을 설명하는 가능한 방법 중 하나다. 그러나 만일 그것이 참이라면 모든 것을 바꾸어 놓는다. 그것은 무언가를 암시한다. 루이스의 말처럼 "우리의 의혹을 불러일으키는" 단서이며, 청중으로 하여금 그들이 억압하거나 간과 혹은 무시했던 무언가가 있지는 않은지 의문을 품게 만드는 것이다. 그것은 단서다. 다른 단서들 사이에 자리를 잡고, 세상과 그 속에 있는 우리의 위치를 이해하는 일관된 방식이다. 케임브리지 대학의 물리학자 알렉산더 우드(Alexander Wood)는 통찰력 있게 말한다. "종교에 대해 우리의 첫 번째 요구는" 종교가 "삶을 조명하고 온전하게 만들어야" 한다는 것이다.

이것은 앞에서 고찰해 본 "최선의 설명으로의 추론"(116-121쪽)과 연관 지어 볼 필요가 있다. 이 추론은 증거의 해석에 대한 철학적 접근법으로, 경험이 여러 가지로 해석될 수 있음을 명시적으로 인정한다. 문제는 어떤 해석이 가장 우아하고 단순하며 포괄적인가다. 즉 단하나의 경험만 이해하게 만들 것이 아니라, 이번 장에서 고려할 광범위한 '접촉점들'과 각각에 속한 가능한 한 많은 요소들을 이해하게 만들어야 한다.

### 세상의 아름다움

아름다움은 현대 기독교 변증에서 무시되었던 주제였는데, 부분적으로는 "이성의 시대"가 지닌 합리화 경향 때문이다. 이 시기의 많은 사상가들은 '객관적인' 이성적 논증을 중시했고, 아름다움의 중요성을 토론하는 것은 가망이 없을 정도로 주관적이기 때문에 합리적인 가치 혹은 증거로서의 가치가 없다고 믿었다. 한 사람에게는 매력적인 것이 다른 사람에게는 지루하고 무미건조하게 보일 수도 있다. 우리가 종종 듣는 것처럼, 아름다움은 "보는 사람의 눈"에 있다.

하지만 아름다움은 초기 및 중세 기독교 변증에서 중요한 요소였다. 초기 기독교 시대부터 중세 시대 전 기간 동안, 진리와 선과 함께 아름다움은 "존재의 초월적인 특성"으로 널리 간주되었다. 자연의 아름다움은 창조주 하나님의 더 큰 아름다움에서 비롯되었다고 주장되었다. 따라서 자연의 아름다움은 하나님의 아름다움을 가리키는 도구이며, 그것을 발견하고 경험하라는 초대장이었다. 중세 신학자 바뇨

레지오의 보나벤투라(Bonaventura of Bagnoregio)는 이 점을 특히 명확하게 언급했다.

> 이 가시적 세상에 있는 모든 피조물은 관조하는 지혜로운 사람의 영을 영원한 하나님께로 인도한다. 왜냐하면 피조물은, 가장 우선이며 가장 강력하고 가장 지혜롭고 가장 완전한 원리의, 영원한 근원, 빛, 충만함의, 효율적이고 모범적이며 질서정연한 예술의 그림자요 메아리요 그림이기 때문이다.

자연의 아름다움이 지닌 변증적 힘은 18세기 '대각성 운동'에서 주도적인 역할을 했던 미국의 대표적 신학자 조나단 에드워즈의 설교에서 중요한 주제였다. 에드워즈는, 자연 세계의 아름다움을 보고 느끼는 기쁨의 경험은 기독교 신앙을 통해 그리스도를 향해 흘러간다고 보았다. 이는 특히 에드워즈가 자연을 서정적으로 묘사한 다음 글에서 잘 드러난다.

> 꽃이 만발한 초원과 부드러운 산들바람에 기뻐할 때, 우리는 예수 그리스도의 달콤한 호의가 발산됨을 본다고 생각할 수 있다. 향기로운 장미와 백합을 볼 때, 우리는 그분의 사랑과 순결을 보는 것이다. 따라서 푸른 나무와 들판, 새들의 노래는 그분이 베푸는 무한한 기쁨과 친절함의 발산들이며, 나무와 덩굴의 편안함과 자연스러움은 그분의 무한한 아름다움과 사랑스러움의 그림자들이고, 수정처럼 맑은 강과 조잘대는 시냇물은 그분의 달콤한 은혜와 풍요로움의 발자취를 담고 있다.

에드워즈에 따르면, 현실에 대한 기독교의 비전은 자연의 아름다움을 "하나님 아들의 탁월함의 발산 또는 그림자"로 인식하게 한다.

따라서 아름다움은 지성 혹은 상상력의 통로가 되며, 아름다움에 대한 인간의 경험을 하나님의 창조의 실행자인 그리스도 안에 있는 그 경험의 궁극적 근원과 연결시키는 다리가 된다. 영국의 저명한 종교철학자 테넌트(F. R. Tennant)도 변증에서 자연의 아름다움이 지니는 중요성을 인식했다. 테넌트는, 우주는 인간의 생존에 필요한 것들을 뛰어넘는 자연의 아름다움을 지니고 있으며, 그것은 생물 세계의 발전에 대한 다윈주의적 설명만으로는 해명할 수 없다고 보았다.

변증에서 아름다움이 지닌 힘은 특히 복음서의 '천국 비유' 중 하나인 '값진 진주의 비유'(마 13:45-46)에 잘 드러난다. "또 천국은 마치 좋은 진주를 구하는 장사와 같으니 극히 값진 진주 하나를 발견하매 가서 자기의 소유를 다 팔아 그 진주를 사느니라." 이 비유는 다양한 수준에서 여러 의미가 있지만, 그중 하나는 욕망을 일으키는 아름다움의 힘이다. 이 비유를 다시 이야기해 보면 이 점을 더 명확하게 이해할 수 있다.

이 비유는 진주를 발견하고 그것을 얻기 위해 모든 것을 팔기로 결심하는 상인을 그린다. 그는 왜 그렇게 했는가? 소유할 만한 탁월한 가치를 지닌 것을 발견했기 때문이다. 그것에 비추어 보면, 그가 이미 소유하고 있는 모든 것이 그것들로는 충족될 수 없는 아름다움에 대한 욕구를 일으켰고 그 욕구를 더욱 강렬하게 만들었다. 상인은 이 소유들이 자신이 추구했던 목표라고 믿었지만, 사실 그것들은 초월적이고 영원한 가치를 지닌 무언가를 찾아가는 한 단계에 불과했다. 좋은 것은 단지 가장 좋은 것, 상인이 아직 발견하지 못했음을 아는 그 무엇을 갈망하게 만들 뿐이다. 물론 그 특별한 진주를 보기 전까지의 이야기다. 그 진주의 아름다움을 경험하자 깊은 의문들이 생겼다. 내가 정말로 찾던 것은 무엇이었을까? 우리의 가장 깊은 갈망을 채워 줄 수 있는 것은 무엇일까?

많은 초기 기독교 저술가들은 아름다움에 사람을 끌어당기는 힘이 있음을 알았다. 철학적 사상은 참됨을 논증할 필요가 있지만, 아름다움은 자명하며 그 증명의 힘은 우리를 매료시키고 끌어당기기에 충분하다. J. R. R. 톨킨의 「반지의 제왕」(*The Lord of the Rings*)이 흔히 불러일으키는 아름다움과 초월의 감각에 사로잡혀, 이것이 일상 세계 너머를 가리키는 **실재**하는 무엇이며, 어떻게든 우리를 그 너머로 끌어당김을 느꼈다는 사람들이 많다. 아름다움의 끌어당기는 힘이 바로 그것이 지닌 변증적 중요성의 근간이다.

톨킨의 옥스퍼드 대학 동료인 C. S. 루이스는, 인간에게는 기억과 아름다움, 갈망에 의해 자극되는 초월의 본능이 있다고 주장했다. 루이스는, 아름다움이 우리가 이 덧없는 세상에서 마주치는 그 어떤 것보다 더 실재적인 이상을 사모하게 만들며, 우리가 지금은 떠나와 있는 절반만 기억할 수 있는 영역에 대한 갈망의 느낌을 불러일으킨다고 보았다. 이러한 귀향 본능은 "우리의 경험 속에 실제로는 나타난 적이 없는 것"에 대한 욕망이지만, 우리가 경험하는 것들의 아름다움을 통해 계속 암시되고 넌지시 알려진다.

그래서 루이스는, 인간의 영원한 "아름다움을 향한 추구"는 사실 아름다움의 **근원**에 대한 탐구이며, 그것은 이 세상의 사물을 통해 매개될 수밖에 없다고 주장한다. 루이스의 요점은 "아름다움의 대상들", 즉 아름다움을 운반하는 도구에 불과한 것들이 너무나 쉽게 우리의 헌신과 주목의 대상으로 탈바꿈한다는 것이다. "아름다움이 자리 잡고 있다고 생각했던 책이나 음악을 신뢰하면 그것은 우리를 배신할 것이다. 아름다움은 그 안에 있던 것이 아니라 그것을 **통해** 왔을 뿐이다." 그러나 더 중요한 것은, 아름다움이 **이해**보다는 **참여**로 우리를 초대한다는 것을 루이스가 보았다는 점이다.

우리는 아름다움을 그저 보고 있기만을 원하지 않는다. 비록 하나님은 그것만으로도 충분히 풍성하다는 것을 아시지만…. 우리는 말로 표현하기 어려운 다른 무언가를 원한다. 우리가 보는 아름다움과 하나가 되고, 그 속으로 들어가고, 그 아름다움을 우리 자신 속으로 받아들이고, 그 아름다움에 몸을 담그고, 그 일부가 되기를 갈망한다.

루이스에게 아름다움의 발견은 그 궁극적 근원이자 목표인 하나님을 향하는 것이다.

그런데 자연 세계는 적어도 두 가지 다른 변증적 '접촉점'을 제공한다. 첫 번째는 자연 세계의 질서와 복잡성과 관련되고, 두 번째는 자연 세계의 광대함 앞에서 많은 사람들이 경험하는 경이로움과 관련된다. 이번 장에서는 두 가지를 모두 살펴볼 것이다.

### 질서 정연한 자연

인간은 언제나 세상의 질서 정연함에서 깊은 인상을 받아 왔다. 고대 바빌로니아의 천문학자들은 고정된 별들을 배경으로 행성이 규칙적으로 움직인다는 것을 알아냈고, 이를 이용해 시간을 정하고 달력을 만들었다. 세상에는 심층 구조가 있는 것처럼 보였다. 하지만 왜 그럴까? 그리고 그 사실은 무엇을 가리킬까? 많은 저술가들에게 우주의 질서 발견은 지혜로 향하는 첫걸음이자 삶의 더 깊은 의미를 추구하게 만드는 단서였다. 기독교 변증에서 이것은 많은 청중과의 '접촉점'을 제공하여 신앙의 합리성과 세상을 조명하는 기독교의 능력을 확인시켜 주었다.

자연과학의 성공이 두 가지 요소에 기인함을 음미해 보는 것은 중요하다. 하나는 질서 정연한 우주이며 다른 하나는 이 질서를 파악하고 표현할 수 있는 인간의 지성이다. 영국의 이론물리학자이자 신학자인 존 폴킹혼(1930-2021, 그림 5.2)은, 기독교적 관점에서 볼 때, 즉 기독교적 '큰 그림'에 따르면, 우주를 이해하는 우리의 능력은 그저 운이 좋았던 것이 아니라 하나님의 창조 행위의 결과라고 정확히 지적했다. 인간에게는 '하나님의 형상'이 있으며, 이는 인간의 지성과 우주의 구조 사이에 어떤 공명 관계가 있음을 의미한다. 폴킹혼의 요점은, 기독교 신앙이 실재의 지도, 즉 이러한 관찰을 이해할 수 있게 만드는 '큰 그림'을 제공한다는 것이다. 우리 안에 있는 인간 지성의 합리성과 우리를 초월하는 우주의 합리적 투명성은 공통 기원을 가지는데, 그것은 더 깊은 합리성, 곧 '하나님의 지성'이다.

그림 5.2 2011년 웨일즈에서 열린 헤이 페스티벌에서 연설하는 영국의 이론물리학자이자 신학자 존 폴킹혼.

변증은 기독교의 '큰 그림'으로 질서 정연한 세상을 어떻게 이해할 수 있는지 보여주는 것과 관련된다. 이것은 한편으로는 자연과학의 **성공**을, 다른 한편으로는 그것의 **한계**를 이해하도록 도와준다. 기독교는 하나님이 질서 정연한 세상을 창조하셨다고 믿는다. 그렇다면 어떻게 인간은 이 질서를 분별할 수 있을까? 어떻게 인간은 수학 방정식을 사용하여 이 질서를 그처럼 우아하게 표현할 수 있을까? 자연과학은 때로 과학적 방법으로 답할 수 있는 범위를 초월하는 중요한 질문을 제기한다. 이러한 질문에 답하려면 과학의 영역을 넘어서야 한다. 그렇기 때문에 기독교 신앙이 '의미의 지도'를 제공하여 이 문제를 심오한 수준에서 이해 가능한 것으로 만든다는 점을 강조하는 것이 중요하다.

이 '접촉점'이 변증에 도움이 되는 이유는 무엇일까? 이것이 변증 대화에 도움이 되는 몇 가지 방식이 있다. 첫째로, 기독교 신앙이 사물을 이해할 수 있게 하는 능력, 즉 세상 안에서 관찰되는 것과 자연과학에서 나타나는 실재의 더 심층적인 그림을 "조화롭게 결합하는" 능력이 있음을 강조하는 것이다. 둘째로, 자연과학과의 중요한 접촉점을 제공한다. 비록 과학과 신앙은 때로 갈등 관계인 듯 제시되곤 하지만, 신앙이 과학적 방법론에 더 심층적인 맥락을 제공한다고 보는 것이 더 나은 방식이다. 무엇보다도 신앙은 과학이 왜 작동하는지를 설명한다. 그것은 행복한 우연이나 기적으로 받아들일 일이 아니다.

우주에 질서가 존재한다는 관념은, 또한 이른바 "틈새의 신" 접근법(과학적 설명이나 이해가 불가능한 틈새를 메우기 위해 하나님을 불러 오는 논증)을 대신할 방어 가능한 대안을 제시한다. 과학적 설명의 빈틈에 호소하기보다는 애초에 과학적 설명이 가능한 이유를 묻는 것이 훨씬 더 도움이 된다. 아인슈타인은 이 점의 중요성을 인식했다. 그는 우주와 관련하여 가장 큰 신비는 우리가 우주를 이만큼이나 이해할 수 있다는 사실이라고 주장했다. 기독교의 '큰 그림'은 자연과학의 성공적인 설명력을 잘 설명하고 동시에 그것을 창조 교리에 근거 지운다. 신학자 토머스 토랜스(Thomas F. Torrance)가 지적했듯이 이 질서는 **필연적**인 것이 아니라 **우연적**(contingent)인 것이다. "창조된 존재인 온 우주 그 자체는 진정한 실재성과 자체의 통합성을 지녔으며, 또한 피조물의 합리적 질서, 곧 그 자체를 넘어 하나님 자신의 초월적 실재에 근거를 둔 질서를 하나님께 부여받았다고 여겨졌다." 우주는 하나님의 창조 행위에 의한 신성한 구조를 반영하며, 우리 우주는 신적 합리성과 관련된 무언가를 드러내도록 형성되었다.

[우연적 질서 개념]은 하나님과 우주 사이의 구성적(constitutive) 관계를 기독교적으로 이해한 직접적 산물이며, 우주는 하나님이 무로부터 자유로이 창조하셨으나 이성 없이 창조하신 것이 아니다. 하나님은 그가 만드시고 계속 유지하시는 우주에 그 자체의 창조된 합리성, 그분의 창조되지 않은 초월적 실재성에 의존하는 합리성을 부여하신다.

따라서 변증가는 우주의 아름다움, 질서 같은 여러 측면이 어떻게 하나님의 아름다움과 합리성을 드러내는지 탐구할 수 있다. 세계 안에서 식별되는 질서는 (물론 수많은 과학적 추론은 이 질서에 의존한다) 그러므로 하나님의 창조 행위의 결과로 이해되어야 한다.

창조 세계의 질서 정연함이 지닌 변증적 중요성의 논의는 자연 속의 "미세 조정" 현상을 점점 인식하게 되면서 더욱 추진력을 얻었다. 간단히 설명하자면, 이것은 자연의 근본 상수들에 작은 변화만 생겼어도 생명체가 존재할 수 있는 우주의 출현이 불가능했을 것이라는 관찰이다. 그러나 이 관찰에도 해석 가능성이 여럿 존재한다. 유신론자는 우주의 "미세 조정" 현상이 하나님에 대한 신념과 일관된다고 주장할 수 있다. 반면 무신론자라면 단순히 행운일 뿐이라고 주장할 것이다. 이것이 신의 존재를 **증명**하지는 않으나, 창조주 하나님을 가리키는 일련의 누적된 고려 사항에 추가할 수 있는 것은 분명하다. 리처드 스윈번과 다른 학자들이 지적했듯이, 하나님에 대한 신념의 개연성은 여러 고려 사항들에 달려 있으며 한 가지 관찰이나 증거나 논증에 근거하지는 않는다.

### 경이로움의 감각: 밤하늘
피터 버거는 세속 문화에 남아 있는 인간의 초월에 대한 직관을 다룬 중요한 연구에서 "초월의 신호들"이 중요하다는 점을 강조했는데, 자연주의와 유물론이 제공하는 것보다 더 풍부한 삶의 비전을 제시했다. 차갑게 빛나는 밤하늘을 보면서 느끼는 경이로움은 그중 가장 친숙한 신호일 것이다. 자연의 아름다움이나 장엄함을 마주할 때 거의 모든 사람들은 경외감이나 놀라움에 압도되며, 자연이 우리의 경험의 지평 너머에 있을 더 큰 실재의 비전을 보여주는 것이 아니냐는 느낌을 잠시 받게 된다. 잠깐일 뿐이나, 그것은 마치 베일이 벗겨진 약속의 땅, 지도를 만들어 탐험을 기다리는 그 땅을 언뜻 엿보는 것과 같다.

이러한 경이로움의 경험은 하나님을 향한 통로가 되어 주는, 시편에 나오는 친숙한 구절에도 포착되어 있다. "하늘이 하나님의 영광을 선포하고"(시 19:1). 여기서 '영광'이라는 단어는 밤하늘의 광채에서 보이는 하나님의 광대하심에 상상력이 압도당한 느낌을 전달한다. 그러나 이 시는 하늘을 바라봄으로써 하나님의 존재를 **증명**할 수 있다고 말하지는 않는다. 무엇보다도 이스라엘은 이미 자기 하나님의 존재를 알았기 때문이다. 하나님의 창조 세계가 하나님의 영광을 선포한다는 시편의 인식은 하늘을 보고 하나님의 존재와 성품을 추론하라는 명령이 아니다. 오히려 이스라엘에게 이미 잘 알려진 하나님을, 밤하늘과 같은 피조물을 성찰함으로써 미학적으로 더 풍성하고 상상력을 더 확장하는 방식으로 알 수 있다고 본문은 확언한다.

그렇다면 광대한 자연의 질서 앞에서 느끼는 이 경이로움을 어떻게 변증적으로 탐구할 수 있을까? 여기서 내 개인적인 이야기를 들려주고자 한다. 1970년대 말 학생 연구원으로서 이란을 횡단했던 일이 지금도 생생하다. 야간 버스를 타고 시라즈와 케르만 사이의 광활한 사막을 가로지르던 중이었다. 버스가 고장이 나 기사분이 수리를 해야 했고, 우리는 모두 버스에서 내렸다. 그날 밤, 버려진 캐러밴 쉼터의 폐허 사이를 거닐던 나는 어둡고 고요한 땅 한가운데서 마치 한 번도 본 적 없었던 듯했던 찬란하고 엄숙하며 고요한 별들을 바라보았다. 머리 위에 펼쳐진 찬란한 광경에 경외감으로 압도되는 듯했다.

당시 그리스도인이 된 지 몇 년이 지난 때였고 믿음에 잘 뿌리내린 상태였지만, 그럼에도 사물 너머에 있는 것들에 대한 강렬한 느낌, 즉 아직 깊숙이 들어가 본 적이 없는 낯설고도 경이로운 세계의 끝자락에 서 있다는 느낌을 받았다.

이러한 느낌을 받은 많은 이들은 실재에 대한 비전을 확장하고 싶은 마음을 갖는다. 아마도 이런 생각은 위대한 자연철학자 아이작 뉴턴이 말년에 쓴 글이 가장 익숙할 것이다. 뉴턴은 여기서 우리가 보는 것들 속에서 접하면서도 너무 쉽게 간과하는, 더 큰 지평의 존재를 인식했다. 우리가 "진실의 바다" 앞에 서 있다는 발견은 사물을, 우리 자신을, 새로운 방식으로 바라볼 수 있게 한다.

전인미답의 거대한 진실의 바다가 내 앞에 펼쳐져 있는데도, 나는 그저 해변에서 노는 꼬마처럼 평소보다 더 매끈한 조약돌이나 더 예쁜 조개껍데기 찾는 것을 때로 즐겼던 것 같다.

뉴턴이 그리는 이미지는, 변증가의 역할은 우리 세계라는 해변에 놓인 조약돌과 조개껍질 너머를 사람들이 보도록 만들고, 그 너머에 있는 더 큰 실재를 추구하도록 돕는 것이라고 말한다.

### 도덕적 의무의 감각

철학자 임마누엘 칸트(1724-1804, 그림 5.3)는 자신에게 특별히 의미 있게 보였던 자연 세계의 두 가지 측면을 언급했다. "우리가 꾸준히 더 자주 묵상할수록, 점점 커지는 존경심과 경외감으로 마음을 늘 새롭게 채우는 것이 두 가지 있다. 그것은 바로 내 위에 펼쳐진 별이 빛나는 하늘과 내 안에 자리 잡은 도덕법이다." 많은 이들이 칸트의 생각을 공유하며, 인간의 도덕적 직관이 윤리의 중요성과 궁극적 근거에 관한 유용하고도 생산적인 대화를 가능하게 만드는 '접촉점'이 될 수

그림 5.3 1790년 작으로 추정되는 칸트의 초상화.

있다고 믿는다.

앞서 언급했듯이(38-42쪽), C. S. 루이스는, 외부 세계에 대한 우리의 관찰과 내면의 경험을 이해하는 틀이 될 수 있는 "큰 그림"이 기독교라고 말한다. 이는 『순전한 기독교』의 첫 부분에 나오는 그의 유명하고도 인기 있는 진술인 "도덕으로부터의 논증"에 분명히 드러난다. 이것은 우리에게 또 하나의 접촉점, 곧 많은 이들이 내면에서 경험하는 도덕 감각을 탐구하는 유용한 방법을 제공한다. 루이스는 여기서 논쟁 중인 두 사람을 상상해 보라고 한다. 누가 옳고 누가 그른지 판단하려면 두 사람보다 위에 있고, 두 사람 모두 구속력과 권위를 암묵적으로 인정하는 어떤 규범이나 기준이 있어야 한다. 루이스는 모든 사람이 우리보다 '더 높은' 무엇, 즉 우리가 호소하고 다른 사람들이 따르기를 기대하는 객관적 규범, "우리가 발명한 것이 아닌, 우리가 복종해야만 한다는 것을 알고 있는 진짜 법"이 존재함을 느낀다고 말한다.

하지만 모든 사람이 이 법을 알지만, 그 법에 맞추어 살지는 못한다고 루이스는 말한다. "우리 자신과 우리가 살고 있는 우주에 대한 모든 명확한 사고의 기초"는 도덕법에 대한 우리의 지식과 그것을 우리가 지키지 못한다는 인식이다. 이 인식은 우리로 하여금 "의혹을 품게" 해야만 한다. 즉 "우주를 지도하고 있는 무언가가 있으며, 그것이 내 안에서는 옳은 일을 하도록 촉구하며 잘못했을 때는 책임감과 불편함을 느끼게 하는 하나의 법으로 나타나는" 것 아닐까라는 의혹이다. 루이스는 이러한 도덕적 직관들, 칸트의 표현을 빌리자면 "우리 안에 자리 잡은 도덕법"이 우주를 다스리는 질서정연한 정신의 존재를 가리킨다고 말한다.

루이스는 결코 우리의 도덕적 직관이 하나님의 존재를 **증명**한다고 주장하지 않는다. 그의 주장은 더 미묘하다. 즉 기독교는 이러한 직관들을 지적으로 만족스럽게 수용할 수 있다는 것이다. 옳고 그름은 기독교의 틀 안에서 "우주의 의미에 대한 단서들"로 이해될 수 있다. 단서 그 자체만으로는 아무것도 증명할 수 없다. 단서의 중요성은 그보다는 누적적이고도 맥락적인 힘에 있다. 루이스는, 객관적인 도덕적 진리가 존재할 것이라는 우리의 심층적인 직관을 최선으로 설명하는 방법은, 우리 안에 있는 옳고 그름의 지식이 도덕적 판단의 객관성을 지지하는 토대가 되는 자연의 배후 또는 너머에 있는 어떤 지성에 근거한다는 설명이라고 본다.

하나님이 존재하신다면 그것은 객관적인 도덕적 가치가 존재한다는 인간의 깊은 본능과 직관을 설명하고, 무책임한 윤리적 상대주의 주장에 맞서 도덕성을 옹호할 수 있는 더 단단한 근거가 된다고 루이스는 말한다. 그가 보기에 하나님은 우리의 깊은 도덕적, 심미적 직관을 통해 알려지시는 분이다. 그리스도인에게 하나님은 도덕적 가치의 객관적 토대를 제공하는 분이며, 그 토대는 권력을 쥔 엘리트들의 변덕이나 여론의 변화에도 흔들리지 않는다. 철학자 아이리스 머독은 중요한 도덕적 논점을 제시했다. 즉 인간의 '올바름'과 '정의' 관념을 옹호하고 유지하려면 초월적인 선의 관념이 필수적이라는 것이다. 그렇지 않다면 우리는 도덕성을 포퓰리즘 정치나 지역적 상황 또는 문화적 트렌드에 근거 지울 수밖에 없고, 결국 사회적 수용이 도덕적 사고의 기초가 되어 버리고 만다. 무신론자 철학자인 폴 커츠(Paul Kurtz)는 이 문제를 특히 명확하게 지적했다. "도덕적, 윤리적 원리들에 대한 중심 질문은 바로 이러한 존재론적 토대를 고려한다. 만약 그 원리들이 신으로부터 온 것도 아니고 초월적인 근거에 고정된 것도 아니라면, 순전히 일시적인 원리들일까?"

역사적 사례 하나가 이 논점의 도덕적 함의를 더 명확히 밝힌다. 1933년, 나치는 독일 정권을 장악하고 곧바로 법을 공포해 전체주의 통치를 시작했다. 나치 이데올로기를 강요하는 새 법률이 도입되었다. 나치의 방식에 항의하는 유일한 방법은 독일 국가보다 더 높은 도덕적 권위가 존재하며, 독일의 법은 그 권위에 복속해야 한다고 주장하는 것이었다. 그리하여 '자연법' 관념에 대한 관심이 새로이 일어났다. 자연법은 국가가 자기 목적을 위해 조작할 수 없는 것이며, 인간이 만든 억압적인 법을 시정하도록 명령하는 더 높은 형태의 정의다.

제3제국의 부상과 그 여파가 일으킨 불편한 질문들은 사라지지 않았다. 자연스레, 영향력 있는 철학자 리처드 로티(Richard Rorty) 같은 이들과 관련된 '실용주의적' 도덕 접근법에서 그 질문들은 다시 제기되었다. 로티는, 인류는 스스로 가치와 사상을 창조하며 이 창조적 과정의 결과물은 외적 객관성(자연법)이나 내적 주관성(양심) 어느 것에도 제약받을 필요가 없다고 본다. 도덕적 가치의 진리성은 사회 내에서 그 가치가 존재하고 수용되는가에 오롯이 달려 있다. 이런 관점은 기존의 사회적 관행에 무비판적이라고 신랄하게 비판을 받았다. "우리는 어떤 관습을 가장 먼저 채택할지 정한 다음, 철학자들이 '인간적' 또는 '합리적'이라는 말의 정의를 그에 맞추어 조정해 주리라 기대한다." 로티는 진리에 대한 이러한 공동체주의적 또는 실용주의적 접근법의 결과는 다음과 같은 인식이어야 한다고 주장한다. "우리 내부 깊숙한 곳에는 우리가 스스로 가져다 놓은 것 외에는 아무것도 없으며, 관습을 만드는 과정에서 우리가 창조하지 않은 기준이란 없고, 그런 기준에 호소하지 않는 합리성의 표준도 없으며, 우리 자신의 관행들에 대한 복종이 아니면 어떠한 엄밀한 논증도 존재하지 않는다."

따라서 진리와 도덕은 일시적인 사회적 관행들에 기반하며, 이러한 관행들은 인류 공동체에 의해 **분별**되는 것이 아니라 창조되는 것이다. 리처드 번스타인(Richard Bernstein)과 다른 학자들은, 로티가 사회적 관습들을 단순하게 구체화하여 그것들을 '진리', '선' 또는 '정의'와 동의어처럼 취급한다고 비판했다. 만약 로티의 주장이 옳다면 나치주의 반대를 어떻게 궁극적으로 정당화할 수 있는가? 법은 단순히 사회적 관행을 재진술한 것일 뿐이다. 현실이 그러하다면 로티는 그것을 인정해야만 한다고 말한다.

비밀경찰이 들이닥치고, 고문 기술자가 무죄한 사람들을 고문한다 해도 다음과 같이 말할 근거는 없다. "당신 안에 당신이 배신하고 있는 무언가가 존재한다. 당신은 영원히 지속될 전체주의 사회의 관습을 실행하고 있지만, 그 관습들 너머에는 당신을 정죄하는 무언가가 있다."

이러한 모든 우려들은 도덕성에 초월적 근거가 필요함을 가리킨다. 그렇지 않으면 우리는 영향력 있는 권력 집단의 일변하는 모래시계 속에 갇혀 버리고, 도덕성은 그들의 필요에 따라 늘 재정의될 것이다. 도덕성에 호소하는 변증은 두 가지 조금 다른 종류로 나뉜다. 하나는 하나님을 도덕적 가치의 기초로 믿는 것이 가지는 지적 이점에 호소하는 것이고, 다른 하나는 하나님에 대한 믿음이 도덕적 가치의 안정성을 확보하는 데 실제적으로 도움이 된다는 점에 호소하는 것이다. 기독교의 '큰 그림'은 도덕성에 대한 질문들과 씨름하고, 변화하는 불확실의 시대에 올바른 삶의 기초를 놓도록 도와주는 도구들을 제공한다.

### 실존적 불안과 소외

많은 사람들은 자신이 이 우주에 놓인 것에 당혹감을 느끼며 이곳이 있어야 할 장소가 아니라고 느낀다. 그들은 실제 속해 있지 않은 낯선 세상에서 길을 잃었다고 느낀다. 파스칼은 깊은 실존적 불안과 뒤섞인 불편함과 혼란을 빼어나게 기술한 글을 남겼다.

> 앞뒤의 영원에 삼켜진 내 인생의 짧은 길이, 내가 채우고 있으며, 심지어 내가 볼 수도 있고 내가 알지 못하며 나를 알지 못하는 공간들의 무한한 광대함에 둘러싸인 나의 작은 공간을 생각해 보면, 나는 저곳이 아니라 이곳에 있다는 사실에 두려움에 사로잡히고 크게 놀란다. 왜냐하면 왜 내가 저곳이 아니라 이곳에 있는지, 그때가 아니라 지금 있는지 아무런 이유가 없기 때문이다. 누가 나를 여기에 두었을까? 누구의 명령과 지시로 이 장소와 시간이 나에게 할당되었을까?

이 책의 뒷부분에서 캐나다 철학자 찰스 테일러가 "내재적 틀"의 출현을 영향력 있게 설명한 내용을 살펴볼 것이다(365-369쪽). 여기에는, 초월적 근거를 가진 채 의미로 가득했던 우주로부터, 의미와 초월적인 것의 상실감에 시달리는 인간의 마음이 구성한 '닫힌 우주'로 이동했다는 것도 포함된다. 테일러는 이러한 상실감이 "내재적 틀"의 실존적 부적절성을 가리키는 것이며 변증적으로 중요하다고 여긴다. 삶의 초월적 근거를 상실한다는 것은 안정적이고 의미 있는 무언가에 닻을 내리지 못한 채 뿌리가 뽑혔다고 느낀다는 의미다. 실존주의 철학자 마르틴 하이데거(Martin Heidegger)는 이러한 실존적 불안감을 설명하기 위해 '피투성'(Geworfenheit, 던져짐)이라는 용어를 사용했다. 우리는 이 낯설고 무의미한 세계에 들어올 때 어떤 선택권도 없었으며, 그저 그 속으로 "던져졌다." 그곳에서 빠져나올 방법도, 우리가 정말로 속한 곳으로 가는 길도 찾을 수 없다.

구약학자 월터 브루그만(Walter Brueggeman)은 우리가 지금 "뿌리 없는" 세상에 살고 있으며, 우리가 누구인지, 어디에 속해 있는지 발견하려면 우리의 역사에 근거를 두어야만 한다고 주장한다. 피터 버거(Peter Berger)는 한 걸음 더 나아가, "인간의 의미를 상실한 채 우주의 외딴 구석에 발이 묶여 홀로인 자신을 발견하는 것"에서 비롯되는 의미의 위기를 말한다. 우리는 진실로 이곳에 속해 있지 않으며, 우리의 진정한 운명은 다른 곳에 있다고 느낀다. 그러나 그곳은 어디일까?

많은 기독교 변증가들은 이러한 역사와 문화에서의 위치 상실 느낌이 자라나는 것에 주목했고, 세상에서의 실존을 진정한 고향에서 '유배'된 것으로 이해하는 기독교적 사상과 어떻게 접촉점을 만들 수 있을지 숙고했다(234–235쪽). 체스터턴은 우리가 진실로 이곳에 속하지 않았다는 직관의 중요성을 지적한 많은 변증가 중 하나다. "우리는 잘못된 별에 왔다. … 그것이 바로 삶이 그렇게 찬란하면서도 동시에 낯설게 느껴지는 이유다. 진정한 행복은 우리가 여기에 맞지 **않다는** 것이다. 우리는 다른 곳에서 왔다. 우리는 길을 잃었다."

그렇다면 우리는 정말로 어디에 속한 것인가? 우리의 진짜 고향은 어디인가? 알렉스 헤일리(Alex Haley)의 1976년 소설 『뿌리』(Root: The Saga of an American Family)는 뿌리에 대한 이러한 갈망을 잘 표현한 작품이다. 『뿌리』는 출판계에서 큰 관심을 끌며 「뉴욕타임스」 베스트셀러 1위를 차지했다. 미국 흑인으로서 헤일리는 자신이 진정 어디에 속해 있는지 알고 싶었다. 그는 자신의 기원을 추적했으며, 17살 때 서아프리카 감비아에서 잡혀 와 메릴랜드에서 노예로 팔린 쿤타 킨테를 찾게 되었다. 이 이야기가 사실인지는 의심의 여지가 있지만,『뿌리』는 역사에 뿌리를 두고 존재한다는 느낌이 문화적으로 중요하다는 점을 보여주었다. 예전에는 당연하게 여겨졌던 문화적 확실성들이 산산조각 나면서 뿌리 없음과 쉼 없음의 감정이 일어났고, 많은 사람들이 목표도 목적도 없이 낯선 풍경 속을 의미 없이 방황하고 있다고 느낀다. 그들에게는 돌아갈 '고향 집'이 없다.

　기독교는 신자들이 **잠시 동안만** 여기에 속한다고 확언한다. 그들은 "거류민과 동거하는 자"(레 25:23)이며 이 세상을 통과하지만 여기에 속하지 않은 사람들이다. 지금은 이 역사와 이 장소에 놓여 있지만, 그럼에도 그리스도인은 '하늘의 시민'(빌 3:20)이라는 신분을 갖고 있다. 그렇기 때문에 그들이 정말로 속한 곳은 하늘이며, 그들은 그 특별한 장소에 **들어가고 거주할** 모든 권리가 있다. 그들은 그곳에 속해 있으며 그곳이 그들의 고향이다.

　기독교 신앙은 여러 관점으로 우리의 상황을 보여준다. 우리가 땅 위에 유배 중이며, 하늘로 돌아갈 것을 기대하고 있음을 깨우친다. 이집트에서 포로 생활을 하고 있으며, 약속의 땅에 들어가기를 기다리고 있음을 깨닫게 한다. 물리적으로는 한 장소에 놓여 있지만, 정신적으로는 다른 곳, 우리가 정말로 속해 있다고 믿는 곳에 살고 있다. 비록 이 땅 위에 살고 있지만, 이 세상은 우리의 진정한 고향이 아니며 '던져진' 장소다. 우리는 우리가 **있어야만 할** 곳으로 돌아갈 길을 찾고 있다. 이러한 실존적 불안감 또는 길 잃은 느낌은 이 세상이 우리의 진정한 고향이 아니며, 우리가 진실로 하늘에 속했음을 깨닫게 해준다(빌 3:20-21). 물론 이러한 주제는 초기 기독교 저술가들의 설교와 강론에서 주요 주제였다. 카르타고의 키프리아누스(Cyprian of Carthage)가 "낙원이 우리의 본향(patria)이다"라고 선언한 것은 유명한 예다.

　이번 장에서는 여섯 가지 '초월의 신호들'을 간추려 보았고, 이러한 '접촉점'을 어떻게 변증적으로 활용할지 간략하게 설명했다. 더 추가할 것이 많을 것이다. 하지만 한 단계 더 나아가야 할 부분이 있는데, 바로 이러한 신호들을 제시하고 탐구할 수 있는 맥락 계발이다. 이 책에서 계속 강조해 왔듯, 기독교 신앙은 그 자체로 실재에 관한 '큰 그림', 즉 '초월의 신호들'이 복음의 핵심 주제를 가리킨다고 해석할 수 있는 틀을 제공한다. 그러나 일부 변증가들은 중간 단계의 '중립적' 틀을 사용하여 '초월의 신호들'이 무엇을 의미하는지 탐구하기를 선호한다. 이런 틀 중에서 가장 흥미로운 것은 어두운 지하 동굴의 이미지인데, 이것은 고대 그리스 철학자 플라톤이 예수님 탄생 약 375년 전에 쓴 대화편 『국가』에 나온다. 다음 단락에서는 이 이미지를 살펴보고 '접촉점'들을 활용하는 변증 토론 구성에 그것이 어떤 도움을 줄 수 있을지 살펴보겠다.

## 플라톤의 동굴: '접촉점'을 형성하는 중립적 틀

플라톤의 동굴 이미지는 철학과 신학, 대중문화에 커다란 영향을 끼쳤다(그림 5.4). 동굴 주제는 영화 「매트릭스」(1999)에서도 두드러지게 나타나며, C. S. 루이스의 소설에도 자주 등장하는데, 특히 『나니아 연대기』가 대표적인 예다. 플라톤의 널리 알려진 대화편 『국가』에 제시된 이 이미지를 충분히 음미하고 활용하려면, 선입견을 내려놓고 상상의 세계로 들어가야 한다. 어떤 부분에서는 이 이미지가 다소 비현실적이라고 느껴지겠지만, 이 유비가 토론의 틀을 구축하고 어디로 이끌어 가는지 지켜볼 필요가 있다.

먼저 인간 지식의 한계를 성찰한 내용을 보려면 배경을 설정해야 한다. 소크라테스는, 거대한 지하 동굴 속에서 쇠사슬에 묶인 채 동굴 뒷벽을 바라보고 있는 죄수들을 상상해 보라고 제자 글라우콘에게 말한다. 그들은 평생 갇혀 살았기 때문에 동굴 외에 다른 세계가 존재한다는 것을 알지 못한다. 그들 뒤에는 불이 타오르고 있어 동굴 안에 열과 빛을 공급한다. 사람들이 연기가 자욱한 동굴 안을 돌아다니며 서로 이야기를 나누는데, 그들은 사람과 동물의 형상을 들고 있어서 그 그림자가 동굴 벽에 나타난다. 죄수들은 다른 사람들의 대화 소리가 메아리치는 것은 들을 수 있지만, 동굴 벽에 반사되어 소리가 왜곡되기 때문에 내용을 이해할 수는 없다. 그들은 이 메아리와 그림자가 실재를 구성하는 범위라고 믿으며, 동굴 밖에 전혀 다른 세계가 존재한다는 사실은 알지 못한다.

그림 5.4 아테네 국립 아카데미 건물 앞에 있는, 이탈리아 조각가 피카렐리의 플라톤 동상.

플라톤의 이미지는 두 가지 매우 흥미로운 철학적이고도 신학적인 질문을 일으킨다. 우리는 어둠과 깜박이는 그림자의 세계만을 알고 있으며, 이것이 현실의 전부라고 믿고 있는가? 만일 그렇다면, 동굴 밖의 더 나은 세상으로 가는 길을 어떻게 찾을 수 있는가? 여기서 잠시 읽기를 멈추고 사고 실험을 해보자. 플라톤의 동굴 시나리오를 생각해 보라. 어둡고 연기가 가득한 동굴과 그 벽에 일렁이는 그림자들을 상상해 보라. 이제 그 비유 속에 자신을 놓아 보라. 당신은 쇠사슬에 묶인 죄수 중 한 명이다. 당신은 동굴 밖 세계가 있다는 것을 어떻게 발견할 수 있을까? 어떤 전략을 생각해 낼 수 있을까?

두 가지 명백한 가능성이 있다. 첫 번째, 동굴의 구조에 동굴 벽 너머 세계가 있음을 암시하는 요소들이 있을 가능성이다. 예를 들어 동굴과 어울리지 않는, 동굴 너머의 세계에서 온 것 같은 이상한 물체를 발견하는 경우다. 두 번째, 이곳은 진짜 집이 아니라는 깊은 직감을 경험하고 당신이 다른 곳에 속해 있다고 믿는 것이다. 이 세상이 단지 그림자 세계에 불과하다면 어떨까? 당신은 동굴 안의 어떤 것으로도 충족할 수 없는 무언가에 대한 갈망을 경험하거나, 이같이 극도로 제한된 세상보다 더 많은 것이 존재해야 한다는 느낌을 받을 수 있다.

그런 것들이 바로 이번 장과 이 책의 다른 부분에서 우리가 탐구하고 있는 '접촉점들'이다. C. S. 루이스의 "욕구로부터의 논증"은 인간이 만족스럽고도 안정적이며 확실한 무언가를 향한 갈망을 지녔으며, 우리의 현재 세계는 명백히 그것을 제공하지 못한다는 사실에 초점을 맞춘다. 루이스의 주장(111-116쪽)은 이러한 직관이, 우리가 실제로 속한 더 큰 실재의 존재에 대한 **증거**가 아니라 **단서**라는 것이다. 여기서 듣는 이들과 함께 이런 방향으로 성찰과 탐구를 수행해 나가면서 음미해 볼 요점이 세 가지 있다. 첫째로, 이런 것들은 단서에 불과하다. 그러나 C. S. 루이스가 지적했듯, 이러한 단서들은 우리 마음에 씨앗을 심어, 세속적인 사고방식에서 발견되는 것보다 더 넓고 깊은 실재관에 마음을 열게 한다. 둘째로, 단서 하나하나는 가벼운 증거일 수 있지만, **일련의 단서들**은 설득력이 상당하다. 셋째로, 아마도 가장 중요한 점은, 기독교의 '큰 그림'이 이런 단서들을 잘 수용할 수 있다는 것이다. 성공적인 과학 이론이 여러 관찰 사실들을 수용할 수 있는 것과 같다.

플라톤의 동굴이라는 틀의 도움으로 탐구할 수 있는 질문이 하나 더 있다. 만일 이 동굴 너머의 세계에서 어떤 사람이 와서, 동굴 속 어두운 세계로 들어와, 동굴 벽 너머의 이상하고도 경이로운 세계를 말해 주고, 사로잡혀 있던 사람들을 밝은 햇살이 비치는 곳으로 데려가겠다고 제안한다면? 기독교 신학의 언어로 표현하면 이 제안에는 **계시와 구원**이 모두 포함된다. 동굴 너머의 세상이 있음을 사람들에게 알리고 설득하며, 그 새로운 세상을 **분별하고, 들어가는** 것을 가로막는 장애물과 장벽을 제거하는 것이다.

많은 초기 기독교 저술가들은 후기 고전 고대에 유행했던 여러 형태의 플라톤주의에 익숙했고, 플라톤적 틀을 사용하여 그리스도의 중요성에 대한 기독교의 핵심적인 확언들을 설명하는 방법을 알았다. 그들의 전략은 기독교를 소개하기 전, 친숙한 중립적인 해석의 틀을 중간 단계로 사용하는 것이었다. 변증가는 이를 사고 실험으로 제시하여, 동굴 속 죄수 이야기 속으로 들어가 자신도 제약적인 세계관에 갇혀 있지 않은지 성찰해 보도록 제안할 수 있다.

다음 장에서는 '내러티브 변증학'의 등장에서 분명히 드러나듯, 이야기의 중요성에 변증적 관심이 높아지는 현상을 살펴볼 것이다.

### 생각해 볼 물음

1. '접촉점'이 무엇이며 그 가치는 무엇인지 자신의 말로 설명해 보라. 접촉점은 어떤 면에서 변증에 도움이 되는가? 부정적인 부분도 있다고 생각하는가?

2. 당신이 변증 강연을 위해 원고를 쓰고 있다고 상상해 보라. 갈망의 느낌에 어떻게 호소할 수 있겠는가? 어떤 요점을 전달하고 싶은가? 어떤 질문들을 제기할 수 있는가?

3. 이 여섯 가지 접촉점 중 특히 흥미로웠던 접촉점은 무엇이었나? 그 이유는 무엇인가?

4. 기독교 신앙의 주제들을 탐구하기 위해 플라톤의 동굴 이미지를 중간 매개로 사용한다면 어떤 점이 유리할까?

Edward Adams. "Calvin's View of Natural Knowledge of God." *International Journal of Systematic Theology* 3, no. 3 (2001): pp. 280–92.

Justin Ariel Bailey. *Reimagining Apologetics: The Beauty of Faith in a Secular Age*(Downers Grove, IL: InterVarsity, 2020).

Peter L. Berger. *A Rumor of Angels: Modern Society and the Rediscovery of the Supernatural*(New York, NY: Doubleday, 1969).

Peter L. Berger. *The Many Altars of Modernity: Toward a Paradigm for Religion in a Pluralist Age*(Berlin: de Gruyter, 2014).

Paul M. Blowers. "Beauty, Tragedy and New Creation: Theology and Contemplation in Cappadocian Cosmology." *International Journal of Systematic Theology* 18, no. 1 (2016): pp. 7–29.

Robin Collins. "The Teleological Argument: An Exploration of the Fine-tuning of the Cosmos." In *Blackwell Companion to Natural Theology* edited by William Lane Craig and J. P. Moreland, pp. 202–81(Oxford: Blackwell, 2009).

Hans Conzelman. "The Address of Paul on the Areopagus." In *Studies in Luke-Acts: Essays Presented in Honor of Paul Schubert* edited by Leander E. Keck and J. Louis Martin, pp. 217–32(Nashville, TN: Abingdon Press, 1966).

Gregory S. Cootsona. "How Nature and Beauty can Bring Scientists and Theologians Together." *Theology and Science* 9, no. 4 (2011): pp. 379–93.

Lisa Coutras. *Tolkien's Theology of Beauty: Majesty, Splendor, and Transcendence in Middle-Earth*(New York, NY: Palgrave Macmillan, 2016).

Thomas Dubay. *The Evidential Power of Beauty: Science and Theology Meet*(San Francisco: Ignatius Press, 1999).

L. Clifton Edwards. *Creation's Beauty as Revelation: Toward a Creational Theology of Natural Beauty*(Eugene, OR: Pickwick Publications, 2014).

C. Stephen Evans. *Natural Signs and Knowledge of God: A New Look at Theistic Arguments*(Oxford: Oxford University Press, 2010).

Edward Farley. *Deep Symbols: Their Postmodern Effacement and Reclamation*(Valley Forge, PA: Trinity Press International, 1996).

Robert C. Fuller. *Wonder: From Emotion to Spirituality*(Chapel Hill, NC: University of North Carolina Press, 2006).

Michael D. Gibson. "The Beauty of the Redemption of the World: The Theological Aesthetics of Maximus the Confessor and Jonathan Edwards." *Harvard Theological Review* 101 (2008): pp. 45–76.

Dale Hall. "Interpreting Plato's Cave as an Allegory of the Human Condition." *Apeiron: A Journal for Ancient Philosophy and Science* 14, no. 2 (1980): pp. 74–86.

Alan P. Lightman. *Searching for Stars on an Island in Maine*(New York, NY: Pantheon Books, 2018).

Alister E. McGrath. *A Fine-tuned Universe: The Quest for God in Science and Theology*(Louisville, KY: Westminster John Knox Press, 2009). (『정교하게 조율된 우주』 박규태 역, IVP, 2023)

Alister E. McGrath. "Place, History, and Incarnation: On the Subjective Aspects of Christology." *Scottish Journal of Theology* 75, no. 2 (2022): pp. 137–47.

Sara Park McLaughlin. "Beauty without End: C. S. Lewis and Theological Aesthetics." *The Lamp-Post of the Southern California C. S. Lewis Society* 25, no. 3 (2001): pp. 9–12.

Holly Ordway. *Apologetics and the Christian*

*Imagination: An Integrated Approach to Defending the Faith*(Steubenville, OH: Emmaus Road Publishing, 2017).

Francesca Rochberg, "Reasoning, Representing, and Modeling in Babylonian Astronomy." *Journal of Ancient Near Eastern History* 5, no. 1 (2018): pp. 131–47.

Glenn Siniscalchi. "Fine-tuning, Atheist Criticism, and the Fifth Way." *Theology and Science* 12, no. 1 (2014): pp. 64–77.

Benjamin D. Sommer. "Nature, Revelation, and Grace in Psalm 19: Towards a Theological Reading of Scripture." *Harvard Theological Review* 108, no. 3 (2015): pp. 376–401.

Claire Sommers. "School of Shadows: The Return to Plato's Cave." *Arion: A Journal of Humanities and the Classics* 25, no. 3 (2018): pp. 131–46.

Eleonore Stump. "Faith, Wisdom, and the Transmission of Knowledge through Testimony." In *Religious Faith and Intellectual Virtue* edited by Timothy O'Connor and Laura Frances Callahan, 204–30(Oxford: Oxford University Press, 2014).

Ines Testoni, Emilio Paolo Visintin, Dora Capozza, Maria Concetta Carlucci, and Malihe Shams. "The Implicit Image of God: God as Reality and Psychological Well-being." *Journal for the Scientific Study of Religion* 55, no. 1 (2016): pp. 174–84.

Eleonore Stump. "Beauty as a Road to God." *Sacred Music* 134, no. 4 (2007): pp. 13–26.

Andrew Walker. "Scripture, Revelation and Platonism in C. S. Lewis." *Scottish Journal of Theology* 55, no. 1 (2002): pp. 19–35.

# 6

# 내러티브 변증:
# 이야기를 들려주는 것이 중요한 이유

Narrative Apologetics: Why Telling Stories Matters

자칫 딱딱하고 지루할 수 있는 설교에 이야기가 상상력과 깊이를 더해 준다는 사실을 설교자라면 안다. 변증 설교, 강의 또는 저술에 이야기를 넣으면 훨씬 내용이 흥미로워진다는 것은 놀랍지 않을 것이다! 그러나 내러티브 변증은 산만한 청중의 주의를 환기시키기 위해 이야기를 이따금 실용적으로 활용하는 것 이상의 의미가 있다. 내러티브 변증은 우리가 누구인지, 우리에게 무엇이 잘못되었는지, 그리고 이에 대해 무엇을 할 수 있는지를 설명하면서 성경 자체가 이야기를 광범위하게 사용한다는 깊은 인식에 근거를 둔다. 그러나 이번 장 서두에서 고려할 몇 가지 이유 때문에, 성경의 이런 측면은 "이성의 시대" 동안 간과되거나 무시되는 경향이 있었다.

이번 장에서는 최근 수십 년간 새롭게 일어난 내러티브 변증에 대한 관심을 살펴보고, 이 접근법을 활용했던 가장 중요한 두 명의 기독교 저술가인 J. R. R. 톨킨과 C. S. 루이스에 초점을 맞출 것이다. 내러티브 변증의 풍부한 신학적 토대와 함께, 이러한 변증을 어떻게 가장 잘 발전시키고 적용할 수 있는지 실제적인 질문도 살펴볼 것이다.

## 내러티브 변증의 재발견

변증은 풍부하고 다면적인 학문이며, 기독교 역사 전반에 걸쳐 특정한 문화적 관심사나 압력에 대응하면서 다양한 형태를 취해 왔다. 중세 시대 기독교 변증 저술들(토마스 아퀴나스의 『대이교도대전』 같은)은 신앙에 내재하는 합리성을 끌어내어 기독교 신앙이 인간의 이성과 어떻게 조화를 이루는지 보여주는 것을 목표로 삼았다. 그러나 서유럽에 "이성의 시대"가 도래하면서 변증의 초점이 좁아졌다. 앞에서 언급했듯이(67-70, 82-86쪽), 근대 초기에는 관심의 초점이 합리성에 모아졌고, 미적, 감정적, 관계적 요소들에 대한 관심은 줄어들었다. "이성의 시대"에 등장한 기독교 신학과 변증의 가장 충격적인 측면 중 하나는, 하나님의 성품과 목적을 전달하기 위해 성경이 이야기를 들려준다는 사실을 우리가 경시하거나 무시하는 경향이 있었다는 점이다. 계몽주의 저술가들은 성경이 특정한 신학적 또는 철학적 진리를 가르치면서, 그것을 더 흥미롭고도 기억에 남게 만들려고 내러티브를 때로 사용한다고 보았다. 계몽주의 저술가들이 "비평 시대 이전의" 신학자라고 부르는 사람들만이 이야기를 진지하게 받아들였고, 계몽된 신학자들은 이러한 이야기가 부차적이며, 합리적 진리를 소통하는 데는 궁극적으로는 불필요한 방법이라고 인식했다. 이야기는 합리적 진리에 접근하는 수단일 뿐이며, 진리에 도달하면 버려질 수 있는 것이었다.

H. 리처드 니버의 저서 『계시의 의미』(*The Meaning of Revelation*, 1941)는 신학과 변증이 내러티브의 의미를 되찾는 데 중요한 역할을 했다. 이 책 가운데 "우리 삶의 이야기"라는 장은 기독교의 중심에 자리 잡은 내러티브에 초점을 맞춘다. 니버는, 초대 교회의 설교는 하나님의 존재를 논증하는 형식이 아니라, 본질적으로 예수 그리스도의 역사적 출현과 제자 공동체가 이를 어떻게 이해하고 반응했는지를 이야기의 기본 요소들로 반복해서 들려주는 형식이었다고 보았다. 기독교

내러티브에서는 예수 그리스도가 중심이 되며, 그리스도를 "다른 모든 사건을 이해할 수 있게 만드는 이해할 수 있는 사건"으로 제시한다.

최근 수십 년 사이에 이루어진 가장 괄목할 만한 발전 중 하나는, 내러티브, 즉 이야기를 들려주는 것이 인류의 전반적인 문화와 특히 종교 생활에 얼마나 중요한 역할을 하는지 인식이 높아졌다는 점이다. 우리는 "우리가 듣고 말하는 더 큰 내러티브들과 메타내러티브들 안에 우리 자신을 놓음으로써, 실재가 무엇인지, 우리가 누구인지, 어떻게 살아야 하는지를 이해하게 되며, 그것이 우리에게 실재적이고 중요한 것을 구성한다." 우리는 단순히 "이야기를 만드는 동물"이 아니라 "우리의 이야기로 만들어지는 동물"이기도 하다. 우리는 모두 이야기를 하고 이야기 속에 살고 있다.

역사와 역사적 중요성에 대한 인식을 전달하는 수단으로서 내러티브의 지위를 회복하려는 이런 경향은 한스 프라이(Hans Frei)의 기념비적 연구인 『성서 내러티브의 상실』(*The Eclipse of Biblical Narrative*, 1974)에서 새로운 추진력을 얻었다. 프라이는 성경 내러티브를 소홀히 여김으로써 생겨난 신학적 빈곤을 지적했으며, 이는 내러티브를 진정한 성경적, 신학적 범주로 진지하게 취급하는 길을 연 것으로 널리 평가받는다. 내러티브는 더 이상 기독교 신학의 기본 사상을 꾸미는 문학적 장식으로 치부할 수 없으며, 오히려 역사의 현실에 뿌리를 두었다고 강조되는 하나님의 정체성과 성품을 드러내는 주요한 양식으로 여겨질 수 있다. 프라이의 작업은 광범위한 문화에서 일어난, 인류 문화에서 이야기가 지닌 중요성을 재조명하는 작업의 일환이다.

미국 가톨릭 신학자 에드워드 오크스(Edward Oakes)는 '내러티브 신학'이 최근 큰 영향력을 가진 이유를 이해하는 데, 그리고 '내러티브 변증'을 발전시킬 기반을 마련하는 데 도움이 되는 네 가지 요소를 유용하게 정리했다.

1. 내러티브는 "신학을 문학 및 인문학 연구와 접촉시켜 신학을 학문적 게토에서 끌어내도록 도와주는 이상적인 장르"로 볼 수 있다. 이것은 분명히 변증에서도 시사점과 적용점이 있다. 내러티브의 활용으로 기독교 신앙과 광범위한 문화 담론 사이를 어떻게 연결할 수 있을지 보여주기 때문이다.

2. 내러티브는 "각 신자의 자서전으로 쉽게 전환될" 수 있어, 전통적인 학문적 신학보다 신학에 대한 이야기식 접근을 통해 목회적 필요를 더 직접적이고도 효과적으로 다루게 해준다. 이것의 중요한 변증적 의미는, 내러티브 변증이 기독교 이야기를 각 개인의 자신만의 이야기와 연결할 수 있다는 점이며, 기독교 신앙을 추상적이거나 순전히 개념적인 것으로만 본다면 훨씬 어려웠을 연결을 가능하게 한다는 것이다.

3. 내러티브는 "성경의 정체성에서 훨씬 중심이 되는 측면들을 부각시키는데, 이는 전통 신학이 충분히 다루지 않았던 부분이다." 여기서 오크스는 변증에서 광범위한 성경 장르들을 활용하자고 권한다.

4. "계시를 내러티브의 한 형태로 해석할 때라야 계시가 그야말로 더 강렬하고 명확한 내러티브라는 것이 더 쉽게 보인다. 그것은 인간의 삶을 구성하는 다른 모든 내러티브의 줄거리를 구조화하고 의미를 부여하는 내러티브다." 이것은 오크스의 가장 중요한 요점으로, 내러티브 변증이 어떻게 개인의 실존을 구성하는 다른 '내러티브 줄거리들'과 연결될 수 있는지, 그리고 그렇게 함으로써 개인의 내러티브들을 재구성하고 변화시킬 수 있는지를 강조하고 있다.

그렇다면 내러티브에 대한 이러한 새로운 신학적 관심이 변증 분야에서는 어떻게 드러나는가? 존 밀뱅크(John Milbank)는 변증의 본질을 신중히 성찰했는데, 변증은 필연적으로, 그리고 당연히 내러티브 들려주기를 수반한다고 주장한다. 기독교 변증은 일종의 이야기를 통한 논증 또는 추론이다.

그리스어로 아폴로게인(*apologein*)은 "충만히 말하다", 즉 이야기를 말하다(narrate)라는 의미이다. '멀리서', '떨어져서', '따로 서서'라는 뜻의 접두사 '아포'(*apo*)가 나타내듯, 약간 분리된 관점에서 얻은 충만함으로 말하는 것이다. 따라서 이 단어 자체가, 변증이란 주로 내러티브적인 신앙의 증언임을 시사한다. … 만약 변증이 실로 논증이라면 그것은 또한 내러티브이기도 하다.

밀뱅크의 변증관은 내러티브, 논증, 고백, 상상력을 가미한 증거를 하나로 엮는다. 이 변증관은 내러티브의 줄거리와 논리적 주장의 순차적 전개를 구분하는 동시에, 이 둘은 성육신에서 역사적으로 실현된, 실재관의 본질적 요소라고 본다. 이러한 이유 때문에 밀뱅크는 변증은 "항상 기독론적이어야 한다"고 결론을 내린다.

폴 피데스(Paul Fiddes)는, 신앙이 추상적인 사고 체계가 아니라 살아 있는 역사적 실재임을 보여주는 데 내러티브가 특히 중요한 역할을 한다고 주장한다. 기독교는 실제 삶을 사는 것이지, 단지 특정한 생각을 하는 것이 아니다. 이야기는 논리적 검증보다는 드러내 보여줄 것을 요구하는 진리 개념을 담고 있으며, 청중을 "삼위일체 하나님의 이야기에 참여"하도록 초대한다. 이것은 두 가지 면에서 변증의 초점을 이동시킨다. 첫째, 논증보다는 증언의 중요성을 강조한다. 개인은 사변적인 논증의 세부 사항에 얽매이지 않고, 신앙이 자신의 삶에 어떤 차이를 가져오는지 이야기할 수 있다. 그리스도인은 신앙의 생명력과 신앙이 삶에 미치는 영향을 간증할 수 있다. 둘째, 이 점을 바탕으로 기독교 신앙은, 확증해야 할 신념의 집합이 아니라 "새로운 종류의 실존에 참여하게 될 것이라는 약속"으로 제시된다.

피데스의 분석은 기독교 복음이 단순히 우리의 사고방식을 바꾸는 것이 아니라, 삶을 변화시키는 능력을 강조한다는 점에서 면밀히 살펴볼 가치가 있다. 이전의 변증가들이 기독교의 진리를 지적으로 논증하는 데 그쳤다면, 최근에는 삶을 변화시키는 기독교 신앙의 능력이 관심의 초점이 되고 있다. 이러한 변화를 가장 잘 묘사하는 방법이 삶의 이야기를 들려주는 것이다. 우리의 개인적 이야기는 기독교 내러티브로 방향이 전환되고 재조정된다. 개인의 변화나 의미 발견을 이야기로 말하는 것은 기독교 변증의 중요한 구성 요소다. 이것은 기독교가 누군가의 삶을 변화시키고 새로운 방향을 제시하여, 그들이 "충만한 삶"(요 10:10)을 누리게 할 수 있다고 증언하는 데 개인적 간증이 핵심적 역할을 맡는다는 점을 강조한다. 이 점은 복음서에서 그리스도와 개인의 만남 이야기에 잘 드러나는데, 그런 만남은 종종 삭개오 이야기(눅 19:1-10)처럼 개인적 변화로 이어진다.

### 원대한 내러티브, 기독교?

기독교는 역사 속 개별 서사들을 해석하고, 조명하고, 변화시키는 잠재력을 지닌 이야기를 들려준다. 다른 모든 이야기를 이해하도록 만드는 이런 이야기, 즉 '원대한 내러티브'(Grand Narrative) 또는 '메타내러티브'는 개인이 기독교 신앙을 어떻게 만나고, 포용하고, 변화되는지를 보여준다. 그러나 기독교가 특정한 메타내러티브를 제공한다는 주장은, 특히 프랑스 철학자이자 문학이론가인 장프랑수아 리오타르(Jean-François Lyotard)의 저술에서 나타나는 것처럼, 메타내러티브가 억압적인 과거의 유물이라는 우려를 불러일으킨다. 리오타르는 나치즘과 스탈린주의 같은 많은 정치 이데올로기가 그들 자신의 '진실'을 사람들에게 부과한다고 정확히 지적했다. 하지만 상황은 리오타르가 말하는 것처럼 간단하지 않다.

포스트모더니즘은, 복잡한 경험에 대해 강압적이고도 권위주의적으로 주된 내러티브를 **부과하고** 이를 통해 세계에 대한 우리의 이해를 통제하고 제한하려는 시도를 거부하는 점에서 옳다. 그러나 여러 이야기들을 일관된 덩어리로 조정하는 수단이 될 어떤 메타내러티브를 **분별하는** 시도를 합당하게 반박한 사례는 찾아보기 어렵다. 지금은 많은 사람들이 포스트모더니티 자체가 하나의 메타내러티브이며, 증거에 기반하지 않고 다른 메타내러티브를 **억압**하거나 **소외**시키려든다고 주장한다. 사회학자 크리스천 스미스(Christian Smith)는 동시대 문화에서 내러티브의 역할을 면밀히 분석하였고 이 점을 지적한다. "포스트모더니즘 자체가 하나의 내러티브이자, 이야기 기반의 지식과 의미에서 벗어날 수 있는 탈출구를 제공하지 않는다." 메타내러티브에 대한 리오타르의 의심은 사실 자신의 입장을 뒤엎는다.

여기에는 두 가지 문제가 있는데, 하나는 실용적인 문제이고 다른 하나는 이론적인 문제다. 실용적인 측면에서 인간은 이야기를 유용하고도 매력적이며 만족스럽다고 생각한다. 이론적 측면에서는 인간이 이야기를 사용하고, 발전시키며, 전파하도록 만들어진 듯 보인다는 증거가 점점 많아지고 있다. 그렇다면 이야기는 어떻게 **변증적으로** 사용될 수 있을까? 아마도 가장 유익한 출발점은, 루이스와 톨킨이 계발한 영향력 있는 내러티브 변증 접근법을 자세히 살펴본 다음, 내러티브가 실질적으로 변증에 어떻게 사용될 수 있는지 명확히 보여줄 몇 가지 사례를 살펴보는 것이다.

## 내러티브와 변증: 루이스와 톨킨

J. R. R. 톨킨(그림 6.1)은 이야기를 **말하고** 상상력을 사로잡는 이야기에 **반응할** 수 있는 능력은 하나님을 통해 사람들이 타고났다고 주장했

다. 인류는 '하나님의 형상'을 지녔기 때문에, 하나님의 마음에 진정한 기원을 둔 이야기를 말할 수 있는 선천적 능력이 있다. "판타지는 인간의 권리다. 우리는 우리의 분량대로, 우리가 물려받은 방식으로 만든다. 우리는 만들어진 존재이며, 창조자의 형상과 모습으로 만들어졌기 때문이다." 따라서 톨킨은 하나님이 인류 안에 심어 놓은 일종의 내러티브를 만드는 틀이 '하나님의 형상'이라고 보았고, 그래서 우리는 다양한 목적으로 이야기를 사용하려는 자연스러운 성향을 지녔다고 생각한 것 같다. C. S. 루이스는, 기독교 신앙을 이야기로 보는 것이 어떻게 자신의 변증에서 기초가 될 수 있는지를 톨킨의 접근법을 통해 이해했다.

그림 6.1 『호빗』과 『반지의 제왕』을 지은 J. R. R. 톨킨. 1967년 모습.

　　1931년 9월, 루이스는 옥스퍼드 모들린 칼리지에서 톨킨과 그의 친구 휴고 다이슨에게 저녁을 대접했다. 식사 후 그들은 교정을 거닐며, 기독교 신앙에서 이야기가 차지하는 위치, 정확하게는 '신화'라는 범주의 본질과 중요성에 대해 토론했다. 톨킨은 '신화'라는 용어를 (대중적인 의미에서처럼) 역사적 근거 없이 꾸며 낸 비진리라는 의미가 아니라, '근본적인 것'을 전달하는 특정 형태의 내러티브를 가리키는 말로 사용했다.

　　이것은 건조하고 따분한 학문적 대화가 아니라, 1929년 개종 이후 루이스를 괴롭히던 실존적 주제의 탐구였다. 루이스는 이제 하나님을 믿었지만, 그리스도를 자신의 새로운 사고에 어떻게 통합해야 할지 알 수 없었다. 그는 "2000년 전의 다른 누군가(그가 누구였든)의 삶과 죽음이 어떻게 지금 여기에서 우리를 도울 수 있는지"를 이해하거나 설명할 수 없었다고 회상했다.

　　[기독교 포용에서] 나를 가로막고 있던 것은 교리를 믿는 어려움보다는 교리가 무엇을 **의미**하는지 알아내는 어려움이었다. 그것이 **무엇**인지 모르는 상태에서 그것을 믿을 수 없었기 때문이다. 나의 수수께끼는 전체 구속 교리였다. 즉 그리스도의 삶과 죽음이 어떤 의미에서 세상을 "구원했는가" 또는 "(세상을 향해) 구원의 길을 열었는가"였다.

　　톨킨은 기독교 신앙을 추상적인 아이디어나 교리의 집합이 아니라 **내러티브**로 이해함으로써 루이스가 이 문제를 해결하도록 도왔다. 톨킨은 특히 북유럽 이교도 신화를 높이 평가했고, 그것들이 "현실 세계에서 **복음**의 멀고 희미한 반향"을 제공한다고 생각했다. 톨킨은 기독교가 **일차적으로** 교리나 도덕적 원칙의 집합이 아니라, 교리와 도덕 원칙을 생성하고 유지하는 지배적인 원대한 내러티브, 곧 진정한 의미의 신화임을 루이스에게 일깨웠다. 따라서 그리스도의 이야기는 "참된 신화", 즉 일반적인 신화처럼 기능하지만 **실제로 일어난** 이야기였다. 루이스는 기독교가 신화라는 문학적 양식을 지녔으나 결정적인 차이점은 그것이 **참**이라는 것임을 깨달았다. 이 참된 이야기가 기독교에서 교리적 진술을 만들었으며, 루이스는 그 진술은 "하나님이 이미 더 적절한 언어, 즉 실제의 성육신, 십자가, 부활로 표현하신 것을 우리의 개념과 **사상**으로 번역한 것"이라고 이해하게 되었다. 기독교는 많은 신화들 중 하나가 아니라 모든 신화들의 성취로 보아야 하며, 다른 모든 신화들이 단지 가리켰던 그것을 담고 있는 "참된 신화"다.

　　루이스는 1944년 에세이 「신화가 사실이 되었다」에서, 인간의 상상력을 사로잡고 이성을 참여시키는 수단으로 신화를 사용하는 것을 하나님이 **승인하신다**고 주장했다. "하나님이 신화를 창조하는 분이 되기로 하셨다면" 우리도 마찬가지로 "신화에 민감해야" 한다고 루이스는 말한다. 즉 하나님의 신화에 마음을 열고, 그것을 인식하고 인정하며 그 "신화적 광채"를 받아들여 "풍부한 상상력으로 환영"해야만 한다. 하나님이 진리와 의미를 전달하는 수단으로 신화(올바른 의미에서 이해된)를 사용하신다면, 그리스도인 변증가들도 왜 같은 방법을 사용하면 안 되는가? 이야기를 민감하게 수용하도록 우리가 창조되었다면, 그런 이야기를 사용하여 기독교 신앙을 설명하고 권하면 안 될 이유가 있는가? 루터교 신학자 길버트 메일렌더(Gilbert Meilaender)는 루이스의 이야기 사용을 통찰력 있게 설명했는데, 그는 루이스가 이룬 가장 중요한 업적이 "상상력을 확장하는 이야기들"을 들려주어 "성경 이야기가 들려주는 세계에서 살아가는 질감과 느낌을" 음미할 수 있도록 해준 것이라고 믿는다는 점을 강조했다. 루이스는 기독교가 세상을 이해할 수 있는 이야기를 들려준다는 것을 깨달았다. 그리고 그 이야기는 인간의 이성으로 이해되거나 파악되는 것에 국한되지 않는다. 기독교의 이야기는 마치 해가 솟아올라 어둡고 안개 낀 풍경을 밝히는 것처럼, 우리 자신과 우리 세계를 새로운 방식으로 보게 해준다.

　　루이스는, 내러티브에 기반해 상상력을 발휘하는 접근법이 이성적 접근법을 보완하고, 다양한 수준에서 작동하며, 또 청중에게 호소력을 발휘한다고 보았다. 인간의 상상력은 영혼으로 통하는 관문이었고, 이를 통해 변증가는 합리주의라는 "잠들지 않는 용"을 피할 수 있다고 보았다. 『나니아 연대기』는 루이스의 가장 성공적이고도 무르

익은 문학적 변증 작품이다. 이 일곱 편의 작품은 어린이를 위한 이야기 형태로 나왔지만, 독자들의 상상력을 사로잡고 기독교 이야기의 핵심 주제를 새로이 수용하도록 만드는 것을 목표로 삼는다.

그림 6.2 옥스퍼드의 문학자이자 변증가인 C. S. 루이스의 1919년 모습. 제1차 세계대전 중 영국군 복무를 마친 루이스는 이 해에 옥스퍼드 대학 유니버시티 칼리지에서 학부 과정을 시작했다.

그러나 기독교 변증에서 내러티브가 적절하고 효과적인 이유를 더 깊고도 만족스럽게 설명한 사람은 톨킨이라고 많은 사람들이 생각한다. 톨킨은, 의미 있는 이야기를 하고 싶어 하는 인간의 본성은 기독교의 창조 교리에 근거를 두며, 그 교리에 따르면 인간은 하나님의 창조와 구속 이야기를 암묵적으로 반영하는 이야기를 할 능력과 성향을 모두 부여받았다고 보았다. 이야기 사랑과 「반지의 제왕」과 같은 위대한 판타지 서사를 창조할 수 있는 능력은 모두 "하나님의 형상"으로 창조된 데서 비롯된다. 톨킨과 루이스는, 기독교가 다른 경쟁자보다 인류와 우주에 대해 더 훌륭하고, 더 깊이 조명하며, 더 설득력 있는 이야기를 들려준다고 생각했다. 다음 단락에서는 루이스의 1941년 설교 "영광의 무게"를 중심으로 이 점을 더 자세히 탐구해 볼 것이다.

## 더 나은 이야기 들려주기로서의 변증

지금까지 살펴본 바와 같이, 기독교 변증은 기독교가 세속 경쟁자들보다 더 나은 이야기를 들려주며, 더 깊은 매력과 수용력이 있음을 보여주는 것을 목표로 삼는다. 우리는 철학자 리처드 스윈번이 "최선의 설명으로의 추론"이라는 과학적 개념을 바탕으로 변증 접근법을 어떻게 계발했는지 살펴보았다(116-121쪽). 이 접근법은 단순함, 우아함, 포괄성 등의 기준을 사용하여, 경쟁하는 과학 이론들이 관찰 증거를 얼마나 잘 수용하는지 검토함으로써 이론을 평가한다. 중요한 점은 이것이 상대적 판단이라는 사실이다. 어떤 설명이 참이라고 증명되었느냐가 아니라, 어떤 설명이 '최선'이냐를 판단하기 위해 서로 비교하는 것이다. 그렇다면 세상과 인간 경험의 복잡성을 담아내는 **메타내러티브**의 수용력을 평가할 때도 비슷한 접근법을 사용할 수 있지 않을까? 무엇이 **최선의** 이야기일까?

그렇다면 어떤 이야기가 더 나은지는 어떻게 결정할 수 있을까? 사회학자 크리스천 스미스는 "서로 엇갈리는 이야기들 사이에서 합리적 판정을 내리기란 어렵다. 한 이야기가 다른 이야기보다 더 동의할 만하고 헌신할 만하다는 것을 어떻게 알 수 있을까?"라고 묻는다. 내러티브를 비교하는 과정에서 우리는, 어떤 것이 우리의 관찰과 경험을 가장 잘 설명하는 듯 보이는지 묻게 된다. 이것은 기독교가 참임을 증명하려는 것이 아니라, 예를 들어 유물론 이야기보다 기독교의 이야기가 세상을 이해하는 데 더 만족스러운 틀을 제공한다는 점을 입증하려는 것이다. 루이스는 인간의 합리성에 대한 유물론의 설명은 순환론적이고 자가당착적이라고 주장한다. 그것은 자기 주장끼리 충돌한다. 철학자 앨빈 플랜팅가도 『갈등이 실제로 존재하는 곳: 과학, 종교, 그리고 자연주의』(*Where the Conflict Really Lies: Science, Religion, and Naturalism*, 2011)를 비롯한 여러 저서에서 비슷한 주장을 펼쳤다.

따라서 자연주의를 받아들인 사람은, 자연주의가 인간 이성의 작동 과정을 신뢰할 수 있는지 의문이 제기된다는 점에서, 자신의 내러티브에 잠재된 치명적 결함을 다루어야만 한다. 그 중요성은 이 입장의 내적 모순을 잘 알고 있던 유물론 입장의 과학자 홀데인(J. B. S. Haldane)의 발언을 보면 알 수 있다.

나의 정신적 과정이 전적으로 뇌 속 원자의 움직임으로 결정된다면, 나는 내 신념들이 사실이라고 가정할 이유가 없다. 그 신념들은 화학적일 수는 있지만, 논리적인 것으로 보이지는 않는다. 따라서 내 뇌가 원자들로 구성되어 있다고 내가 가정할 이유도 없다. 말하자면 이같이 내가 앉아 있는 나뭇가지에 필연적으로 톱질을 해야 하는 상황에서 벗어나려면, 나는 물질이 전적으로 마음을 좌우하지 않는다고 믿어야만 한다.

그렇다면 유물론적 메타내러티브의 문화적 지배는 어떻게 깨뜨릴 수 있을까? 루이스는 1941년 그의 고전적인 설교 "영광의 무게"에서, 이 메타내러티브가 서구 문화에 주문을 걸어 삶에 초월적 차원이 없다는 생각을 정상으로 만들어 버렸다고 주장했다. 그렇다면 이 주문을 어떻게 깨뜨릴 수 있을까? 루이스의 대답은 변증적으로 의미심장하다. **어떤 주문을 풀려면 더 나은 주문을 짜내야 한다는 것이다.** "주문은 마법을 푸는 데도 쓰이고, 마법을 거는 데도 쓰인다. 그리고 당신과 나는 거의 100년 동안 우리를 덮고 있는 세속성의 사악한 마법에서 깨워 줄 가장 강력한 주문이 필요하다." 어떤 이야기의 주문을 풀려면, 상상력을 사로잡으면서도 다른 가능성에 마음을 열어 주는 더 나은 이야기를 들려주어야 한다.

1920년대에 무신론자였던 루이스는 자신이 실재의 복잡성을 제대로 설명할 수 있는 다양한 메타내러티브의 여러 능력을 성찰하고 있다는 것을 깨달았다. 그는 조지 버나드 쇼(George Bernard Shaw, 1856-1950)나 H. G. 웰스(H. G. Wells, 1866-1946)와 같은 모더니스트 저술가들과 같이 무신론자였지만, 그들의 작품이 "약간 얄팍하다"고 생각했다. 루이스는 그들의 문화적 메타내러티브가 "깊이가 없다"고 생각했고, "삶의 거칠과 조밀함"을 적절히 표현할 수 없는 것 같다고 보았다. 그러나 루이스는 기독 시인 조지 허버트(1593-1633)가 "우리가 실제로 살아가고 있는 삶의 질을 담아내는 데" 놀랍도록 성공적이었음을 발견했고, 이는 당시 루이스가 "기독교 신화"라고 불렀던 그것을 통해 실재를 '매개'했기 때문임이 분명해 보였다. 아마도 루이스는 이 메타내러티브가 인간 경험의 복잡성과 세세함을 포괄하는 능력이 있기 때문에, 쇼와 웰스의 메타내러티브보다 낫다고 생각했던 것 같다. 루이스는, 이야기는 실재에 대한 인간의 경험과 "밀접하게 맞물려야"(chime in)만 무게를 지닐 수 있고, 새로운 가능성을 열어 줄 수 있다고 생각했다. 철학자 알래스데어 매킨타이어는 루이스의 논점을 명확히 하는 데 도움이 되는 분석을 내놓았다. 매킨타이어는 고전적 토마스주의가 인간의 도덕적 성찰을 가장 흡족하게 설명한다고 보았다. 하지만 그 이유는 무엇인가? 매킨타이어에게 답은 분명했다. "그 내러티브는 경쟁자들보다 우월하다. 왜냐하면 경쟁자들을 그 안에 포함시킬 수 있고, 그들의 이야기를 자기 이야기 속의 에피소드로 다시 들려줄 수 있을 뿐만 아니라, 그들이 그들의 이야기를 들려주는 이야기를 자기 이야기 속의 에피소드로 들려줄 수 있기 때문이다." 만약 당신의 이야기 안에 다른 사람의 이야기를 끼워 넣을 수 있다면, 이것은 당신의 내러티브가 더 설명력이 강하며, 따라서 다른 이야기보다 당신의 내러티브에 더 권위가 있음을 보여준다. 매킨타이어와 마찬가지로, 루이스는 기독교의 이야기가 세상에 관한 다른 설명들과 맞아 들어간다는 것을 깨달았다. 따라서 기독교 변증가는 우리 문화를 형성하는 지배적 이야기들의 약점을 드러내거나, 또는 기독교가 제시하는 더 빛나고 설득력 있는 이야기가 그 이야기들을 어떻게 포용하거나 대치하는지를 보여줌으로써 그 이야기들을 뛰어넘는 이야기를 말하도록 부름받았다.

그렇다면 기독교의 이 '이야기'란 무엇일까? 이 이야기를 들려주는 방식들이 몇 가지 있는데, 모든 방식이 세상에 나타난 하나님의 임재와 활동에 대한 성경의 풍부한 증언에 기반을 두며, 특히 그리스도의 생애와 사역에 초점을 맞춘다. 각 이야기는 인류의 가장 시급한 질문들, 즉 우리가 진정 누구인지, 우리가 어디에 있는지, 무엇이 잘못되었는지, 이를 바로잡기 위해 무엇을 할 수 있는지 등에 답을 내놓는다. 기독교 이야기가 어떻게 변증적으로 사용될 수 있는지 알아보기 위해, 신약학자인 톰 라이트가 제시한 바를 살펴보겠다.

이 이야기는 창조주와 그의 피조물, 창조주의 형상대로 만들어지고 임무를 부여받은 인간, 인간의 반역과 창조 세계의 모든 수준에서 일어나는 불협화음, 특히 이스라엘을 통해 그리고 궁극적으로는 예수를 통해 자신의 피조물을 계속되는 곤경에서 구출하는 창조주의 행동에 대한 이야기다. 이 이야기는 창조주가 자신의 영으로 세상 안에서 행동하시는 것으로 이어지며, 그는 세상을 자신이 세상을 위해 의도한 목표로 회복시키신다.

라이트라면 위에서 언급한 네 가지 질문에 어떻게 답할까? 가장 좋은 탐구법은 라이트 자신이 대답한 내용을 제시하는 것이라고 생각된다.

**1. 우리는 누구인가?** "우리는 인간이며 창조주의 형상을 따라 만들어졌다. 우리는 이러한 지위와 그에 따르는 책임들을 지닌다."

**2. 우리는 어디에 있는가?** "우리는 선하고 아름답지만 한시적인 세상에 있다. 이 세상은 하나님이 창조하신 것이며, 우리는 그분의 형상대로 만들어졌다."

**3. 무엇이 잘못되었는가?** "인류는 창조주에게 반역했다. 이 반역은 창조주와 피조물 사이의 우주적 어긋남을 반영하며, 그 결과 세계는 그 창조된 의도에 부합하지 못하게 되었다."

**4. 해결책은 무엇인가?** "창조주는 창조 세계 안에서 행동했고, 행동하고 있으며, 행동하실 것이다. 인간의 반역으로 구축된 악의 무게에 대응하고, 그의 세계가 그 만들어진 목적을 이루도록 하기 위해, 즉 자신의 존재와 영광에 온전히 공명하도록 만들려고 행동하신다. 물론 이 행위의 초점은 예수님과 창조주의 영이다."

그러나 라이트는 더 나아가, 뉴욕 유니온신학교 신학 교수인 크리스토퍼 모스(Christopher Morse)의 접근법과 유사한 주장을 편다. 모스는 자신의 저서 『모든 영을 다 믿지는 마라: 기독교 불신앙의 교리』(*Not Every Spirit: A Dogmatics of Christian Disbelief*, 2009)에서, 일련의 신념들 또는 유력한 메타내러티브는 단순히 우리가 무엇을 **긍정**해야 하는지에만이 아니라, 우리가 무엇을 **부인**해야 하는지에도 관여한다고 지적한다. 여기서 주된 문제는 무엇을 **긍정**하느냐가 아니라, 무엇을 **배제**하느냐이다. 라이트는 기독교 이야기에 나오는 네 가지 긍정에는 각기 딸린 부정이 있다고 지적한다. 예를 들어 자신의 두 번째 질문에 대해

답하는 라이트는, 이 유력한 내러티브에 기초하여 그리스도인이 올바르게 거부해야 할 신념들을 제시한다. "우리는 영지주의자들이 상상하는 것처럼 낯선 세계에 있지 않으며, 범신론자들이 말할 법한, 신에게 하듯이 충성을 바쳐야 하는 그런 우주에 있지도 않다." 라이트는 기독교 이야기가 세상을 이해하는 데만이 아니라, 삶에 대한 거짓되거나 부적절한 설명을 밝혀 내는 데도 사용될 수 있다는 유익한 통찰을 변증가에게 제공한다.

## 성경 내러티브의 변증적 적용

성경은 내러티브를 풍부하게 포함하고 있으며, 각 내러티브는 더 큰 성경적 메타내러티브, 즉 창조, 타락, 이스라엘을 부르심, 예수 그리스도의 죽음과 부활에 관한 이야기의 일부를 이루는 가닥이라고 볼 수 있다. 많은 변증가들은 이 전체적인 '원대한 내러티브'에 초점을 맞추며, 개별 인간의 이야기를 이 더 큰 이야기 안에 위치시킴으로써 의미와 가치를 부여한다. 그러나 이 단일한 내러티브 그물망을 구성하는 많은 이야기들 자체도 중요한 변증적 역할을 한다는 점은 중요하다. 각각의 내러티브 가닥은 더 큰 전체의 일부로서만이 아니라 그 자체로도 존중받고 음미되어야 한다.

변증에서 중요한 한 가지 요점은, 성경 내러티브가 논증보다 훨씬 매력적으로 믿음을 설명하기 때문에, 추상적인 신학 개념에 의존할 때보다 사람들이 자신의 개인적 이야기와 더 쉽게 연결된다는 것이다. 이 점을 좀 더 깊이 이해하기 위해, 세속 청중에게 하나님의 사랑을 어떻게 소통할 수 있을지 생각해 보자. 신학자들은 당연히 하나님의 사랑은 너무 광대해서 인간의 언어로는 표현할 수 없다고 지적하고 싶을 것이다. 이것이 사실일 수는 있지만, 변증에는 특별히 도움이 되지 않는다. 그것은 하나님의 사랑을 칭송하는 것은 고사하고 이야기할 능력조차 없다는 인상을 준다. 대신, 우리는 그리스도의 생애에서 성육신 이야기에 담긴 상상하게 하는 힘을 활용할 수 있는데, 이것은 신약 성경의 중요한 진술에 근거한다.

> 하나님은 사랑(*agapē*)이심이라 하나님의 사랑이 우리에게 이렇게 나타난 바 되었으니 하나님이 자기의 독생자를 세상에 보내심은 그로 말미암아 우리를 살리려 하심이라 사랑은 여기 있으니 우리가 하나님을 사랑한 것이 아니요 하나님이 우리를 사랑하사 우리 죄를 속하기 위하여 화목제물로 그 아들을 보내셨음이라(요일 4:8-10).

이 친숙한 구절은 하나님의 사랑에 대해 두 가지 유형의 진술을 한다. 첫 번째는 거의 무시간적이자 무역사적 진리인 "하나님은 사랑이시다"로 나타난다. 이는 기독교 신학에 깊숙이 새겨진 중요한 신학적 통찰이다. 예를 들어 전통적으로 "속죄의 이론들"을 통해 탐구된 그리스도의 십자가를 기독교적으로 어떻게 해석하는지 생각해 보라. 잘 알려진 그리스도인 저술가인 존 스토트는 이런 이론들에서 하나님의 사랑이 중심 역할을 한다는 점을 능숙하게 규명한다. "하나님의 사랑이 속죄의 결과가 아니라 원천이라는 사실은 아무리 강조해도 지나치지 않다. … 그리스도께서 우리를 위해 죽으셨기 때문에 하나님이 우리를 사랑하시는 것이 아니라, 하나님이 우리를 사랑하셨기 때문에 그리스도께서 우리를 위해 죽으신 것이다."

그러나 여기에는 변증적인 문제가 있다. 즉 이 주제의 진실성이 아니라 그 주제를 제시하는 방식이다. 여기서 하나님의 사랑은 이론적이고도 추상적인 방식으로 제시되고 탐구되는데, 이것은 주로 지성에 호소하며 상상력이나 감정을 끌어들이지 못한다. 우리는 "하나님은 사랑이시다"라는 것을 확신하지만, 이 '사랑'이라는 단어가 무엇을 의미하며 어떻게 나타나는지 확신하지 못한다. 신성한 사랑을 생각할 때 무시간적 신학 원리 확언이 어느 정도 도움이 되는 것은 확실하지만, 사람들은 그것이 무엇인지 파악할 수 없을 것이다.

그래서 두 번째 신학적 진술을 살펴보게 된다. "하나님이 자기의 독생자를 세상에 보내심은 그로 말미암아 우리를 살리려 하심이라." 이 부분에서 극적으로 변화하는 이미지와 장르를 놓치면 안 된다. 형이상학이 내러티브로 대체된다. 우리는 신성한 사랑의 본성과 불변성을 보여주기 위해 하나님이 하신 일을 떠올리게 된다. 이 간결한 진술은 그리스도의 고난에 대한 복음서의 기록을 떠올리게 하며, 그 내러티브의 요소를 곰곰이 생각해 보고, 그리스도의 십자가 처형의 심오하고도 감동적인 장면을 마음의 눈으로 보고, 우리의 상황을 변화시키기 위해 이루어진 일을 음미하도록 도와준다.

우리의 신앙을 성육신적 이야기로 들려주고자 하면, '하나님의 사랑'은 사랑하는 사람을 살리기 위해 누군가가 목숨을 내어 주는 것에 비교된다고 말하게 된다(요 15:13 참조). 따라서 변증가는, 일차적으로 추상적이고도 무시간적인 명제적 진술 형태로 하나님의 사랑에 호소하는 것이 아니라, 상상력을 불러일으키는 그리스도의 고난 이야기를 다시 들려주면서, 그 이야기 속으로 들어가서 무슨 일이 일어나고 있는지, 그것이 자신과 무슨 관련이 있는지를 이해하도록 사람들을 초대한다. 고난 내러티브는 그 자체로 독특하고도 일관된 완전성이 있지만, 십자가라는 예술적 이미지를 더함으로써 깊이를 더하게 되고, 이 것은 우리가 그리스도의 죽음이라는 사건과 의미에 초점을 맞추는 데 도움을 준다.

그렇다면 또 어떤 내러티브를 사용할 수 있을까? 아래에서는 몇 가지 대표적인 가능성을 살펴보겠다.

## 내러티브의 변증적 적용: 몇 가지 사례

지금까지는 내러티브 변증의 이론적 정당성을 주로 살펴보았다. 그렇다면 어떻게 내러티브 변증의 학문에서 기술로 나아갈 수 있을까? 아래에서는 이 접근법이 제공하는 가능성의 문을 활짝 열기 위해 크게세 가지 내러티브를 살펴보겠다. 먼저 우리에게 친숙한 성경 속 내러티브 하나를 살펴보고, 그 내러티브의 변증적 함의를 생각해 보자.

### 성경 속 내러티브: 바빌론 유배 이야기

이스라엘 역사에서 가장 중요한 사건 중 하나는 기원전 6세기의 '바빌론 유배' 또는 '바빌론 포로'라고 말할 수 있다. 바빌론 제국에 대한 유다 왕국의 반란이 실패로 돌아가자, 느부갓네살은 예루살렘을 포위하고 597년부터 581년까지 주민 대부분을 바빌론으로 잡아 갔다. 그들은 기원전 539년 바빌론이 페르시아의 고레스 왕에게 패할 때까지 유배 생활을 하게 된다. 바빌론 제국이 멸망한 후 일부 유대인들은 바빌론에 남았지만, 포로로 잡혔던 모든 사람은 자유롭게 고향으로 돌아가도 좋다는 고레스의 칙령 덕택에 대부분은 예루살렘으로 돌아간 듯하다. 예루살렘 사람들은 무너진 성벽과 성전을 재건하기 위해 대부분 돌아왔다. 이것은 이스라엘 역사의 기념비적 사건이었다.

유배 내러티브를 변증적으로 발전시키는 몇 가지 방법이 있지만, 아마도 그중 가장 매력적이고 설득력 있는 것은 우리가 이곳에 속하지 않았다는 심층의 느낌과 연관시키는 방법이다. (앞 장에서 이 '접촉점'을 살펴보았다. 205-208쪽). 우리의 참된 정체성은 다른 곳에 있으며, 우리는 진짜 고향을 찾고 있고, 그곳에 들어갈 때까지는 만족하지 못할 것이다. 따라서 변증 강연을 한다면, 바빌론으로 추방된 예루살렘 주민이 된 상상을 해보라고 권유할 수 있다. 자신이 정말로 속해 있는 고향으로 돌아가고 싶은 갈망을 느껴 볼 수 있겠는가? 유배지 바빌론

이 아닌 예루살렘의 고향 집에서 시온의 노래를 부르고 싶은가?

이런 식으로 상상력과 공감을 활용하면, 당신이 속하지 않은 곳에 사로잡힘, 당신을 자유롭게 할 누군가가 필요함, 그리고 당신이 정말로 속한 장소로 들어갈 수 있다는 희망, 그 길을 준비하기 위해 앞서간 당신의 해방자 등의 생각을 더 잘 탐구해 볼 수 있다. 프랑스의 신학자이자 철학자인 시몬 베유(Simone Weil)는 "뿌리내림"을 핵심적인 "영혼의 필요"라고 보았다. 그러나 "뿌리내림"은 **이곳**에 속한다는 의미가 아니라, **어딘가**에 소속되었다는 것이 **이곳**에 존재하는 현실을 견딜 수 있게 한다는 것이다.

이러한 요점들을 모두 변증의 기술로 활용하면서 자신만의 방식으로 발전시킬 수 있다. 음미해 볼 만한 부분은, 이야기가 기독교 신앙의 핵심 주제들을 지적으로 받아들이기 좋도록 탐구하는 틀을 만들어 준다는 점이다. 즉 받아들이도록 강요하는 것이 아니라, 인간의 상황을 이런 방식으로 생각하고 상상하며, 그 호소력과 중요성을 음미해 보라고 초대하는 것이다. 이러한 접근법은 우리가 진실로 다른 곳에 속해 있음을 확증해 준다. 이 세상은 우리가 지나가는 장소일 뿐이며, 우리는 이곳 너머에 무언가가 있다는 것을 깨닫기 시작한다. 플라톤의 어둠 속 지하 동굴 죄수들처럼(208-211쪽), 우리는 이 그림자들의 세계보다 더 많은 것이 실재로서 존재함을 감지하고, 동굴의 어둠 너머의 세계를 가리키는 '초월의 신호'를 알아차리게 된다.

### 문화 속 내러티브: 과학과 신앙의 관계

과학과 신앙은 현대 서구 문화의 중요한 요소이며, 이 두 가지가 지적 권위와 문화적 영향력을 놓고 경쟁하는 것은 당연한 일인지도 모른다. 2006년에 등장한 "새로운 무신론" 운동은 종교를 포함한 문화 전반에 걸쳐 자연과학의 유일한 권위를 주장하는 운동으로 볼 수 있다(312-315쪽). 그렇다면 과학과 신앙은 정말 서로 상반되는 것이어서 갈등이나 전쟁이라는 틀로만 관계를 설정할 수 있는 것인가? 아니면, 이 둘 모두 중요하지만 서로 다른 인간 지식의 측면들이며, 적절히 이해되고 상호 연관이 될 때 서로를 풍요롭게 한다고 볼 수도 있는가?

다음 장에서는 이 문제의 지적 측면들을 고려하면서, 둘의 관계를 이해하는 대표적인 세 가지 방법을 살펴볼 것이다(316-322쪽). 그런데 이 관계를 탐구하는 또 다른 방법이 있다. 그리고 많은 사람들이 이것이 더 효과적이고 매력적이라고 생각한다. 즉 과학과 신앙을 함께 붙들었던 저명한 사람들의 이야기를 들려주는 것이다. 사회학자 크리스토퍼 셰이틀(Christopher Scheitle)과 일레인 하워드 에클런드(Elaine Howard Ecklund)는 최근 연구에서, "과학 대중화 운동가"가 종교와 과학을 바라보는 대중의 견해에 미치는 영향을 평가했다. 이들의 분석에서 눈에 띄는 한 가지는, 과학과 신앙의 긍정적 관계를 보여주는 문화적 모범 사례의 역할이다. 이들은 과학과 신앙의 관계에 대한 대중의 인식에 프랜시스 C. 콜린스(Francis C. Collins, 1950-, 그림 6.3)가 끼친 영향에 초점을 맞추어 연구했다. 콜린스는 미국 생물학자로 인간 게놈 프로젝트 책임자였으며, 2009년 오바마 대통령에 의해 국립보건원장으로 지명되어 이후 두 명의 대통령을 거치는 동안 자리를 지켰다. 콜린스는 그보다 앞선 2006년, 무신론에서 기독교 신앙으로 개종한 자신의 종교적 여정을 담은 회고록 『신의 언어』(*The Language of God: A Scientist Presents Evidence for Belief*, 2006)를 집필한 바 있다. 셰이틀과 에클런드는, 콜린스의 개인적 이야기가 과학과 종교의 '전쟁'이라는 흔한 고정관념적 틀에서 벗어나 "종교와 과학의 협력 관점"으로 전환하는 데 사람들에게 중대한 영향을 끼쳤음을 발견했다. 이러한 관찰의 변증적 중요성은 분명하다. 과학과 신앙을 하나로 통합할 수 있었던 저명인사의 개인적 이야기는 다른 사람들도 같은 생각을 하도록 격려하는 중대한 역할을 한다.

그림 6.3 미국 국립보건원장(2009~2021년)을 지냈으며, 『신의 언어』를 쓴 프랜시스 C. 콜린스.

한 가지를 분명히 짚어 두자. 콜린스의 사례는 과학과 신앙이 양립할 수 있는지, 혹은 긍정적인 관계로 존재할 수 있는지를 지적으로 해결하지 못한다. 그보다는, 콜린스 자신의 이야기는 이 분야에서 상당한 자격을 갖춘 사람이 실현 가능한 해결책을 찾았음을 보여주며, 다른 사람들도 그의 접근 방식을 따라해 보고 그 해결책이 자신에게 맞는지 확인해 보도록 독려한다. 그런 사람들은 아마도 이 책의 뒷부분에서 살펴볼 몇 가지 논쟁을 탐구하고 그 논쟁들에 참여하고 싶어질 것이다(312~331쪽). 다른 예들을 더 들어 본다면, 특히 주목할 만한 인물로서 물리학자 존 폴킹혼과 천문학자 제니퍼 와이즈먼(Jennifer Wiseman)을 들 수 있다.

### 문학적 유비들: 신학을 현실로 만들기

이미 언급했듯이, 변증적 질문 탐구에 활용할 수 있는 다양한 문학적 유비가 변증가에게 있다. J. R. R. 톨킨과 C. S. 루이스는 인생의 가장 깊은 질문과 씨름하는 일에 내러티브가 중요하다는 점을 알았다. 「반지의 제왕」과 『나니아 연대기』에 변증적으로 활용할 수 있는 이야기들이 풍부한 것은 우연이 아니다. 한 가지 사례가 내러티브적 접근법의 잠재력을 잘 보여줄 것이다. 인간이 스스로 벗어날 수 없는 상황과 죄에 갇힐 수 있음을 시각화하는 방법을 찾는 것이다. 바울의 로마서에 고전적 기술이 나온다. "원함은 내게 있으나 선을 행하는 것은 없노라 내가 원하는 바 선은 행하지 아니하고 도리어 원하지 아니하는 바 악을 행하는도다"(롬 7:18-19). 하지만 이것을 어떻게 **상상할** 수 있을까? 죄는 너무도 빠르게, 사로잡는 힘이 아닌 추상적 개념으로 인식된다.

루이스의 대답은, 우리의 욕구가 어떻게 우리를 지배하고 압도할 수 있는지 보여주는 이야기를 통해 죄에 대한 상상력과 민감한 수용성을 일으키는 것이다. 루이스가 쓴 『새벽 출정호의 항해』는 부자가 되고 싶어 하는 유스타스 스크럽의 이야기를 들려준다. 이 욕구는 결국 제어할 수 없이 그를 휘감고 마침내 스크럽을 노예로 만든다. 용을 욕심의 상징으로 여겼던 옛 북유럽 전통에서 영감을 얻은 루이스는, 스크럽이 자신을 위해 상상한 성공과 부의 이야기에 사로잡혀 용으로 변하는 장면을 그린다. 하지만 환멸이 찾아오고, 그제야 비로소 스크럽은 자신이 용으로서의 정체성을 깨뜨리고 자유롭게 될 수 없음을 깨닫는다. 스크럽이 용의 몸에 갇힌 이야기는 죄가 사람을 옭아매고 사로잡고 감금하는 힘을 시각적으로 강렬하게 표현한다. 이 상태에서는 구원의 희망이 보이지 않는다.

그런데 아슬란이 나타나 용이 된 스크럽의 육체를 발톱으로 찢고, 상처 입고 피 흘리는 소년을 마침내 끌어내 우물에 던진다. 새롭게 정화된 스크럽은 인간성을 회복한 상태로 나타난다. 루이스의 이야기는 인간의 행위로는 극복할 수 없는 노예화하는 힘으로 죄를 시각화한다. 우리는 자신의 욕구들에 사로잡혀 있다. 오직 그리스도만이 구원자요 해방자로서 죄의 힘을 깨뜨리고 우리를 온전한 인간으로 회복시킬 수 있다. 루이스의 이야기는 죄를 '보거나' '상상하는' 틀을 제공하며, 그 틀을 통해 죄의 노예화하는 힘과 그것을 극복하는 방법을 이해할 수 있다. 이야기를 활용해 죄를 묘사하는 다른 방법들도 물론 있지만, 루이스의 내러티브는 훌륭한 출발점이 된다.

다음 장에서는 변증의 접근법 계발에 청중이 중요하다는 점을 살펴볼 것이다. 이것은 중요하면서도 너무 쉽게 간과되는 주제다. 우리의 말을 듣는 사람들의 역사와 정체성은 우리가 채택하는 접근법, 기독교적 생각들을 설명하기 위해 사용하는 비유들, 그리고 우리가 받게 될 질문들에 어떤 영향을 미치는가?

### 생각해 볼 물음

1. "이성의 시대" 동안 이야기의 중요성이 왜 과소평가되었는지 자신의 말로 설명해 보라.

2. 기독교에 세속주의보다 '더 나은 이야기'가 있음을 보여주는 것이 왜 중요한가? '더 나은' 이야기인지 판단하기 위해 어떤 기준들을 사용할 수 있을까?

3. 출애굽 이야기를 변증의 맥락에서 어떻게 활용할 수 있을까?

4. 예수님의 '하나님 나라 비유' 중 세 가지를 택하고, 이것들로 어떤 변증적 주장을 할 수 있는지 생각해 보라.

Kenneth Baynes. "Self, Narrative, and Self-Constitution: Revisiting Taylor's 'Self-Interpreting Animals.'" *Philosophical Forum* 41, no. 4 (2010): pp. 441–57.

Mikel Burley. "Narrative Philosophy of Religion: Apologetic and Pluralistic Orientations." *International Journal for Philosophy of Religion* 88 (2020): pp. 5–21.

Josh Chatraw. *Telling a Better Story: How to Talk about God in a Skeptical Age*(Grand Rapids, MI: Zondervan, 2020).

Lisa Coutras. *Tolkien's Theology of Beauty: Majesty, Splendor, and Transcendence in Middle-Earth*(New York, NY: Palgrave Macmillan, 2016).

Danna Nolan Fewell, ed. *The Oxford Handbook of Biblical Narrative*(Oxford: Oxford University Press, 2016).

Verlyn Flieger. *Splintered Light: Logos and Language in Tolkien's World* 2nd ed(Kent, OH: Kent State University Press, 2002).

Hans Frei. *The Eclipse of Biblical Narrative: A Study in Eighteenth and Nineteenth Century Biblical Hermeneutics*(New Haven, CT: Yale University Press, 1974). (『성서 내러티브의 상실』 김승주, 조선영 역, 감은사, 2022)

Jonathan Gottschall. *The Storytelling Animal: How Stories Make Us Human*(Boston: Houghton Mifflin Harcourt, 2012). (『스토리텔링 애니멀』 노승영 역, 민음사, 2014)

Tomáš Halík. *Patience with God: The Story of Zacchaeus Continuing in Us*(New York, NY: Doubleday, 2009). (『하나님을 기다리는 시간』 최문희 역, 분도출판사, 2016)

George B. Hogenson. "The Controversy around the Concept of Archetypes." *Journal of Analytical Psychology* 64, no. 5 (2019): pp. 682–700.

Stephen Hultgren. "Narrative Christology in the Gospels: Reflections on Some Recent Developments and Their Significance for Theology and Preaching." *Lutheran Theological Journal* 47, no. 1 (2013): pp. 10–21.

Alan Jacobs. *Original Sin: A Cultural History*(New York, NY: HarperOne, 2008).

Elizabeth Struthers Malbon. *Mark's Jesus: Characterization as Narrative Christology* (Waco, TX: Baylor University Press, 2009).

Louis Markos. *Apologetics for the Twenty-First Century*(Wheaton, IL: Crossway, 2010).

Alister E. McGrath. "A Gleam of Divine Truth: The Concept of Myth in Lewis's Thought." In *The Intellectual World of C. S. Lewis*(55–82. Oxford: Wiley-Blackwell, 2013).

Alister E. McGrath. *Narrative Apologetics: Sharing the Relevance, Joy, and Wonder of the Christian Faith*(Grand Rapids, MI: Baker Books, 2019). (『포스트모던 시대, 어떻게 예수를 들려줄 것인가』 홍종락 역, 두란노, 2020)

Christopher Morse. *Not Every Spirit: A Dogmatics of Christian Disbelief*(2nd ed. New York, NY: Continuum, 2009).

H. Richard. Niebuhr. "The Story of Our Lives." In *The Meaning of Revelation*(New York, NY: Macmillan, 1960), pp. 43–90. (『계시의 의미』 박대인, 김득중 역, 대한기독교서회, 1975)

Edward T. Oakes. "Apologetics and the Pathos of Narrative Theology." *Journal of Religion* 72, no. 1 (1992): pp. 37–58.

Elinor Ochs and Capps, Lisa. *Living Narrative: Creating Lives in Everyday Storytelling*(Cambridge, MA: Harvard University Press, 2001).

Holly Ordway. *Tales of Faith: A Guide to Sharing the Gospel through Literature*(Park Ridge, IL: Word on Fire Institute, 2022).

Jonathan Padley and Kenneth Padley. "'From Mirrored Truth the Likeness of the True': J. R. R. Tolkien and Reflections of Jesus Christ in Middle-Earth."

*English* 59, no. 224 (2010): pp. 70–92.

Alvin Plantinga. *Where the Conflict Really Lies: Science, Religion, and Naturalism*(New York, NY: Oxford University Press, 2011).

Andrew P. Scheil. *Babylon under Western Eyes: A Study of Allusion and Myth*(Toronto: University of Toronto Press, 2016).

Christopher P. Scheitle and Elaine Howard Ecklund. "The Influence of Science Popularizers on the Public's View of Religion and Science: An Experimental Assessment." *Public Understanding of Science* 26, no. 1 (2017): pp. 25–39.

David Seiple. "Faith for Faithful Disbelievers: Christopher Morse as Systematic Theologian." *Union Seminary Quarterly Review* 65 (2014): pp. 156–70.

Marguerite Shuster. *The Fall and Sin: What We Have Become as Sinners*(Grand Rapids, MI: Eerdmans, 2004).

Christian Smith. *Moral, Believing Animals: Human Personhood and Culture*(Oxford: Oxford University Press, 2009).

Kristin L. Sommer, Roy F. Baumeister, and Tyler F. Stillman. "The Construction of Meaning from Life Events: Empirical Studies of Personal Narratives." In *The Human Quest for Meaning: Theories, Research, and Applications* edited by Paul T. P. Wong(New York, NY: Routledge, 2012), pp. 297–314.

Jonathan Stökl and Caroline Waerzeggers, eds. *Exile and Return: The Babylonian Context*(Berlin: De Gruyter, 2015).

Eleonore Stump. *Wandering in Darkness: Narrative and the Problem of Suffering* (Oxford: Clarendon Press, 2010).

Michael Ward. "The Good Serves the Better and Both the Best: C. S. Lewis on Imagination and Reason in Apologetics." In *Imaginative Apologetics: Theology, Philosophy, and the Catholic Tradition* edited by Andrew Davison, pp. 59–78(London: SCM Press, 2011).

# 7

# 청중의 중요성

The Importance of the Audience

변증의 청중은 누구인가? 변증가들은 자신이 누구에게 말하고 있다고 생각하는가? 청중의 열망, 관심사, 불안을 이해할 때 변증가가 계발하는 접근법에 어떤 차이를 만드는가? 영국의 저명한 복음주의 저술가이자 설교자인 존 스토트(John Stott, 1921-2011, 그림 7.1)는 복음전도와 변증에 대한 그의 고찰에서 "복음에는 단 하나의 기본적인 사도 전통"이 있지만, "사도들의 접근법이 '상황적'이었음을" 이해하는 것이 중요하다고 주장했다. 다른 말로 하면, 신약성경의 기자들은 "상황이 다르면 다루는 방식도 달라져야만 한다"는 것을 알았다는 것이다. 따라서 같은 복음이 특정 청중에게는 이런 방식으로, 다른 청중에게는 또 다른 방식으로 선포될 수 있다.

　스토트는 이 점을 설명하기 위해, 바울의 안디옥 회당 설교(행 13장)와 아테네 아레오바고 연설(행 17장)이 얼마나 다른 접근법을 취했는지 비교해 보라고 자신의 독자들에게 권한다. 같은 복음이 청중에 맞도록 다르게 제시되었다. 스토트의 "이중적 귀 기울임" 전략은 보편적인 복음을 구체적 청중에게 맞추어 특수화하기 위해 고안되었다. 이번 장에서는 바울의 아레오바고 설교(행 17장)와 베드로의 오순절 설교(행 2장)에서 채택된 접근법을 비교하여 이 요점을 더 발전시킬 것이다.

그림 7.1 런던 올 소울스 교회 랭햄 플레이스의 목사였으며, 저명한 설교자이자 저술가였던 존 R. W. 스토트.

　　청중의 정체성은 전혀 중요하지 않다고 주장하는 변증가들이 과거에 일부 있었다. 그들은 단순히 기독교 신앙을 선포하는 것이 필요할 뿐, 복음은 보편적으로 상관성이 있으므로 모든 문화적 맥락에서 정확히 같은 방식으로 선포될 수 있었다고 보았다. 하지만 이 변증가들이 선호하는 복음 선포나 변호 방식은 대개 자신들의 문화적 맥락에 뿌리를 두고 있었음이 드러났다. 그들의 설교는 흔히 기독교 신앙을 채택하라는 명시적 초대였으나, 그들의 문화적 규범을 채택하라는 암묵적 요구도 함께 따라왔다. 다행히 상황은 변했으며, 효과적인 변증의 선행 조건으로서 문화적 공감과 인내가 필요하다는 인식이 훨씬 더 커졌다. 변증에서 다양한 청중의 다른 출발점, 개연성 구조, 질문을 인식하고 반응할 필요가 있다는 인식이 널리 확산되었다. 예를 들어 프랜시스 스퍼포드의 『변증적이지 않은』은 기독교는 이상하며, 구식이고, 문화적으로 이해할 수 없다고 생각하는 청중을 명확한 대상으로 삼는다. 이 청중들은 기독교가 어제는 가치를 구현하고 오늘은 문제를 야기한다고 본다. 스퍼포드의 변증 접근법은 철저히 탈기독교적인 그의 독자들의 출발점을 반영하여 그들에게 무게감 있는 방향으로 논증과 성찰을 펼친다. 하지만 다른 청중들에게는 잘 통하지 않을 것이다.

이번 장에서는 변증에서 청중이 지닌 중요성을 고찰해 볼 것이다. 개인이든 더 폭넓은 집단이든 청중의 중요성은 마찬가지다. 변증 강의를 준비한다면 어떻게 청중이 지닌 구체적인 특성을 반영해야 할까? 나의 동료 중에는 누구에게 말하든 같은 연설을 계속 사용할 수 있다고 주장하는 이들이 있다. 한 청중에게 효과가 있었다면 다른 청중에게도 마찬가지 효과가 있다는 것이다. 이번 장에서는 이런 견해를 비판하게 되는 까닭들을 살펴볼 것이다. 변증의 기술에는, 특정한 사람들이 묻는 질문에 맞게 그들이 이해할 수 있는 용어로 답하는 조율된 접근법을 만드는 것이 포함된다. 당신이 **다른 누군가가** 아니라 **그들에게** 말하고 있다고 청중은 느껴야 한다.

이 논점의 예로서 구원을 입양에 비유하는 바울을 살펴보자. '입양' 이미지는 기독교 신앙의 일부 측면을 밝히는 데 분명히 도움이 된다(154-156쪽). 독자들이 이 이미지에 익숙하므로, 바울은 이것을 통해 기독교 복음이 인간 상황을 어떻게 변화시키는지 더 잘 이해하리라 기대하고 몇몇 서신에서 이 이미지를 사용했다. 하지만 입양 관행은 신약성경 세계에서 특수한 문화였다. 입양은 당시 그리스-로마 세계 전역에서 익숙한 법적 범주였지만, 유대 세계에는 대개 알려지지 않았다. 이것은 바울이 로마와 에베소, 갈라디아 지역 등 그리스-로마 세계의 교회들에게 보낸 편지에서만 이 이미지를 사용하는 이유를 이해할 때 도움이 된다(롬 8:15, 23; 9:4; 갈 4:5; 엡 1:5). 신약성경 기자 중 **유대** 독자들에게 이 이미지를 사용한 사람은 없다. 왜 그런가? 유대 청중의 경우, 로마 문화에 상당한 지식이 있는 소수를 제외하면 이 이미지를 이해할 수 없었을 것이기 때문이다.

따라서 변증은 학문만이 아니라 기술이다. 한편으로는 기독교 신앙에 대한 좋은 지식이 필요하고, 다른 한편으로는 말하고 있는 (또는 글을 쓰고 있는) 대상인 청중을 아는 지식이 필요하다. 또한 이 둘을 연결시킬 수 있는 풍부한 지혜와 문화적 공감 능력도 필요하다. 청중이 문화적으로 이해할 수 없는 변증적 접근법은 무의미하다. 이어지는 단락에서 이 부분을 좀 더 탐구할 것이다. 먼저 신약성경이 변증에서 청중의 중요성을 어떻게 증언하는지 고찰해 보자.

## 헬라인과 유대인: 신약성경과 청중의 중요성

신약성경 기자들이 염두에 두었고 관여했던 주요한 두 집단은 헬라인과 유대인이다. 예를 들어 바울의 고린도전서에는 '헬라인'이 변증적으로 중요한 특징적 집단으로서 '유대인'과 나란히 놓인다(고전 1:22). 그러나 두 집단은 역사와 사고방식, 그리고 기대에서 매우 다른 집단이다. 그렇다면 초기 기독교 변증가들은 이 상당히 다른 두 청중을 어떻게 대했을까?

사도행전은 변증가에게 가장 중요한 신약성경 중 하나로, 초기 교회가 어떻게 발전했는지 통찰을 제공할 뿐만 아니라, 명백히 변증에 초점을 둔 초기 기독교의 설교들도 제공한다. 이 단락에서는 유대 청중을 향한 베드로의 오순절 설교(행 2장)와 바울의 아테네 아레오바고 연설(행 17장)을 살펴보고, 보편적 신앙을 구체적 청중과 연결하기 위해 특수화하는 방식을 이 설교들을 통해 어떻게 배울 수 있을지 질문할 것이다.

베드로의 오순절 설교를 들은 청중은 "천하 각국으로부터 와서 예루살렘에 머물러" 있던 "경건한 유대인들"이었다(행 2:5). 이 설교의 핵심 주제는 그리스도의 오심이 구약성경의 예언을 성취한다는 것이다. 베드로의 변증적 연설은 유대 청중에게 중요하면서도 쉽게 이해되는 주제들로 구성되었다. 베드로는 그리스도가 이스라엘의 구체적 기대와 소망을 충족시킨다는 것을 보여주고, 구체적 권위(여기서는 구약성경의 예언들)에 호소한다. 그 권위는 그의 청중에게 무겁게 받아들여졌을 것이며, 이를 통해 베드로는 그리스도가 구약의 예언을 성취한다고 주장한다. 베드로는 청중이 쉽게 받아들이고 이해할 수 있는 언어를 사용한다. 예를 들어 "나사렛 예수"를 "주와 그리스도"라고 구체적으로 언급한다. 두 기술적 용어 '주'와 '그리스도'는 설명이 필요 없었다. 이 개념들은 그의 유대 청중에게 친숙하고 또 중요했기 때문이다.

이러한 점들의 중요성을 이해하기 위해 베드로의 접근법과 바울의 아테네 아레오바고 연설(행 17:16-34)을 비교해 보겠다(그림 7.2). 아테네는 고전기 정치 및 문화의 주요 중심지였지만, 바울이 방문할 당시에는 로마 제국 내 지방 도시 중 하나에 불과했다. 그러나 헬라 사상과 문화의 심장으로서 아테네는 여전히 상징적 중요성을 띠고 있었다. 그렇다면 바울은 구약성경을 전혀 모르고, 그것이 그들에게 별로 의미가 없다고 여겼을 이 청중과 기독교를 어떻게 연결할 수 있었을까? 베드로의 오순절 설교는 구약에 푹 빠져 있던 유대 청중이 대상이었지만, 바울의 아테네 연설은 매우 다른 문화적 맥락 속 사람들을 향했다. 바울의 서신들에는 히브리 성경(나중에 그리스도인 저술가들이 "구약성경"이라고 이름 붙인)을 존중하는 언급이 가득하지만, 그의 아테네 청중은 당연히 이 문헌에 익숙하지 않았을 것이며, 중요하게 여기지도 않았을 것이다. 바울은 이 특정 청중과 소통하려면 **이 청중**에게 특화된 다른 접근법을 계발하고, **그들의** 상황에 맞추어 말해야 한다는 올바른 판단을 내렸다.

그리하여 이스라엘의 역사와 소망이라는 맥락으로 복음을 설명할 수 없는 상황에서 바울은 복음을 선포해야 했다. 베드로가 '성경의 책'에 호소했을 부분에서, 바울은 대신 '자연의 책'을 언급했다. 이런 생각은 구약성경에 깊이 뿌리내린 것이다. "하늘이 하나님의 영광을 선포하고 궁창이 그의 손으로 하신 일을 나타내는도다"(시 19:1). 바울은 이 통찰이 신학적으로 진리이자 변증적으로 중요함을 확신했다(특

그림 7.2 고대 아테네에서 가장 중요한 장소 중 하나인 아레오바고. 사도 바울의 변증 연설 장소로 사도행전에 기록되어 있다.

히 롬 1-2장 참조). 따라서 창조주 하나님에 대한 호소가 그리스도 안에서 이루어지는 구속의 주제를 전달하는 방법이 되고 있다.

바울은 청중의 독특한 정체성과 특성을 명확히 인식하고 있으며, 현지의 신념들과 주요 건축물들을 변증적 연설의 닻으로 활용한다. 청중이 히브리 성경에 대해 아무것도 모르기 때문에, 바울은 그들에게 친숙하고도 권위 있는 문학 자료를 언급한다. 이 경우 인용된 것은 당시 위대한 문화적 아이콘으로 널리 인정받은 아테네의 시인 아라토스다. [아라토스는 기원전 4세기 말과 3세기 초에 활동했으며, 바울의 고향인 길리기아(Cilicia), 즉 오늘날의 튀르키예 남부 아나톨리아 지역에서 태어났다고 추정된다.]

바울이 아라토스를 인용한 의도는 이 특정 청중과의 소통뿐 아니라 동시에 근접하시는 하나님이라는 주제를 강조하려는 데도 있었다. "[하나님은] 우리 각 사람에게서 멀리 계시지 아니하도다 우리가 그를 힘입어 살며 기동하며 존재하느니라 너희 시인 중 어떤 사람들의 말과 같이 우리가 그의 소생이라 하니"(행 17:27-28). 바울은 아라토스의 시구 절반을 인용하여 하나님이 가까이 계신다는 자신의 요점을 강화(새로 구축하는 것이 아니라)한다. 그는 현지의 작가를 인용하여 부분적으로는 청중에게 존중심을 보이고, 또한 자신이 제시하고자 하는 사상에 들어가는 문으로서 아라토스의 시를 활용한다. 아테네인들을 향한 바울의 강연은 복음과 관련된 용어들을 구체적으로 사용하지 않으면서도, 각 개인 안에 있는 '신성함에 대한 감각'에 호소하여 그것을 기독교 신앙과의 '접촉점'으로 삼는다. 헬라인들이 알려지지 않았다고 (그리고 아마도 알 수 없다고) 여긴 것이 그리스도를 통해 알려졌다고 바울은 선포한다.

바울은 또한 아테네 지역의 유명한 제단에 새겨진 "알지 못하는 신에게"라는 글귀를 인용한다(행 17:23). 디오게네스 라에르티우스와 당대의 다른 저술가들도 이 시기에 이런 종류의 '익명의 제단'이 있었음을 언급한다. 바울은 헬라인들이 암묵적 혹은 직관적으로 어느 정도 인식하고 있던 신이, 이제 기독교 복음 안에서 그들에게 이름과 함께 완전히 알려졌다고 주장한다. 창조 질서를 통해 간접적으로 알려진 하나님이 예수 그리스도의 부활을 통해 완전히 알려질 수 있다. 바울은 현지 주요 건축물의 변증적 잠재력을 알아차렸고, 그것은 다시 그의 복음 선포를 위한 관문이 되었다.

아테네에서 바울이 한 변증적 연설은 현지 청중에게 맞도록 복음을 선포하는 방법에 관해 중요한 통찰을 준다. 베드로가 예루살렘의 유대 청중에게 적용한 접근법은 바울의 아테네 청중에게는 적절하지 않았을 것이며, 아테네에서 바울이 한 접근법도 베드로의 예루살렘 청중에게는 울림을 줄 수 없었을 것이다. 바울은 현지 상황에 맞게 수사법을 조정하고, 현지의 권위자(시인 아라토스)와 현지의 주요 건축물("익명의 제단")의 변증적 잠재력을 활용했으며, 신성한 존재가 자연 질서 안에 임재하는 것과 관련된 몇몇 아테네인의 사상과 잘 맞는 사고 흐름을 계발했다. 이러한 접근법은 오늘날에도 쉽게 채택하고 적용할 수 있다.

이 두 연설에서 성취는 모두 중요한 주제이지만, 다른 방식으로 해석된다. 베드로의 오순절 예루살렘 설교는 이스라엘의 소망과, 그리스도 안에서 하나님이 성령의 선물을 주실 것이라는 약속의 성취를 말한다. 바울의 아테네 설교는 지혜에 대한 고전 시대의 갈망의 성취를 말한다. C. S. 루이스 같은 이들에게 기독교는 마음의 욕구 성취와 관련이 있다.

이번 장에서 살펴본 사도행전의 두 사례는 보편적인 기독교 신앙을 설명하고 선포할 때 특정 청중에 맞춘 접근법이 중요하다는 것을 보여준다. 음미해 보아야 할 핵심은, 기독교가 그 범위와 영향력에서 보편적이지만, 특정 청중과 다양한 방식으로 연결될 수 있다는 것이다. 이것은 여러 **기독교들**이 존재한다는 의미가 아니다. 그보다는 기독교로 **진입 또는 접근 가능한 지점**이 여럿이라는 의미다. 변증은 이러한 진입 지점들을 식별하고 사람들이 그것들을 찾을 수 있도록 돕는 데 초점을 맞춘다. 설교자와 교리 교사들은 그 후에, 그들이 새로운 신앙의 세계 안에서 성장하고 번영할 수 있도록 돕는 데 힘을 모은다.

베드로와 바울은 우리가 살펴본 두 연설에서 매우 다른(그리고 중요한!) 두 집단(유대인과 헬라인)에 초점을 맞추었을 것이다. 그러나 사도들은, 신앙을 통해 그들이 연합된 새로운 '집단'인 그리스도인 공동체 또는 교회의 일부가 되었음을 분명히 선언했다. 그 안에서 그들은 모두 환영받으며, 그들의 정체성은 과거에 그들이 속한 인종으로 규정되지 않는다. 그리스도인들은 점차 자신들을 유대교는 물론 로마와 그리스의 역사적, 인종적 범주로부터 구별되는, 새로운 **인종** 또는 **종족**으로 자리매김했다.

## 기술로서의 변증학: 발코니와 거리

최선의 변증은 기독교 신앙과 참여하고 있는 청중, 이 양자를 아는 지식 위에 세워진다. 이것은 성경에 대한 성찰이라는 기독교의 풍부한 전통에 침잠하는 것과, 다양한 역사적이고도 문화적인 맥락에서 기독교 신앙을 충실하고 민감하게 표현하는 감각을 얻기 위해 널리 읽는 것을 요구한다. 따라서 변증은 여러 세대 동안 많은 도전에 응답하며 발전해 온 기독교 신앙에 친숙해져야 하는 **학문**이다.

그러나 변증학은 또한 **기술**(art)이기도 하다. 변증학에는, 개인과 집단으로서의 청중을 이해하고, 그들의 언어를 배우고자 하며, 그들의 상황에 발을 들여놓고, 기독교 신앙이 그들과 연결될 수 있는 측면이 무엇인지 식별하려는 의지가 필요하다. 이것은 그들의 염려, 혼란, 어려움에 귀를 기울이고 이런 것들을 동정심을 가지고, 신중하고도 설득력 있게 다루는 길을 찾아 나가려는 것을 의미한다. 이것은 그들의 염려를 이해하고, 신앙의 본성과 특정한 기독교 신념에 대해 종종 발생하는 오해에 민감하려는 수고를 감당하는 일이다. 이러한 우려들을 진지하게 받아들이는 것은 그 우려들에 동의한다는 의미가 아니다. 그런 우려들이 청중의 가정을 형성한다는 사실과, 또 유용한 출발점과 접근법을 발견하는 데 도움을 준다는 점을 인식한다는 의미다. 변증은 두 가지 매우 다른 수준에서 작동한다. 한편으로 우리는 진정한 지적 난제들과 싸워야 한다. 여기서 문제는 **이해 가능성**이다. 기독교는 세계를 어떻게 이해하는가? 세계는 기독교를 어떻게 이해할 수 있는가? 이 부분에서 기독교 변증의 위대한 고전적 전통이 많은 것을 제공한다. 다른 한편으로 삶의 경험에서 직접적으로 발생하는 질문과 문제들이 있다. 삶의 트라우마, 불안, 소망 같은 것들이다. 여기서 질문들은, 개인과 집단의 필요 및 상황을 기독교 신앙과 연관시킬 수 있는 능력 그리고 **상관성**(relevance)에 초점을 맞춘다. 이제 변증은 기술(art), 기예(craft)가 되고 있다. 학문에 든든히 바탕을 두되, 청중의 다양성과 특수성에 주의를 기울이고, 기독교 신앙과 그들의 청중 사이의 연결을 만들도록 변증가에게 요구하는 기능(skill)이다.

이 부분을 보면 의료와 뚜렷한 유사성이 있다. 의료는 인간 몸이 어떻게 작동하고, 다양한 약물이 어떻게 기능하며, 어떻게 문제가 생긴 부분을 진단하는지에 관해 심오한 지식에 근거를 둔다. 그러나 이것은 문제의 일부일 뿐이다. 의사들은 개별 인간 존재인 사람들과 관계 맺는 기술을 배워야 하며, 그들에게 무엇이 잘못되었는지 알아내려고 애쓰면서 환자들의 신뢰를 얻어야 하고, 문제와 그 해결책을 의료 저널에 나올 법한 기술적이고 적확한 언어가 아닌 일상어로 설명할 수 있어야 한다. 이것은 치료 과정 동안 그들과 함께 여행하고, 그들을 격려하고, 지원하는 일이다. 따라서 의료는 **관계적**인 일이며 단순히 **전문적**이기만 한 일이 아니다. 의료 기술은 많은 시간과 경험을 통해 습득된다.

전 프린스턴 신학교 총장인 존 매케이(John A. Mackay)는 변증이 작동하는 다양한 수준을 탐구하는 데 도움이 되는 틀을 계발했다. 이 틀은 매케이가 '발코니'와 '거리'라고 부르는, 삶에 대한 두 가지 다른 관점을 구분한다. 이 이미지는 그가 스페인어를 공부하면서 상당한 시간을 보냈던, 20세기 초 스페인의 도시 생활에서 가져온 것이다. 매케이는 매우 다른 두 관점을 다음과 같이 설명한다.

> 발코니는 ⋯ 스페인 가정의 윗층 창문에 돌출된, 작은 목재 또는 돌로 된 공간이다. 저녁이면 그곳에 가족들이 모여 아래 거리를 구경꾼처럼 살피거나, 멀리 저녁노을과 별을 바라볼 수도 있다. ⋯ 거리는 긴박하게 살아가는 삶의 장소다. 갈등과 염려 속에서 생각이 탄생하고, 선택이 이루어지고, 결정이 실행되는 곳이다. 그곳은 행동과, 순례와, 십자군의 장소이며, 여행자의 마음에서 염려가 떠나지 않는 장소다. 거리에서는 목표를 추구하고, 위험을 직면하며, 삶을 쏟아 붓는다.

매케이가 제시한 두 가지 다른 관점은, 발코니에서 거리를 두고 호기심으로 바라보는 관찰자의 관점과 아래 거리에서 능동적으로 개입하고 있는 참가자의 관점이다. 발코니에 편안하게 앉은 사람들은 그들 아래에서 분투하는 여정 속의 사람들을, 그들의 염려에 전혀 영향받지 않고 무심하게 관찰할 수 있다. 그러나 거리에 있는 사람들은 실제 문제를 직면하고 있으며, 그들의 여정에서 일어나는 문제들에 대처하며 목적지에 도달하기 위해 갈등하면서, 그들의 미래와 복지에 영향을 미칠 실제 결정을 내려야 한다. 그러나 머리 위 발코니에 있는 사람들은 단지 그들의 문제를 관찰할 뿐이다. 그들은 아래에서 일어나는 일의 결과는, 모호한 이론적인 방식으로 생각하는 것 외에는 별로 신경 쓰지 않는다.

근래의 변증은 '발코니' 관점이 지배하는 경향이 있다. 우리는 세계를 완전히 이해할 수 있는 능력이 있고, 그에 기반해 하나님의 본성과 목적에 대한 합리적 비판을 할 수 있다고 믿는 믿음이 존재한다. (앞서 언급했듯 제임스 스미스는 이 관점을 "인식론적 펠라기우스주의"라고 부른다. 122쪽) 변증가들은 불합리하다는 비난에 어쩔 수 없이 대응하기 위해 종종 이 틀 안에서 논증을 펼쳤고, 신앙 공동체 내에서조차 그 핵심 가정을 정상적인 것으로 만들고 말았다. 찰스 테일러는, 세속 문화의 부상에 대해 권위 있는 설명을 했는데 우리 시대의 특징이 되어 버린 "신정론에 몰두하는 경향"을 이해하는 데(어쩌면 대응하는 데까지) 이런 분석이 어떻게 도움을 주는지 지적한다.

이것은 물론 고전적인 비관여의 입장으로, 사유자는 우주에서 벗어나 그것을 마치 평면도처럼 펼쳐 놓는다. … 이것이 이 시대의 종교와 변증에 어떤 영향을 미칠까? 글쎄, 확신을 가지고 하나님의 목적들을 우주로부터 분리해서 읽어 내고, 하나님의 선한 의도들을 제시하는 태도가 아마도 그 세계상의 입장을 정확히 반영하는 것 같다. 이 세계상은 전체를 비관여적으로 파악한 것이며, 상위 수준이 완전히 이해되지 않을 수도 있다는 느낌은 뒤로 제쳐 놓아 버렸다.

테일러에 따르면, 이런 문화적 발전은 합리주의 변증의 출현으로 이어졌다. 이런 변증은 기독교보다는 이신론 변호에 더 유용하며, 고난에 대처하는 데 필수적인 기독교만의 독특한 많은 통찰들(예수 그리스도의 인격 등)을 보지 못한다. 발코니와 거리가 고난 문제에 상당히 다른 접근을 보인다는 점을 생각해 보면 도움이 된다. 발코니식 접근법은 주로 합리적 문제로 인식되는 것에 학술적으로 대응하고, 고난이 전능한 사랑의 하나님의 의도와 양립할 수 있다고 보는 여러 논증들(종종 난해한 기술적 구분을 포함하는)을 평가한다. 이런 접근법은 기독교가 우리 문화에서 신뢰할 만한 선택지로 남으려면 필요하다. 그러나 위험도 명백하다. 즉 이런 접근법은 거리 위 사람들의 문제와는 연결되지 않는다는 것이다.

왜냐하면 거리에서 보는 문제는 다르기 때문이다. 거리 위의 사람들은 고통 중에 있으며, 고통에 어떻게 대처하고, 극복하며, 신앙의 삶을 지속할 수 있는지 질문하고 있다. 그들은 고통에 참여하고 있는 것이지, 비판할 수 있는 안전한 거리에서 관찰하는 중이 아니다. 그들은 추상적인 이론적 분석이 아니라 실제 활용할 수 있는 지혜를 찾고 있다. 어떻게든 변증가는 거리 위의 사람들에게 현명하게 말하는 기술을 계발해야만 하며, 그것은 기독교 신앙의 풍부한 지혜와, 그것을 그리스도인의 삶에 적용해 본 경험에 뿌리를 두어야 한다. 매케이의 구분이 지닌 변증적 중요성은, 다음 단락에서 보게 될 C. S. 루이스의 사례에서 분명하게 드러난다.

## 청중 이해하기: 루이스의 생각들

근래의 기독교 변증가 중 가장 유능하고 매력적인 인물로 널리 인정받는 C. S. 루이스는 고난의 문제를 다룬 두 권의 책 『고통의 문제』(*The Problem of Pain*, 1940)와 『헤아려 본 슬픔』(*A Grief Observed*, 1960)을 썼다. 두 책의 지적 논증은 매우 유사하지만, 어조와 목소리는 아주 다르다. 이번 장 앞 단락에서 제시한 존 매케이의 틀을 사용하자면, 『고통의 문제』는 발코니에서 본 고난의 모습을, 『헤아려 본 슬픔』은 거리에서 본 설명을 제시한다.

『고통의 문제』의 핵심 주제는 종종 인용문 하나로 요약된다. "하나님은 우리의 즐거움 속에서는 속삭이시고, 양심 속에서는 말씀하시며, 고통 속에서는 외치신다. 고통은 귀 먼 세상을 깨우는 그분의 메가폰이다." 루이스는 자신이 『고통의 문제』를 왜 썼는지 명확히 밝혔다. 그는 고난이 제기하는 "지적인 문제를 풀고자" 했다. 이러한 초점 때문에 루이스는 고통을 지나치게 지적인 방식으로 다루었고, 일부 독자들은 당혹감을 느꼈다. 과연 루이스는 고난이 일종의 지적인 십자말풀이 이상의 것임을 알았을까? 『헤아려 본 슬픔』은 어조와 접근 방식이 완전히 다르다. 1956년 4월 23일 월요일, 루이스는 옥스퍼드 등기소에서 조이 데이비드먼과 시민 결혼식을 했고, 1960년 7월 13일, 데이비드먼은 옥스퍼드 래드클리프 병원에서 루이스가 지켜보는 가운데 암으로 사망했다. 루이스는 완전히 무너졌고, 분노에 사로잡혀 타오르는, 감정적으로 격렬한 필체로 자신의 느낌을 기록했다. 이 책은 슬픔의 과정을 탐구한 가장 훌륭한 작품 중 하나로 남았다. 『헤아려 본 슬픔』에서 루이스는, 『고통의 문제』에서 발전시킨 많은 생각들을 부적절하고 만족스럽지 못하다며 거부한다. 고난과 상실의 트라우마를 경험하는 사람들이라면 쓸모없다고 여길 것이다.

이 두 작품은 매우 다르게 '느껴'지지만, 결국 거의 같은 지적 결론에 도달한다. 고통은 기독교 신앙의 '큰 그림'을 의심하게 하지 않는다. 그것은 우리가 전체 그림을 보지 못하고 있으며, 따라서 모든 조각을 맞아떨어지게 맞출 수 없다는 것을 상기시킨다. 1940년의 루이스는 고난이 그리스도인들에게 일으키는 지적 불편함에 초점을 맞췄고, 1961년에는 그것이 특히 자신에게 일으킨 감정적 고통에 다시 초점을 맞췄다. 이 구분은 변증의 **기술**을 계발하는 데 매우 중요하다. 어떤 청중들은 삶 속에 고통이 차지하는 자리와 거리를 유지하는 담담한 기독교적 성찰을 찾고 있다. 즉 발코니식 관점을 원한다. 어떤 이들은 영적으로 극심한 괴로움을 겪고 있으며, 그들의 감정을 아는 누군가가 그 상황을 감당하고 절망 속에서 의미를 찾도록 도와주기를 바란다. 그들은 거리 위에서 그들과 함께하는 누군가를 원하며, 동료 여행자이자 함께 고통받는 이로서 그들에게 말해 줄 사람을 원한다. 변증의 기술 중에는 이 두 관점을 이해하고 각각의 관점에서 나오는 질문들을 다루는 것이 포함된다. 그렇다면 구체적 청중을 대하는 일에 관해 루이스가 주는 통찰들은 무엇일까? 1930년대 후반까지 루이스는 옥스퍼드 대학에서 가장 훌륭한 강사 중 하나로 명성을 얻었고, 학부생들을 대상으로 르네상스 영문학을 강의할 때면 엄청난 수의 청중이 강의실을 가득 메웠다. 그런데 제2차 세계대전이 발발하면서 루이스는 강의 책임을 추가로 맡았는데, 바로 영국 왕립 공군의 지상 근무자들에게 기독교를 강의하는 것이었다. 루이스는 16세에 학교를 떠난 젊은 남성 청중에게 강의하는 것이 처음에는 어렵다고 느꼈다. 하지만 그는 끈기 있게 노력했고 그들의 수준에서 소통하는 법을 배웠다. 루이스는 이 과정에서 배운 것들을 1945년의 기독교 변증 강의에 반영했다.

> 우리는 청중의 언어를 배워야 한다. 그리고 처음부터 말하자면, '일반인'이 이해한다 또는 이해하지 못한다는 전제를 세우는 것은 소용없는 짓이다. 당신이 경험을 통해 알아내야 한다. … 당신의 신학의 모든 조각들을 일상어로 번역해야만 한다. 이것은 매우 번거로운 일이지만 … 필수적이다. 그것은 또한 자신의 생각을 위한 최고의 서비스이기도 하다. 나는 이런 결론에 도달했다. 만약 자신의 생각을 교육받지 못한 이들의 언어로 번역할 수 없다면, 그 생각들은 혼란스러운 것이다. 번역할 수 있는 능력은 당신이 자신의 말을 진정 이해하고 있는가를 시험한다.

이 짧은 구절에 지혜가 가득하다. 세 가지가 특히 두드러진다.

첫째, 루이스는 "청중의 언어를 배워야 한다"고 강조한다. 그들을 알아 가고, 그들에게 귀 기울임으로써 그것으로 행해야만 한다. 익숙하지 않은데도 청중이 어떻게 말하고 생각하는지 알고 있다고 가정하지 말고, 그들에게 귀를 기울여야 한다. 그들이 사용하는 단어들을 배우고, 그들이 사용하지 **않는** 단어들을 주목해야 한다. 의도하지 않았을지라도 그들을 배제한다는 느낌을 주면서 기독교를 제시하지는 말아야 한다. 좋은 변증가들은 말하기 전에 듣는 법을 배운다.

둘째, 루이스는 "당신의 신학의 모든 조각들을 일상어로 번역해야만 한다"고 제안한다. 루이스에 따르면, 변증은 "무시간적인 것(어제나 오늘이나 영원토록 동일한 것, 히 8:8)을 우리 세대의 특정 언어로 제시한다." 이러한 신학적 번역은 시간이 소모되고 번거롭다. 하지만 루이스 자신이 발견했듯이, 그것이 차이를 만든다.

그리고 마지막으로, 루이스는 "번역할 수 있는 능력은 당신이 자신의 말을 정말로 이해하고 있느냐를 시험한다"고 말한다. 이는 타당한 지적이다. 만약 어떤 생각을 평이한 언어로 설명하는 데 어려움을 겪는다면, 아마도 더 많은 생각과 학습이 필요한 상태일 것이다. 기독교적 주제를 새로운 방식으로 또는 다른 수준에서 설명하려 시도해 보면 그것을 더 깊이 이해하는 데 중요한 자극제가 된다.

루이스는 그의 저작에서 세 가지 상당히 다른 변증 전략을 계발했는데, 각각은 초점을 맞추는 청중이 다른 것으로 보인다. 『순전한 기독교』(1952)와 『기적』(*Miracles*, 1947)에서는 이성에 호소함으로써 기독교 신앙을 옹호해 나가는 루이스를 발견할 수 있다. 그러나 『예기치 못한 기쁨』(1955)의 주된 변증적 주제는 기독교 신앙이 인간 갈망의 성취라는 것이다. 많은 이들에게 사랑받는 『나니아 연대기』(1950–1956)에서는, 이야기와 상상력에 호소하며 그것들을 인간 영혼으로 가는 관문으로 삼는다. 루이스는 각기 다른 청중의 중요성을 명확히 깨달았고, 그들과 어떻게 최선의 교감을 할 수 있을지를 깊이 생각했다.

## 구도자와 거주자: 변증의 새로운 상황

미국 종교 문화의 변화에 관한 중요한 연구에서, 미국 사회학자 로버트 우스나우(Robert Wuthnow)는 그가 관찰한 두 가지 매우 다른 자기 이해를 구분했는데, 이를 "구도자(seeker) 대 거주자(dweller)" 패러다임으로 범주화했다(263쪽 참조). 우스나우에 따르면, 20세기 초에는 거의 모든 미국 시민들이 정착된 기독교나 유대교의 틀 안에서 신앙생활을 했다. 같은 세기 말에는 주요한 변화가 나타난다. 자신들이 '거주'하고 있다고 여기는 사람들은 많다. 즉 자신을 기독교 기관과 개념 공간에 정착한 주민으로 여기는 것이다. 그러나 '구도'를 향한 추세가 증가하고 있다. 이는 중요성과 의미를 향한, 종종 사적이고 개인적인 추구이며 탐구다. 우스나우는 이 구분을 다음과 같이 설명한다.

거주의 영성은 정주에 중점을 둔다. 하나님은 우주 안에서 확정된 장소를 차지하고 계시고, 인간들이 거주할 수 있는 거룩한 공간을 창조하신다. 신성한 공간에 정주하는 것은 그 영역을 알고 안전감을 느끼는 것이다. 구도의 영성은 협상에 중점을 둔다. 개인들은 하나님이 존재한다는 확신을 강화하는 신성한 순간들을 찾고자 하지만 이 순간들은 덧없이 지나간다. 사람들은 영역을 아는 것보다는, 새로운 영적 경관을 탐구하고, 영성의 복잡하고 혼란스러운 의미들 사이에서 협상을 시도하려 할 수 있다.

흥미롭게도, 우스나우는 오래된 접근법들(예를 들어 누르시아의 베네딕투스가 주도한 수도원주의)이 종종 이 두 측면을 함께 포괄할 수 있으면서도, "거주와 구도는 모두 인간이 되는 것의 일부"임을 인식한다는 중요한 지적을 한다. 정착한 공동체 안에서도 구도자가 될 수 있었다.

그렇다면 이 구분의 변증적 중요성은 무엇일까? 이것은 다중적 청중에 관여하는 것과 관련된 몇 가지 전략적 질문을 탐구하는 데 유용한 틀을 제공한다고 보인다. 아래에서 나는 이런 이슈들을 살펴보고 그것들을 변증에서 어떻게 적용할 수 있을지를 짚어 볼 것이다.

1. 우스나우는 '거주자'들의 특징을 그들이 지닌 신념의 안정성으로 묘사하는 경향이 있지만, 테일러가 우리의 '세속 시대'를 분석한 결과(362~370쪽)와 그의 개인적 경험에 따르면 많은 '거주자'들이 이제 신념의 "허약화"(fragilization)를 경험하게 될 것으로 보인다. 그들은 자신들이 "도전받을 수 있는"(contestable) 존재가 됨을 발견하기 때문이다. 이것은, 충분히 주목받지 못했을 테지만 중요한 결론으로 이어진다. 변증은 **교회의 구성원 자체**를 향한 교회의 사역이 되어야 하며, 그들은 자신들의 핵심 신념들이 변호 가능하다는 것을 확신할 필요가 있고, 교회 공동체 밖의 친구들이 신념과 관련해서 던지는 비판적 질문들에 답할 수 있도록 준비되어야만 한다. 이것은 설교, 특강, 소모임을 통해 이루어질 것이다.

2. 교회 공동체는 '구도자들'에게 지적 환대를 제공하는 특별한 역할을 감당해야 하며, 구도자들은 자신들의 질문을 탐구하기 위해 종종 이런 공동체에 참여한다. 영국의 사회학자 그레이스 데이비(Grace Davie)는 "믿지는 않으나 소속해 있는" 패턴의 출현을 주목하는 많은 이들 중 한 명이다. 이런 현상은 이제 서구의 많은 나라에서 명확히 나타나고 있다. 교회 공동체가 베푸는 환대는, 부분적으로는, 그들과 함께하고자 선택하는 '나그네들' 또는 '구도자들'에게 그리스도인의 신념을 나누고 그 신념이 어떤 차이를 만드는지 설명해 주는 모습이 될 수 있다. 우리는 이번 장의 다음 부분에서 교회가 이런 사역에 어떻게 적응할 수 있는지 살펴볼 것이며, 구체적 사례로서 근래에 토마시 할리크(Tomáš Halík)가 "프라하의 학문적 교구"(269~272쪽)를 통해 행하

는 사역을 제시할 것이다. 할리크는 구도자들의 독특한 정체성을 존중하고 그들의 구체적인 질문을 다루는 정기적 사역을 계발했다. 다른 모델로서는 '방문자 예배'(guest service) 같은 것도 존재한다. 1960년대에 존 스토트가 런던의 올 소울스 교회 랭햄 플레이스에서 외부자를 위한 "안전한 장소" 프로그램을 도입하였던 것이 그 예다.

　　3. 변증이 주로 '거주자'에 의해 수행되고 주로 '구도자'를 향한다는 점에서, 변증가들은 '구도자'의 사고방식 안으로 들어가 보는 것이 중요하다. 한편으로는 그들의 소원과 갈망을, 다른 한편으로는 기독교와 관련해 그들이 가질 법한 어려움을 이해해야 한다. 이러한 친숙함과 이해의 과정에서 '구도자'와의 개인적인 우정은 중요한 부분이 될 것이다.


## 변증과 청중: 세 가지 사례 연구

지금까지 중요한 역사적 참조점들을 사용하여 변증이 다양한 청중을 만나는 몇 가지 방식을 살펴보았다. 이제 이 요점을 더 자세히 탐구할 필요가 있는데, 독자들이 관련된 문제들을 잘 이해하고, 동시대의 청중들과 만나는 자신만의 개인적인 스타일을 계발하도록 돕기 위해서다. 그렇다면 우리는 이러한 생각들을 우리의 변증적 대화, 강의 그리고 글쓰기에 어떻게 통합할 수 있을까? 우리는 어떻게 그들의 세계관, 불안 그리고 열망을 이해할 수 있을까? 바로 이 시점에서 **기술**로서의 변증이 중요하다는 점이 명백해진다. 이 원리들을 현명하게 적용하려면 상황을 잘 이해해야 할 뿐 아니라 상상력과 창조적 재능이 필요하다. 우리는 21세기의 서로 다른 세 부류의 청중을 살펴볼 것이다. 이 청중들의 구체적 특성이 이들과 만나기 위해 계발되고 채택된 변증 접근법들을 어떻게 형성했으며, 어떤 영향을 끼쳤는지 고찰해 보고자 한다.

## 세속 맨해튼에서의 변증: 팀 켈러

먼저 팀 켈러에게 초점을 맞추어 보자. 켈러는 뉴욕 맨해튼 시내의 리디머 장로교회에서 목사로 사역하면서 매우 효과적이고도 영향력 있는 변증 사역을 계발했다. 켈러는 펜실베이니아에서 태어나고 자랐으며, 그곳의 버크넬 대학에서 교육을 받았고, 이후 고든-콘웰 신학교에서 목회학을 공부했다. 그는 버지니아의 웨스트 호프웰 장로교회에서 목사로 섬긴 후 필라델피아의 웨스트민스터 신학교 교수진에 합류했다. 이 시점까지는 켈러는 변증과 관련된 활동을 거의 하지 않았다. 그러나 1989년 뉴욕의 리디머 장로교회 창립 목사가 되기로 결정하면서 그의 상황은 급격히 변화되었다. 켈러의 사역은 20세기에서 21세기로 넘어가는 복잡하고 불안정한 전환기에 걸쳐 있었다.

켈러의 변증 사역이 성공한 여러 요인이 있겠지만, 가장 중요한 것은 그가 이 구체적 청중의 열망, 두려움 그리고 신앙에 대한 의심 등을 친숙하게 알고 있었다는 점이다. 여러 해에 걸쳐 리디머 장로교회가 꾸준히 성장하는 동안, 켈러는 그의 회중에 호기심 많은 회의론자들이 다수 포함되어 있음을 알아차렸고, 설교에서 이들의 질문과 관심사를 다루기 시작했다. 이를 통해 그는 리디머 교회의 다양한 교인들과 직접 연결된 변증 접근법을 만들어 낼 수 있었다. 켈러는 이 회중 안에 '거주자'보다는 '구도자'가 많다는 것을 빠르게 깨달았다(이번 장 앞부분에 언급된 로버트 우스나우의 구분을 참조하라). 그는 또한 다른 관심사와 열망을 지닌 다양한 종류의 '구도자'들이 있다는 것도 보았다. 그는 이런 사람들과 연결될 방법을 찾아야 했다.

프랜시스 쉐퍼와 C. S. 루이스를 존경했던 켈러는 세속적 구도자들과 연결되려면 이 둘의 접근법을 어떻게 활용해야 할지 알았다. 그러나 그 접근법들은 리디머 교회의 상황에 맞게 조정될 필요가 있었다. 켈러는 쉐퍼와 루이스의 논리가 자신이 알고 만나고 있는 청중들에게는 너무 포괄적이고 복잡하다고 느꼈으며, 더 짧고 단순하며 이해하기 쉬운 접근법이 이들에게는 필요하다고 생각했다. 켈러는 과거에 쓰여진 변증 저술들을 높이 평가했지만, 상황이 변했음을 인식했다. 루이스의 고전『순전한 기독교』가 출판되었던 1950년대에는 사람들이 차근차근 펼치는 긴 논증을 따라올 수 있었지만, 이제는 그렇지 않았다. 켈러는 맨해튼 청중들과의 경험을 통해, 그들이 길고 장황한 접근법을 받아들이지 않을 뿐만 아니라 그렇게 할 마음도 없다는 것을 확신하게 되었다. 켈러는 자신을 **설교자**로 간주했지만, 루이스는 명백히 **저술가**였다. 그리고 설교자들은 사람들의 주의를 붙들어야 하며, 신속히 요점에 도달해야만 한다는 것을 알고 있다.

> 루이스가 글을 쓸 때에는, 논리적으로 서로 의존하는 여러 요점을 계속 제시해 나가는 논증을 사람들이 따라올 수 있었다. 내 생각에는 지금 일종의 '합리성 주의 결핍 장애'를 우리가 가졌다고 말해야 할 것 같다. 합리적 논증을 당신이 제시할 수도 있고 논리를 사용할 수도 있겠지만, 그것은 반드시 상대적으로 명료해야 한다. 당신은 상당히 빠르게 요점에 도달해야 한다.

음미해 보아야 할 점은, 켈러가 쉐퍼와 루이스의 접근 방식을 높이 평가했음에도 자신의 청중에게 효과과 있으려면 두 사람의 방식 모두 수정될 필요가 있음을 깨달았다는 것이다.

켈러는 설교자로서 칭송을 받았지만, 변증가로서의 명성은 주로 그의 책을 통해 생겨났다. 책들을 통해 그는 새로운 청중에게 다가갈 수 있었고, 독자들을 상상의 세계로 끌어들여 그들로 하여금 그들에게 제시되는 새로운 세계를 탐험하고 맛볼 수 있게 했다. 켈러는 이 아이디어를 한 기사에서 우연히 얻었는데, 그 글에 따르면 책은 "문자로 만들어진 세계다. … 책을 읽는 행위란 본질적으로 저자로 하여금 당신을 잠시 어떤 세계로 데려가게 하는 것이다. 심지어 논픽션 도서

라도 마찬가지다. 저자는 기본적으로 이렇게 말한다. '이것이 내가 세상에서 일어나는 일들을 바라보는 방식이다.'" 책 집필은 켈러로 하여금 교회 회중을 넘어 더 광범위한 청중의 상상력에 다가갈 수 있게 해주었다.

그림 7.3 프랜시스 쉐퍼와 C. S. 루이스의 변증 접근법을 뉴욕 맨해튼 청중들의 상황에 맞게 성공적으로 변용한 팀 켈러.

1990년대 말, 켈러는 그의 청중들을 만난 경험을 통해 "길고 연쇄적인 연역적 추론"에 청중들이 관심 없다는 결론을 내렸다. 그들이 정말 원하는 것은 "논리와 개인적 호소를 섞어 놓은 것"이었다. 루이스가 켈러의 변증 접근법에 영감을 주었겠지만, 켈러는 루이스에게 받은 영감을 자신이 처한 매우 다른 변증적 상황에 적용했다. 켈러 자신의 표현에 따르면 『팀 켈러, 하나님을 말하다』는 "바보들을 위한 순전한 기독교"다.

켈러의 책 『팀 켈러, 하나님을 말하다』는 이러한 청중들과의 만남에서 얻은 경험에서 비롯된 것이다. 그는 주요 종교 출판사보다는 "세계에서 가장 큰 영어 출판사 내의 부티크 회사"로 자사를 소개하는 더튼 출판사를 선택했다. 이후 이어진 켈러의 변증 **저술가**로서의 성공을 이해하기 위해서는 그의 책들이 **설교자**로서 계발한 그의 변증 **스타일**에 그 바탕이 있음을 주목할 필요가 있다. 그의 접근 방식은 감정 지능을 발휘하며, 언어적으로 경제적이며, 청중의 경험과 관심사에 연결하는 비범한 능력을 보여준다. 과거의 체스터턴처럼, 켈러는 기독교에 대한, 강한 의미로서의 '증명'을 시도하지 않았다. 그보다 켈러는 경쟁하는 다른 세계관들과 기독교를 비교해 보고, 그중 무엇이 우리가 세상에서 보고 경험하는 것을 가장 잘 설명하는지 보아야 한다고 주장했다. 이것은 절대적인 판단이 아닌 비교적인 판단이며, 자연과학에서 '최선의 설명'을 추구하는 것과 유사하다(116-121쪽 참조).

켈러의 2010년대 저술, 예를 들어 『팀 켈러의 답이 되는 기독교』(*Making Sense of God*) 같은 책을 읽어 보면, 그가 찰스 테일러의 『세속의 시대』에 나오는 세속주의 분석과 알래스데어 매킨타이어의 전통에 의해 매개된 합리성 설명, 특히 경쟁 전통 간의 판단 문제와 관련된 내용을 많이 읽고, 소화하고, 이해하고, 적용했다는 것을 분명히 알 수 있다. 그러나 켈러의 저술은 이러한 논의로부터 **정보를 얻었지만**, 거기에 **짓눌리지는** 않았다. 그들의 변증적 중요성을 파악한 켈러는 그 지혜를 내면화했고, 자신의 독특한 목소리와 그가 의도한 청중에 다가가고 그들을 만나는 자신의 역량을 손상시키지 않으면서도 그 지혜로 접근 방식을 형성했다. 여러 면에서 켈러는 현명하고도 이해하기 쉬운 변증 접근법의 모델을 제시했다. 경험과 현대 학문 읽기를 통해 지혜를 흡수하면서도 명료하고 초점 있는 논증을 유지하고 있으며, 학문적 저술가들을 대하다 보면 쉽게 생겨나기 마련인 언어의 밀도와 개념적 불투명성을 피하고 있다. 우리는 9장에서 이 요점을 다시 다룰 것이다. 프랜시스 쉐퍼의 변증 접근법을 탐구해 보고, 켈러가 그것을 어떻게 2000년대 초 맨해튼의 청중을 위해 전용하고 재구성할 수 있었는지를 살펴볼 것이다.

## 흑인들의 미국과 연결하기: 도시 속 변증

최근 변증가들은 서구 세계, 특히 미국 도시들의 다양한 인종 집단들이 가진 고유한 정체성을 점점 인식하게 되었고, 그들의 역사와 상황에 맞춘 변증적, 목회적 전략을 계발할 필요를 보게 되었다. 한 가지 질문이 특히 강력히 제기되었다. '기독교는 어떻게 미국 도시 내부에 있는 흑인 커뮤니티의 필요와 상황에 참여할 수 있을까?' 에릭 메이슨(Eric Mason)과 몇몇 사람들이 개척한 '도시 속 변증'(Urban Apologetics)의 등장은, '기독교가 흑인들의 독특한 **필요**를 어떻게 충족시키고 그들의 구체적 **질문**에 어떻게 답해야 하는가?'라는 중요한 질문을 다룬다. 이것은 도시 흑인의 렌즈로 신약성경을 읽고, 이 특정 커뮤니티를 염두에 두고 변증 접근법을 구성해 내는 것을 의미한다.

이 운동의 독특한 접근 방식은 『도시 속 변증』(*Urban Apologetics: Restoring Black Dignity with the Gospel*, 2021)이라는, 메이슨이 편집한 글 모음집에 잘 나타난다. 이 책은 특히 흑인들의 미국을 다루고 있다. 책의 배경은 흑인들이 경험한 긴 차별, 노예 제도, 인종주의의 역사인데, 기독교는 "백인 남성의 종교"라는 신념 속에 그런 현실이 담겨 있다. 기독교는 유색 인종에게는 본향이 아니며, 흑인들의 필요와 이익을 다루지 못한다는 것이다.

필라델피아의 에피파니 펠로십(Epiphany Fellowship)의 창립자이며 지도 목사인 메이슨은 "도시 속 변증"이 아프리카계 미국인들과 도시 내부에 있는 다른 소수 민족들의 고유한 경험과 현실에 초점을 맞춘다고 주장한다. 너무도 자주 전통적인 변증은 '백인 예수'와 '백인화된' 기독교를 변호하고 선포해 왔는데, 그것은 많은 미국 흑인 그리스도인들을 소외시켰다. 이런 어려움들을 다루는 것은 흑인 커뮤니티를 기독교 신앙과 다시 연결시킬 뿐 아니라, 백인들로 하여금 자신들의 복음이 특정 인종과 문화의 렌즈를 통해 바라본 복음이었으며, 따라서 빈곤하게 되고 왜곡된 것임을 파악할 수 있게 해준다.

메이슨은 이전 저술에서 "색맹 교회"에 관해 몇 가지 중요한 질문을 제기했다. 그의 요점은 "색맹"(colorblind)이라고 주장하는 교회들이 그들 교회 내의 민족 집단들의 특수성을 간과하는 경향이 있으며, 따라서 흑인들의 필요와 관심사와 열망에 참여하지 못한다는 것이다.

> 보편성(catholicity)은 색맹과 정반대 의미를 지닌다. 그것은 그리스도 안에 모든 인종이 포함되는 것을 즐거워한다. … 색맹 신학은 중요한 인종적 차이를 인정하거나 중요한 문제들 다루기를 거부함으로써 교회의 하나 됨을 저해한다.

이러한 생각에 대해 몇 가지 질문이 제기될 수 있을 것이다. 예를 들어 흑인 목사 보디 바우컴(Voddie T. Baucham Jr.)은 인종과 그리스도인의 정체성을 보는 조금 다른 방법을 제시한다. 즉 '흑인 관점들'의 다양성을 인식해야 한다는 것이다. 하지만 이 논쟁은 변증을 위해 많은 청중들을 이해하고자 해야 하며, 그들을 익숙한 문화적 전형으로 축소하지 말아야 할 것을 강조한다.

다시 한 번, 기술로서의 변증의 중요성을 볼 수 있다. 당신은 당신의 청중을 발견해야만 하며, 다른 누군가가 그 청중을 범주화해 놓은 것을 받아들여서는 안 된다. 그렇게 하기 위한 가장 좋은 방법 중 하나는 그 청중의 일부가 되는 것이다. 변증은 회중과 지역 사회 내의 개별 인종 집단들의 구체적인 필요에 관여해야 하며, 이른바 보편화된 커뮤니티라는 어떤 집단으로 그들을 동질화한 후, 보편화된 변증이라고 말하는 어떤 것으로 다룰 수 있다고 생각해서는 안 된다. 기독교 변증이 흑인 커뮤니티가 직면한 실제 이슈들과 연결되기 위해서는, 그리고 특히 '이슬람국가'(Nation of Islam), '히브리 이스라엘인'(Hebrew Israelites), '케메티즘'(Kemetism), 그리고 '흑인 무신론'(Black Atheism)과 같은 단체들로부터 받는 종교적 도전에 반응하기 위해서는, 미국 문화

내의 인종 집단들의 특수성을 필수적으로 인식해야 한다. 도시 속 변증은 흑인 미국인들의 필요에 초점을 맞추고 있지만, 개별 커뮤니티를 향해 말하는 것, 그들의 역사와 열망을 아는 것, 다른 청중들을 염두에 두고 계발된 것이 아닌 언어와 이미지 사용의 중요성을 보여준다. 토착성(indigeneity)이 변증의 효과를 보장하는 신뢰할 만한 지표는 아닐 수 있지만, 특정 인종 커뮤니티나 민족 집단의 구성원들이 그 커뮤니티를 향한 가장 유능한 변증가가 될 수 있음을 아는 것은 중요하다. 그들은 한편으로는 그 커뮤니티에 더 쉽게 받아들여질 수 있고, 다른 한편으로는 그들의 언어를 말하고 그들의 질문들을 알기 때문이다.

### 프라하에서의 포스트기독교 변증: 토마시 할리크

마지막으로, 유럽 가톨릭 내부에서 나온 포스트 기독교 상황에서의 변증 접근법을 살펴보자. 체코의 공공 지식인이자 가톨릭 신부인 토마시 할리크(1948-, 그림 7.4)는 중부 유럽이 겪은 변화와 불확실성의 시대에 공적 변증의 가장 훌륭한 옹호자 중 한 사람이 되었다. 할리크는 유럽 밖에서는 잘 알려져 있지 않지만, 그가 계발한 사상과 전략은 특히 서구 교회들이 변화하는 상황에 맞는 사역을 개발하고자 할 때 이론적, 실용적으로 중요한 사례가 된다. 그의 2000년 이후 저술은 특히, 그리스도인들과 교회들이 기독교 유산과 접촉을 잃어 가는 청중과 어떻게 관계를 맺을 수 있느냐는 질문을 다룬다. 기독교는 포스트기독교 시대의 청중과 어떻게 다시 연결될 수 있을까?

할리크의 독특한 접근법은 자신의 개인적 역사 및 그가 관여하기를 바라는 구체적인 청중에 대한 그의 지식을 반영한다. 찰스 대학(1348년 프라하에 설립)의 철학 교수로서 그는 특정 청중을 잘 알고 있었다. 그들은 기독교에 지적으로 흥미를 느끼면서도 기독교의 제도와 관행으로부터는 소외되었던, 영적으로 호기심 많은 사람들이었다. 상황을 더 복잡하게 만든 것은, 이 청중은 소련의 동유럽 지배 기간 동안 공격적으로 홍보된 마르크스주의 같은 가짜 확실성을 깊이 의심하고 있었다는 점이다.

그렇다면 할리크는 어떻게 이런 청중에게 변증적으로 개입할 수 있었을까? 할리크는 청중의 불안과 관심사, 특히 그들의 영적인 결핍감, 제도에 대한 의심, 그리고 그들의 질문의 깊이를 담아 내지 못하는 단순한 답변들에 대한 환멸감을 인식하고 반영하는 전략을 계발했다. 첫째로, 그는 "질문과 의심의 장소"를 만들었고, 구도자들이 교회 제도와 거리를 유지한 채 그들의 질문을 탐구할 수 있는 안전한 공간을 제공했다. 할리크는 복음서의 삭개오와 그리스도의 만남 이야기(눅 19:1-10)가 이 불확실성의 시대에 교회의 과제와 전략을 상상하는 길을 열어 준다고 말한다.

할리크는, 삭개오를 '호기심 많은 구도자'의 고전적인 사례로 본다. 삭개오는 믿음의 가장자리에 머물며 멀리서 지켜보고 거리를 유지한다. 오늘날의 많은 구도자들처럼, 삭개오는 신앙에 "무관심하지도 적대적이지도 않았다." 그는 분명히 그리스도에게 끌리고 있었지만, 그에 대해 어떻게 생각할지 고민하며 안전한 거리에서 그를 지켜보기로 선택했다. 교회 주변에 있는 많은 이들은 자신들의 안전 장소에 남아 있기로 **선택한** 구도자들이다.

> [이들은] 아직도 여정 중에 있고, 먼지를 뒤집어쓰고 목적지에서 멀리 떨어져 있다. 그들은 아직 타인에게 대낮의 환한 빛 가운데 자신을 드러낼 '준비가' 되지 않았다. 아마도 인생의 여정에서 자신이 캄캄한 골목길을 통과하고 있다고 여기기 때문일 것이다. … 그러나 그들은 뭔가 중요한 것이 자신들 옆을 지나가는 듯한 긴박함을 감지한다. 그것은 예수님께 시선을 고정하고 싶었던 삭개오가 그러했듯, 끌어당기는 힘이 있다.

그래서 할리크는 '가장자리'(fringe), 즉 교회와 세상이 접촉하는 경계 지역의 중요성을 강조하게 되었다. 이 '가장자리'는 "질문과 의심의 장소"로서 호기심이 많지만 주저하는 구도자들을 "구도자 교회"가 만나고 함께할 수 있는 곳이다. 이 구도자들은 많은 이들이 불신하는, 교회 제도의 주변부에 머무르기를 선호한다. 따라서 이 가장자리 마련은 교회의 지속적인 사역의 핵심 부분이며, 특히 처음의 신앙이 흔들리거나 약해진 이들이 불확실성을 포용하는 더 깊은 신앙에 도달할 수 있도록 공간을 제공하는 일이다. 복음서의 삭개오 이야기는 할리크가 자신의 특별한 사명과 소명을 이해하도록 도와주었다. 그는 사람의 개종을 목표로 삼는 선교사는 아니지만, 신앙이 무엇인지 보여주고 설명해 줄 수 있는 이해심 많은 이웃으로 부름받았던 것이다.

© center for the study of Europe Boston University

그림 7.4 "세상이 다시 생각하게 하자: 포퓰리즘 시대의 이성, 희망, 믿음"이라는 주제로 강연을 하는 토마시 할리크.

할리크는 체코의 수도 한가운데 있는 세인트 살바도르 교회에 근거를 둔 "프라하의 학문 교구"(Academic Parish of Prague)에서 자신의 접근법을 실행에 옮겼다. 그는 자신의 지역 가톨릭 주교의 허락을 받아, 교육받은 도시 청중을 대상으로 그들의 의심과 질문을 존중하며 함께 탐구하는 공동체를 만들 수 있었다. 할리크는 자신이 잘 알고 관심사가 무엇인지 이해하는 청중에게 다가감으로써, 그들과 관심사를 공유하는 많은 사람들이 그의 메시지를 들으러 올 것이라고 확신했다. 할리크의 설교는 대개 15분 남짓 길이였고, 그것을 보충하는 "신앙 기초 과정"이라는 더 상세한 프로그램이 이어졌다. 그리하여 할리크의 설교를 듣는 청중의 사회학적 특수성은 약점이 아닌 강점이 되었다. 할리크는 이 청중과 그들의 관심사를 알았고, 찰스 대학에서의 학문적 지위 덕에 전문직 종사자 청중들과 동등한 입장에서 말할 수 있었다. 할리크의 공적 변증 사역에서는 제도적 상황이 중요한 부분이긴 하지만, "개인적 확신을 지닌 회의자"로서 할리크 자신의 독특한 목소리 역시 주목할 만하다. 그는 "구체적이고 제한적인 답변"을 제시하기보다는 질문들을 탐구하는 데 더 관심이 많다고 자신을 소개한다. 할리크의 글 "내 안에 있는 불신자와 친해지기"는 이 접근법 배후에 있는 변증적 전략을 제시하고 있는데, 우리로 하여금 그가 어떻게 무신론자나 회의자의 페르소나 안으로 들어가 그들의 관심사들을 공감적으로 탐구하고, 그러한 관심사와 어려움을 이해하며, 때로는 심지어 공유하면서, 그것들을 해결하고 초월할 수 있었는지를 이해하게 해준다.

할리크의 구체적 변증 접근법은 21세기 첫 10년간의 체코 공화국 상황에 참여하기 위해 만들어졌으며, 중요한 구도자 그룹의 필요를 효과적이고 민감하게 다룰 수 있게 해주었다. 그러나 그의 접근 방식은 많은 측면에서 문화적으로 전용 가능하며, 적절한 조정을 통해 다른 상황에 옮겨질 수 있다.


### 신학적 번역: 세속 청중에게 기독교 설명하기

이 책의 시작 부분에서는 '신학적 번역', 즉 '문화의 언어' 혹은 더 넓은 문화와 연결되는 어휘를 사용하여 기독교 사상을 설명하거나 표현하는 과제가 중요함을 살펴보았다. 기독교는 종종 세속 청중들을 혼란스럽게 하거나 그들에게 침투하기 어려운 다양한 범위의 용어들을 사용한다. 변증가는 기독교의 주요 개념을 교회 밖 사람들이 이해할 수 있는 용어로 풀어내고 탐구하는 일에 능숙해져야 한다.

우리는 이미 런던의 설교자 존 스토트를 언급했다. 그는 기독교 신앙을 설명하는 능력이 탁월했던 인물로 평가받는다. 스토트 자신은 문화의 언어로 신학을 번역하는 일이 중요하다는 것을 분명히 파악하고 있었다. 그 시도 중 가장 훌륭한 사례의 하나가 1982년에 나온 책 『현대교회와 설교』(*Between Two Worlds*)다. 이 책에서 그는 설교자의 역할은 동시대 세계와 성경 사이에 다리를 놓는 것이며 현대 청중이 기독교의 핵심 주제를 파악하고 음미해 보도록 만드는 것이라고 말한다. 이 책은 이 분야의 탁월한 작품으로, 예수 그리스도의 의미가 1980년대 문화의 관용 표현으로 어떻게 '번역'될 수 있는지 보여준다. 짧은 발췌문이 좋은 예가 될 것이다.

그리스도를 만나는 것은 실재를 만지고 초월을 경험하는 것이다. 그는 우리에게 자아 가치감 또는 개인의 중요성을 심어 준다. 왜냐하면 그는 하나님의 우리에 대한 사랑을 확신하게 해주기 때문이다. 그는 우리를 죄책감으로부터 자유롭게 한다. 왜냐하면 그가 우리를 위해 죽었기 때문이다. 그리고 몸을 굳어 버리게 하는 공포로부터 해방한다. 왜냐하면 그가 다스리기 때문이다.

이 모든 진술들은 신약성경에 철저히 근거하고 있다. 그러나 스토트는 자신의 "이중 경청"의 틀을 사용하여, 그 진술들을 번역하는 데 성공했다. 단순히 그 진술들을 **이해할 수 있게** 만든 것이 아니라, 더 깊은 의미에서 복음이 1980년대의 문화적 관심사들, 분위기 그리고 불안들과 **연결되게** 한 것이다. 스토트는 전문적인 신학 용어가 아니라, 그의 시대 문화 속에서 의미가 통하는 단어들을 사용한다, 특히 자아 가치에 대한 인식과 관련한 내용이 그러하다. 그렇다면 우리는 어떻게 이것을 더 폭넓게 실천할 수 있을까? 우리는 어떻게 기독교의 핵심 용어들을 풀어서 더 넓은 청중이 그 의미의 일부를 파악하게 할 수 있을까? 스토트의 성찰들이 1980년대의 런던과 관련이 있다면, 어떻게 그의 접근법을 갱신하여 그 이후의 문화적 변화를 반영하고 더 넓은 문화적 상황에 적용 가능하도록 만들 수 있을까?

다음 단락에서는 세 가지 핵심적인 기독교적 개념에 대한 짧고 간단한 문화적 번역을 제시할 것이다. 이것은 이런 개념들을 어떻게 설명할 수 있는지 논의에 종지부를 찍는 게 아니라, 독자들이 두 가지를 할 수 있도록 도우려는 것이다. 첫째로, 내 사례를 무비판적으로 사용하기보다, 당신에게 완전히 익숙한 방식으로 이 개념들을 설명하고 표현하도록 돕고자 한다. 둘째로, 당신이 구체적인 청중을 고려하면서 시도하는 '번역'의 형식과 용어에, 제시한 사례를 참고하라는 것이다. 나는 세 가지 익숙한 기독교 용어를 선택했다. 나의 번역을 읽어 보고, 당신이 관여할 청중에게 그 용어들을 어떻게 설명할 수 있을지 생각해 보라. 몇 분으로 제한 시간을 정하고 짧은 설명에 가능한 한 많은 유용한 정보를 담으려고 시도해 보라. 그 문단은 더 긴 대화의 기초가 될 수 있을 것이다. 내가 만든 짧은 설명들은 최대 2분 안에, 즉 대부분의 사람들의 주의력 범위 안에서 전달할 수 있다. 기억하라. 나의 설명들은 단지 자신만의 접근법을 계발하도록 자극하기 위한 것일 뿐이다. 그것들은 '모범'이 아니라 단순히 사고를 위한 자극제다. 당신은 이 설명들이 이 책에서 이미 살펴본 몇 가지 주제와 접근법을 어떻게 통합하고 있는지 볼 수 있을 것이다.

## 믿음

많은 사람들에게 믿음은 증거로부터 달아나고, 머리를 모래에 파묻고, 생각하기를 거부하는 것을 의미한다. 그러나 그것은 그리스도인들이 그 단어를 이해하는 방식은 아니다. 그리스도인들에게 믿음은 의미 있는 생각과 삶의 방식을 발견하는 것이다. 그것은 그저 하나님이 존재한다고 믿는 것이 아니라, 이 하나님이 지혜롭고, 사랑하시며, 선하시다는 것을 발견하고, 이 하나님을 우리의 여행 동반자로 받아들이기로 선택하는 것이다. 믿음은 누군가를 **신뢰**하는 것이지, 그저 그들의 존재를 믿는 것이 아니다. 그것은 마음을 다해 하나님을 사랑하는 것이며, 하나님이 존재함을 그저 머리로 아는 것이 아니다. 믿음은 단순히 **인지적인** 것("나는 이것이 사실이라고 믿는다")이 아니라 **관계적**이고 **실존적**인 것("나는 이 **사람을** 신뢰한다")이다. 그리고 이 믿음은 비합리적이지 않다. 믿음은 어둠 속에 맹목적으로 뛰어드는 것이 아니고, 사물의 더 큰 그림을 발견하고 기뻐하는 것이며, 우리가 그 그림의 일부임을 알게 되는 것이다. C. S. 루이스는 하나님에 대한 믿음이 현실을 더 또렷하게 보여주는 렌즈, 세상을 더 온전하고 명료하게 볼 수 있도록 세상을 밝히는 태양 같은 것이라고 했다. 하나님에 대한 믿음은 그 자체로 이해할 수 있는 것이며, 다른 모든 것을 이해할 수 있게 만드는 것이다. 그것은 이 복잡하고 이상한 세상에서 우리가 의미 있고 진정성 있게 살도록 도와준다.

## 구원

이 용어는 신약성경에서 자주 사용된다(행 13:26; 엡 1:13; 히 1:14 참조). 이 단어의 기본적 의미는 구출, 치유, 보존 또는 위험한 상황에서의 구조와 같은 것이다. '구원받는 것'은 이스라엘 사람들이 이집트 포로 생활에서 구출받은 것처럼 위험한 상황에서 구출되거나 구조되는 것을 의미한다. 마찬가지로 그리스도는 인류를 죽음의 공포와 죄의 벌과 힘으로부터 구원하시는 분이다. '구원'에 대한 성경적 이해는 놀랍도록 풍부한데, '온전함' 또는 '건강'의 개념도 포함된다. 구원과 온전함 사이에는 매우 밀접한 관계가 있다. 많은 언어에서 '건강'과 '구원'은 같은 단어다. 그래서 때로 특정 구절을 구원 혹은 완전함 중에 어떤 것으로 번역해야 할지 결정하기가 어렵다. 이런 경우를 마가복음 5:34에서 볼 수 있다. 여기서 예수님의 말씀을 "당신의 믿음이 당신을 온전하게 했다"로 번역해야 할까? 아니면 "당신의 믿음이 당신을 구원했다"라고 번역해야 할까? 여기서 사용된 헬라어 단어는 이 두 의미가 모두 있다. 그래서 기독교 복음은 치유에 관한 것이며, 우리를 온전하게 하는 것이다. 여러 면에서 복음은 약과 같다. 우리를 치유하고 회복시킨다.

### 입양

바울은 그리스도의 죽음의 결과로 신자들이 누리는 혜택을 설명하기 위해 이 단어를 사용한다(롬 8:15; 8:23; 9:4; 갈 4:5; 엡 1:5). 바울은 '입양'이라는 용어를 사용하여, 믿음이 하나님 앞에서 우리의 지위를 변화시킨다는 것을 나타낸다. 우리는 하나님의 가족으로 입양되며, 이것이 가져오는 모든 혜택을 누린다. 어떤 혜택들인가? 첫째로, 우리가 하나님의 자녀로 입양될 때, 우리는 그리스도께서 하나님께 받은 것을 공유하게 된다. 그리스도께서 고난받은 후에 영광을 얻었듯이, 우리도 그렇게 될 것이다. 고통은 실재다. 그러나 그것은 우리를 영광으로 이끈다. 둘째로, 하나님의 가족으로 입양되면 새로운 소속감을 얻는다. 모든 사람은 어딘가에 속해 있다는 느낌이 필요하다. 사회 심리학자들은 모든 사람에게 "안전기지", 즉 목적의식과 타인에 의해 가치 있게 여겨지고 사랑받는다는 인식을 제공하는 공동체나 집단이 필요하다는 것을 밝혔다. 사람들에게 이런 필요는 보통 가족에 의해 충족된다. 그리스도인들에게는 이런 실제적인 심리적 필요가 하나님의 가족으로 입양됨으로써 충족된다. 신자들은 이 가족 안에서 자신이 소중히 여겨진다는 것을 확신할 수 있다. 따라서 자기 확신의 감각을 얻게 되고, 세상에서 일하고 증언할 수 있는 능력을 부여받는다.

변증에 대한 자신만의 접근법을 구축하기 위해 두 가지 연습을 더 해볼 수 있다. 첫째로, 당신은 아마도 이 과정을 위의 구체적인 예시를 넘어 확장해 보고 싶을 것이다. 따라서 다른 중요한 기독교 용어를 일상의 언어로 번역하는 기술을 연습할 수 있다. 당신이 시도해 볼 수 있는 몇 가지 용어는 성육신, 속죄, 죄, 계시 등이다. 둘째로, 당신은 두 가지 매우 다른 청중을 구별하고, 각 청중들의 필요를 염두에 둔 채 이 용어들을 간략히 설명해 볼 수 있다.

다음 장에서는 대화나 토론에서 자주 나타나는 주요 변증 질문들을 살펴볼 것이다. 모든 질문을 다 다룰 수는 없지만, 여기서 논의할 대표적인 질문들이 당신만의 변증적 스타일과 접근법을 계발하는 데 도움이 되길 바란다.

### 생각해 볼 물음

1. 다양한 청중에게 동일한 내용으로 변증을 할 때 어떤 문제가 있을지 자신의 말로 설명해 보라.

2. 베드로의 예루살렘 오순절 설교의 접근법과 바울의 아테네 연설에서 사용된 접근법을 비교하라.

3. 팀 켈러가 자신만의 독특한 변증 접근법을 계발한 방식을 볼 때 흥미로운 부분은 무엇인가? 이 사례에서 무엇을 배울 수 있을까?

4. "도시 속 변증"은 특정한 흑인 청중의 질문을 어떻게 다루는가? 이런 생각들은 어떻게 더 폭넓게 적용될 수 있을까?

Loveday Alexander. "The Acts of the Apostles as an Apologetic Text." *In Apologetics in the Roman Empire: Pagans, Jews, and Christians*, edited by Mark Edwards, Martin Goodman, and Simon Price, pp. 15–44(Oxford: Oxford University Press, 1999).

Voddie T. Baucham. *Fault Lines: The Social Justice Movement and Evangelicalism's Looming Catastrophe*(Washington, DC: Salem Books, 2021).

Christopher W. Brooks. *Urban Apologetics: Why the Gospel is Good News for the City* (Grand Rapids, MI: Kregel Publications, 2014).

Alister Chapman. "Secularisation and the Ministry of John R. W. Stott at All Souls, Langham Place, 1950–1970." *Journal of Ecclesiastical History* 56, no. 3 (2005): pp. 496–513.

J. Daryl Charles. "Engaging the (Neo)Pagan Mind: Paul's Encounter with Athenian Culture as a Model for Cultural Apologetics (Acts 17:16–34)." *Trinity Journal* 16, no. 1 (1995): pp. 47–62.

Joshua D. Chatraw. "Timothy Keller: The Pastor as Apologist." In *The History of Apologetics: A Biographical and Methodological Introduction* edited by Benjamin Forrest, Joshua D. Chatraw, and Alister E. McGrath, pp. 800–18(Grand Rapids, MI: Zondervan, 2020).

Grace Davie. *Religion in Britain since 1945: Believing without Belonging*(Oxford: Blackwell, 1994).

Samuel Escobar. "The Legacy of John Alexander Mackay." *International Bulletin of Missionary Research* 16, no 3. (1992): pp. 116–22.

Bertil Gartner. *The Areopagus Speech and Natural Revelation*(Uppsala: Almqvist & Wirksells, 1955).

Patrick Gray. "Implied Audiences in the Areopagus Narrative." *Tyndale Bulletin* 55, no. 2 (2004): pp. 205–18.

Tomáš Halík. *Patience with God: The Story of Zacchaeus Continuing in Us*(New York, NY: Doubleday, 2009). (『하느님을 기다리는 시간』 최문희 역, 분도출판사, 2016)

Colin Hansen. *Timothy Keller: His Spiritual and Intellectual Formation*(Grand Rapids, MI: Zondervan, 2023).

Larry W. Hurtado. "Christology in Acts." In *Issues in Luke-Acts: Selected Essays* edited by Sean A. Adams and Michael Pahl, 217–37(Piscataway, NJ: Gorgias Press, 2012), pp. 217–37.

Joshua W. Jipp. "Paul's Areopagus Speech of Acts 17:16–34 as both Critique and Propaganda." *Journal of Biblical Literature* 131, no. 3 (2012): pp. 567–88.

Aaron P. Johnson. *Ethnicity and Argument in Eusebius' Praeparatio Evangelica*(Oxford: Oxford University Press, 2006).

Martin Koči and Pavel Roubik. "Searching the Altar of an Unknown God: Tomáš Halík on Faith in a Secular Age." In *A Czech Perspective on Faith in a Secular Age* edited by Tomáš Halík and Pavel Hošek(Washington, DC: Council for Research in Values and Philosophy, 2015), pp. 97–126.

Karla Ann Koll. "The Theology of John A. Mackay as Praeparatio Liberationis." *Theology Today* 73, no. 2 (2016): pp. 105–16.

Ann Loades. "C. S. Lewis: Grief Observed, Rationality Abandoned, Faith Regained." *Literature and Theology* 3 (1989): pp. 107–21.

Eric Mason. *Woke Church: An Urgent Call for Christians in America to Confront Racism and Injustice*(Chicago: Moody, 2018).

Eric Mason. *Urban Apologetics: Restoring Black Dignity with the Gospel*(Grand Rapids,

MI: Zondervan, 2021).

Kathy Reiko Maxwell. "The Role of the Audience in Ancient Narrative: Acts as a Case Study." *Restoration Quarterly* 48, no. 3 (2006): pp. 171–80.

Alister E. McGrath. "Listening and Engaging: John Stott on the Gospel and our Culture." In *Mere Discipleship: On Growing in Wisdom and Hope*(London: SPCK, 2018), pp. 101–11.

Alister E. McGrath. "On the Threshold of Mystery: Tomáš Halík on Cultural Witness in an Age of Uncertainty and Change." *Religions* 14 (2023): p. 399.

John Mackay Metzger. *The Hand and the Road: The Life and Times of John A. Mackay*(Louisville, KY: Westminster John Knox Press, 2010).

Eric E. Puosi. "A Systematic Approach to the Christology of Peter's Address to the Crowd (Acts 2:14–36)." *New Blackfriars* 87, no. 1009 (2006): pp. 253–67.

Philip J. Rossi. "Sojourners, Guests, and Strangers: The Church as Enactment of the Hospitality of God." *Questions Liturgiques* 90, no. 2–3 (2009): pp. 120–30.

Eckhard J. Schnabel. "Contextualising Paul in Athens: The Proclamation of the Gospel before Pagan Audiences in the Graeco-Roman World." *Religion & Theology* 12, no. 2 (2005): pp. 172–90.

John G. Stackhouse. "Audience-Specific Apologetics." In John G. Stackhouse, *Humble Apologetics: Defending the Faith Today*(Oxford: Oxford University Press, 2002), pp. 145–60.

James Tino. "Paul's Greatest Missionary Sermon: A Lesson in Contextualization from Acts 17." *Lutheran Mission Matters* 25, no. 1 (2017): pp. 165–75.

Paul Tromp, Anna Pless, and Dick Houtman. "'Believing Without Belonging' in Twenty European Countries (1981–2008): De-institutionalization of Christianity or Spiritualization of Religion?" *Review of Religious Research* 62 (2020): pp. 509–31.

Ben Witherington, and Jason A. Myers. *New Testament Rhetoric: An Introductory Guide to the Art of Persuasion in and of the New Testament* 2nd ed(Eugene, OR: Cascade Books, 2022).

Robert Wuthnow. *After Heaven: Spirituality in America since the 1950s*(Berkeley, CA: University of California Press, 1998).

# 8

# 질문에 답변하기:
# 몇 가지 변증적 논쟁

Responding to Questions: Some Apologetic Debates

이 책의 첫 부분(25-31쪽)에서는 기독교 변증의 세 가지 주요 과제를 살펴보았고, 특히 기독교와 관련된 질문 및 관심사에 응답해야 할 필요성을 지적했다. 이러한 기독교 공동체 외부의 사람들이 많은 비판적 질문을 제기하지만, 신앙 공동체의 구성원들이 제기하는 질문도 있다. 그것은 종종 믿음의 삶에서 씨름해야 할 필요가 있는 아직 해결되지 않은 문제들이 지속되고 있다는 신호다. 모든 변증가는 이러한 질문들을 청중에게 유익하도록 자신만의 독특한 방식과 목소리로 다룰 수 있어야만 한다.

질문을 다루는 것은 기술(art)이자 경험을 통해 익혀야 하는 기능(skill)이다. 이러한 질문들을 진지하게 받아들이고, 조롱하거나 회피하지 않는 것이 중요하다. 모든 질문은 이슈 탐구에 도움을 주는 관문이 될 수 있다. 질문을 회피하거나 조롱하는 사람은 자신이 그 질문에 답변할 능력이 없다는 인상을 줄 뿐이다. 이번 장에서는 기독교 변증에 자주 등장하는 대표적인 질문 10가지를 살펴보고, 어떻게 응답할 수 있을지 대략적인 그림을 제시할 것이다. 이러한 응답들은 모범이나 완결된 답변이 아니며, 자신의 답변을 계발하는 데 도움이 될, 이슈들에 대한 간략한 탐구로 간주해야 한다. 우리는 하나님을 믿는 것을 반대하는 고전적 주장부터 살펴볼 것이다. 즉 믿음은 부적절한 사람들을 위로하기 위해 고안된 발명품일 뿐이라는 주장이다.

### 소원 성취를 위한 신? 프로이트의 신앙 비판

지그문트 프로이트(그림 8.1)는 그의 영향력 있는 저서『환상의 미래』
(*The Future of an Illusion*, 1927)에서 종교적 신념들은 단순히 "환상들, 인
간 존재의 가장 오래되고 강력하며 긴급한 소망의 충족들"일 뿐이
라고 주장했다. 프로이트가 이런 생각들을 대중화한 것은 20세기 초
였지만, 이 생각들의 지적 뿌리는 독일 철학자 루트비히 포이어바흐
(Ludwig Feuerbach)의『기독교의 본질』(*Essence of Christianity*, 1841)로 거슬
러 올라간다. 포이어바흐는 '신'이란 인간 마음의 무의식적 창조물이
며, 인간의 갈망과 이상을 가상의 화면에 투사한 것이고, 그 결과 인간

그림 8.1 오스트리아의 신경과학자이자 정신분석학 창시자인 지그문트 프로이트(1859–1939).

이 자신의 창조물들에게 종속되었다고 주장했다.

포이어바흐의 비판은 중요하다. 그것은 서유럽에서 상당한 문화적 영향을 끼쳤고, 사실상 종교적 신념을 거부하는 데 지적 정당성을 제공했다. 그러나 포이어바흐의 가설, 즉 '신'이 단순히 인간 경험의 사물화나 대상화에 불과하다는 주장은 엄밀한 경험적 또는 합리적 기반을 가진 것이 아니다. 사실, 그 주장이 실제로는 단순한 논리적 오류에 기반을 둔다고 비판자들은 지적한다. '우리가 원한다는 이유만으로 사물이 존재하는 것은 아니다'라는 말은 확실히 참이다. 그러나 그렇다고 해서 '우리가 무언가를 원한다면 그것은 존재하지 않는다'라거나, '우리가 원한다는 바로 그 이유 때문에 그것은 존재할 수 없다'라고 말할 수는 없다. C. S. 루이스가 지적했듯, 인간의 본성적 욕구들은 종종 인간의 합법적이고도 진정한, 본성적인 **필요들**을 반영하는데, 음식에 대한 필요와 같이 이는 우리의 생존에 필수적이다.

그러나 포이어바흐의 비판은, 종교적 신념이 경험에 근거한다고 보는 접근법들을 비판한다는 점에서는 아주 효과적이었다. 독일의 신학자 슐라이어마허(F. D. E. Schleiermacher)의 접근법이나, 좀 더 최근에는 조지 린드벡(George Lindbeck)이 "경험-표현주의"(experiential-expressivist)라고 기술한 북미 자유주의 신학 전통의 접근법이 그런 부류에 속한다. 카를 바르트나 토마스 아퀴나스가 발전시킨 신학은 이 비판에 취약하지 않다. 슐라이어마허의 신랄한 비판자였던 바르트는 하나님의 **실재**는 인간 **경험**에 선행하며 그것으로부터 독립적이라고 주장했다. 그리스도교 신앙이나 신학은 단지 주관적 인간 경험에 대한 반응이 아니며, 그것은 성경을 통해 매개되는, 그리스도를 통한 하나님과의 만남에서 비롯된다.

포이어바흐의 사상은 프로이트에게 중요했는데, 프로이트는 이것이 인간 무의식 속 종교적 신념의 심리적 기원에 대한 자신의 생각을 확인해 준다고 보았다. 프로이트는 '오류'와 '환상'을 신중하게 구별했다. 전자는 단순한 실수지만, 후자는 **인간의 소망과 욕구로부터 올라오는** 허위였다. "우리는 믿음을, 소원 성취가 동기의 주도적 요인이 될 때 일어나는 환상이라고 부른다." 프로이트에 따르면, 인간은 불안과 불안전을 극복하기 위해 하나님을 갈망한다. 따라서 프로이트는, 종교적 신념이란 유아기와 초기 아동기에 인간이 느끼는 무력감에 기반한 유치한 것이라고 주장했다.

이러한 사상들은 1930년대 유럽과 북미에서 상당한 문화적 영향력을 확보했다. 그 후 프로이트는 "마음의 다윈"으로 널리 알려졌고, 인간이 그들의 무의식적, 실존적, 심리적 필요를 충족하기 위해 신을 발명했음을 입증한 진보적 과학자로 여겨졌다. 그러나 사실 프로이트는 단지 그의 시대의 문화적 분위기와 맞아떨어지는 검증 불가능하고 반증 불가능한 가설을 제안했을 뿐이다.

프로이트와 포이어바흐는 각기 다른 방식으로, 우리가 **욕망하는 것**이 우리가 **참이기를 바라는 것**으로 쉽게 둔갑함을 이해하는 데 도움을 준다. 인간은 자신만의 사적인 진리를 구축하는 데 매우 능숙하며, 그런 진리를 특권적이고도 신성불가침적인 것으로 간주한다. 18세기 유럽의 무신론의 기원에 대한 현대 연구는, 무신론이 모든 외부 권위로부터 해방되고자 했던 일부 문화적으로 중요한 개인들의 욕구와 연결되어 있었다는 점을 밝히고 있다.

이와 동일한 기본적 주제는 근래 무신론자들의 저술에서도 명백히 드러난다. 인본주의 철학자 올더스 헉슬리(Aldous Huxley)는 소설 『멋진 신세계』(*Brave New World*, 1932)로 가장 잘 알려져 있지만, 과학이나 철학과는 거의 관련이 없는 이유로 하나님에 대한 믿음을 거부했으며, 무신론을 채택한 **이후에** 그것을 정당화하는 논증을 계발했다. "나는 세상에 의미가 존재하는 것을 원하지 않는다는 동기가 있었다. 그래서 세상에 의미가 없다고 가정했고, 전혀 어려움 없이 이 가정에 대한 만족스러운 이유를 찾을 수 있었다." 철학자 토머스 네이글

(Thomas Nagel) 역시 자신이 무신론을 받아들인 근본적인 동기를 명시적으로 드러냈다. "나는 신을 믿지 않는다는 것이 아니다. 나는 자연스럽게도, 나의 믿음이 옳기를 바란다. 나는 신이 없기를 바란다! 나는 신이 있기를 원하지 않는다. 나는 우주가 그런 식이기를 원하지 않는다." 네이글의 무신론 철학은 그의 더 근본적인 욕구, 즉 신 없는 우주에 대한 욕구를 사후에 합리화한 것으로 보인다. 다시 말해 소원 성취다. 그러므로 프로이트의 범주에 따르면 **환상**이다.

네이글의 무신론은 실제로는 의지나 감정에 근거하여 미리 결정된 것을 사후에 지적으로 정당화할 뿐이다. 그러므로 **소원**이 **신념**을 일으켰다. 이것은 심리학자 조너선 하이트(Jonathan Haidt)가 기술한 "감정이라는 꼬리"가 "합리주의자라는 개"를 흔드는 좋은 예다. 사람들은 직관이나 감정에 기초해 결론을 내리고, 나중에 그 신념들을 정당화하는 이유를 찾아낸다. 그렇다. 사람들이 원하기 때문에 신을 믿는 것에는 위험이 따른다. 하지만 사람들이 완전한 자유와 자율성을 원하거나, 자신의 행동들에 대한 궁극적 책임 개념을 싫어하기 때문에 신의 존재를 거부하는 위험도 마찬가지로 존재한다. 그들은 "우리는 우리가 저자가 아니라 한 이야기의 등장인물"이라는 생각을 받아들이기 어렵다고 여긴다(길버트 메일렌더).

1980년에 노벨문학상을 수상한 폴란드의 소설가 체스와프 미워시(Czesław Miłosz)는, 이 자기 중심적인 믿음이 어떻게 문화 엘리트의 새로운 정통 신념이 되었는지를 지적한 가장 통찰력 있고도 비판적인 관찰자 중 한 명이다. "진짜 인민의 아편은 죽음 이후에는 아무것도 없다는 믿음, 즉 우리의 배신, 탐욕, 비겁함, 살인에 대해 심판받지 않을 것이라고 생각하는 엄청난 믿음이다." 우리는 우리의 행동에 대해 심판받을 것이라는 생각을 좋아하지 않는다. 그래서 우리는 우리의 행동에 대해 심판받지 **않을** 것이라고 믿는 이유를 고안하고, 그 생각을 구시대적 신화(또는 우리가 떠올린 다른 무엇)로 치부해 버린다.

프로이트가 종교적 믿음을 환상으로 여겼다면, 다른 이들은 (예를 들면 C. S. 루이스) 프로이트의 무신론적 유물론이 자체모순이라고 주장하며, '투사'나 '발명'을 말하는 논증은 양날의 검이라고 지적했다. 프로이트는 신이란 하늘의 아버지가 우리의 모든 필요를 돌봐주기를 바라는 소원의 성취라고 주장한다. 마찬가지 논리와 근거로 프로이트와 다른 무신론자들은 그들이 싫어하는 아버지상으로부터 도망쳐야 할 필요가 있기 때문에 신의 존재를 부정한다고 주장할 수 있다. 실제로, 프로이트는 자신의 아버지와 다소 긴장된 관계를 유지했다. 신이 존재하지 않는다는 그의 믿음이 아버지와 같은 인물이 존재하지 않기를 바라는 그의 깊은 욕구에서 비롯되었다고 주장하기는 어렵지 않다.

그러면 이러한 성찰들이 이 변증 질문을 다루는 데 어떤 도움을 주는가? 이 성찰들은 하나님이 소원의 성취가 아님을 증명하는가? 아니다. 하지만 종교가 삶을 감당할 수 없는 사람들을 위한 것이라는 아주 편리한 세속주의의 가정을 의심하게는 만든다. 변증의 주된 요점은 세계관에 헌신하면 어떤 것이든 무의식적인 욕망의 논리를 포함할 수 있다는 것이다. 이것은 사물이 그렇게 되기를 **바라는** 방식이므로, 사람들은 이런 사고방식에 부합하는 것은 무엇이든 전면에 내세우며 강조하고, 다른 방향을 가리키는 증거는 경시하거나 무시한다.

## 종교는 폭력의 원인인가?

종교가 사람들을 더 폭력적으로 만든다는 견해가 근래에 널리 퍼지게 되었는데, 특히 크리스토퍼 히친스의 "새로운 무신론자" 선언문인 『신은 위대하지 않다』(*God is Not Great: How Religion Poisons Everything*, 2007)는 대표적인 예다. 수사적 에너지가 가득한 이 메시지는, 세상의 과오는 과거만 바라보는 미신들에 의존한 것이며, 미신들이 세상을 합리적이고도 과학적인 운명을 추구하지 못하도록 붙잡고 있다고 선언한다. 종교를 제거하라. 그러면 세상은 더 나은 곳이 될 것이다. 종교는 폭력, 지성적 부정직함, 억압 그리고 사회적 분열로 이끌 뿐이다. 또 다른 영향력 있는 새로운 무신론자 저술가인 샘 해리스는 종교는 일반적으로, 그리고 본래적으로 악하다고 주장했다. 그는 이슬람을 모든 종교의 대표처럼 언급하고 있으나, 폭력에 대한 종교들의 서로 다른 입장들을 설명하는 데는 실패했다.

이런 관점에는 많은 문제들이 있다. 우선, '종교'는 잘못된 보편적 범주다. 개별 종교들은 존재하지만, '종교'는 존재하지 않는다. 계몽주의는 '종교'를 보편적 범주로 간주했는데, 이해는 가지만 잘못된 것이었다. 식민지 확장기 동안, 많은 유럽인들은 자신들의 세계관과 다른 세계관들을 만났고, 그것들에 '종교들'이라는 분류표를 붙이기로 결정했다. 사실, 이러한 것 중 많은 것은 유교처럼 삶의 철학으로 보는 것이 나으며, 또 다른 것들은 대부분의 불교 전통들처럼 신과는 명시적으로 상관없는 것들이다. 그러나 '종교'라 불리는 보편적 관념이 존재한다는 계몽주의의 신념은, 이러한 매우 다른 세계관들을 동일한 지적 범주에 억지로 끼워 맞추었다. 다원주의는, 보다 거친 형태로 표현하면, 모든 종교들이 동일한 신적 실재를 향한 동등하고도 타당한 반응들이라고 믿는다. "새로운 무신론"은, 보다 거친 형태로 표현하면, 모든 종교들은 허구적 비실재에 대한 동등하고도 무효하며 망상적인 반응들이라고 믿는다. 실제로는, '종교'라는 구멍 많고 불명확한 개념은 신을 믿는 사람들을 훨씬 넘어서, 광범위한 신념들과 가치들을 포괄한다.

'종교'와 '세계관'을 구분하는 것도 매우 중요하다. 이 구분은 "새로운 무신론"이 특히 실패하거나 방어하지 못하는 부분이다. 기독교와 같은 종교들과 마르크스주의 같은 세속적 세계관들은 모두 추종자들의 충성을 요구한다. 가장 성공적인 세계관들은 그들의 관점이 근본적으로 세속적이라고 할지라도 종교적 요소들을 포함한다. 과거 소련이 본질적으로 세속적인 사건들에 준종교적 의식들을 활용하여 의미를 부여한 것이 그 예다.

역사가 마틴 마티(Martin Marty)는, 종교에는 고정된 정의가 없음을 지적하면서 자신이 종교의 특성으로 간주하는 다섯 가지 '특징들'을 제시한다. 그는 이 다섯 가지는 모든 정치 운동들의 특징이기도 하다고 지적한다. 종교가 이런 점에서 위험하다면, 정치도 마찬가지라고 지적하는 것이 불합리하지 않다. 종교에 광신도가 존재할 수 있고 실제로 존재하는 것처럼, 정치에도 광신도가 있을 수 있으며 실제로도 있다. 문제는 광신주의이지 종교 자체가 아니다. "새로운 무신론"의 종교 비판에서 나타나는 어둡고 공격적인 어조는 광신주의가 종교를 옹호하는 사람들의 진영에만 국한되지 않을 수 있음을 암시한다.

물론 "새로운 무신론"은 다른 곳에서는 볼 수 없는 폭력에 대한 동기를 종교적 세계관이 제공한다고 주장한다. 예를 들면 자살 공격을 하고 나서 낙원에 들어간다는 생각 같은 것이다. 하지만 이 결론은 성급하며, 매우 세심한 뉘앙스 조절이 필요하다. 샘 해리스와 크리스토퍼 히친스는 종교적 믿음이 자살 폭탄 테러와 명백히 직접 이어진다고 볼 것이다. 그러나 애초에 사람들이 왜 자살 폭탄 테러로 몰리는지를 실증적으로 연구해 보면 이 견해는 거의 지지받지 못한다. 심지어 리처드 도킨스조차도 이 지점에서는 신중하며, 종교는 단지 관련된 요인들 중 하나일 수 있다고 말한다.

그러나 종교는 복잡하며, 이러한 복잡성은 인정되고 존중되어야 한다. 종교들은 폭력의 문제에 대해 의견이 다르다. 예를 들어 그리스도인들은 하나님의 얼굴과 뜻과 성품이 예수 그리스도 안에서 완전히 드러난다고 믿는다. 물론 그리스도는 누구에게도 폭력을 행사하지 않았다. 그는 폭력의 **대상**이었지, **실행자**가 아니었다. 그리스도인들은 폭력을 폭력으로, 분노를 분노로 갚는 대신에 "다른 편 뺨을 돌려 대라", "해가 지도록 분을 품지 말라"라고 요구받는다.

이 문제에 대한 중요한 그리스도의 본보기는 2006년 10월 미국에서 발생한 비극적 사건에서 볼 수 있다. 그것은 도킨스의 『만들어진 신』 출판 후 일주일 사이에 일어난 일이다. 총을 든 한 사내가 펜실베이니아의 아미시 학교에 침입하여 여학생들을 총으로 쏘았다. 어린 소녀 다섯 명이 사망했다. 아미시는 어떠한 형태의 폭력도 거부하는 개신교 종파인데, 그들의 태도는 나사렛 예수의 인격과 가르침의 절대적인 도덕적 권위에 대한 이해에 근거한다. 불행하게도 학생들이 살해되었고, 아미시 공동체는 용서를 권고했다. 폭력도 복수도 없었고, 오직 용서만 베풀어졌다. 총을 쏘고 자살한 남자의 아내는 감사하는 가운데, 그 용서가 어떻게 자신과 세 자녀가 "절실히 필요로 했던 치유"를 주었는지를 감동적으로 말했다.

그러나 "새로운 무신론" 저술에서 발견되는 종교와 폭력 사이의 단순한 연결에 대한 또 다른 우려도 존재한다. 무신론자 철학자인 존 그레이는 그의 최근 책 『무신론의 7가지 유형』에서, 무신론자들이 종교에 대해 저지른 폭력의 역사를 직시하는 데 많은 무신론 저술가들이 실패했다는 점에 큰 불편함을 드러낸다. 레닌과 스탈린 치하 소비에트 연방의 역사를 예로 들 수 있다. 레닌은 종교를 지적, 문화적, 물리적으로 제거하는 것이 사회주의 혁명에서 중심 과업이라고 간주했으며, "폭력의 장기적 사용"을 통해 종교적 신념을 뿌리 뽑기 위한 조치들을 취했다.

1917년 볼셰비키가 러시아에서 권력을 장악했을 때, 종교적 신념의 제거는 그들의 혁명 프로그램에서 핵심 요소였다. 이것은 예기치 못한 것도 아니었고 우연도 아니었다. "메시아적 무신론"은 새로운 소비에트 국가의 본질적인 측면이었다. 교회들은 폐쇄되었고, 사제들은 투옥되거나 추방, 처형되었다. 제2차 세계대전 직전에 러시아 정교회의 남은 성직자는 겨우 6,376명이었다. 혁명 전에는 66,140명이었다. 사제들이 집중적으로 처형된 기간은 1937-1938년이었다. 1938년 2월 17일 하루에만 55명의 신부가 처형되었다. 1917년에는 러시아에 39,530개의 교회가 있었지만, 1940년에는 950개만 제대로 기능하고 있었다. 나머지는 폐쇄되었거나, 세속적 용도로 전환되었거나, 다이너마이트로 폭파되었다.

"새로운 무신론" 저술가들이 무신론의 어두운 면을 부인하고 있다는 결론을 피하기 어렵다. 이 점은 그들의 종교 비평을 신뢰하기 어렵게 만든다. 예를 들어 크리스토퍼 히친스는 무신론의 보편적 선함에 대해 독실하고도 다소 무비판적인 신념을 가지고 있는데, 그 신념을 비판적으로 검토하기를 거부한다. 그렇다. 우리 시대의 종교에는 많은 문제가 있으며 많은 부분에서 개혁이 필요하다. 그러나 무신론에 대해서도 같은 말을 할 수 있다. 무신론은 자기반성을 위한 지적이고도 도덕적 비판을, 종교들이 기꺼이 받아들이는 것처럼 스스로도 받아들일 필요가 있다. 왜 많은 무신론자들은 그들이 종교 비판에 적용하는 도덕적 기준을 무신론에는 적용하기를 거부하는가? 종종 지적되었듯이, "새로운 무신론"은 자신의 신념에 대해서는 한 세트의 기준들을 적용하면서, 상대편에는 더 엄격하고 강도 높은 다른 세트의 기준을 적용한다. 종교에 대한 그들의 도덕적 비판도 마찬가지인가?

다행히 증거와 관련된 이 명백한 문제를 기꺼이 직면하고자 하는 무신론자들이 있다. 좋은 예는 스켑틱스 소사이어티(The Skeptics Society)의 창립자 마이클 셔머(Michael Shermer)로, 그는 종교가 거룩한 전쟁 같은 인류의 비극에 연루되어 왔다며 공정한 지적을 하면서도, 이 관찰을 좀 더 광범위한 맥락에 놓음으로써 보완한다.

그러나 이러한 거대한 비극들 하나하나에는 수만 가지의 보고되지 않은 개인적 친절과 사회적 선행들이 따라온다. … 종교는,

역사적 깊이와 문화적 영향력을 가진 다른 모든 사회 제도들과 마찬가지로, 명백한 선이나 악으로 축소될 수 없다.

그렇다면 이러한 성찰들은 변증과 관련해 우리를 어디로 이끌어 가는가? 아마도 가장 중요한 지점 중 하나는, 인간 속에는 깊은 결함이 있으며, 그로 인해 사람들은 폭력을 사용하여 자신의 신념들을 (종교적인 것이든 반종교적인 것이든) 방어한다는 것이다. 그것이 바로 기독교의 죄와 구원에 대한 강조를 이 대화에 도입해야 하는 이유다. 우리는 무엇이 잘못되었나? 그리고 그것에 대해 무엇을 할 수 있나?

## 고난의 문제

오랜 세월 동안 기독교 변증가들과 종교철학자들은 고통과 고난의 존재를 하나님의 선하심과 양립시키는 정교한 설명을 계발해 왔다. '신정론'(theodicy)이라는 용어는 1710년에 철학자 라이프니츠가 고안한 것으로 보이며, 유신론적 관점에서 세상 속 고난의 일관성과 합리성을 지적으로 변호하는 것을 일컫는다. 그러나 '신정론'이라는 과업이 "이성의 시대"의 특징인 합리화에 대한 관심과 연결되어 있다는 문제의식이 점점 커졌다. 2세기 리옹의 이레네우스나 5세기 히포의 아우구스티누스 같은 초기 기독교 저술가들은, 세상 속 고난의 문제에 중요한 목회적, 영적 성찰을 제시했다. 그러나 모더니즘 저술가들은 이러한 저술들의 배경이 되는 목회적 관심은 무시하고, 이 문제를 계몽주의가 선호하는 범주, 즉 악의 문제에 대한 비인격적이고도 이론적인 합리화라는 범주에 강제로 밀어 넣었다. 예를 들어 존 힉(John Hick)의 저술 『신과 인간 그리고 악의 종교철학적 이해』(*Evil and the God of Love*, 1966)는 이레네우스와 아우구스티누스를 마치 현대 종교철학자처럼 다루며, 분명하게 드러나는 그들의 목회적, 영적 관심, 즉 사람들이 고난에서 의미를 찾고 고난이 일으키는 도전에 대처하도록 돕는 측면을 올바르게 다루지 못한 채, 고난이 왜 존재하는가에 대해 고도로 지적인 설명을 한다. 철학자 찰스 테일러와 다른 이들은, 변증이 세상을 세속적으로 읽는 것에 기여하거나 심지어 강화하는 것은 아닌지 의문을 제기했다. 우리가 모든 것에 합리적인 설명을 기대하게 되었기 때문이다. 테일러의 "완충된 자아"(buffered self) 분석은 우리가 변증적으로 과도하게 나가는 경향이 있음을 알려 준다. 테일러에 따르면, 우리는 너무도 자주 인간이 우주의 구조와 인간 삶의 본질을 완전히 이해할 수 있으며, 따라서 모든 "왜" 질문에 답할 수 있다고 가정한다. 제임스 스미스는 이러한 인간 이성의 접근 범위에 대한 과도한 낙관주의를 "인식론적 펠라기우스주의"(122쪽 참조)로 명명하고, 기독교 변증이 그런 지적인 답변들에 의존하면 세상에 대한 무심한 합리화 작업으로 축소된다고 주장한다. 기독교 변증은 그보다는 고통의 존재 속에서 의미 있게 살아갈 수 있도록 희망을 제공해야 한다.

> 이러한 모습의 '기독교' 변증은 새로운 모더니즘 질서가 가져온 관람자적 '세계상'을 받아들였다. 우리가 형상들(forms)의 계층 구조 안에 있다고 보는 대신에(이럴 경우 "더 높은 수준들"이 신비하고 불가해하다는 사실에 놀라지 않을 것이다), 우리는 이제 전체를 조사하려고 내려다보는, 신과 같은, 열정 없는 '시선'을 채택한다. … 그리고 정확히 이런 맥락에서, 우리가 '무관여적 입장'을 채택할 때 신정론 프로젝트가 증가한다. 우리는 모든 것을 볼 수 있는 위치에 있다고 생각하며, 악의 문제를 포함하여 우리를 당황하게 하는 모든 것에 대한 답을 기대한다.

지금 많은 사람들이 신정론의 지적 프로젝트에 대해 경험하는 난점은, 이것이 악과 유신론의 논리적 일관성을 보여줄 뿐이며, 고난이 제기하는 더 깊은 실존적 질문들과 교감하지 못하는 것처럼 보인다는 데 있다. 철학자 스티픈 위크스트라(Stephen Wykstra)가 자신의 "합리적인 인식 접근"(Reasonable Epistemic Access)의 원칙에 근거하여 경고하듯이, 세상을 '하나님의 눈'으로 볼 수 있으며 모든 것을 전체로 보고 그 완전한 의미를 파악할 수 있다고 하는 어떤 가정이라도 회의적으로 볼 필요가 있다. 존 매케이가 제시한 '발코니'와 '거리'의 관점 사이의 대조는, 우리가 실재 전체를 볼 수 있는 고양된 위치인 발코니에 있지 않고, 모든 시각과 이해의 한계를 벗어날 수 없는 거리 위에 있음을 일깨운다(252-256쪽). 윌리엄 에이브러햄(William Abraham)이 지적하는 것처럼, 고난을 1인칭으로 경험하는 것(거리 위에서)은 3인칭의 지적 추상화(발코니로부터)와 쉽게 연결되지 않는다. "3인칭 관점에서 고려하는 것들은 사람들에게 별 의미가 없으며, 기껏해야 공허하고 텅 빈 것이다." 어떤 신정론들은 왜 착한 사람들에게 나쁜 일이 일어나는지를 좋은 의도로 설명하지만, 어떤 사람들은 고통을 받아야 마땅하다는 인상을 독자들에게 남긴다.

아마도 이런 이유이리라 생각되지만, 미국 종교철학자 니콜라스 월터스토프(Nicholas Wolterstorff)는 1983년 6월 산악 사고로 아들을 잃은 후 신정론을 다룬 책들을 읽을 수 없었다고 한다. 그에게는 신정론이 무의미하고 무익해 보였다. "나는 이 조각들을 맞출 수 없었다. 나는 길을 잃었다. 나는 인간을 다루는 하나님의 방식을 정당화하는 신정론 책들을 읽었다. 내게는 그 책들이 설득력이 없었다. 이제껏 내가 물었던 질문 중 가장 고통스럽게 물었던 질문이지만, 나는 그 질문에 대한 답을 알지 못한다."

종교철학자들의 이론 중심의 신정론과 신약성경을 대조해 보면 유익이 있다. 신약성경은 고난과 악이 관통하는 세상 안에서 살아가는 삶의 실재를 인식하지만, 추상적이거나 이론적인 응답을 제시하지 않는다. 바울은 고난에 대한 체계적이고도 일관된 신학을 제공하지 않는다. 그는 신자들의 고난을, "새 시대" 안에 "옛 시대"가 아직 남아 있는 상태에서 살아가는 삶의 본질적 측면으로 보고 있다(갈 3:4; 빌 1:28; 롬 12:9-21). 바울의 의도는 체계적인 신정론을 구축하려는 핵심 요소를 제공함으로써 고난을 **설명**하려는 것이 아니다. 그는 또한 고난과 불안을 무관심해야 할 문제로 개념화하는 스토아주의를 따르지도 않는다. 그의 목표는 그리스도에 근거한, 그리스도에 초점을 맞춘 확신을 주는 것이다. 고난의 존재는 아직 남아 있는 옛 질서의 일부일 뿐이다. 고난을 겪는다 해서 하나님으로부터 버림받았다거나 거부당했다는 의미가 아니다. 그리스도께서 우리보다 **먼저**, 우리를 **위해** 고난받으셨다. 우리는 우리가 참여하게 될 새로운 질서를 소망하며 바라볼 수 있다. 그리스도는 우리로 하여금 의미 없어 보이는 고난 안에서 어떤 의미를 분별하거나 창조할 수 있게 하심으로써, 우리가 고난으로부터 배우고, 고난과 함께 잘 살아가며, 신자로서 성장할 수 있게 하신다.

많은 전통적인 철학적 신정론들, 특히 기독론적 초점을 결여한 것들은, 종종 추상적이고, 복잡하며, 지루한 기술관료적 논의가 되어 버리며, 그들이 다루어야 하는 인간의 고난 경험으로부터 가망 없이 멀어지는 듯하다. 월터스토프가 "신비와 함께 살아가는" 법을 배워야 한다고 깨달음을 얻은 것은 욥기 후반부의 몇 가지 핵심 주제와 공명한다. 내가 보기에는, 이 도전적인 작업은 고통의 존재에 대한 설명을 제공하지 않지만, 일관성 없고 불공정해 보이는 세상 안에 하나님이 임재해 계심을 확언한다. 다시 말하면, 세상의 명백한 비합리성이 하나님에 대한 신뢰를 무효화하지 않는다는 것이다. 고난받는 세상의 신비들에 낯선 이가 아니었던 성서학자 프랜시스 영도 비슷한 결론에 도달했다.

하나님의 선하심에 대해 강렬한 논쟁을 벌이는 책인 욥기를 묵상하면서, 나는 욥의 질문에 대한 답은 욥 자신이 하나님의 임재 안에 있음을 단순히 알게 된 것임을 깨닫기 시작했다. 하나님의 임재 안에서, 그 무한한 신적 실재의 광대함을 대면하고 있다는 것을 깨달을 때, 모든 질문들은 그저 퇴색해 버린다.

욥기는 악과 고난의 문제를 성찰하게 하며, 문제를 드러내지만 쉬운 답을 제공하지 않는다. 2007년 종교 부문 베스트셀러였던 『오두막』(The Shack)이 21세기의 욥기와 같은 모습이라는 것은 의미심장하다. 그것은 많은 사람들이 여전히 고난의 문제와 씨름하고 있으며, 이 수수께끼에 대한 답으로 종종 제시되는 신학적이고도 합리적인 답변들에 만족하지 못한다는 점을 시사한다. 사람들이 찾는 것은 고통과의 의미 있는 씨름이며, 그것을 통해 우리는 더 나은 사람이 되어 가는 것이다.

신앙의 합리성 확인과 변호는 변증에서 언제나 한 부분을 차지할 것이다. 그러나 이러한 방어가 때로 경솔하고도 피상적으로 보일 수 있으며, 고난 가운데 괴로워하는 많은 이들의 감정적이고도 목회적인 고민을 제대로 다루지 못한다는 사실을 인식해야 한다. 변증가는 "하나님이 어떻게 고난을 허락하실 수 있는가?"라는 질문을 일으키는 상황에 민감해야 한다. 그것은 학문적인 질문일 수도 있고, 또는 얼마 전 사랑하는 사람을 잃은 누군가의 절망적인 외침일 수도 있다. 두 가지 상황은 매우 다르며, 변증가는 그 상황들을 구별할 수 있어야 한다.

어떻게 해야 할까? 내 경험에서 고난에 관한 질문에 응답할 때 유익했던 한 가지 방법은, 질문의 중요성을 확인해 주고, 질문자에게 그 질문이 중요한 이유를 명확히 알려 달라고 하는 것이다. 나는 이렇게 대답할 수 있다. "좋은 질문입니다, 그 질문에 기꺼이 답해 드리고 싶습니다. 이 질문이 당신에게 왜 중요한지 말씀해 주시면 도움이 될 것 같습니다." 질문자는 보통 기꺼이 설명을 해주고 싶어 한다. 그리고 나는 어떻게 최선의 답변을 할지, 발코니의 관점에서 말할지 거리의 관점에서 말할지를 생각할 수 있다.

변증가는 또한, 최근 수십 년 동안 일어난 문화적 분위기의 변화를 인식할 필요가 있다. 이런 변화는 고난에 대한 논의를 **합리화**로부터 **건설적 관여**로 이동시켰다. 그래서 질문은 더 이상 고난의 추상적 논리가 아니라, 우리가 이것을 어떻게 감당하고, 고난이 늘 존재하는 세상에서 의미 있게 살아갈 수 있는지와 관련된다. 『침묵에 이름 붙이기』(*Naming the Silences: God, Medicine and the Problem of Suffering*)에서 스탠리 하우어워스는 초기 그리스도인들에게 고난은 철학적 해결책이 필요한 형이상학적 문제가 아니라, 응답을 요구하는 실제적 도전이었음을 지적한다. 우리는 적극적으로 고난과 씨름하고, 어떻게 이것이 우리를 변화시켜 더 나은 사람으로 만들 수 있는지 물어야 한다. "역사적으로 말하면, 그리스도인들은 악의 문제에 대한 '해결책'을 가지고 있지 않았다. 대신에 그들은, 모든 인간관계를 파괴하겠다고 지속적으로 위협하는 악의 파괴적 공포를 흡수할 수 있게 해주는 돌봄의 공동체를 가지고 있었다."

유사한 접근법이 스코틀랜드의 목회신학자 존 스윈턴(John Swinton)에게서도 발견된다. 그는 신정론을 재구성하고 새로운 목적에 맞추어 변경할 필요가 있으며, 신정론의 강조점은 합리적 답변을 개인이 수동적으로 수용하는 것에서 능동적으로 삶의 의미를 구축하는 것으로 옮겨 가야 한다고 주장한다.

신정론은 하나님의 사랑, 선하심, 능력을 변호하기 위해 고안된 실체 없는 일련의 논증으로 이해되면 안 된다. 우리에게는 다른 모습의 신정론 이해가 필요하다. 그것은 기독교 공동체의 삶과 실천 안에서 실체화되는 신정론이다. 이러한 모습의 신정론은 일차적으로 악과 고난을 설명하려 하기보다는, 기독교 공동체가 어떻게 악과 고통에 저항하고 그것을 변화시킬 수 있을지를 제시한다. 그렇게 함으로써, 그리스도인들이 창조 세계 전체에 대한 하나님의 구속을 기다리는 동안, 대답되지 않은 질문들 가운데서 신실하게 살아갈 수 있게 한다.

비록 스윈턴은 목회적 실천의 관점에서 이 문제에 접근하지만, 그의 접근법이 지닌 변증적 함의는 의미심장하다. '내가 고난을 어떻게 이해할 수 있는가?'에서 '나는 어떻게 기독교 신앙의 틀을 사용하여 고난에 대처하고 그 과정에서 성장할 수 있는가?'로 질문이 바뀐다. 이것은 새로운 접근법이 아니라는 것을 강조하고 싶다. 이것은 계몽주의의 합리적 세계가 나타나기 오래전부터 존재해 온 초기 기독교의 사고를 회복하는 것이며, 고난받는 세계를 이해하고 고난에 대처해 온 풍부하고도 역동적인 기독교 전통과 우리를 다시 연결시킨다. 여기서 강조점은 이해하는 것에서 개인적 변화를 가능하게 하는 것으로 옮겨 간다. 이러한 접근법은 팀 켈러의 『고통에 답하다』(*Walking with God through Pain and Suffering*, 2013)에서도 찾을 수 있다. 그는 기독교가 어떻게 우리에게 고난에 대처할 힘을 주는지 강조하면서, 유익한 신학적, 철학적 성찰들을 제공한다.

마지막으로 한 가지 짚어 둘 것이 있다. 이 책의 여러 곳에서 우리는 과학철학의 통찰이 어떻게 변증에 빛을 비추고 도움을 줄 수 있는지를 탐구했다. 다음 단락에서는 고난에 대한 기독교적 성찰과 명백히 관련이 있는 자연과학 분야의 중요한 논의들을 살펴볼 것이다. 변칙(anomaly, 기존 이론에 맞아 들어가지 않는 듯 보이는 것)이 관찰된다고 가정해 보자. 그것이 이론을 포기하게 만드는가? 이 시점에서 그 이론이 경험적 적합성이 부족하다고 결론을 내려야 하는가?

이와 관련된 좋은 예는 천왕성의 변칙적 행동이다. 1781년 천왕성이 발견되고 나서 몇 년이 지나, 천왕성의 궤도 운동이 뉴턴 물리학으로 예측한 것과 일치하지 않는다는 사실이 발견되었다. 이것을 어떻게 설명해야 할까? 핵심 질문은 이런 것이다. 뉴턴 이론의 핵심인 만유인력 개념이 잘못된 것일까? 아니면 뉴턴의 대이론에서 본질적이거나 중심적이지 않은 부차적 가정에 문제가 있는 것일까?

결국 부차적인 가정에 문제가 있었음이 밝혀졌다. 문제가 된 부차적 가정은 천왕성 너머에 다른 행성이 없다는 것이었다. 천왕성 너머에 행성이 있다는 가설이 세워졌고, 천왕성의 궤도 교란에 기반하여 그 위치를 계산했다. 그 결과 1846년에 해왕성이 발견되었다. 뉴턴의 대이론은 그대로 유지되었고, 소소한 측면에서 수정되었다.

요점은 분명하다. 변칙 하나 때문에 대이론을 포기할 필요가 없다는 것이다. 토머스 쿤(Thomas Kuhn)은 증거에 의해 이론이 완전히 확정되지 못함에 관해서, "이론이 관찰과 맞지 않는다는 점이 이론을 거부해야 할 근거가 된다면, 모든 이론은 매번 거부되어야 한다"라고 지적했다. 피에르 뒤엠(Pierre Duhem)은 최선의 설명이라 할지라도 변칙들과 난점들을 동반한다는 점을 인식해야 좀 더 현실적인 접근법이 된다고 주장한다. 삶의 수수께끼들과 변칙들(고난과 같은)은 **존재의** (ontic) 문제보다는 **이해의**(noetic) 문제로 보아야 하지 않을까? 즉 상황 자체보다는 우리의 지각이나 이해의 한계에서 비롯하는 것들 아닐까? 아마도 문제의 부분적 원인은, 우리가 완전하고 명확하게 '큰 그림'을 볼 수 없으며, "희미한 거울을 통해"(고전 13:12) 사물을 보고 있기 때문일 것이다.


## 계몽주의적 합리주의: 신의 자리를 찬탈한 이성

지금까지 이 책에서는 기독교가 **합리적**임을 강조해 왔고, 인간의 지식을 인간의 이성으로 입증할 수 있는 것에만 제한하는 **합리주의** 세계관과는 앞의 주장을 구별해 왔다. "이성의 시대"(67-70쪽 참조)는 보편적 인간 이성이 신뢰할 수 있는 지식의 기초라고 단언했지만, 그 이전의 저술가들은 좀 더 조심스럽고 비판적이었다. 예를 들어 많은 사랑을 받는 영국의 시인 존 던(John Donne)은 인간의 이성이 죄에 의해 포로가 되었으며, 더 이상 신적 진리에 대한 신뢰할 수 있는 안내자가 아니라고 말했다. 죄로 인해 이성은 신뢰할 수 없고 오류에 빠질 수 있는 것이 되었다.

> 나는 점령당한 도시처럼, 다른 이에게 속해 있으니,
> 당신을 받아들이려 애쓰지만, 아, 그것은 헛된 일,
> 이성은 내 안에 있는 당신의 대리인, 나를 지키는 자이건만,
> 포로가 되었고, 약해지거나 거짓을 말하나이다.

그림 8.2 영국의 성직자이자 조지 허버트와 함께 형이상학파 시인에 속하는 존 던(John Donne, 1572-1631).

던의 요점은 이성이 죄의 포로가 되어, 적군에 의해 점령된 도시처럼, 더 이상 우리 안에서 하나님의 '대리인'(viceroy, 한 도시나 지역에서 왕을 공식적으로 대표하는 사람) 역할을 온전히 수행할 수 없게 되었다는 것이다. 그것은 여전히 하나님에 대한 "사랑의 기억"(아우구스티누스)을 떠올릴 수 있는 능력이 있지만, 이제는 이성의 자연스러운 경향이 우리를 그와 같은 포로 상태로부터 벗어나게 하기보다는 그 속에 가두고 있다고 던은 주장한다.

그의 우려에도 불구하고, 18세기 동안 서유럽의 많은 사람들은 하나님에 대해 알아낼 수 있는 것은 무엇이든 이성의 현명한 사용을 통해 완벽하게 발견할 수 있다고 믿게 되었다. 신적 계시는 필요하지 않으며, 인간 이성은 인간 정체성과 의미에 관한 가장 중요한 질문에 관여하고 대답할 수 있다. "이성의 시대" 동안에는, 기독교가 불필요하게 하나님을 진리와 정의의 근거와 결정권자로 만든다고 비판받았다. 인간 이성은 이제 참된 신념들의 유일하게 타당한 기초와 기준으로 여겨졌다.

이러한 관점들은 여전히 영향력이 있다. 일반적으로 "새로운 무신론"으로 알려진 운동은, 리처드 도킨스의 『만들어진 신』(2006) 출간 이후 약 10년간 영향력을 끼쳤는데, 종교보다는 이성과 과학을 더 신뢰할 수 있는 권위로 받아들인다. 이 운동을 주도하는 인물인 크리스토퍼 히친스는 서구 문화에서 이성과 과학이 종교, 전통, 편견, 미신의 폭정을 무너뜨린 대담하고 빛나는 시기로 계몽주의를 묘사한다. 인류는 스스로 생각하기 시작했으며, 하나님과 같은 비합리적 미신을 버렸다는 것이다. 히친스는 그의 책 마지막 장에서 18세기의 합리주의로 돌아가 종교의 오염에서 정화된 합리적 세계를 재창조하자고 호소했다. 이를 본 일부 비평가들은 도킨스와 히친스가 그들의 접근 방식에서 교정이 불가능할 정도로 모더니즘을 고집하며, 이제는 낡아빠진 초기 근대의 세계관을 붙들고 있다고 지적했다. 이 부분 또한 짚어 두어야만 하는데, 사회학자들은 "새로운 무신론"의 주요 인물들이 노년의 백인 남성들이었다고 지적하며, 성별, 인종, 연령이 그들의 주요 사상과 관련된 중요한 요인임을 지적했다.

그렇다면 변증가는 인간 이성의 자율성과 전능함에 대한 이러한 대담하고 확신에 찬 선언들에 어떻게 응답해야 할까? 아래에서는 이 주제를 다루기 위한 몇 가지 요점들을 탐구할 것이다.

20세기 중반까지는 많은 사람들이 계몽주의의 호소, 즉 더 높은 권위, 또는 다른 **어떤** 권위에도 호소할 필요 없이 오직 이성만으로 인생의 모든 크나큰 질문들을 해결할 수 있다는 주장을 믿었던 것 같다. 합리주의는 18세기 말과 19세기 초 영국, 스코틀랜드, 독일, 프랑스 그리고 북미에서 괄목할 만한 발전을 이루었다. 많은 역사가들은 프랑스 혁명 기간인 1793년 11월 10일, 파리 노트르담 대성당에서 열린 "이성의 축제"가 이성에 의해 종교가 대치되었음을 상징하는 사건이라고 본다. 모든 종교의 보편적 대체물로 새로운 "이성의 제의"(Cult of Reason)가 이때 선포되었다. 인간의 이성은 언제나 어디에서나 동일했다. 그것만이 인간의 복지를 지탱하고 정의로운 사회의 기초가 될 수 있었다.

그러나 이러한 비전은 퇴색했다. 한 가지 주요 문제는, 계몽주의가 이성을 궁극적이고 신뢰할 수 있는 권위의 원천으로 받아들이지만 이는 검증될 수 없다는 점이었다. 어떤 이들은 이성이 자신의 권위를 입증할 수 있다고 주장했다. 그러나 그 주장을 비평하는 이들에게는 설득력이 없었다. 인간 이성의 권위에 대한 이러한 합리적 방어는 궁극적으로 순환 논리적이고 기생적임이 분명해 보이지 않는가? 자신의 결론을 가정으로 삼고 그것에 의존하는 것 아닌가? 만약 인간 추리 과정에 결함이 존재한다면, 이성 자체는 그것을 포착할 수 없을 것이다. 우리는 어떠한 탈출 수단도 없이, 신뢰할 수 없는 사고의 패턴들에 갇히고 말 것이다.

오스트리아-헝가리 출신의 수학자이자 철학자인 쿠르트 괴델 (Kurt Gödel, 1906-1978)의 작업은 이러한 우려들에 새로운 엄밀함을 부여했다. 괴델의 분석은 **이성이 자신의 권위와 능력을 입증하는 데 사용될 수 없다**는 점증하던 인식을 강화시켰다. 이 부분은 느슨하고 순진하게 "자유로운 사고"를 말하는 사람들이 슬쩍 피해 가는 부분이다. 그들은 이성이 망상을 일으키고, 생각을 제한하고 가두어 놓을 수 있음을 알아차리지 못한다. 이성은 제약을 지닌다. 괴델의 가장 뛰어난 최근 해석가 중 한 명인 미국의 공공철학자 리베카 뉴버거 골드스타인 (Rebecca Newberger Goldstein)은 이성을 완전히 신뢰할 수 있는지 살펴봄으로써 괴델이 해놓은 작업의 중요성을 강조했다.

그림 8.3 20세기 최고의 수학자이자 논리학자 중 한 명으로 인정받는 쿠르트 괴델.

어떻게 신념들(신념들에 대한 신념들을 포함하여)의 체계 안에서 움직이는 한 사람이, 그 체계를 벗어나 그 체계가 합리적인지를 판단할 수 있는가? 당신의 추리 수단이 되는 규칙들을 포함하여 당신의 전체 시스템이 광기에 감염되었다면, 어떻게 추리를 통해 광기에서 벗어날 수 있겠는가?

따라서 최근 일어나는 포스트모더니즘은 실제로는 비합리주의적 증상이 아니라, 합리주의의 실존적 부적합성과 그것이 조장한 문화적 권위주의에 대한 저항이다. 사람들은 이성에 의해 **결정되는**(단지 정보를 제공받는 것과 달리) 삶의 접근 방식이 지닌 명백한 결함을 깨닫게 되었고, 사회학자 막스 베버가 "합리주의의 철장"으로 묘사한 그것에 억지로 끼워 맞추려는 이들에게 저항했다. 많은 초기 계몽주의 사상가들은 인간 이성을 해방적이라고 보았지만, 베버는 이성이 제한적 가능성들의 집합 속에 우리를 감금한다고 보았다.

인간 이성이 논리적 진리를 증명할 수는 있겠지만, **증명되지 않고 증명할 수 없는** 광범위한 철학적, 도덕적, 종교적 신념들을 '합리적'이라고 간주할 만한 좋은 이유들이 있다고 지적한 이들도 있다. 이 점은 철학자 알래스데어 매킨타이어가 특별히 강조했는데, 그는 계몽주의 저술가들이 이성을 도덕의 기초로 선언했지만, 어떤 형태의 도덕이 이성으로 정당화되는지는 합의할 수 없었다고 지적했다. 매킨타이어는 "도덕을 정당화하려는 계몽주의의 프로젝트"는 지속될 수 없었다고 주장했다. "계몽주의의 유산은 합리적 정당화의 이상을 제시하는 것이었지만, 달성 불가능함이 증명되었다." 그렇다면 이성이 명확하고도 객관적인 판단을 내릴 수 있다면, 왜 계몽주의 내부에서조차 그렇게 많은 질문들이 해결되지 않고 논란으로 남아 있는가? 매킨타이어가 보기에 이런 실패로부터 끌어낼 수 있는 유일한 결론은, 단일한 보편적 합리성 관념이 신화라는 것이다.

그렇다면 이러한 성찰들은 합리성에 대해 무엇을 말해 주는가? 아마도 가장 중요한 요점은 이것일 것이다. 즉 **여러 개의 타당한 합리성 개념들이 존재한다**는 것이다. 새로운 무신론의 수사(rhetoric)는 세상이 합리적인 것(무신론)과 비합리적이거나 미신적인 것(종교)으로 깔끔하게 분리되어 있다고 주장한다. 그러나 이러한 단순한 이분법적 사고방식은 '합리적'이 되는 데 여러 방식이 존재한다는 인식으로 뒤엎어진다. 우리는 여러 경쟁하는 합리성들이 존재한다는 것을 인정해야만 한다.

이것은 중요한 변증적 요점으로 이어진다. 기독교는 그 자체의 고유한 합리성이 있으며, 이는 다른 합리성 이해와 나란히 존재하고 때로 그것과 겹칠 수도 있다는 점이다. 그렇다면 기독교가 합리적이라는 의미는 무엇인가? 여기서 탐구해 볼 수 있는 두 가지 유익한 요점이 있다. 첫째로, 신념은 그것이 옳다는 증거가 있다면 '합리적'이라 말할 수 있다. 기독교 변증, 그중에서도 특히 증거주의 형태의 변증은, 역사와 이성적 논증의 증거가 결정적으로 기독교의 진실성을 가리킨다고 오랫동안 주장해 왔다. 둘째로, 어떤 신념이 우리의 관찰들과 경험들을 이해할 수 있게 만들어 준다면 '합리적'이라고 여겨질 수 있다. 예를 들어 아이작 뉴턴의 중력 이론은 사과가 땅으로 떨어지는 현상과 행성들이 태양 주위를 공전하는 방식에 관해 뉴턴이 관찰한 바를 이해할 수 있게 만들었다.

체스터턴과 다른 이들이 주장한 것처럼 기독교는 해석의 틀, 즉 '큰 그림'을 제공하여 기독교적 합리성의 틀 안에서 세상을 이해할 수 있게 해준다. 체스터턴에 따르면, '큰 그림'은 "마치 돌들이 배열되어 아치를 이루는 것처럼, 배열된 조각들이 서로 관련된 상태로 존재할 수 있게 한다." 이 책의 앞부분에서 언급한 것처럼(38-42쪽), 이 합리성은 우리가 우리 내부에서 경험하고 주변 세계에서 관찰하는 것을 이해하도록 돕는다.

### 신념과 증명: 신앙의 확실성에 대한 질문

"새로운 무신론"으로 알려진 운동은 리처드 도킨스의 『만들어진 신』(2006) 출간과 함께 일어났고, 신앙의 질문들에 대해 입장이 단순했다. 과학은 자신의 신념들을 증명한다. 과학은 **사실들**, 즉 흔들리지 않는 실험적 증거에 근거하여 옳다고 증명할 수 있는 객관적인 진실들을 다룬다. 과학이 증거에 기반하기 때문에, 신앙은 불필요하고 의심은 제거된다. 증거는 거부할 수 없는 명료함으로 우리가 그 진리를 확신하게 만든다. 그렇다면 종교인들은 하나님에 대한 그들의 신념이 참임을 **과학적으로** 증명할 수 있는가? 새로운 무신론 저술가들에게 그 대답은 단순했다. "아니오." 하나님에 대한 신앙은 비합리적일 뿐이다. 신앙은 신념들을 확언하는 것일 뿐, 신념들의 증거를 제시하지 않는다. 새로운 무신론을 주도하는 대표적 인물인 크리스토퍼 히친스는 『신은 위대하지 않다』에서 자신은 무언가를 "믿지" 않으며, 사실적으로 정확한 것을 수용할 뿐이라고 주장했다. 무신론은 생각하는 사람의 당연한 기본 출발점이었다.

『신은 위대하지 않다』는 그러한 확신과 자신감으로 쓰였는데, 자기 확신만이 진리의 지표였다면 히친스는 그의 논쟁에서 힘들이지 않고 승리했을 것이다. 그러나 몇 가지 핵심적인 종교적, 철학적 사상에 대한 그의 매우 피상적인 분석은, 문제를 제대로 다루려는 의지가 그에게 없음을(또는 아마도 능력이 없음을) 시사한다. 예를 들어 "종교의 형이상학적 주장들은 거짓이다"라는 대담한 제목을 붙인 『신은 위대하지 않다』의 한 장은 흥미를 줄 수 있는 논쟁의 겉만 훑고 지나가며, 그 형이상학적 주장들이 무엇인지, 그것들에 무슨 문제가 있는지를 말해 주지 못한다. 새로운 무신론은 처음에는 새롭다는 가치 때문에 매체의 일부 섹션에 실릴 수 있었지만, 그 호소력은 종교 비판에 실체가 있어서가 아니라, 조롱의 강도가 높았기 때문이다. AP통신의 브루스 드실바(Bruce DeSilva)는 여기에 이루어진 합의를 포착한 것 같다. 그는 『신은 위대하지 않다』를 언급하며, "히친스는 뭔가 새로운 말할 거리는 없지만, 그것을 두드러지게 잘 말한다는 점은 인정해야 한다"고 했다.

그러나 얼마 지나지 않아 "새로운 무신론"은 증명되지 않은, 아마도 증명될 수 없는 신념들의 그물망을 사용하고 있다는 것이 분명해졌다. 무신론자 철학자인 줄리안 바기니(Julian Baggini)는 "새로운 무신론"이 이성에 대한 독점권을 가졌다고 생각하는 것 아니냐고 불평했다. "'주문들'(spells)과 '망상들'에 대한 이야기를 가지고, 누군가가 무신론자가 아니면 오로지 어리석음이나 이성에 대한 터무니없는 무시 때문에 그렇다는 인상을 주고 있다." 바기니는 우리가 이성의 한계를 인식하고, 종교적 신념에서도 이성과 증거가 중요한 역할을 한다는 점을 받아들여야 한다고 주장했다. 바기니는 새로운 무신론자들이 이성의 능력 범위에 대해 조금 더 회의적이어야 하지 않는지 의문을 품는다. 도킨스와 히친스는 이성에 "그것이 가지고 있지 않은 힘"을 부여하는 것처럼 보인다. 많은 사람들이 모욕적이고도 호전적인 수사라고 여기는 "신에 대한 망상"이나 "맹목적 신앙"에 관한 언급 배후에는 그들의 실패가 자리 잡고 있다. 즉 철학의 주요 질문들 중 하나인, '인생의 거대한 질문 대부분은 논쟁이나 증명으로 해결될 수 없다는 사실을 어떻게 다루어야 하는가?'라는 문제를 다루지 못하는 실패다.

철학자 칼 포퍼(Karl Popper)는 인생의 의미와 선한 것들의 본성을 묻는 더 큰 질문들, 사람들에게 정말로 중요하지만 어떠한 알려진 과학적 수단으로도 증명할 수 없는 것들을 지칭하기 위해 "궁극적 질문들"이라는 부류를 도입했다. **얕은** 진리들을 증명하는 것도 의미는 있다. 그러나 포퍼가 지적했듯, 삶에서 정말로 중요한 신념들은 논리적 혹은 과학적 증명 너머에 있다. 이러한 "궁극적 질문들"에 대한 답변은 어떤 것이든 궁극적으로는 **증명할 수 있는 바**가 아니라 **믿는 바**의 문제로 귀결된다. 증명은, 이 단어의 적확한 의미로 이해할 때는, 논리와 수학의 세계에 한정된다. 의미, 가치, 윤리, 정치, 종교와 같은 인생의 다른 모든 영역에서는, 증명될 수 없지만 그럼에도 불구하고 신뢰할 만하거나 믿을 수 있다고 간주되는 것들을 받아들이는 일에 익숙해져야만 한다.

이러한 점은 영국의 철학자이자 지성사 학자인 이사야 벌린 경이 강조했던 바다. 그는 인간의 신념이 크게 보아 세 가지로 분류된다고 말했다.

1. 경험적 관찰을 통해 확립될 수 있는 것들
2. 논리적 연역을 통해 확립될 수 있는 것들
3. 이러한 두 가지 방식으로 증명될 수 없는 것들

처음 두 범주 중 하나는 자연과학을 통해 신뢰할 만큼 알 수 있는 것, 다른 하나는 논리와 수학을 통해 증명될 수 있는 것과 관련된다. 그러나 세 번째 범주는 인간 문화를 형성하고 인간 실존에 방향과 목적을 부여해 온, 가치들 및 사상들과 관련된다. 벌린은 이런 신념들은 이성이나 과학으로 증명할 수 없다고 주장한다.

철학자들은 대부분 이러한 점을 인정하고 있으며, 인간의 지식이 부서지기 쉽다는 것을 잘 알고 있다. 무신론자 철학자 버트런드 러셀은, 철학의 임무가 "확실성 없이도 살아가는 방법을 가르치는 것"이라고 말했다. 러셀은 확실성에 대한 인간의 본성적 갈망은 파괴적인 "지적 악덕"이며, 한편으로는 인간 이성의 제한된 능력 및 다른 한편으로는 세상의 복잡성과 화해할 수 없다고 주장했다. 그는 확실성 추구가 헛됨을 인식하는 것이 책임 있는 철학적 사고에 필수적이라고 말했다. 러셀은 비록 무신론자로 살기를 선택했지만, 하나님의 부존재를 증명할 수 없음을 분명히 했으며, 윌리엄 제임스처럼 완전한 확실성을 가지고 입증할 수 없는 일련의 믿음에 근거해서 삶을 살 수 있다고 믿었다.

이와 같은 간략한 분석에서 배울 수 있는 변증적 교훈은 무엇일까? 두 가지 주요한 요점이 나타난다. 첫째로, 종교적인 것이든 세속적인 것이든, **어떤** 세계관을 받아들이는 것은 증거가 엄밀히 허락하는 범위를 넘어선다. 신이 없다는 신념은 증명된 사실이라기보다는 의견이며 판단이다. 세속주의는 신념들의 그물망이지 중립적인 입장이 아니다. 이 점을 탐구하는 것은 **증명할** 수 없는 세계관이나 신념에 많은 사람들이 기꺼이 자신을 맡기면서도 어떠한 지적 어려움도 겪지 않음을 보여주는 데 매우 유용할 수 있다. 이것은 진정한 이슈가, 증명의 범위를 넘어서는 무언가를 믿는 것이 아니라, 증명되지 않은(그리고 아마도 증명될 수 없는) 특정한 믿음 중에서 무엇을 선호해야 하는가임을 시사한다.

둘째, 이러한 성찰들은 파스칼의 유명한 변증적 조언의 중요성을 드러낸다. 우리는 "좋은 사람들이 [기독교 신앙]이 참이었으면 좋겠다고 바라게 만들어야 한다. 그리고 그것이 진실임을 보여주어야 한다." 파스칼의 요점은 욕구가 변증적으로 중요하며, 새로운 선택지들을 기꺼이 살펴보고자 하는 마음을 만들어 준다는 것이다. 파스칼에 따르면, 우리는 사람들이 기독교 신앙이 약속하는 것을 갈망하도록 먼저 도와주고, 그다음에는 그것이 단지 바람직한 것이 아니라, 참이며 실재라고 믿을 수 있는 이유를 제시해야 한다.


## 삼위일체는 신에 대한 비합리적 견해인가?

많은 사람들이 기독교의 삼위일체 교리에 대해 들으면 당혹스러워한다. 이 교리는 하나님에 대한 기독교의 독특한 이해를 제시하는 것으로 널리 (그리고 올바르게) 알려져 있다. 그러나 많은 사람들이 이 믿음을 비논리적이고도 알맹이가 없다고 여긴다. 하나님이 어떻게 셋이면서 동시에 하나일 수 있는가? 왜 우리는 신약성경의 소박한 어휘들만으로 만족하지 못하고, 그처럼 사변적인 방식으로 하나님을 말하여 수학적 부조리에 빠지고자 하는가? 이것은 단순히 이 하나의 교리뿐만 아니라 기독교 신앙의 체계 전체를 오염시키는 어떤 더 깊은 비합리성이 존재한다는 것을 보여주는 증상은 아닐까?

그리스도인들은 한 분이신 하나님을 믿지만, 이 '하나님'은 유대교나 헬레니즘 철학의 관습적 범주에 들어맞지 않는다. 하나님에 대한 기독교의 비전은 너무나 풍부하며, 하나님을 창조자, 구속자, 거룩하게 하시는 분으로서 새롭게 사고하기를 요구한다. 삼위일체 교리는 세 하나님이 있다고 주장하지 않는다. **한** 하나님이 있지만 그분은 인간의 범주로 적절히 기술할 수 없다고 주장하는 것이며, 이런 풍부한 신관을 보호하는 신학적 틀을 제공한다.

교회가 사용하는 삼위일체 언어는 신약성경에 존재하지 않지만, 초기 기독교 신학자들은 신약성경에 함축된 풍부한 하나님 진술을 표현하기 위해 이러한 개념들을 계발해야만 했다. 4세기 알렉산드리아의 아타나시우스는 성경적 **진리**를 보존하기 위해 때로는 성경적 **용어**를 넘어서는 것이 필요하다는 중요한 말을 남겼다. 단순히 신약성경이 말한 바를 반복하는 것으로는 불충분했다. 하나님에 관한 신약성경의 많은 통찰들을 엮어 내야만 했고, 그 와중에 나타난 풍부하고도 변혁적인 하나님의 모습을 표현할 적절한 단어들을 찾아야 했다.

초기 기독교 저술가들, 예를 들어 2세기의 저술가 이레네우스 등은 신약성경의 하나님 개념이 서로 연결된 세 가지 주된 요소에 초점을 맞추고 있다고 지적했다. 즉 우주의 근원이신 하나님, 나사렛 예수의 인격 안에 집중되고 집약된 방식으로 현존하고 활동하는 하나님, 그리고 성령을 통해 신자들과 세상 안에 현존하고 활동하는 하나님이다. 이레네우스는 이 세 가지 요소가 신약성경 신관의 본질적인 부분으로 함께 보존되어야 하며, 축소되거나 단순화되어서는 안 된다고 주장했다. 삼위일체는 이런 통찰들을 함께 붙잡는 방법이었으며, 이를 통해 신약성경 신관의 깊이와 범위를 보존할 수 있었다.

기독교의 하나님 이해는 창조자, 구속자, 유지자로서 활동하는 한 분 하나님에 관한 것이며, 단순히 우주를 창조하고 우리에게 따라야 할 규칙을 알려 주신 하나님이 아니라, 세계를 창조하시고 그리스도 안에서 세상을 구속하기 위해 세상 속으로 들어오신 하나님, 그리고 성령을 통해 그 세계와 신자들의 삶 속에 현존하시는 하나님이시다. 다른 하나님 개념들은 더 간단하고 이해하기 쉬울 수 있지만, 독특한 **기독교적** 하나님 이해의 중심 주제를 확인하고 보호하는 데는 실패한다. 기독교 성경은 하나님이 단지 창조자와 법의 제정자가 아니라, 우리의 구속자이자 유지자이심을 분명히 한다. 삼위일체 교리는 이 핵심적 통찰들을 지적으로 공식화한 것이다. 오직 한 분 하나님이 계시지만 그 하나님은 너무나 풍부하고 복잡하시므로, 하나님께 올바로 접근하려면 하나님이 **누구**시며 **무엇을** 하시는지 단순화하는 (따라서 왜곡하는) 것보다는, 삼위일체적 틀을 사용해야만 한다. 삼위일체는 이러한 기독교적 신관을 그리지만, 인간의 마음이 이 비전을 온전히 받아들일 수 없다는 이유 때문에 지적 불편함이 생기고, 그 결과 지적으로 다룰 수 있도록 그것을 축소하게 된다.

많은 사람들에게 삼위일체는 문젯거리다. 그러나 신학자들은, 유한한 인간의 마음이 압도적인 하나님의 현실을 직면할 때 이것은 일어날 수밖에 없는 일이라고 주장한다. 히포의 아우구스티누스는 하나님을 이해하는 우리 능력의 한계를 간결한 경구로 훌륭히 요약 설명했다. "당신이 하나님을 파악했다고 생각한다면, 당신이 파악한 그것은 하나님이 아니다." 당신의 머리로 이해할 수 있는 그것은 하나님이 아니다. 우리가 온전히 완벽하게 파악할 수 있다면 어느 것도 하나님일 수 없다. 인간의 마음으로 완전히 파악될 만큼 제한되고도 빈곤한 것이라는 바로 그 이유 때문이다.

하나님은 간단히 우리의 정신 용량을 압도한다. C. S. 루이스는 많은 사람들이 삼위일체 교리와 관련해 겪는 어려움을 성찰하면서 이

점을 지적했다. 우리는 제한적이고 협소한 인간의 관점에서 사물을 본다. 그는 우리가 "평면인"(Flatlanders)이 되었다고 상상해 보라고 제안한다. 즉 2차원 사람들이 3차원 물체를 시각화하려고 시도하지만 실패하고 마는 상상이다.

평면인들이 정육면체를 상상하려고 할 때, 여섯 개의 정사각형이 겹쳐지는 것으로 상상하면 각각의 구별됨을 무너뜨리게 되고, 나란히 놓인 것으로 상상하면 그들의 하나 됨을 무너뜨릴 것이다. 우리가 삼위일체에 대해 느끼는 어려움도 대략 이런 것이다.

루이스가 삼위일체 교리를 변호하려 하거나 그것을 믿을 수 있는 새로운 증거를 제시하지 않는다는 점을 알아차려야 한다. 그 대신, 뚜렷해 보이는 "비합리성"을 새로운 방식으로 인식하게 만드는 시각적 틀을 제시하고, 그리하여 이 교리에 관해 전에 느꼈던 어려움들이 제한된 (그리고 제한하는) 관점에서 보기 때문에 발생한다는 것을 깨닫게 한다. 삼위일체는 신비일 수는 있지만, 그 점이 그 교리의 비합리성을 의미하지는 않는다.

다행히 루이스는 독자들이 삼위일체를 생각하는 데 도움이 되는 좀 더 쉬운 유비도 사용한다. 그는 기도하는 어떤 사람을 상상해 보라고 제안한다. 루이스에 따르면, 기도의 풍부한 역동은 그리스도인의 삶 속에 삼위일체로 표현되는 하나님의 행동과 임재의 복잡성을 가리킨다. 기도하는 그리스도인들은 하나님이 어떤 식으로든 기도의 **목표**이며, 기도의 **동기를 부여하는 능력**이며, 기도 안에서 그들이 걸어가게 되는 **길**이심을 인식한다. 루이스는 이와 같이 그리스도인의 기도 경험이 삼위일체적 하나님 이해에 어떻게 상응하는지 보여준다.

## 과학주의: 과학만이 인생의 큰 질문들에 답할 수 있다

현대 서구 문화에서 자연과학의 역할은 중요하다. 자연과학의 문화적 권위는 두 가지 중요한 질문을 일으키며, 우리는 이 단락과 다음 단락에서 그 질문들을 살펴볼 것이다. 첫째로, 과학은 신뢰할 수 있는 지식의 유일한 원천인가? 둘째로, 과학과 종교적 신앙은 충돌하는가? 이 두 가지는 변증적 논쟁과 토론에서 주기적으로 만나는 질문이다. 이 단락에서는 과학을 특권적 혹은 독점적 지식의 원천으로 간주하는 "과학주의" 입장을 살펴볼 것이다.

생물학자이자 철학자인 마시모 피글리우치(Massimo Pigliucci)는 과학주의를 이해하는 가장 좋은 방식은 아마도, "과학을 모든 흥미로운 질문에 대한 궁극적인 표준이자 심판관으로서 간주하려는 전체주의적 태도"로 보는 것이라고 말한다. 대부분의 과학자들은 인간 지식이 가능성의 스펙트럼으로 구성된다고 보는데, 여기에는 과학적 지식뿐 아니라 그것을 넘어 도덕적, 정치적, 종교적 신념들까지도 포함된다. 예를 들어 알베르트 아인슈타인은, 과학이 인간 지식의 한 형태일 뿐이고, 도덕적, 정치적, 종교적 질문들에 만족스러운 답을 제공할 수 없다며 상당히 명확한 입장을 취했다. 유명한 진화생물학자인 스티븐 제이 굴드(Stephen Jay Gould)도 견해가 비슷하다.

과학은 자연 세계의 사실적 성격을 기록하고 설명하려고 시도한다. 반면에 종교는 우리 삶의 의미와 적절한 행동에 관련된 영적이고도 윤리적인 질문과 씨름한다. 자연의 사실들은 단순히 올바른 도덕적 행동이나 영적 의미를 지배할 수 없다.

과학주의는 과학적 방법의 적용에서 나오는 지식만이 유일하게 타당한 지식 형태라고 주장한다. 이런 입장을 취한 두 명의 중요한 무신론 저술가는 생물학자 리처드 도킨스와 철학자 알렉스 로젠버그 (Alex Rosenberg)다. 서로 다른 방식이긴 하지만 이 두 사람은, 과학이 다른 형태의 지식을 부적절하고도 신뢰할 수 없게 만든다고 주장한다. 그의 책『무신론자를 위한 실재 가이드』(*Atheist's Guide to Reality*, 2011)에 서 로젠버그는 과학은 "실재에 대한 우리의 독점적인 안내자"라고 주장한다. 우리는 다른 것이 필요 없으며, 과학 외에는 확실한 지식으로 간주할 수 있는 것이 전혀 없다. 과학만이 전통적으로 윤리적, 종교적, 철학적 질문으로 여겨진 질문들에 명확하고도 설득력 있는 답을 제공할 수 있다. 로젠버그에 따르면, 이 질문들은 근본적으로 **과학적** 질문이며, 따라서 오직 과학적 방법으로만 답할 수 있다. 과학을 통해 지식을 얻는 세상을 향해서 종교는 아무것도 말해 줄 것이 없다.

이 복잡한 세상에서 진정성 있는 삶을 잘 살아갈 때 많은 사람들이 필수적이라고 생각하는 두 가지 주요 질문이 있다. 삶의 의미는 무엇인가? 좋은 삶은 무엇이며, 나는 어떻게 그런 삶을 살 수 있는가? 과학주의는 이런 것들은 과학이 답할 수 없는 비질문(nonquestion)들이 며, 따라서 결코 적절한 대답을 제시할 수 없다고 선언한다.

그렇다면 과학은 어떤 질문들에 답할 수 있으며, 어떤 답들을 제공하는가? 로젠버그는 유용하게도, 자연과학이 명확하고 간결하게 답할 수 있다고 자신이 믿는, 삶의 더 중요한 몇 가지 질문들을 나열한다. 그는 네 가지 사례를 제시하고, 과학이 제공한다고 그가 단언하는 "신뢰할 수 있는" 답변도 제시한다.

질문 1: 신이 존재하는가?
　답: 없다.
질문 2: 우주의 목적은 무엇인가?
　답: 그런 것은 없다.
질문 3: 삶의 의미는 무엇인가?

답: 위와 같다.

질문 4: 옳고 그름, 좋고 나쁨의 차이는 무엇인가?

답: 그것들 사이에 도덕적 차이는 없다.

네 번째 질문의 답에 초점을 맞추어 보자. 로젠버그에 따르면, 과학은 우리에게 무엇이 선이고 악인지 말해 줄 수 없다. 이 견해는 도덕철학자들 사이에서 널리 받아들여지고 있는데, 그들은 (데이비드 흄을 따라) 사실적이거나 과학적인 진술 형식을 지닌 전제들로부터 도덕적 진술이 포함된 결론에 도달하는 타당한 연역적 논증은 존재할 수 없다고 올바르게 지적한다. 사실과 가치 사이를 연결하려면 어떤 종류의 다리가 되는 가설이 필요하다. 그리고 과학은 물론 사실에 관한 것이다. 그러나 로젠버그는 대부분의 철학자들보다 더 나아가서, 과학주의의 관점에 서서 '선'과 '악'은 본질적으로 **의미 없는** 용어라고 선언한다. 그들 사이에는 차이가 없다.

그러나 로젠버그의 다소 완고한 접근법은 우리가 악과 맞서는데 필요한 도덕적 틀에 필수적인 요소를 박탈한다고 많은 사람들이 느낄 것이다. 그 박탈되는 요소란 악을 악으로 **명명하는** 것이다. 로젠버그의 거북한 결론은 그가 결론을 도출하기 위해 사용한 방법을 의심하게 만든다. 정말로 옳고 그름 사이에 "도덕적 차이가 없다"고? 선과 악 사이에? 너무도 단순한 이런 진술들은 우리가 인류 역사의 많은 "끔찍한 악들", 예를 들어 나치의 강제 수용소나 다른 부족에 속했다는 이유만으로 학살된 여성과 어린이들의 집단 무덤 등을 생각하면 피상적이고 공허해 보인다. 로젠버그는 과학이 도덕적 질문에 만족스럽게 답할 수 없다는 것을 보여주었을 뿐, 도덕적 질문들이 무의미하거나 답변될 수 없음을 보여준 것은 아니다.

그렇다면, 로젠버그가 우리에게 문제 있는 **답변들**을 제시한다면, 그 답변들을 얻기 위해 사용한 **방법들**은 어떠한가? 로젠버그 자신이 인정하듯이, 과학이 "실재에 대한 우리의 독점적인 안내자"라는 견해는 '악순환'을 일으킨다. 이 접근법을 변호하려면 그 접근법의 핵심 신념이 믿을 만하다고 전제해야만 하기 때문이다. 만일 과학이 신뢰할 수 있는 유일한 판단 기준이라면, 이 신념을 확인하는 유일한 방법은 과학에 호소하는 것이다. 이는 과학이 자신의 능력을 의심하는 재판에서 판사이면서 동시에 배심원으로 기능한다는 의미다.

그러나 어떤 연구 방법이 제대로 검증되려면, 그것을 판단할 수 있는 체계 밖의 관찰 지점이 필요하다. 과학을 판단할 수 있는 과학 밖의 관찰 지점이 있다면, 과학의 독점적 권위에는 명백히 의문이 제기된다. 그 권위는 궁극적으로 다른 것, 과학을 **넘어선** 무언가에 의존할 것이기 때문이다. 과학을 넘어선 어떤 검증 권위에 호소하는 것은 과학이 유일하게 신뢰할 수 있는 지식의 원천이나 기준이 아님을 유효하게 인정하는 것이다.

그런 이유로 대부분의 학자들은, 적어도 로젠버그와 도킨스가 제시한 형태의 과학주의는 부풀려지고 근거로 뒷받침되지 않은 과도한 진술이라고 여긴다. 아마도 대부분 학자들은, 경험적 영역에서 윤리적 영역으로의 이동을 비판한 철학자 데이비드 흄에 기초하여, 알베르트 아인슈타인이 명확히 인식한 바에 동의할 것이다. 과학은 단순히 도덕적 질문에 답할 수 없다. 과학주의는 인식론적 제국주의의 한 형태로서, 그 방법들과 기준들이 다른 모든 분야에 구속력이 있다고 주장하며, 실제로는 윤리, 정치, 종교를 과학으로 환원한다. 그러나 이 단락의 앞부분에서 이미 암시했듯, 대안적 접근법이 있다. 그것은 인간 지식을 스펙트럼으로 생각하는 것이다. 그 스펙트럼 안에는 과학적, 논리적, 수학적, 윤리적, 종교적, 정치적 사상들과 같은 다양한 형태의 지식이 포함된다. 각 분야에는 세상을 탐구하는 자신만의 방법이 있다. 우리의 과제는 이러한 다양한 형태의 지식을 함께 모으는 방법을 찾고, 인간 지식의 많은 지류를 함께 엮어 더 풍부하고 깊은 이해에 이를 수 있게 만드는 것이다.


## 과학과 종교는 양립할 수 없다

이제 우리는 서구 문화에서 특히 중요해진 한 가지 이슈를 살펴보려고 한다. 곧 과학과 종교가 "양립할 수 없다"라거나 영속적 전쟁 상태에 있다는 생각이다. 이런 생각은 그것을 뒷받침하는 증거가 현저히 부족함에도 언론과 대중문화에서 널리 받아들여졌다. 과학과 종교가 서로 **다르다**는 것은 확실하지만, 이것이 **양립할 수 없다**는 의미는 아니다. 세계 곳곳에서 이루어진 과학과 종교의 관계에 대해 문화적 연구가 이루어졌는데, 과학과 종교의 양립 불가능성은 (특히 이것이 과학과 종교 사이의 영속적 전쟁이라는 생각으로 발전하는 것은) 서구만의 별난 사상이며, 다른 주요 문화적 맥락들(인도 등) 안에서는 재현되지 않는다는 것을 보여준다.

오늘날 서구 문화에서 이루어지는 토론에서는 과학과 종교적 신앙의 관계에 대해 세 가지 주요 태도가 나타난다. 나는 이것들을 아주 간략히 요약하고, 각 입장을 대표하는 주요 인물을 제시할 것이다.


1. 과학과 종교는 서로 전쟁 중이다. 리처드 도킨스에 의해 대표되는 이 입장은 과학이 종교적 신앙과 대화를 하면 오염되거나 훼손될 뿐이라고 주장한다.

2. 과학과 종교는 서로 다른 형태의 지식이며, 각각 중요하지만 둘 사이에는 대화가 필요하지 않고 가능하지도 않다. 아인슈타인에 의해 대표되는 이 입장은 과학과 종교가 서로 다름에도 양립 가능하지만, 공통의 논의 주제는 없다고 주장한다. 과학은 세계가 어떻게 기능하는지 설명하는 반면, 종교적 신앙은 의미나 가치의 질문과 관련이

있다. 이것들은 일관성이 없지 않으며, 충돌하지도 않는다.

3. 과학과 종교는 서로 다른 형태의 인간 지식이지만, 토론과 대화를 통해 서로를 풍부하게 할 수 있다. 프랜시스 S. 콜린스에 의해 대표되는 이 입장은 과학과 종교 양쪽의 한계를 인식하며, 상호 간의 대화는 우리의 세계 이해를 확장하는 방법이 된다고 본다.

대부분의 "새로운 무신론자" 저술가들 글에서 명시적으로 진술된 가정, 즉 과학은 종교적 신념을 불필요하고도 지적으로 방어할 수 없게 만든다는 가정에 변증이 대응하는 것은 분명히 중요하다. 이런 사고방식은 1960년대에는 지배적 영향력이 있었지만, 대략 1990년대부터는 그것이 부적절하다는 인식이 점점 증가해 왔다. 근대 초기 "과학 혁명"이 시작될 때는, "두 가지 책"으로 알려진 은유를 사용하며 과학과 신앙을 건설적으로 함께 붙들 수 있는 방법을 모색한 이들이 많았다. 이 은유는 하나님을 자연 세계와 성경이라는 두 개의 구별되지만 관련된 '책들'의 저자 또는 창조자로 보게 하고, 따라서 자연도, 기독교적인 성경의 해석과 비교할 수 있는, 일종의 해석을 요구하는 텍스트로 상상하도록 초대한다.

과학사가 토머스 딕슨(Thomas Dixon)에 따르면, 과학과 종교의 '전쟁' 신화는 1700년대 말 계몽주의 시대의 합리주의자들에 의해 발명된 자기 본위적 신화로서, 1800년대 말 빅토리아 시대의 자유사상가들에 의해 전파되었으며, 오늘날 '과학적' 무신론자들과 서구 대중문화 내에서 권위를 쟁취하고자 하는 많은 영향력 있는 목소리들에 의해 옹호되고 있다. 과학과 종교의 관계는 그 역사가 첫째로 간단하며, 둘째로 사상들과 방법들의 영속적이고 필연적인 갈등으로 나타난다는 생각은 과학사학자들에 의해 철저히 반박되었다. 많은 사람들이 철학자 앨빈 플랜팅가의 주장에 동의할 것이다. 그는 근본적인 갈등이 '과학'과 '기독교' 사이에 있는 것이 아니라, 교조적인 형이상학적 자연주의와 하나님에 대한 믿음 사이에 있다고 주장한다.

과학과 종교적 신념 간의 전쟁이라는 신화는 19세기 후반에 시작되었으며, 당시 미국에서 출간된 두 저술, 존 윌리엄 드레이퍼(John William Draper)의 『종교와 과학의 갈등사』(History of the Conflict between Religion and Science, 1874)와 앤드류 딕슨 화이트(Andrew Dickson White)의 『기독교 세계에서의 과학과 신학의 전쟁』(Warfare of Science with Theology in Christendom, 1896)은 '전쟁' 은유를 대중문화 속에 확고히 구축했다. 과학과 종교의 '전쟁' 모델은 전문 과학자들이 아마추어 동료들에게서 거리를 두고자 했던 시기에, 그리고 학문 문화의 패턴 변화로 학문이 교회와 다른 기성 체제의 보루들로부터의 독립을 증명할 필요가 생겼을 때 나타났다. 학문의 자유는 교회와의 단절을 요구했으며, 그것은 19세기 말 교회를 학문과 과학적 진보의 반대자로, 자연과학을 가장 강력한 옹호자로 묘사하는 방향으로 내딛는 작은 첫걸음이었다. 이것은 자연스럽게 이전의 사건들(예를 들면 갈릴레오 논쟁)을 과학과 종교의 전쟁이라는 지배적인 패러다임에 비추어 읽고 해석하는 결과를 낳았다.

그러므로 과학과 종교가 영속적 갈등 상태에 있다는 생각은 명백히 특정 시대의 의제와 관심사를 반영하는 것이다. 그러나 그 시기는 이제 지나갔으며, 그 의제는 한쪽으로 치워 두고 좀 더 정보에 근거한 냉정한 평가를 할 수 있다. 심각한 문제가 있는 이런 과학과 종교의 관계 이해의 기원을 역사 연구를 통해 설명하고 그 신빙성을 평가할 수 있다. 무엇보다도 이를 통해 우리는 그런 이해를 넘어서고, 이 두 가지 다른 사고 영역의 상호작용에 대한 좀 더 정보에 근거한 긍정적인 접근법을 구축할 수 있다.

이제는 과학과 신앙의 역사적 관계를 믿을 만하게 체계화하는 '주된 내러티브'가 없다는 점에 많은 사람들이 동의하고 있다. 과학과 신앙의 관계는 복잡하며 역사적 위치에 따라서 변화한다. 1990년대와 그 이후에 나온 과학과 종교에 관한 중요하고도 영향력 있는 일련의 연구에서 존 헤들리 브룩(John Hedley Brooke)은 특히 19세기에 초점을 맞추는데, 과학사 분야의 중요한 학문적 연구가 "과거에 있었던 과학과 종교 사이의 아주 비범할 정도로 풍부하고 복잡한 관계를" 밝혀냈으며, "일반적 논제들은 유지되기가 어렵다. 진짜 교훈은 복잡성이라는 것이 드러났다"라고 주장했다.

이 점은 지성사 학자 피터 해리슨(Peter Harrison)에 의해 더욱 발전되었다. 그는 과학과 종교 사이의 역사적 관계에 관한 연구는 "갈등" 내러티브와 같은 "단순한 패턴을 전혀 드러내지 않는다"고 결론을 내렸다. 그러나 그 연구는 "일반적인 추세"를 밝혀냈다. 대부분의 기간 동안 종교는 과학적 탐구를 **촉진했다.** 해리슨에 따르면, 기독교나 다른 종교가 자연과학에 대해 더 "올바르고" 특권적인 지위에 있다는 이해 방식은 없었다. 해리슨은 '과학'과 '종교'를 본질화하는 경향, 즉 두 가지가 각각 고정된 영구적인 정체성을 가지고 있다는 생각을 비판한다. 그는 그런 생각이 많은 사람들로 하여금, 기독교와 자연과학이 서로 관계 맺는 방식에 대한 인식을 형성하는 데 역사적, 문화적 맥락이 중요했음을 간과하게 만들었다고 주장한다.

그렇다면 과학과 종교적 신앙이 서로 전쟁 중이 아니라면, 둘의 관계는 무엇인가? '과학과 신앙 사이의 영원한, 또는 본질적인 전쟁' 신화가 최근에 만들어진 것이며, 그 사회적 기원은 문화적 권위와 영향력에 대한 경쟁이라고 설명할 수 있음을 변증가에게 지적하는 것은 어렵지 않다. 그러나 두 번째 변증적 요점도 제시되어야 한다. 즉 과학과 종교가 **다르다**는 말은 확실히 옳지만, 그 이유 때문에 그들이 양립 불가능한 것은 아니라는 점이다. '차이'와 '양립 불가능성'은 같은 개념이 아니다. 앞에서 언급했듯이(312-313쪽), 과학, 윤리, 정치 그리고 종교적 신앙은 인간 지식의 스펙트럼 위에서 각각 다른 자리를 차지한다. 아마도 20세기의 가장 존경받는 과학자라 말할 수 있을 알베르트 아인슈타인은 인간이 과학, 종교, 정치, 윤리를 어떻게든 함께 붙잡는 것이 중요하다고 느꼈다. 아인슈타인은 이 분야들이 지적으로 **구별됨**을 인식했지만, 그것이 **공존 불가능함**을 의미하지는 않음을 분명히 했다.

변증적으로, 과학과 종교적 신앙의 관계를 생각하는 두 가지 유용한 방식을 언급할 수 있다. 각각은 과학과 신앙 사이의 차이를 존중하는 지적인 틀을 제공하면서, 그 둘이 실재에 대한 더 풍부하고도 깊은 이해에 기여할 수 있게 한다. 둘은 서로 다르지만, 적절한 지적인 틀 안에서 볼 때 양립 가능하다.

첫 번째 방법은 영국의 공공철학자 메리 미즐리가 옹호하는 "여러 개의 지도" 접근법이다. 미즐리는 현실의 복잡성을 표현하기 위해서는, "지식의 많은 독립적 형태와 원천이 있다"는 사실을 반영하여 "많은 지도, 많은 창"이 필요하다고 주장한다. 그녀는 세계를 "거대한 수족관"으로 생각하는 것이 도움이 된다고 말한다.

우리는 그것 전체를 위에서 내려다볼 수 없기 때문에, 여러 작은 창을 통해 그것을 들여다본다. … 다양한 각도에서 나온 데이터를 인내심을 가지고 맞추다 보면 결국 이 서식지에 대해 상당히 많은 것을 이해할 수 있다. 그러나 우리가 우리 자신의 창이 유일하게 들여다볼 가치가 있는 것이라고 고집한다면, 우리는 별로 멀리 가지 못할 것이다.

복잡한 현실을 표현하는 여러 개의 지도(예를 들어 **과학적** 지도와 **신학적** 지도) 사용이라는 미즐리의 기본 원칙은, 우리의 시각을 통합하고 풍부하게 만드는 중요한 가능성들을 열어 준다. 주변 세계에 대한 관찰과 우리의 내면적 경험의 복잡성을 표현하려면 풍부한 색상을 갖춘 팔레트가 필요하다.

미즐리의 이미지는 가치와 삶의 의미의 중요성을 강조하려는 변증의 목적에 활용할 수 있다. 다시 말해, 다른 지도들과 함께 종교적 또는 신학적 지도를 사용하는 것이다. 과학은 우리의 세계를 하나의 수준에서 그려 주며, 세계가 어떻게 작동하는지 설명한다. 종교는 또 다른 수준에서 우리의 세계를 그리며, 그것이 무엇을 의미하는지 설명한다. 우리는 이 지도들을 겹쳐 놓고 모든 정보를 활용할 수 있도록 만들 필요가 있다. 각각의 지도를 존중해야 하지만, 각각은 우리의 세계를 탐구하는 특정한 방식에 의존하며, 불완전하다. 다른 지도들로 보완할 필요가 있다. 과학적 지도는 우리가 인간으로서 어떻게 기능하는지 이해하도록 도와주며, 의학적으로 중요하다. 그러나 신학적 지도는 우리의 더 깊은 필요를 이해하도록 도와주며, 영적으로 중요하다.

두 번째 접근 방법은 과학과 종교적 신념이 서로 다른 수준에서 질문에 답한다고 보는 것이다. 1977년부터 1995년까지 코넬 대학의 총장이었던 지질학자 프랭크 로즈(Frank H. T. Rhodes) 교수는 끓는 주전자 유비로 이 점을 설명했다. 로즈는 독자들에게 이 질문에 답해 보라고 한다. 이 주전자의 물이 왜 끓고 있는가? 로즈는 두 가지 유형의 설명이 가능하다고 말한다. 과학적 수준에서 보면 에너지가 공급되어 물의 온도를 끓는점까지 올렸기 때문이다. 그러나 다른 답변도 가능하다. 목적론적인 답변이다. "주전자의 물이 끓는 이유는 내가 차를 마시기 위해 불에 올려놓았기 때문이다." 로즈는 이 두 번째 답변이 첫 번째와 다르지만 그것이 첫 번째와 양립할 수 없음을 의미하지는 않는다는 점을 지적한다. 이 두 답변을 함께 고려하면 원래 질문에 대해 더 풍부하게 답할 수 있다.

> 이 두 답변은 서로 다르다. ⋯ 하지만 모두 참이며, 서로 경쟁하기보다는 보완한다. 한 답변은 특정한 참조 틀 안에서 적절하고, 다른 하나는 다른 참조 틀 안에서 적절하다. 하나가 다른 하나

없이는 불완전하다는 말이 일리가 있다.

미즐리와 로즈가 제시하는 변증적 요점은, 과학과 종교가 우리의 질문에 서로 다른 방식으로 답할 수 있지만, 둘을 함께 고려하면 실재에 대한 더 풍부하고 충실한 설명을 얻을 수 있다는 것이다. 과학은 우리 세계가 어떻게 **작동**하는지 이해하도록 돕고, 종교는 이 기능적 설명에 깊이를 더하며 그것이 무엇을 **의미**하는지 이해하도록 돕는다. 둘은 서로 경쟁하기보다는 보완하며, 둘 다 더 크고 만족스러운 실재상의 일부다. 우리가 이 세상에서 의미 있게 살아가며 번성하려면, 이처럼 더 온전한 실재상이 필요하다. 로즈는 주전자의 물이 왜 끓는지를 과학적으로 답변한다 해서, 차를 마시려는 욕구가 있었기 때문이라는 다른 답변들을 무효화하지 않는다는 점을 지적한다. 과학적 답변이 두 번째 답변과 양립 불가능하지 않다. 두 답변 모두 더 큰 그림의 일부이며, 좀 더 풍부하게 설명할 때 도움이 된다.

### 기적의 문제

변증에서 자주 논쟁을 일으키는 질문 중 하나는 기적과 관련된다. 일례로서 부활 사건 등을 들 수 있다. 과학의 시대에 어떻게 기적을 진지하게 받아들일 수 있는가? 근대 초기 이후로, 이 논쟁은 주로 하나님이 자연법칙을 위반한다는 생각에 따르는 지적 어려움들의 틀에서 접근되었다. 네덜란드의 합리론자 바뤼흐 스피노자(Baruch Spinoza, 1632-1677)는 자연법칙들은 신성의 필연성과 완전성의 표현인 신의 명령들이므로 기적은 불가능하다고 주장했다. 여기서 '자연법칙' 개념은 어떤 일들은 일어나고 다른 것들은 일어나지 않아야 한다고 신이 정립한 규칙으로 이해된다. 기적은 신이 정한 이러한 자연법칙을 위반하거나 어기는 것이므로, 하나님이 기적을 행했다고 주장하는 사람은 여기서 하나님이 자신의 본성을 부정하신다는 것을 받아들여야만 하며, 이는 심각한 문제로 보인다.

중요한 점은 스피노자가 여기서 기적의 정의를 자연법칙 위반으로 가정했다는 것이다. 그러나 21세기의 많은 과학철학자들은 '자연법칙'이라는 개념을 철학적으로 과도하게 해석하는 것에 매우 비판적이다. 자연'법칙들'은 우주에서 일어나는 것처럼 보이는 것들의 요약에 불과하다. 이것들은 스피노자가 제안한 철학적으로 절대화된 개념보다는, 지금까지 관찰된 것들을 요약하는, 불완전한 귀납적 일반화로 이해되어야 한다. 스피노자식의 정의는 19세기 후반 열역학에 대한 통계학적 접근법과 20세기 양자역학이 등장하면서 문제가 있음이 드러났다. 우리는 특정한 일들이 항상 일어난다는 절대적 선언보다는, 어떤 일들이 일어날 수 있는 확률 범위를 말해야 한다.

역사가들은 '자연법칙들'이라는 용어가 1650년경부터 사용되기 시작했으므로, 그 이전의 기적 관련 논의는 기적을 이러한 '자연법칙들'의 위반이라는 틀로 다루지 않았다고 지적한다. 13세기에 글을 쓴 토마스 아퀴나스는 기적을 "자연의 능력을 초월하는" 무엇으로 기술하며, 자연법칙의 **위반**은 언급하지 않았다. 아퀴나스에게 기적이란, 가시적이고 물리적인 자연의 본성적 능력을 초과하여 일어나는 사건이다. 당시에는 이런 견해가 널리 퍼져 있었다.

영국 철학자 데이비드 흄(David Hume, 그림 8.4)은 기적에 대한 현대적 논의의 틀을 형성한 인물로 널리 인정받는다. 흄은 기적을 "자연법칙을 위반하는 것" 또는 "특별한 신의 의지 또는 어떤 보이지 않는 행위자의 개입에 의한 자연법칙의 위배"로 정의했다. 흄의 기적에 대한 정의는 아직도 영향력이 있으며, 종종 오늘날의 기적 논의의 출발점이 되기도 한다. 예를 들어 종교철학자 리처드 스윈번은 그의 저서 『기적의 개념』(Concept of Miracle, 1970)에서 흄을 따라 "신에 의한 자연의 법칙 위반"으로 기적을 정의한다.

그러나 흄이 자신의 기적 논의에서 '자연법칙'에 호소하는 것은, 그가 처음에 '자연법칙'을 정식화하며 사용한 귀납적 과정에 대한 그의 논의와 일관성이 없다. 흄은 귀납이란 관찰한 것들을 요약하여 어떤 패턴이나 '규칙들'을 제안하는 과정이라고 보았다. 그러나 자연법칙이 단순히 자연의 규칙성들을 종합한 진술이라면, 그 법칙의 명백한 '위반'을 기적으로 볼 수도 있겠지만, 좀 더 합리적으로는, 이제까지 '자연법칙'이라고 가정했던 무엇이 사실은 그런 것이 아니었음을 가리키는 표시로 받아들일 수 있다. 더 나아가 흄은 귀납이 결정적이지 않다고 강조했는데, 기존 관찰들과 일치하지 않는 미래의 관찰이 나올 가능성을 배제할 수 없기 때문이다. 귀납은 알려진 관찰들을 요약하지만, **미래의** 관찰들은 어떻게 해야 할까? 이것이 과거의 확실성들을 의심하게 만들지 않을 것이라고 확신할 수 있을까?

그림 8.4 에든버러 로얄 마일에 있는 스코틀랜드 철학자 데이비드 흄(1711-1776)의 동상.

다른 사람들도 이 점의 중요성을 강조했는데, 그중에서도 가장 주목할 만한 인물은 영국 철학자 버트런드 러셀이다(그림 8.5).

1912년 저서 『철학의 문제들』(*The Problems of Philosophy*)에서 러셀은 과학적 방법론에 대해 몇 가지 어려운 질문을 제기했는데, 과학의 과업이 명백히 일부 정당화할 수 없는 가정에 의존하고 있음을 지적했다. "자연의 균일성(uniformity)에 대한 신념은 지금까지 일어난 모든 것 또는 앞으로 일어날 모든 것이 예외가 **전혀 없는** 어떤 일반 법칙의 사례라고 믿는 것이다." 그러나 과학적 방법론의 토대를 이룬다고 할 만한 이 신념을 뒷받침하는 근거들은 무엇인가? 러셀에 따르면, 이 "귀납적 원칙"은 경험에 호소하여 **입증**하거나 **반증**할 수 없다. 러셀이 이점을 설명할 때 사용한 유비는 철학 교과서에 종종 인용된다. "닭이 자라는 동안 매일 모이를 주었던 사람이 오늘은 그 닭의 목을 비튼다. 이것은 닭에게 자연의 균일성에 대한 좀 더 세련된 관점이 필요했음을 보여준다."

그림 8.5 영국 철학자이자 노벨문학상 수상자인 버트런드 러셀(1872–1970).

F. R. 테넌트는 그의 저서 『기적과 그 철학적 전제들』(*Miracle and Its Philosophical Presuppositions*)에서 다음과 같이 주장했다. "우리가 자연의

구성과 내재된 능력들에 대해 전지에 가까운 지식을 갖기 전까지는, 어떤 놀라운 것도 자연의 능력들을 넘어서는 것이라고 단언할 수 없다." 여러 면에서 테넌트는 계몽주의 이전의 기독교 사상에서 나타난 기적에 대한 접근법을 반향한다. 5세기에 글을 쓴 히포의 아우구스티누스 같은 저자들은 기적을 **"자연**에 반대되는 것"이 아니라 **"우리가 이해하는 자연에** 반대되는 것"으로 보았다. 아우구스티누스는 아이작 뉴턴처럼, 특정 사건이 한 관찰자에게는 기적처럼 보이고 다른 관찰자에게는 자연스러운 것처럼 보일 수 있으며, 이것은 우주의 작동 방식에 대해 우리가 현재 이해하는 바에 의존하기 때문이라는 관점을 취했다.

C. S. 루이스도 그의 중요한 저술 『기적』에서 비슷한 주장을 한다. "무엇이 평범한지를 발견하기 전까지는 어떤 것도 비범해 보이지 않는다. 기적에 대한 믿음은 자연의 법칙에 대한 무지 때문에 생겨난 것과는 거리가 멀다. 그 법칙들을 알고 있을 때에만 가능한 것이다." 그러나 루이스는 좀 더 심오한 점을 지적한다. 아퀴나스의 기적에 대한 사상, 즉 자연이 낳을 수 있는 능력을 초월하는 사건들이라는 생각을 발전시켜서, 루이스는 하나님의 세계를 창조하신 행동과 그 안에 거주하시는 행동의 근본적 연속성을 강조한다. 기적은 외부의 신이 자신과 아무 연결이나 관계가 없는 세상 속에 와서 이것저것 줄들을 당겨 보는 것이 아니다. 오히려 하나님은 "낯설지 않은 능력"이시다. 세계 안에서, 더 깊은 수준에서 일하시며, 세상의 궁극적인 의도와 목표를 달성하시는 분이다. 루이스는, 사물을 바라보는 기독교의 방식이 우리를 "존재하는 모든 것의 완전한 조화로움"을 믿도록 이끈다고 말한다. 자연 안에서 일어나는 모든 것은(기적이 일어난다면 그것까지도 포함하여), 그 조화로움을 반영하고 드러내야만 한다. 기적은 정의상 '자연의 일상적 과정'을 중단시켜야만 하지만, 그럼에도 "어떤 더 깊은 수준에서 전체 실재의 하나 됨과 자체적 일관성"을 반영한다. 물론 우주에는 "전체적 조화로움"이 존재하며, 과학은 그중 일부만을 이해할 수

있다. "과학에서 우리는 시에 딸린 주석만 읽게 된다. 기독교에서 우리는 시 자체를 발견한다."

마지막으로, 17세기 후반에 아이작 뉴턴이 제시한 한 가지 요점을 살펴볼 필요가 있다. 만약 기적 같은 어떤 현상이 일어났다고 해보자. 즉 그것은 자연 질서에 대한 기존의 이해에서는 설명할 수 없는 것이다. 이제 이 사건이 자주 발생한다고 해보자. 그러한 발생 빈도는 우리로 하여금 그것을 '자연적인 것'으로 여기게 하지 않을까?

> 기적들은 하나님의 일이기 때문에 그렇게 부르는 것이 아니라, 드물게 일어나기 때문에, 그래서 경이로움을 일으키기 때문에 그렇게 부른다. 만약 그것들이 사물의 본성에 새겨진 어떤 법칙에 따라 끊임없이 일어난다면, 그것들은 더 이상 경이나 기적이 아닐 것이며, 그 원인들의 근본 원인이 우리에게 알려지지 않았더라도 철학에서는 그것들을 자연 현상의 일부로 간주할 것이다.

## 환원주의: 인간은 원자의 집합에 불과하다

1935년, 저명한 생리학자 홀데인은 많은 "생물학자들과 수많은 인기 있는 저술가들이 주장했던, 생명은 궁극적으로 복잡한 물리화학적 과정에 불과한 것으로 간주해야 한다"는 견해를 지지한다고 선언했다. 그것은 자연과학 내에서 현재 우세한 위치를 차지하는 지배적 가정이었다. 홀데인의 주장은, 과학적 발전이 어떻게 종종 복잡한(인간과 같은) 시스템의 기능을 명확하게 파악하는 가운데 이루어졌는지를, 이로 인해 인간을 그들의 개별 구성 요소들의 기계적 설명으로 환원할 수 있다고 제안하는 사람들이 생겼음을 강조한다. 이에 대한 좋은 예는 생물학자 프랜시스 크릭(Francis Crick)의 저술들에서 찾을 수 있는데, 그는 인간을 강력하게 환원주의적인 용어로 정의하고 있다.

> '당신', 당신의 기쁨과 슬픔, 당신의 기억과 야망, 개인적 정체성과 자유 의지는 사실 무수한 신경 세포들의 조합과 그들과 관련된 분자들의 행동 그 이상이 아니다. … 당신은 한 무더기의 뉴런에 불과하다.

크릭은, 인간은 우리의 물리적 구성 요소들로 간단하고 분명하게 정의될 수 있다고 보았다. 이러한 매우 환원주의적인 접근에는, 하나의 복잡한 체계가 그 부분들의 합 이상의 것이 아니라는 가정이 있다.

과학적 환원주의의 또 다른 친숙한 예는, 리처드 도킨스의 "이기적 유전자" 개념을 중심으로 한 인간 본성 설명이다. 도킨스에 따르면, 인간은 DNA에 의해 통제되고 결정되는 기계이며, 유전 정보를 한 세대에서 다른 세대로 전달하는 복잡한 생물학적 분자다. "DNA는 관심도 없고 알지도 못한다. DNA는 그저 존재한다. 그리고 우리는 그 음악에 맞춰 춤을 춘다." 우리가 존재하는 유일한 목적은 우리의 유전자를 미래 세대에 전달하는 것이다. 인간은 그저 유전자를 영속시키는 기계다.

이러한 영향력 있는 인간에 대한 환원주의적 견해는 인간 존재의 한 측면만을 그 존재의 전체(또는 유일하게 중요한 측면)인 것처럼 제시한다. 그러나 이 견해는 종교 사상가들과 세속 사상가들 양쪽에서 비판받고 있으며, 그들은 이것이 인간 정체성을 단순히 물리적, 화학적, 생물학적 구성 요소들만 가지고 파악함으로써 인간의 독특함을 축소한다고 정당하게 지적한다. 물론 인간은 원자와 분자로 이루어져 있지만 그것을 훨씬 넘어선다. 임상 신경과학자 레이먼드 텔리스(Raymond Tallis)는 주도적인 많은 무신론자 중 한 명인데, 이런 견해를 변호할 수 없고 비인간화하는 것으로 간주한다. "나는 무신론적 인본주의자다. 하지만 이것이 나를 정면으로 바라보고 있는 그것을 부인하라고 나에게 강요하지 않는다. 즉 우리는 다른 동물과 다르며, 단지 물질의 조각들이 아니라는 것이다."

인간 본성에 대한 이러한 환원주의적 설명에 대항하는 유용한 한 가지 방법은, 사회철학자 로이 바스카(Roy Bhaska)가 발전시킨 "비판적 실재론"(critical realism)을 제시하는 것이다. 비판적 실재론은 "실재의 층화"(stratification of reality)를 인식한다. 그는 인간 본성이 여러 다른 수준들 또는 층들로 구성되어 있다고 이해한다. 인간은 물리적, 화학적, 생물학적, 사회학적 수준(분명한 가능성들 중 몇 가지만 언급하자면)에서 탐구할 수 있고, 당연히 그렇게 탐구해야만 한다. 그러나 이런 여러 수준 중 어느 것도 규범적이거나 결정적인 것으로 여겨져서는 안 되며, 오히려 우리가 인간이라고 알고 있는 복잡한 실재의 부분, 단지 일부분으로 간주되어야 한다.

자연과학은 "설명의 수준들"이라는 개념을 광범위하게 사용한다. 이는 자연 세계에 대한 층화된 접근법으로, 부적절한 환원주의에 대항하여 어떤 체계의 **일부** 측면에 대한 설명이 그 체계의 **모든** 측면이나 **전체**에 적용될 수 없음을 강조한다. 이러한 수준들의 상호작용은 복잡하며, 복잡한 생물학적 시스템 내에서 여러 수준과 여러 방향에서 인과관계가 존재하고 작용한다는 것이 점점 분명해지고 있다. 환원주의적 접근법은 더 근본적인 수준들(물리적 실재 등)이 상위 수준의 속성들과 행동들을 결정한다고 성급하게 주장하는 반면, 이제는 '하향식' 메커니즘의 중요성이 인식되면서 그러한 '상향식' 접근법은 수정되어야 한다는 것이 분명해졌다.

최근까지 현대 생물학은 전체론(holism)보다 환원주의를 더 강조했던 것 같다. 그러나 이제는 도전을 받고 있다. 생물학의 복잡성이 재확인되고, 20세기에 기계론적 접근에 빼앗겼던 영토를 전체론적 접근이 회복하기 시작했다. 환원주의적 접근법들은 우리의 복잡한 세계를 설명하기에 부적절하다. 우리는 실재를 정당하게 다루기 위해 좀 더 복잡한 설명이 필요하다.

"여러 수준"의 접근법은 우리가 물론 원자와 분자로 이루어져 있음을 인정하면서도, 이것이 우리가 원자와 분자에 "불과하다"는 의미는 아니라고 주장한다. 이런 가망 없는 과도한 단순화는 체계 내의 구성 요소나 수준을 전체 체계와 혼동한다. 우리는 구성 부분 중 어느 하나로 정의하거나 기술할 수 없는 복잡한 전체로 인간을 보는 법을 배워야만 한다. 특히 인간이 "단지 원자에 불과하다"는 단순한 진술에서 비롯되는 정체성의 비인격화에 도전하는 것은 중요하다. 유대인 철학자 마르틴 부버(Martin Buber)는 인간에 대한 순수한 과학적 설명이 사람들을 객체, "너"가 아닌 "그것"으로 축소시킨다고 주장했다. 개인 정체성의 본질은 부버에게 다른 사람들 그리고 하나님과의 관계 안에서 존재할 수 있는 능력이었다. 우리는 화학적 또는 유전적 구성에 의해 **정의되지** 않으며, 사회적, 개인적 관계에 의해 정의된다. 인간은 분명 원자와 분자로 이루어져 있으며, 로봇, 세탁기, 커피 잔도 마찬가지다. 그렇다고 해서 인간이 로봇이나 커피 잔과 동일하다는 의미는 아니다. 환원주의는 인간이 그것들과 무엇이 다른지 이해하는 데 완전히 실패한다. 특히 인간이 삶에 대해 생각하는 능력이 있음을 파악하지 못한다. 마릴린 로빈슨은 이 점을 잘 포착했다. "우리는 독특한 존재들이다. 피조물 중 우주의 문법을 조금이나마 배운 것은 우리뿐이다."

이번 장에서는 변증 토론에서 자주 제기되는 10가지 질문을 생각해 보았다. 이 질문들은 몇 가지 예시이며 모든 질문을 다 다룬 것이 아니다. 당신만의 변증 접근법을 계발하면서 이런 질문들에 대한 답변을 준비하는 데 유용하게 사용할 수 있을 것이다. 이 내용을 당신의 청중, 당신의 경험과 지식, 그리고 청중과 만나는 시간에 맞추어 조정할 수 있다. 비슷한 다른 질문들도 쉽게 추가할 수 있다. 변증의 기술 중 일부는, 이와 같은 답변들을 해당 분야에 대한 좋은 지식과 청중에 대한 공감을 바탕으로 정교하게 준비하는 것이다. 당신이 받으리라 예상되는 질문 목록과 제시하고자 하는 요점들을 미리 준비하는 것은 변증가로서 당신만의 독특한 '목소리'를 계발하는 데 도움이 될 것이다. 이 책의 마지막 장에서는 당신이 자신만의 접근법과 사역을 구축해 나가도록 도와줄 몇몇 지혜로운 변증가들을 살펴볼 것이다.

#### 생각해 볼 물음

1. '신은 소원 성취 심리가 만들어 낸 허상이다'라는 주장의 논리를 자신의 말로 제시해 보라. 그런 다음 이 논증을 어떻게 반박할지 개요를 적어 보라.

2. 세상에 고난이 존재하는 이유를 설명하는 것과 기독교 신앙이 어떻게 고난에 대처하도록 돕는지 보여주는 것 가운데 어느 것이 더 중요하다고 생각하는가?

3. '과학이 인생의 모든 중요한 질문에 답할 수 있다'는 주장에 대한 가장 효과적인 비판은 무엇이라고 생각하는가?

4. 과학과 신앙의 양립 가능성을 다루는 짧은 강연 개요를 작성해 보라. 어떤 사람을 대화 상대로 설정할 것인가? 다루고 싶은 주요 내용은 무엇인가?

Greg Bamford. "Popper and His Commentators on the Discovery of Neptune: A Close Shave for the Law of Gravitation?" *Studies in History and Philosophy of Science Part A* 27, no. 2 (1996): pp. 207–32.

John Hedley Brooke. *Science and Religion: Some Historical Perspectives*(Cambridge: Cambridge University Press, 1991).

Michael J. Buckley. *At the Origins of Modern Atheism*(New Haven, CT: Yale University Press, 1987).

Francesca Cauchi. *Zarathustra's Moral Tyranny: Kant, Hegel and Feuerbach*(Edinburgh: Edinburgh University Press, 2022).

William T. Cavanaugh. *The Myth of Religious Violence: Secular Ideology and the Roots of Modern Conflict*(Oxford: Oxford University Press, 2009).

Richard P. Cumming. "Revelation as Apologetic Category: A Reconsideration of Karl Barth's Engagement with Ludwig Feuerbach's Critique of Religion." *Scottish Journal of Theology* 68, no. 1 (2015): pp. 43–60.

Espen Dahl. *The Problem of Job and the Problem of Evil*(Cambridge: Cambridge University Press, 2019).

Christopher Douglas. "This Is the Shack that Job Built: Theodicy and Polytheism in William Paul Young's Evangelical Bestseller." *Journal of the American Academy of Religion* 88, no. 3 (2020): pp. 505–42.

Andrew Gleeson. "On Letting Go of Theodicy: Marilyn McCord Adams on God and Evil." *Sophia* 54 (2015): pp. 1–12.

Jonathan Haidt. "The Emotional Dog and its Rational Tail: A Social Intuitionist Approach to Moral Judgment." *Psychological Review* 108, no. 4 (2001): pp. 814–34.

Jonathan Haidt. *The Righteous Mind: Why Good People Are Divided by Politics and Religion*(New York, NY: Pantheon Books, 2012).

Peter Harrison. "Laws of God or Laws of Nature? Natural Order in the Early Modern Period." In *Science without God? Rethinking the History of Scientific Naturalism* edited by Peter Harrison and Jon Roberts, pp. 59–77(Oxford: Oxford University Press, 2019).

Steven W. Horst. *Beyond Reduction: Philosophy of Mind and Post-Reductionist Philosophy of Science*(Oxford: Oxford University Press, 2007).

James A. Kelhoffer. "Suffering as Defense of Paul's Apostolic Authority in Galatians and 2 Corinthians 11." *Svensk Exegetisk Årsbok* 74 (2009): pp. 127–43.

Tim Keller. *Walking with God through Pain and Suffering*(New York, NY: Dutton, 2013). (『팀 켈러, 고통에 답하다』 최종훈 역, 두란노, 2018)

Dianna T. Kenny. *God, Freud and Religion: The Origins of Faith, Fear and Fundamentalism*(London: Routledge, 2015).

Alessandro Laverda. "Revising the Supernatural: Prospero Lambertini's Reconsideration of the Concept of Miracle." *Church History* 90, no. 1 (2021): pp. 45–67.

John Lennox. *Can Science Explain Everything?* (Epsom, UK: Good Book Company, 2019). (『과학은 모든 것을 설명할 수 있을까?』 홍병룡 역, 아바서원, 2020)

Alister E. McGrath. *Dawkins' God: From The Selfish Gene to The God Delusion* 2nd ed(Oxford: Wiley-Blackwell, 2014). (『도킨스의 신』 김지연 역, SFC, 2017)

Alister E. McGrath. *Enriching Our Vision of Reality: Theology and the Natural Sciences in Dialogue*(West Conshohocken, PA: Templeton Press, 2017).

Alister E. McGrath. *The Territories of Human Reason: Science and Theology in an Age of Multiple Rationalities*(Oxford: Oxford University Press, 2019).

Alister E. McGrath. "The Owl of Minerva: Reflections on the Theological Significance of Mary Midgley." *Heythrop Journal* 61, no. 5 (2020): pp. 852–64.

Alister E. McGrath. "A Consilience of Equal Regard: Stephen Jay Gould on the Relation of Science and Religion." *Zygon* 56, no. 3 (2021): pp. 547–65.

Jon Miller. "Spinoza and the Concept of a Law of Nature." *History of Philosophy Quarterly* 20, no. 3 (2003): pp. 257–76.

Peter Millican. "Earman on Hume on Miracles." In *Debates in Modern Philosophy: Essential Readings and Contemporary Responses* edited by Stewart Duncan and Antonia Lordo, pp. 271–84(New York, NY: Routledge, 2013).

Armand M. Nicholi. *The Question of God: C. S. Lewis and Sigmund Freud Debate God, Love, Sex, and the Meaning of Life*(New York, NY: Free Press, 2002). (『루이스 vs. 프로이트』 홍승기 역, 홍성사, 2004)

Ronald L. Numbers, ed. *Galileo Goes to Jail and Other Myths About Science and Religion*(Cambridge, MA: Harvard University Press, 2009). (『과학과 종교는 적인가 동지인가』 김정은 역, 뜨인돌, 2010)

Mary Kay O'Neil and Salman Akhtar. *On Freud's the Future of an Illusion*(London: Routledge, 2018).

Amy Orr-Ewing. *Where is God in All the Suffering? Questioning Faith*(Epsom, UK: The Good Book Company, 2020).

Christopher H. Pearson and Matthew P. Schunke. "Reduction, Explanation, and the New Science of Religion." *Sophia* 54 (2015): pp. 47–60.

Michael J. Reiss and Michael Ruse. *The New Biology: The Battle between Mechanism and Organicism*(Cambridge, MA: Harvard University Press, 2023).

Alec Ryrie. *Unbelievers: An Emotional History of Doubt*(London: Collins, 2019).

Genia Schönbaumsfeld. "On the Very Idea of a Theodicy." In *Wittgenstein, Religion and Ethics: New Perspectives from Philosophy and Theology* edited by Mikel Burley, pp. 93–112(London: Bloomsbury Academic, 2018).

Jamie Shaw. "Duhem on Good Sense and Theory Pursuit: From Virtue to Social Epistemology." *International Studies in the Philosophy of Science* 33, no. 2 (2020): pp. 67–85.

Rupert Shortt. *The Hardest Problem: God, Evil and Suffering*(London: Hodder & Stoughton, 2022).

Eleonore Stump. *Wandering in Darkness: Narrative and the Problem of Suffering*(Oxford: Clarendon Press, 2010).

Jerry L. Sumney. "Salvific Suffering in Paul: Eschatological, Vicarious, and Mimetic." In *Let the Reader Understand: Essays in Honor of Elizabeth Struthers Malbon* edited by Edwin K. Broadhead, pp. 195–212(London: Bloomsbury Publishing, 2018).

John Swinton. *Raging with Compassion: Pastoral Responses to the Problem of Evil*(Grand Rapids, MI: Eerdmans, 2007).

Raymond Tallis. *Aping Mankind: Neuromania, Darwinitis and the Misrepresentation of Humanity*(London: Routledge, 2014).

Keith Ward. "Believing in Miracles." *Zygon* 37, no. 3 (2002), pp. 741–50.

Stephen Wykstra. "The Humean Obstacle to Evidential Arguments from Suffering: On Avoiding the Evils of 'Appearance.'" *International Journal for the Philosophy of Religion* 16 (1984): pp. 73–93.

# 9

# 현인에게 배우기:
# 변증 사례 연구

Learning from the Wise: Case Studies in Apologetics

이 책에서는 변증에 대한 몇몇 대표적인 지성적 접근법에 초점을 맞추어 왔으며, 기독교 변증에 중요한 기여를 했던 토마스 아퀴나스, 블레즈 파스칼, C. S. 루이스, J. R. R. 톨킨 같은 몇몇 저술가들도 이미 살펴보았다. 또한 팀 켈러 같은 또 다른 영향력 있는 변증가들이 어떻게 구체적 청중과 관계를 맺으며 변증을 실행하는지도 보았다. 그러나 주목해야 할 다른 목소리들도 있다. 아래에서는 또 다른 다섯 변증가를 살펴볼 텐데, 그들의 접근법이 지닌 지적인 기초들뿐만 아니라 실제적인 실천 방식에도 초점을 맞출 것이다. 이번 장에서 다룰 저술가들은 현인과 같은 인물들이며, 변증을 구상하는 것에 그치지 않고, 교회 생활에서 그 생각을 구현하는 일에도 관심을 가졌던 사람들이다.

이 중요한 변증가들의 간략한 스케치에서는 그들이 신앙을 옹호하고 추천하고자 제시했던 주장과 확언에만 초점을 맞추지 않고, 그들이 그것을 행하는 방식도 주목할 것이다. 우리가 이 책에서 계속 강조해 온 것처럼, 변증은 학문이자 기술(art)이다. 우리가 살펴볼 인물들은 예술가이자, 성찰적 실천가이며, 우리에게 가르칠 것이 있는 사람들이다. 이번 장의 목적은 이들에 대해 배우는 것뿐만 아니라, 그들로부터 배우는 것이다. 그들은 각각 어떻게 기독교 신앙의 핵심적 실재들이 그들의 청중과 확고하게 연결되도록 만드는가? 이 저술가는 자신의 어떤 특별한 재능을 변증 과업에 가져오는가? 해결이 필요한 문제는 무엇인가? 어떤 해결책이 제시되는가? 우리는 이것으로부터 무엇을 배울 수 있는가?

우리가 이번 장에서 살펴볼 대부분의 저술가들은 지난 100년 동안 활동한 인물들이지만, 그 이전에 살았던 많은 저술가들도 변증의 과업에 관해 아직 가르쳐 줄 것이 많음을 이해하는 것이 중요하다. 예를 들어 히포의 아우구스티누스는 무려 1,500여 년 전인 5세기에 활동했지만, 그는 아직도 단단하고 설득력 있는 변증 접근법 계발에 도움을 줄 수 있다. 최근의 중요한 연구서인 『아우구스티누스의 길』(*The Augustine Way: Retrieving a Vision for the Church's Apologetic Witness*)에서 조슈아 채트로(Joshua D. Chatraw)와 마크 앨런(Mark D. Allen)은 우리가 "되살림의 변증"이라고 부를 만한 방식을 발전시키는데, 그것은 오늘날의 변증에 풍성함과 지식을 더한다. 그들은 이것이 신앙의 소통과 변화하는(심지어 붕괴하는) 사회 질서에 참여하는 일과 관련해 지혜로운 통찰들을 제공하고, 그를 통해 어떻게 기독교가 불확실한 세상 한가운데서 안정성을 제공하는지를 보여줄 수 있다고 정확히 지적한다. 안정적인 것처럼 보였던 문화적 기반이 곧 무너질 것 같은 역사적 시점에 있지만, 우리 시대가 유일한 시대는 아니라는 점을 상기시켜 주는 것은 도움이 된다.

그러나 아우구스티누스는 또한, 특별히 역사적으로 조건화되고 변증적으로는 취약한, 추상적 지적 변호를 강조하는 오늘날의 분위기를 경고한다. "아우구스티누스는 아마도 오늘날의 많은 목사들, 신학자들에게 한마디하고 싶을 것이다. 그들은 아우구스티누스의 전통을 계승했음에도 그들이 물려받은 변증의 특권을 팔아 버렸으며, 계몽주의식의 바람 빠진 합리성과 변증을 동의어로 전제하며 그것을 자신들의 사역과 무관하다고 간주한다." 아우구스티누스에게 신앙은 인간 실존을 의미 있고, 살아볼 만하고, 이해할 수 있게 만드는 것이었다.

C. S. 루이스는 아마도 과거에서 배움을 가장 웅변적으로 옹호한 인물 중 하나일 것이다. 그는 가장 새로운 접근법이 반드시 최선이나 최적의 접근법은 아니며, 과거의 변증가들에게서 우리가 많은 것을 배울 수 있음을 상기시킨다. 우리는 너무도 자주, 모더니즘적인 합리적 설득이 표준이라고 가정하지만, 실제로 설득의 방식은 종종 역사적 상황에 의해 형성된다. 계몽주의가 논리적 진리를 합리적으로 제시하기를 선호했던 그 자리에서, 그 이전 세대들은 설득에 대한 좀 더 정서적인 접근법, 즉 아름다움의 인식이나 삶을 변화시키는 신앙의 능력과 연관된 설득 방법을 계발했다. 이런 고찰은 우리가 살펴볼 첫 번째 저술가에게로 자연스럽게 이끈다. 17세기 영국의 종교 시인 조지 허버트, 그는 감성적이고도 상상력을 불러일으키는 강력한 이미지를 사용하여 그의 독자들이 기독교 복음의 변혁적 영향력을 파악하게 했으며, 기독교가 지적으로 여유로운 **사고**의 길과 실존적으로 만족스러운 **삶**의 길을 모두 제공함을 보여준다.

### 조지 허버트: 시를 통한 변증

이 책은 지금까지 기독교 신앙을 제시하는 수단 가운데 논증과 내러티브에 주로 집중해 왔다. 그러면 시와 같은 문학 양식들은 어떨까? 영국의 시인 조지 허버트는 케임브리지 대학 트리니티 칼리지에서 공부했으며, 그곳에서 칼리지 펠로(강사)로 선출되었고 나중에는 수사학 조교수(Reader)로 활동했다. 그는 케임브리지 대학의 공식 연설가(Orator)로 일한 후, 성공회 교역자가 되어 샐리즈버리 근처 베머턴 마을의 교구 사제로 봉사했다. 이 기간은 자신의 시집인 『성전』(The Temple)과 농촌 사역 안내서인 『성전을 섬기는 사제』(A Priest to the Temple)를 집필, 수정하는 시간이었다. 허버트는 1633년 베머턴에서 사망했으며, 그 지역 교회 묘지에 묻혔다. 그는 죽기 직전에『성전』의 원고를 오랜 친구인 니콜라스 페러에게 맡겼으며, 괜찮은 내용이라고 생각된다면 출판하도록 요청했다. 오늘날 그 시집은 영시 중에서 가장 높이 평가받는 작품 중 하나가 되었다.

그렇다면 허버트는 그의 변증에 어떤 특별한 기술들을 가져오는가? 두 가지를 언급할 수 있다. 첫째, 허버트는 신학적인 지식을 잘 갖추었고, 16세기 후반 주요 개신교 신학자들의 사상을 잘 이해하고 있었다. 그러나 허버트는 유럽 종교개혁의 신학적 전통을 잘 흡수하고 그로부터 지식을 얻었던 것에 더하여, 상상력을 사로잡을 수 있는 수사적 형태로 이 신학을 변환할 수 있는 드문 능력도 가지고 있었다. 이 두 번째 기술은 그가 케임브리지 대학 공식 연설가로 임명된 것에서도 드러난다. 허버트는 중요한 신학 전통과 그 통찰들을 영어라는 언어의 이미지들, 유비들, 수사적 장치들을 사용하여 소통하는 능력, 이 양쪽 모두에 숙달된 드문 인물이었다. 허버트의 시에는 하늘과 땅, 신자와 그리스도 사이에 다리를 놓기 위해 어떻게 단어들을 사용할 것인지 심오한 이해가 깔려 있다.

그러면 해결해야 할 문제는 무엇이었나? 이 시기 잉글랜드 교회에 대한 많은 연구들이 지적하듯 한 가지 커다란 문제는, 기독교 신앙의 핵심에 있는 살아 있는 실재들을 그리스도인들이 감사히 받아들이고 지적으로 이해하도록 어떻게 도울 수 있느냐였다. 허버트의『성전』에 담긴 관심사는 그의 독자들에게 기독교가 **참**임을 설득하는 것이 아니라, 그들이 기독교 진리의 영적인 중요성을 파악하고 내면화하도록 돕는 데 있었다. 기독교가 명목상의 사회적 관습으로 전락해 버리기 쉬운 시대에, 허버트는 그의 독자들이 기독교의 상상력의 폭과 영적 깊이를 파악하고 경험함으로써 종교적 관행과 언어의 표면 아래로 꿰뚫고 들어갈 수 있게 해주었다. 또 다르게 표현하자면, 허버트는 기독교에 대한 개념적 수용이 살아 있는 믿음으로 전환될 필요가 있음

그림 9.1 17세기 영국의 형이상학파 시인이었던 조지 허버트(1593-1633).

을 인식했다. 믿음은 깊은 영적 통찰들, 예를 들어 그리스도는 가장 부적절해 보이는 사람까지도 변화시키실 수 있다는 사실 등에서 양분을 공급받아야만 했다. 그리하여 허버트는 그리스도께서 신자에게 미치는 깊은 정서적 영향력을 상상력을 사용하여 전달한다.

그렇다면 그는 어떻게 변증의 **기술**(art)을 실천하는가? 자신보다 앞서 히포의 아우구스티누스가 그랬듯이, 허버트는 자연이나 문화의 세계에 존재하는 친숙한 일상적인 표시들을, 상상력을 끌어들이고 개인들이 신앙의 실재들을 내면화하도록 돕는 상징물로 사용한다. 허버트가 이 일을 어떻게 하는지 예시하기 위해, 우리는 『성전』에 나오는 시, "영생의 묘약"(The Elixir)에 초점을 맞추어 볼 것이다. 그 시는 유명한 구절 "나의 하나님, 나의 왕이시여, 나를 가르쳐 주소서. 모든 것들 속에서 당신을 보도록"으로 시작한다. 종종 찬송가로 불리기도 하는 이 시에서 허버트는, 지금 우리가 아는 대로 당시의 익숙한 이미지인 "현자의 돌"(연금술사들이 납 같은 기본 금속을 금으로 변화시킨다고 믿었던 돌) 이미지를 사용하여 은혜로 받아들여짐과 변화라는 핵심 아이디어를 소통하고 있다.

이 이미지는 1600년대 초의 많은 설교자와 종교 시인에 의해 사용되었다. 그들의 청중에게 익숙한 이미지였고, 기독교 신앙의 변혁적 측면을 강조하는 데 유용했다. 허버트는 이 시의 가장 많이 알려진 연에서 이 "유명한 돌"을 언급한다.

이것이 바로 그 유명한 돌,
모든 것을 금으로 변화시키는.
하나님이 만지고 소유하신 것은
금보다 못하다 말할 수 없으니.

기본적인 메시지는 단순하다. 현자의 돌이 닿으면 납이 금으로 바뀌듯이, 하나님은 무가치하고, 부적절하고, 열등한 것을 **만지심**으로 써 소중한 사람들로 변화시키고 소유하신다. 하나님이 만지신 사람은 누구든지 특별하고 중요하며 소중하다. 신앙은 그저 신조가 가르치는 바를 개념적으로 수용하는 것(이 시기의 일반적인 인식)이 아니다. 오히려 신앙은 하나님이 사람들을, 그들의 분명한 불완전함들과 실패들에도 불구하고, 받아들이고, 새롭게 하며, 변혁시키시도록 허용해 드리는 것이다.

그렇다면 우리는 허버트로부터 무엇을 배울 수 있을까? 그가 실천했던 변증적 기술은 오늘날 그것을 적용하고자 성찰하는 이들을 어떻게 도울 수 있을까? 가장 부각되는 부분은, 허버트가 기독교의 중심 주제를 평범한 사람들의 관심사와 연결하는 부분이다. 즉 '하나님이 평범한 사람들, 자신들의 약함, 실패, 부족함을 잘 알고 있는 사람들에게 관심을 가지시는가?' 하는 질문이다. 허버트는 『성전』의 여러 부분에서 이 주제를 다루는데, 특히 "사랑 3"[Love (III)]이라는 시의 첫 구절에서도 언급한다.

사랑은 나를 환영하셨지만, 내 영혼은 물러섰네,
먼지와 죄로 부끄러워하며.

가장 중심에 있는 불안은, 하나님은 그 사람의 진정한 본성을 아시므로 아마도 그를 받아들이거나 안아 주실 수 없으리라는 불안이다. 허버트의 대답은 하나님이 이미 알고 계시며, 이 상황에 '기꺼이 책임을 지신다'는 것이다. 올바른 반응은 하나님의 사랑을 받아들이고 끌어안는 것이다.

두 번째로 언급할 점은, 허버트가 문화적으로 익숙한 이미지를 사용하여 중요한 변증적 요점을 전달한다는 것이다. 17세기 초 영국 문화에 대한 최근 연구들은 당시에 연금술적 상상력이 널리 사용되고 받아들여졌으며, 기독교 사상에 위배되지 않는 것으로 간주되었음을 보여준다. 로버트 슐러(Robert M. Schuler)는 이 시기 영국에서 어떻게 "영적 연금술"이 등장했으며, 기초 금속을 금으로 바꾸는 물리적 변화와 하나님의 은혜를 통한 신자들의 영적 변화 사이에서 유사성을 보았는지 언급했다. 당시에는 이러한 상상력이 문화적으로 개연성이 있었고, 허버트는 이것이 그의 신학적 성찰의 무게를 담아내는 데 도움이 된다고 보았다. 물론 오늘날에는 연금술이 좀 더 부정적으로 여겨진다. 그러나 허버트의 접근은 현대의 변증가들에게, 허버트가 자신의 시대에 연금술을 활용한 것처럼, **오늘날에는 어떤 문화적 산물, 습관, 이미지를 활용할 수 있을지** 생각해 보게 한다.

세 번째로, 허버트의 시적 이미지들은 이성보다는 상상력을 영적 분별과 성장으로 가는 관문으로 사용한다. 독자들에게 교리 문답을 암기하도록 초대하는 대신, 허버트는 기억에 남는 이미지들을 사용한다. 예를 들어 하나님이 각 사람을 사랑스럽게 만지고 변화시키는 이미지인데, 이런 이미지들은 기독교적 삶의 모습과 그 결과를 신학적으로 좀 더 폭넓게 바라보는 기초가 될 수 있다. 허버트는 우리로 하여금, 청중들의 상상력을 사로잡고 그들이 더 깊은 질문들을 숙고하도록 이끌기 위해 어떤 이미지와 유비들을 사용할 수 있을지 고찰해 보게 한다.


## G. K. 체스터턴: 가설로서의 기독교

영국의 언론인 G. K. 체스터턴은 20세기 전반기의 가장 유능한 변증가 중 한 명으로 널리 인정받는다. 우리는 이미 이 책 여러 곳에서 그의 생각들을 언급했다. 이제는 그것들을 함께 모음으로써 그의 접근법의 전반적인 일관성을 음미해 보고, 그것을 역사적 맥락 속에 놓아 보겠다. 체스터턴은 20세기 초반 대중 저술가들의 황금 세대에 속한 저술가 중 한 명이었다. 당시는 대중의 문해력이 높아지면서 영국의 당면 문제를 진지하면서도 읽기 쉽게 다루는 글의 수요가 증가했던 시기였다. 체스터턴은 「데일리 뉴스」(*Daily News*)와 「더 일러스트레이티드 런던 뉴스」(*The Illustrated London News*)의 주간 칼럼을 쓰면서 자신의 글쓰기 기술을 발전시켰고, 1930년대에는 BBC에서 친근히 들을 수 있는 목소리가 되었다. 그는 나중에 가톨릭으로 개종했지만 기독교 전체를 변호한 유능한 변증가로 널리 인정받고 있다.

체스터턴은 불가지론자로 지내다가 1903년에 기독교의 밀도 높은 지적 진지함을 재발견했다. 그의 유명한 글 「천사의 귀환」은 기독교가 "세계에 대한 이해할 수 있는 그림"을 제공한다는 그의 중심 신념을 잘 보여준다. 체스터턴은 이론을 시험한다는 것은 관찰과 대조해 보는 것임을 깨달았다. "외투가 잘 맞는지 확인하는 가장 좋은 방법은, 사람과 외투를 각각 재어 보는 것이 아니라 한번 입어 보는 것이다." 체스터턴은 자신이 생각하는 요점을 다음과 같이 설명했다.

> 우리 중 많은 사람들이 이 믿음으로 돌아왔다. 그리고 우리가 돌아온 것은 이런저런 논증 때문이 아니라, 그 이론이 일단 채택이 되면 어디서나 통하기 때문이다. 코트를 입어 보니 모든 주름이 꼭 맞아떨어지기 때문이다. … 우리는 그 이론을 마법의 모자처럼 써본다. 그랬더니 역사가 유리 집처럼 투명해진다.

앞서 언급했듯이(39, 70-71쪽) 체스터턴의 논증은 기독교의 실재관이, 개별 구성 요소라기보다는 일관되고 상호 연결된 전체로서 상상력과 지성적 측면의 설득력을 갖는다는 것이다. 자연에 대한 개별 관찰이나 경험이 기독교가 참이라는 것을 '증명'한다는 것이 아니라, 기독교는 그 관찰들을 이해하게 만드는 능력과 그것들을 설득력 있게 조정할 수 있는 틀을 제공함으로써 스스로를 입증한다. "현상이 종교

그림 9.2 저널리스트이자 변증가였던 G. K. 체스터턴(1874–1936). 1909년 사진.

를 증명하는 것이 아니라, 종교가 현상을 설명한다." 체스터턴은, 좋은 이론은(과학적이든 종교적이든) 우리가 주변 세계에서 보고 내면에서 경험하는 것들을 수용할 수 있는 능력으로 평가된다고 보았다. "이 생각을 일단 머릿속에 가지게 되면, 마치 뒤에 등이 켜진 것처럼 온갖 것이 투명해진다."

그러나 체스터턴은 기독교가 실제로 합리적이며 합리적임을 보여줄 수도 있지만, 이것이 기독교가 **합리주의적** 사고방식(이성으로 증명할 수 있는 것만 현실이라고 생각하는)이라는 의미는 아니라고 주장한다. 그는 명석한 표현으로 선언한다. "합리주의를 거부함으로써 세상은 갑자기 합리적이 된다." 체스터턴이 말하는 바는, 조지 버나드 쇼 같은 이 시기의 자연주의자들이 말하는 것처럼, 실재를 이성이 드러내 주는 것만으로 제한할 수 없다는 것이다. 언론인 아담 고프닉(Adam Gopnik)은 에드워드 시대(1901-1910년—옮긴이)에 체스터턴이 보여준 호소력을 다음과 같이 설명한다.

> 어떤 종류의 어리석은 유물론적 진보주의가 우세했었다. 쇼와 웰스와 비트리스와 시드니 웹의 이런 진보주의는 기술이 끊임없이 진보하는 미래를 상상했다. 신앙의 환상은 실용적인 태도, 합리적인 철자법, 그리고 노동자들의 독서 모임의 제국에서 완전히 흩어져 사라질 것이다. 이에 저항하는, 젊은 체스터턴의 주제들, 즉 지역의 우월성과 상상의 우선성은 저항할 수 없는 매력이 있었다.

체스터턴은, 삶에는 인간 이성으로 포착할 수 있는 것보다 더 많은 것이 있다고 주장했다. 합리주의는 우리 세계에 대한 필요 이상으로 빈곤하고 부적절한 설명이었다. 인간 이성의 한계를 넘어가는 것의 역설은, 우리가 우리 세계에 대한 더 만족스럽고 적절한 이해, 즉

"의미의 건축물"을 계발하게 된다는 것임을 체스터튼은 보았다. 그것은 하나님과 우리 삶의 특수성들을 연결시킨다. 무엇 하나를 신비스럽다고 인정함으로써, 다른 모든 것이 명료해지고 이성적으로 투명해진다. 그러나 체스터튼은 더 나아간다. 기독교는 세계에 대한 일관된 견해를 제공함으로써 삶을 살아갈 수 있게 만든다. "이런 신념들을 가지면, 나는 삶이 논리적이고 작동 가능하다고 믿을 수 있다. 그것들 없이는 삶은 비논리적이고 작동 불가능하다." 여기서 우리는 초기 기독교 변증의 핵심 주제를 발견한다. 즉 기독교는 일관된 사고의 방법을 보여줌으로써 의미 있는 삶을 살도록 인도한다.

체스터튼의 가장 놀라운 특징 중 하나는 복잡한 논점들을 담기 위해 효과적으로 단어를 구사하는 능력이다. 언론인으로서 체스터튼은 효과적인 의사소통을 위해 종종 신중하게 선택한 문구, 기억에 남는 비유 그리고 간결한 문체가 필요함을 알았다. 예를 들어 타락에 대한 그의 고찰은 이 점을 분명히 보여준다. 체스터튼이 보기에 타락은 "유일하게 빛을 던져 주는" 동시에 "유일하게 격려가 되는 삶에 관한 관점"이다. 그는 "우리는 좋은 세계를 잘못 사용했을 뿐, 나쁜 세계에 갇혀 있는 것이 아니다"라고 주장한다. 실제로 어떤 이들은 체스터튼이 긴 논쟁보다는 깔끔한 경구를 만드는 데 더 뛰어나다고 말한다.

그러나 아마도 체스터튼의 변증에서 가장 독특한 점은 자신을 제시하는 방식일 것이다. 그는 독자들에게 기독교를 강요하려는 것이 아니라, 자신의 발견의 여정에 동반해 주길 바라는 듯 보인다. 그는 우리가 어떻게 세계와 경험의 이상한 복잡성들을 이해할 수 있는지를 숙고하고 있다. 그는 자신이 본 것이 옳으며 변화를 일으키는 것이라고 믿고, 독자들도 그것을 보기를 원한다. 체스터튼은 계속 반복해서 "경험"에 호소하고, "단순히 이 세상에서 살아감"으로써 배울 수 있는 바에 호소하며, "어느 정도는 경험으로 시험해 볼" 수 있는 결정들을 내리라고 권한다. 체스터튼이 종교적 글들에 호소하는 경우가 너무나

드물다는 점이 놀랍다. 그는 기독교가 하나의 이론으로, 사물을 바라보는 방법으로, 사물들을 제자리에 맞추는 능력으로써 우리를 설득한다고 제시한다. 체스터턴이 일종의 자연신학을 받아들이고 있으며, 우리 자신의 세계에 대한 경험에서 시작하여 다른 세계로 이끄는 현실성 있는 경로를 분별하려고 시도한다는 주장도 가능할 것이다.

에드워드 시대의 성공적인 언론인이자 소설가로서, 체스터턴은 명확하고 매력적인 방식으로 자신을 표현하는 방법을 계발했고, 20세기 첫 30년의 가장 읽기 좋고 널리 읽히는 영국의 공적 지식인 중 한 명이 되었다. 결점도 있었다. 특히 그가 속한 문화적 맥락만으로는 완전히 설명할 수 없는 고질적인 반유대주의가 그중 하나다. 그러나 유머러스하고 교조적이지 않은 글쓰기 스타일은 많은 추종자를 불러모았고, 그를 기독교를 대표하는 지도적인 공적 인물로 자리매김하게 했다. 지금은 그의 명성이 흐릿해졌지만, 변증가들에게는 중요한 롤 모델로 남아 있다.

그렇다면 체스터턴으로부터 우리는 무엇을 배울 수 있을까? 아마도 가장 명백한 출발점은 그의 명료하고도 명석한 글쓰기 스타일일 것이다. 신앙에 대한 접근하기 쉽고 흥미를 끄는 그의 설명은 많은 독자들의 공감을 받았다. 근래 영국의 가장 유능한 변증가들 중 얼마나 많은 이들이 저술가로 좋은 평판을 얻은 사람들인지 관찰해 보는 것도 가치가 있다(C. S. 루이스, 도로시 세이어즈, 프랜시스 스퍼포드 등). 그들은 그들의 문학적 기술을 변증적 맥락에서 사용할 수 있었다.

변증 스타일 또한 독특하다. 체스터턴은 세계를 이해하는 한 방식으로서의 기독교를 일관되게 변호하지만, 그의 접근법은 기술적이거나 교조적이지 않다. 그는 일반인을 위해 신앙을 매력적으로 진술하며, 언론인으로서의 기술을 활용하여, 한편으로는 신학 용어를 피하고, 다른 한편으로는 풍부한 유비와 은유를 사용하여 세상에 대한 인간 공통의 경험과 기독교를 설득력 있게 연결한다. 그의 뒤를 이은 C.

S. 루이스가 그러했듯, 체스터턴은 기독교 성경이나 신조들보다는 세상의 일상적인 경험에서 시작하며, 그것을 신앙으로 들어가는 관문으로 사용했다. 체스터턴의 접근법은 변증적 가면(*persona*), 즉 변증가로서 자신의 정체성과 역할에 대한 이해를 구축하는 것도 포함하며, 그것은 그가 변증에 임하는 방식을 형성한다. 우리가 보았듯이, 체스터턴은 사물을 이해하는 뛰어난 방법을 발견한 평범한 사람으로 자신을 제시하며, 자기의 발견한 것을 독자들과 공유하고자 한다.

체스터턴은 기독교가 사물을 이해하게 만든다는 점을 강조하면서도, 이성은 모든 것을 이해할 수 있다고 주장하는 피상적 합리주의를 끈질기게 피하고자 한다. 세속적 합리주의는 인간 이성만으로 모든 것을 이해할 수 있다고 선언하는 반면, 체스터턴은 세상을 이해하기 위해서 우리는 인간 이성을 넘어서는 무언가가 필요하다고 주장한다. 하나님은 경험 또는 이성으로 증명할 수 없지만, 우리가 경험하고 추론하는 것을 이해하도록 만드실 수 있다.

체스터턴의 요점은 아이작 뉴턴의 만유인력 이론과 비교하면 가장 잘 이해할 수 있다. 뉴턴은 자신의 이론에, 특히 "거리가 떨어진 물체 사이의 작용"이라는 개념에 깊이 불편함을 느끼고 있었다. 그러나 그가 증명할 수 없는 어떤 것을 받아들임으로써, 그는 지금까지 연결되지 않았던 광범위한 관찰들(예를 들어 나무에서 떨어지는 사과와 태양 주위를 회전하는 행성들)을 이해할 수 있게 되었다. 체스터턴의 요점은, 신비스러운 한 가지를 받아들이면 다른 모든 것이 명료해진다는 것이다.

신비주의의 비밀은 한마디로 이것이다. 즉 인간이 이해하지 못하는 것의 도움으로 인간은 모든 것을 이해할 수 있다. 병적인 논리학자는 모든 것을 명료하게 만들려 하지만, 결국 모든 것을 미스터리로 만든다. 신비주의자는 한 가지를 신비로 허용하고, 그리하여 그 외의 모든 것이 명료해진다.

우리가 완전히 이해하지 못하는 것, 어쩌면 이해할 수 없는 것이 우리로 하여금 다른 모든 것을 이해하게 해준다. 체스터턴이 강조한 바와 같이, 역설적으로 신비는 놀라운 조명 능력을 가지고 있다.

## 도로시 세이어즈: 변증과 추리 소설

기독교는 삶을 이해할 수 있게 해주고, 번영을 추구할 수 있는 도덕과 상상력, 실존을 바라보는 틀을 제공한다. 복음에는 사물을 이해하게 만드는 능력 이상의 것이 있지만, 이 능력이 주된 변증적 덕목 중 하나로 널리 인정되는 것은 사물을 이해하려는 인간에 깊이 내재된 본능과 상응하기 때문이다. 많은 신학자들은 이것을 인간이 '하나님의 형상'을 가지고 있다는 사상과 연결한다. 우리는 삶을 이해하려는 욕구와 능력을 지니도록 창조되었다. 아마도 추리 소설이 그토록 인기를 누리는 이유가 여기 있을 것이다. 아서 코난 도일(Arthur Conan Doyle), 애거서 크리스티(Agatha Christie), 얼 스탠리 가드너(Earl Stanley Gardner) 같은 작가들은 증거들을 모아 두고 독자가 모든 단서를 풀 수 있는 감추어진 패턴을 찾도록 만드는 기술을 마스터한 이들이다.

우리가 이전 단락에서 살펴본 G. K. 체스터턴은 추리 소설 「브라운 신부」 시리즈를 집필했고, 이런 내러티브들이 심오한 종교적 질문을 이해하고자 하는 인간의 열망과 어떻게 연결되는지를 깨달았다. 이 단락에서는 범죄 소설의 '황금시대'를 이룬 주요 작가 중 한 명을 살펴볼 것이다. 그는 자신의 추리 소설이 주변 세계의 내재적 합리성에 대한 우리의 암묵적 믿음과, 더 깊은 패턴을 발견하는 우리의 능력에 호소한다고 생각했다.

도로시 세이어즈(그림 9.3)는 제1차 세계대전 직전 옥스퍼드 대학에서 현대 언어를 공부한 후, 귀족이자 아마추어 탐정인 피터 윔지

경을 주인공으로 하는 추리 소설을 쓰는 데 관심을 쏟았다. 1923년부터 1935년 사이에 쓴 이 소설들은 오늘날 과학철학에서 "최선의 설명으로의 추론"(앞서 이 개념에 관해 살펴보았다. 116-121쪽을 보라)으로 알려진 것을 우아하게 문학에 응용한 작품으로 볼 수 있다. 일군의 관찰들에는 언제나 몇 가지 경쟁하는 설명들이 존재한다. 그렇다면 이것들 중 어느 것이 최선일까? 과학철학자 윌리엄 휴얼(William Whewell)의 유명한 이미지를 빌리자면, 우리의 관찰의 진주들을 가장 잘 꿰어 주는 설명의 실은 무엇일까?

세이어즈에게 삶이란 생활 속에서 의미의 패턴을 찾는 탐색이었다. 『창조자의 정신』(Mind of the Maker, 1941)에서 세이어즈는, 인류 안에 있는 '하나님의 형상'을 상상력의 모판으로 생각해야 한다고 제안한다. 그것은 인간이 특정한 방식으로 생각하고 상상하도록 성향을 미리 설정한다. 우리는 이런 방식으로 생각하도록 **의도**되었고, 이런 방식의 사고의 **기원**이신 하나님은 또한 **목표**이시기도 하다. 세이어즈는 기독교가 "지적으로 만족스러운 우주에 대한 유일한 설명"임을 확신했다. 기독교는 그에게 "우주를 이해하는" 수단을 제공했고, 그것이 없었다면 감추어져 있었을 패턴을 드러내 주었다. 세이어즈에게 기독교는, 우리가 사물이 존재하기를 바라는 방식을 발명해 낸 것이 아니라, 사물이 실제로 존재하는 방식을 발견해 낸 것이었다. 우리는 세계의 심층을 이루는 논리를 밝혀 냄으로써 행복을 느끼는데, 그 논리는 그리스도 안에서 가림막을 벗는다. 따라서 변증가는 단서들의 흔적을 따라가다가 모든 단서들이 만족스러운 방식으로 수렴하는 최종 목적지에 도달하게 되는 탐정과 같다.

범죄 소설이 꾸준히 인기를 끄는 이유를 강연한 세이어즈는 그 본질과 매력을 설명하기 위해 '아리아드네의 실' 이미지를 활용했다. 이것은 그리스 신화에 나오는 것인데, 그리스의 영웅 테세우스가 미노타우로스를 추적하기 위해 크노소스의 미로에 들어갈 때, 다시 길을

그림 9.3 영국의 소설가이자 평신도 신학자인 도로시 세이어즈.

찾아 나올 수 있도록 아리아드네가 그에게 준 실 뭉치다. 세이어즈는 이 상상력을 자극하는 이미지를 사용하여 미스터리를 풀기 위해 단서들을 연결하는 과정을 표현한다. 우리는 "한 걸음 한 걸음 아리아드네의 실을 따라가다가 마침내 미로의 중심에 도달한다."

이러한 성찰의 과정은 세이어즈의 소설 『벨로나 클럽의 변고』(*The Unpleasantness at the Bellona Club*, 1928)에서 특히 두드러진다. 1920년대 런던 상류 사회를 배경으로 한 이 소설에서, 세이어즈는 피터 윔지가 펜티먼 장군의 수수께끼 같은 죽음을 둘러싼 미스터리에서 돌파구를 찾는 장을 다음과 같이 시작한다. 이것은 한 이론을 다른 이론보다 나은 것으로 선택하는 기준과 관련이 있다.

> "이 독극물 이야기는 어떻게 알게 된 거죠?" [형사 과장 파커가] 물었다.
> "주로 아리스토텔레스 때문이죠," 윔지가 대답했다. "그는 불가능해 보이지만 그럴싸한 것을, 가능해 보이지만 그럴싸하지 않은 것보다 선호해야 한다고 말했죠. 물론 장군이 그렇게 가장 혼란스러운 순간에 그처럼 깔끔한 방식으로 죽었을 수도 있습니다. 그러나 이 모든 것이 사전에 계획된 것이라면 훨씬 적합해 보이고 좀 더 그럴싸하죠."

그렇다면 세이어즈로부터 배울 수 있는 것은 무엇인가? 우리가 그로부터 얻을 수 있는 핵심은, 세상에는 우리가 파악할 수 있는 더 깊은 패턴이 있다는 근본적인 신념이다. 이 패턴은 확실한 수학적 증명들을 통해서가 아니라, 세계에 대한 우리의 경험에서 출현하는 '단서들'을 결합하는 최선의 방법을 찾음으로써 파악된다. 혼란스럽고 의미 없어 보이던 여러 관찰들도, 올바른 관점에서 보면 의미 있고 일관성 있는 것들이 될 수 있다. 세이어즈는 증거를 모으고, 단서를 수집하고,

패턴을 찾아내는 일을 창의적이고 보람 있으며, "셀 수 없이 많은 실들을 엮고 짜는 만족감"을 주는 일로 보았다.

세이어즈의 변증을 평가한 많은 사람들은 이 주제, 특히 그가 "추리 소설을 엮어 가는 기술"(증거의 실들을 엮어 가며 그것들 배후에 숨겨진 패턴을 찾는 기술과 그것이 주는 성취감)에 호소하는 점을 강조했다. 통찰력 있는 세이어즈 해설자 중 한 명인 존 서머(John Thurmer)는 세이어즈의 작업을 "삼위일체를 탐지하는 일"로 볼 수 있다고 말했는데, 이것은 그의 삼위일체 교리에 대한 신학적 강조와 그가 그 교리를 다루기 위해 선호한 문학적 방식을 선명하게 포착한다. 변증가는 이런 단서들을 가리켜 보이고, 그 다양성을 즐기면서, 이것이 어떻게 더 큰 그림과 패턴으로 수렴하고 결합하는지를 보여주는 사람이다. 세이어즈에게는 그 패턴이 기독교 신앙이었으며, 그것만이 유일하게 삶의 복잡성이 지닌 지적, 실존적 의미를 이해할 수 있게 했다.

그러나 세이어즈는 추리 소설에서 단서를 찾아가는 것과 삶의 의미를 발견하는 것 사이의 유사성은 불완전하고 결함이 생길 수 있음을 깨달았다. 허구적인 범죄를 저지른 사람을 알아내는 것과 우주의 의미 패턴 속으로 들어가서 개인적인 충만함을 경험하는 것은 별개의 일이다. 제니스 브라운(Janice Brown)이 지적한 바와 같이, 세이어즈의 추리 소설에 대한 흥미는 점차 "범죄라는 피상적인 미스터리로부터 인간의 영혼이라는 심오한 미스터리로" 옮겨 갔으며, 그의 관심은 "정교한 플롯을 계발하는 것"에서 "영혼의 정교함을 탐구하는 것"으로 이동했다.

그러나 변증가들이 세이어즈에게서 배울 수 있는 점이 또 한 가지 있다. 제인 크래스크(Jane Craske)는 세이어즈의 인기 있는 기독교 변호에 관해 유익한 설명을 했는데, 세이어즈의 진정한 중요성은 기독교 신학을 모르는 청중에게 말할 수 있는 능력에 있다고 말한다. 그는 단지 그리스도인들이 무엇을 믿는지를 말하는 것이 아니라, 기독교의 신념들을 새로운 방식으로 제시하고, 기독교가 인간 실존의 가장 깊은 주제들과 연결될 수 있음을 강조한다. 세이어즈는 "단지 반복하는 것이 아니라 다시 표현함(re-presenting)으로써, 기독교 교리에 대해 아무것도 모르는 사람들도 더 쉽게 이해할 수 있게 만들었다." 따라서 변증은 "다시 표현함의 과업이며, 특히 교회 밖 청중들을 향하는 것이다." 세이어즈 스스로는 추리 소설과 드라마를 기독교 신앙을 효과적이고 솜씨 있게, 접근성이 강화된 방법으로 "다시 표현하는" 것으로 보았으며, 기독교의 핵심 주제들을 제시하는 새로운 길을 열었다. 이 부분에서 확실히 배울 점이 있다!

### 프랜시스 쉐퍼: 세계관 변증

프랜시스 쉐퍼(1912-1984, 그림 9.4)는 아마도 20세기의 가장 중요한 복음주의 변증가일 것이며, "세계관 변증"으로 알려진 접근법의 주요 대표자였다. 세계관 변증은 기독교를 옹호하면서 다른 대안들을 비판할 때, 주로 그들의 배후에 놓인 전제들을 노출시키고 그 전제들이 궁극적으로 일관되지 않음을 보여주는 접근법이다. 쉐퍼의 변증은 세상을 이해하는 개인의 방식을 지배하는 전제나 가정을 노출시키고, 그것들의 신뢰성을 의심하게 만든다. 세속주의는 중립적 세계관이 아니라, 일단의 지배적 가정들에 근거한다. 이 접근법은 스위스 신학자 에밀 브루너(Emil Brunner)의 변증적 글쓰기에서도 발견되는데, 그는 경쟁하는 다른 사고방식의 취약성과 결함을 평가한 후 기독교적 접근법의 우월성을 확언하는, 변증에 대한 "논쟁적"(eristic) 접근법을 개발했다. 쉐퍼의 변증적 사역은 주로 1960년대에 널리 퍼졌던 다양한 형태의 합리주의와 물질주의 비판을 다루지만, 그의 접근법은 더 넓게 적용할 수 있다.

『이성에서의 도피』(*Escape from Reason*, 1968)에서 쉐퍼는 서구의 사고가 종교적 신념들을 원칙적으로 배제하는 좁고 제한적인 합리주의 세계관에 스스로 갇혀 버렸다고 주장했다. 그런데 이 세계관은 지적으로 문제가 있고 실존적으로 불충분하다.

> 그러므로 기독교는, 기독교의 답변이 현대인이 절망한 바로 그것, 즉 사고의 통일성을 지니고 있다고 명확히 말할 기회 가운데 있다. 기독교는 삶 전체에 대한 통일성 있는 답을 제공한다. 물론 인간은 자신의 합리주의를 포기해야 한다. 그러나 그후에는 … 자신의 합리성을 회복할 가능성을 얻게 된다.

기독교는 어떤 의미에서도 비합리적이지 않다. 사실, 기독교 자체의 합리성 체계는 놀랍도록 일관성이 있다. 그러나 기독교는 세계를 이성만으로 완전히 알 수 있다고 주장하는 세계에 대한 합리주의적 접근에는 비판적이다.

쉐퍼는 세계관들이 명시적이든 암묵적이든 일련의 전제들을 내포한다고 주장한다. 그런 지배적 가정들은 검토하고 평가할 필요가 있다. "비기독교적 입장을 고수하는 사람이 자신의 전제들에 대해 논리적이 되고자 할수록, 그는 실제 세계에서 더 멀어진다. 그리고 그가 실제 세계에 가까이 갈수록, 자신의 전제들에 대해 비논리적이 된다." 기독교 변증은 경쟁 세계관들의 취약점 규명을 목표로 삼는다. 한 부분에서는 그들의 내부 모순을 입증함으로써, 다른 부분에서는 기독교가 더 신뢰할 수 있는 사물의 설명을 제공한다고 주장함으로써 그것을 실행한다. 그는 신념 체계들의 내적인 논리적 일관성에 대해 논쟁하고자 한다. 관찰과 경험이 그 중요성을 인정받으려면 해석이 필요하다. 쉐퍼에게 중요한 질문은, 어떤 세계관이 최선의, 가장 신빙성 있는 해석을 제공하는가이다. 이 질문은 부분적으로는 그러한 세계관이 기반을 둔 전제들의 일관성을 평가함으로써 답할 수 있다.

> 우리가 대화하는 모든 사람은 … 스스로 분석해 본 것이든 아니든, 일련의 전제들을 가지고 있다. … 비기독교인 개인이나 집단이 논리나 실천에서 그들의 체계에 일관되게 행하는 것은 불가능하다. … 어떤 사람은 그 긴장을 묻어 두려고 시도할 것이고, 당신이 그것을 찾도록 도와주어야만 할 수도 있지만, 어딘가에는 일관성 없는 지점이 존재한다.

따라서 변증은 이러한 문제 있는 전제들을 규명하고, 그 전제들이 어떻게 해결할 수 없는 지적 긴장을 만들어 내는지 보여주는 것을 포함한다. 그런 인지적 부조화는, 자기모순 없이는 살아낼 수 없는 그 세계관을 조만간 붕괴시킬 것이다.

쉐퍼는 이 일반적인 원칙을 어떻게 실천할 수 있을지 보여주는 여러 예를 제시하면서, 세계관 속의 모순과 긴장을 폭로하는 것이 그것들의 신뢰성에 중요한 (그리고 부정적인) 영향을 끼친다는 점을 이야기를 들려주며 설명한다. 대표적인 두 가지 예를 살펴보자. 첫 번째는 케임브리지 대학에서 쉐퍼가 이끌었던 토론 그룹에서 일어난 일이다. 기독교에 비판적인 한 젊은 학생이 모임에 참석했다. 쉐퍼는 그를 "시크교도"라고도, "힌두교도"라고도 부른다.

> 그는 기독교를 강하게 비판하기 시작했지만, 자기 자신의 신념들에 있는 문제를 제대로 이해하지 못했다. 그래서 내가 말했다. "당신의 체계에 근거하면, 잔인함과 비잔인함이 궁극적으로 동등하며, 둘 사이에 내재적인 차이는 없다고 말하는 것이 맞습니까?" 그는 동의했다. … 우리가 만난 방의 주인 학생은 그 시크교도가 인정한 것의 함의를 분명히 이해했으며, 차를 만들기 위

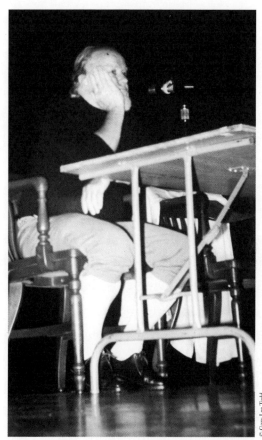

그림 9.4 1981년, 일리노이 주 어바나에서 열린 라브리 컨퍼런스에 참여한 미국의 변증가 프랜시스 쉐퍼.

해 끓이던 주전자를 들었고, 주전자는 그 인도인 학생의 머리 위에서 증기를 내뿜었다. 그 학생은 위를 보면서 무엇을 하고 있는지 물었고, 그는 부드럽지만 냉정하고 단호한 목소리로 말했다. "잔인함과 비잔인함 사이에 차이가 없죠." 그러자 그 힌두교도는 걸어 나가더니 밤 길 속으로 사라졌다.

쉐퍼의 요점은, 그 젊은 학생이 자신의 세계관이 유지될 수 없음을 깨달았다는 것이다. 그것은 자기 모순적이며 의미 있는 삶을 지속하게 할 수 없다.

경쟁 세계관 속의 비일관성을 찾는 이러한 기술은 프랑스 철학자 장폴 사르트르(Jean-Paul Sartre)의 윤리적 허무주의에 대한 쉐퍼의 비판에서도 기반이 된다. 사르트르는 한 행동의 도덕적 요소가 개인의 자유로운 선택의 실행에 있으며, 실제로 도달한 도덕적 결정에 있지 않다고 주장했다. 그러나 이 견해가 실제 세계에서 유지될 수 있을까? 쉐퍼는 그렇지 않다고 생각했다. 그는 사르트르가 1960년 "121인 선언"에 서명했음을 지적했다. 그것은 식민지인 알제리에서 발생한 반란을 잔인하게 진압하려는 프랑스 군의 시도에 프랑스 지식인들이 항의하는 내용이었다. 쉐퍼가 지적한 것처럼, 실제 세계의 사건들이 사르트르의 윤리적 견해에 의문을 품게 만들었다. 결국 윤리적 결정들이 문제가 된다는 것을 사르트르에게 깨닫도록 강요했기 때문이다. 사르트르는 "의도적으로 도덕적 태도를 취했고, 그것이 불의하고 더러운 전쟁이라고 말했다. 그가 취했던 좌파의 정치적 입장은 동일한 비일관성을 보여주는 또 하나의 사례다."

그렇다면 변증가는 이러한 모순과 부적절함을 어떻게 폭로할 수 있을까? 쉐퍼는 세속주의가 중립적이거나 헌신 없는 입장이 아니라, 도전받을 수 있는, 취약하고 의식되지 않은 일련의 전제들에 의존하고 있다고 주장한다. 따라서, 그들의 지적 허약성을 인식한 세속 세계관의 옹호자들은, 그들의 근본적인 전제를 의문시하는 공적이고 객관적인 실재로 이루어진 외부 세계에 대항하여 자신들을 보호하는 방패를 구축한다. 쉐퍼에게 변증은 다른 사람의 세계관 안으로 들어가서, 겉보기에는 안정적으로 보이는 토대를 속에서부터 해체하는 일과 관련이 있다. 그것은 세계관의 "지붕을 뜯어내는" 것이며, 취약성을 드러내고 대안을 제시하는 것이다.

스위스에서 지내던 시절 친숙했던 장면을 유비로 활용하는 쉐퍼는, 변증이 알프스의 길 위에 세워진 대피소(여행객과 차량을 낙석으로부터 보호하기 위해 만들어진 장소)의 "지붕을 뜯어내는 것"과 같다고 말했다. 변증은 사람들이 외부 세계의 실재들로부터 자신을 보호하기 위해 세워 놓은 이념의 방패들을 제거하여, 그들로 하여금 실재와 그들의 전제 사이의 긴장을 경험하게 만든다.

그것은 산 위의 몇몇 길에 지어진 큰 대피소와 같다. 이 대피소는 때로 산에서 굴러 내려 오는 바위와 돌에서 차량을 보호하기 위해 만든 것이다. 비기독교인에게 산사태는 그를 둘러싸고 있는 실재인 비정상적인 타락한 세계다. 그리스도인은 사랑으로 그 대피소를 제거함으로써 외부 세계의 진실과 인간이 무엇인지에 관한 진실이 그에게 달려들게 해야 한다.

증거주의는 복음 전도의 기반을 닦는 신론과 관련된 논증에 호소하는 반면, 쉐퍼는 기존 신념 체계의 기초를 약화시킴으로써 사람들이 대안으로서 기독교를 고려해 보도록 만든다.

하지만 쉐퍼가 중요한 또 다른 이유가 있다. 그는 청중들에게 귀를 기울이고 그들의 관심사와 질문들을 이해하는 일이 중요함을 인식하고 있었다. 쉐퍼는 아마도 스위스 위모즈-쉬르-올롱의 한 목조 건물인 라브리(L'Abri)에서 스스로 비용을 충당하며 행했던 변증 사역으로 가장 잘 알려져 있을 것이다. 이 사역은 1955년에 시작되어 1980년대까지 계속되었다. 쉐퍼와 그의 아내 에디스는 유럽을 방문하는 지적으로 호기심이 많은 미국 학생들을 라브리에서 맞이했다. 이 학생들은 당시의 문학과 영화를 통해 삶의 의미에 관해 이야기하고 싶어 했다. 쉐퍼는 1960년대의 새로운 철학에 대해 그들이 생각하는 바를 경청하면서, 자신이 그들의 수준에서 그들의 언어로 소통할 수 있음을 깨달았고, 그들의 문화적 세계에서 가져온 예화들을 사용해서 기독교 신앙의 개연성을 음미해 보도록 도왔다.

쉐퍼 자신은 1960년대의 청년 문화에 익숙하지 않았으며, 사람들이 보는 영화나 읽는 소설에 대해 거의 알지 못했다. 그러나 그는 라브리에 방문하는 학생들과의 폭넓은 상호작용을 통해 그들의 문화적 세계와 지배적인 전제들을 접하게 되었고, 그것들에 대한 비판적이고 지식에 근거한 응답을 할 수 있었다. 철학과 예술에 대한 쉐퍼의 이해는 그를 비판하는 사람들이 보기에는 그다지 설득력이 없었지만, 그럼에도 그는 두 가지 근본적인 요점을 파악할 수 있을 정도의 충분한 지식을 가지고 있었다. 첫째로, 동시대 문화는 명시적이든 암묵적이든 일단의 전제들을 구현한다는 것이고, 둘째로, 이러한 전제들을 그들의 문화적 형태들로부터 분리하고 그 신빙성을 비판해 볼 수 있다는 것이다. 많은 사람들은 예술, 문학, 영화에 변증이 관여하도록 쉐퍼의 작업이 권한다고 말할 것이다. 이런 점은 의미와 가치에 관한 깊은 질문을 제기할 수 있는 소설과 영화의 잠재력을 좀 더 충분히 인식하게 된 21세기에 점점 더 중요한 의미를 지닌다.

그렇다면 쉐퍼로부터 우리는 무엇을 배울 수 있을까? 쉐퍼의 변증은 주로 1960년대에 중요했던 질문들을 다룬다. 서구 문화가 급변했기 때문에 그가 다루었던 어떤 문제들은 이제 친숙하지는 않게 되었지만, 그것이 그의 변증 접근법의 유용성을 무디게 만든 것은 아니다. 그의 방법은 오늘날과 관련된 질문들을 다루는 데도 여전히 활용할 수 있다. 다음 단락에서 우리는 팀 켈러의 맨해튼 변증 사역이 명백히 쉐퍼의 통찰들을 활용하고 있음을 살펴볼 것이다. 예를 들어 현대 세속주의가 집단적 추론에 영향을 끼치는, 인식되지 않은 신빙성의 틀 안에서 작동한다는 통찰 같은 것이다. 다음 부분을 보기 전에 7장에서 켈러를 다룬 부분(263-266쪽)을 읽어 보는 것도 유익할 것이다.

켈러는 쉐퍼를 따라서, 한 사람이 중립적이고 객관적으로 "그저 사실을 직시하는 것"이 불가능함을 강조한다. "세속주의는 신념들의 그물망이며, 그 신념들은 검토의 대상이 되어야만 한다." 쉐퍼와 마찬가지로, 켈러의 변증도 세속주의에 대한 비판적 탐구와 함께 기독교의 지적, 감정적, 상상적 측면을 긍정적으로 부각시킨다. 켈러의 영향력 있는 책, 『팀 켈러의 답이 되는 기독교』는 첫 부분에서, 독자들이 이미 인식하지 못하고 질문하지도 않았던 가정들에 사로잡혀 있음을 지적하고, 대부분의 세속 세계관 속에는 어떤 종류의 신앙적 헌신이 구축되어 있다고 말한다. 켈러가 지적하는 것처럼, 이것은 변증가들에게 중요한 결과를 낳는다. 그는 알래스데어 매킨타이어의 '전통에 매개된 합리성'에 대한 설명을 제시하여 변증가들이 청중과 지적 공감대를 형성하도록 돕는다.

> 첫째, 그들은 반드시 "그 특정한 경쟁 전통에 의해 규정된 조건 안에서 생각하는 것이 무엇인지 이해해야 한다." 그들은 다른 관점에 공감하려는 마음으로 그 입장에 자신을 놓아 보려고 최선을 다해야 한다. … 둘째, 그들 자신의 세계관과 그들이 평가하고자 하는 세계관에서 "해결되지 않은 이슈들과 풀리지 않은 문제들, 즉, **그 전통의 표준들로써는** 해결되지 않고 풀리지 않는 것들을 찾아내야 한다." 문제의 한 종류는 일관성 없음, 즉 그 세계관 안에서 어떤 신념들이 다른 신념들과 충돌하는 것이다. 또 다른 종류는 살아 낼 수 없음이다. 어떤 신념들은 실제로 그 신

넘대로 실천하는 것이 불가능하다.

켈러가 쉐퍼의 전제주의를 재구성한 사례는 과거의 변증적 통찰력을 어떻게 되살릴 수 있는지를 보여준 설득력 있는 모범이다. 여러 면에서, 켈러는 과거의 현인들로부터 풍부한 통찰과 지식을 흡수한 현대 변증가의 훌륭한 예다. 그런데 켈러는, 우리가 곧 살펴보겠지만 또한 세속 세계의 출현에 대한 좀 더 최근의 학문적인 설명(캐나다 철학자 찰스 테일러의 작업을 포함하여)으로부터도 도움을 얻는다. 팀 켈러의 변증 방법은 그 자체로 중요하지만(263-266쪽), 그것을 새로운 청중의 필요와 언어를 염두에 두고 테일러의 사상을 재조명하는 것으로 이해해도 도움이 된다.

## 찰스 테일러: 세속 시대의 변증

최근의 많은 기독교 변증가들이 캐나다의 가톨릭 철학자 찰스 테일러(그림 9.5)의 작업, 특히 그의 주요 저작인 『세속의 시대』에서 영감을 얻는다. 제임스 스미스는 자신의 책, 『세속적으로 (안) 사는 법』[How (Not) To Be Secular]에서 독자들과 함께 『세속의 시대』를 읽어 나가며, 변증에 도움이 되는 시사점과 적용점을 제시한다. 그중에서도 가장 중요한 부분은, 특정한 형태의 신정론에서 나타나는 이성의 과도한 확장 적용을 피하라고 권하는 점이다(291-294쪽 참조).

테일러의 세속 시대의 기원과 성격, 그리고 그것의 명백한 실존적 부적합성 분석은 변증적으로 엄청나게 중요한 함의를 지니며, 21세기 변증가들에게 세속 문화와 접촉할 수 있는 엄밀한 틀을 제공한다. 세속주의를 특정한 틀로 기술함으로써, 테일러는 기독교 사상을 효과적으로 확언할 수 있는 일단의 도구들을 변증가들에게 제공한다.

그는 또한 "사회적 상상"(social imaginary)이라는 개념을 제시하는데, 이는 어떤 면에서 세계관 개념과 유사하지만, 인간의 자기 이해에서 상상력의 역할에 더 초점을 맞춘 개념이다. 이 단락에서는 테일러의 몇 가지 통찰들을 살펴보고 그것들을 변증에 적용하는 방법을 탐구해 볼 것이다.

가장 많이 인용되는 구절 중 하나에서 테일러는 문화적 변화가 어떤 변증적 함의를 지니는지 탐구한다. "1500년에는 서구 사회에서 신을 믿지 않는 것이 거의 불가능했지만, 2000년에는 많은 사람들이 이것을 쉬운 일이자 심지어 불가피하다고 여기는 이유는 무엇인가?" 테일러의 대답은 이렇다. 신의 지적 타당성을 반박하는 증거가 나타난 것이 아니라, 문화적으로 지배적인 메타내러티브의 변화가 일어났고, '합리적'으로 여겨지는 것이 무엇인지 사회의 이해를 그것이 바꾸었다는 것이다. 우리의 합리성에 대한 관점은 우리의 사회적 상상에 의해 형성된다. 테일러에 따르면, 깊이 뿌리내린 문화적 사고방식에 반하는 사고의 패턴을 주장하는 것이 '비합리적'인 것처럼 보이거나 그렇게 판단받는 현상을 이해하는 데 이것이 도움이 된다. 이런 이해가 테일러의 관찰이 이루어진 배경이다. 즉 세속주의에 대한 '뺄셈'(subtraction) 식의 설명(세속주의는 기본적으로 초월을 제거하거나 억압하는 것이다)에 근거해서 바라보면, 종교는 오로지 사회적 구성물로만 보이게 된다. 그러나 테일러는, 실제로는 '세속적인 것'(종교적인 것이 아니라)이 사회적으로 구성된 것이라고 주장한다.

그렇다면 테일러의 분석은 변증가에게 어떤 도움을 주는가? 우리는 이미 테일러의 문화 분석이 변증적으로 유용하게 사용될 수 있는 몇 가지 방식을 언급했다(35-38, 121-123쪽). 아마도 가장 중요한 것은, 우리에게 세속 문화가 어떻게 발생했는지, 그리고 변증가가 세속 문화를 비판적이고도 지성적으로 다루려면 무엇을 할 수 있을지를 이해하는 데 테일러가 도움을 준다는 점이다. 테일러의 관심사 중 하

그림 9.5 2015년 독일 쾰른에서 열린 철학 컨퍼런스에서 연설하는 캐나다 철학자 찰스 테일러(1931 - ).

나는 "신을 믿지 않는 것이 거의 불가능했던 사회에서, 가장 확고한 신자에게조차 신앙이 인간의 여러 가능성 중 하나가 된 사회로 이동하는 [결정적인 변화를] 정의하고 추적하는 것"이다. 무엇이 바뀌었을까? 과거 많은 변증가들은 합리성의 판별 기준들이 변화했기 때문이라고 생각했다. 그러나 테일러는 합리성에 대한 우리의 이해 변화가 주된 것이 아니라, "사회적 상상"의 변화라는 말로 가장 잘 표현할 수 있는 좀 더 광범위한 변화에서 비롯된 것이라고 제안한다. 테일러가 말하는 사회적 상상이란, "지적 구조들보다 더 깊은" 어떤 것으로서 "사람들이 사회적 실재에 관여되지 않는 상태에서 그것을 생각할 때 마음에 지니는" 것이다. 사회적 상상이 주된 것이며, 합리적이거나 바람직하다고 생각되는 것은 부차적이다.

"내재적 틀"(immanent frame)의 기원을 테일러가 분석한 내용에 변증적 보완을 하자면, 그 틀이 인간의 가장 깊은 도덕적, 영적 열망을 과연 충족시킬 수 있느냐는 광범위한 불안을 지적할 수 있다. 초월성을 언급하지 않고 인간 실존을 기술하는 것은, 테일러가 말하는 "현대성의 불편감"(많은 이들이 삶이 단조롭고 의미 없음을 느끼는 것)이라는 결과를 낳는다. 테일러는, 의미의 틀이나 이해의 배경이 존재하고 권위를 발휘하고 있음을 인식하지 않는 사람들의 무관심한 입장을 기술하기 위해 "중립적 자아"라는 어구를 사용한다.

> 인간이 윤리적 질문의 공간에 존재하는 것은 피할 수 없다. 그는 어떤 기준들에 맞추어 자신을 평가하지 않을 수 없다. 모든 기준들로부터 벗어나는 것은 해방이 아니라, 완전한 방향상실 속으로 공포스럽게 떨어지는 것이다. 그것은 정체성의 궁극적인 위기를 겪는 것이다.

> 테일러에게 도덕적 문제는 단순히 올바른 일을 하는 것이 아니

다. 그것은 우리가 누구인지, 우리가 무엇인지 진정한 모습을 찾는 것이다. "테일러의 관점에서 보면, 우리의 정체성은 궁극적으로 우리가 가장 가치 있다고 여기는 것, 우리의 선택들을 구조화하고 우리 삶의 근본적인 방향들을 형성하는 최고선에 의해 결정된다."

테일러가 제시하는 요점은 분명히 변증에서 중요하고 적용 가능하다. 우리는 "사물들이 안정적인 의미를 갖게 하는 틀이나 지평"이 필요하며, 이를 통해 무엇이 "좋고 의미 있는지", 또는 "나쁘고 사소한지"를 결정한다. 그는 실재에 대한 초월적인 비전에 닻을 내리지 않고 붙어 있지 않은 사람들은, 도덕적 가치의 이슈들, 즉 "선하고, 소중하고, 존중할 만하고, 가치 있는 것"이 무엇이냐는 질문들과 관련해 "바다에 떠 있는 상태"라고 말한다. 내재적 질서 이상의 무언가가 필요하다. 인간은 본성적으로 초월을 지향하는 것처럼 보인다. 우리의 도덕적 가치들은 의미의 틀과 지평을, 그리고 궁극적으로 유신론을 전제로 한다.

저스틴 애리얼 베일리(Justin Ariel Bailey)는 변증에서 테일러의 중요성을 훌륭하게 요약하면서, 테일러가 자신의 야심찬 프로젝트의 목표로 간주하는 것을 간결하게 제시했다.

테일러는 공간을 확보하고, 닫힌 마음의 습관들에 도전하며, 뻴셈 이야기에 의해 수년 동안 단절되었던 대화를 다시 시작하고자 시도한다. 그가 얻고자 하는 것은 인식론적 허락(믿는 것이 합리적이고 좋다는 것을 보여줌)이지, 인식론적 의무(믿어야만 한다는 것을 증명함)가 아니다.

그렇다면 이 변증적 공간을 만들고 그 공간의 합법성을 주장한 테일러는 우리가 그것을 어떻게 사용하기를 바라는가? 베일리가 지적하듯이, 테일러는 우리에게 **상상력이 있는** 변증을 제안한다. 테일러의 접근법을 가장 잘 활용하려면, 우리는 그의 "사회적 상상"이라는 개념을 살펴볼 필요가 있다. 사람들에게 그들의 추론 방식을 바꾸도록 설득하는 대신에, 우리는 그들의 추론의 형태를 궁극적으로 형성하는, 세계를 **상상하는** 그들의 방식에 변화를 만들어 낼 필요가 있다. 이것은 기독교가 인식적으로 허용될 수 있게 해준다. 말해야 할 것은 아주 많지만, 그것은 변증의 좋은 출발점이다.

이제 "사물들이 안정적인 의미를 갖게 하는 틀이나 지평"이 필요하고, 이를 통해 무엇이 "좋고 의미 있는지", 또는 "나쁘고 사소한지"를 결정한다고 테일러가 주장한 부분으로 돌아가 보자. 이 틀은 어떻게 나타나는가? 계몽주의는 인간 이성의 재조정과 방향 변경을 통해 이것이 발생했다고 본다. 그러나 테일러에 따르면, 이것은 "사람들이 자신들의 사회적 실존을 상상하는 방식들, 즉 다른 사람들과 어울리는 방식, 그들과 동료들 사이에 일어나는 일들, 정상적으로 충족되는 기대들, 그리고 이러한 기대에 깔려 있는 더 깊은 규범적 관념들과 이미지들"의 변화와 관련되어 있다. 이 상상의 틀은 우리의 세계에 대한 이해를 형성하며, 우리의 생각과 실천에 정당성의 감각을 제공한다. 그 이해를 바꾸기 위해서는, 먼저 우리가 문화를 향해 세계를 **상상하는** 새로운 방법을 제시해야 한다. 이 재상상의 과정은 이성의 우월성을 말하는 계몽주의 내러티브와 충돌한다. 그러나 테일러의 분석은 우리가 생각하는 방식은 실재를 **보는** 방식인 "세계상"보다는 부차적인 것이라고 말한다.

이 점을 염두에 두고, 우리는 그의 접근법을 명시적으로 변증에 적용하고 발전시켜 볼 수 있다. 비트겐슈타인의 유명한 진술을 살펴보자. "한 **그림**이 우리를 사로잡았다. 우리는 그것 밖으로 나갈 수 없다." 비트겐슈타인의 요점은, '세계상'은 우리를 포획하며, 경험에 대한 어떤 방식의 해석을 자연스럽거나 자명한 것으로 여기도록 우리의 성향을 변화시키고, 대안적인 이해 방식을 보지 못하게 만든다는 것이다. 이 '그림'은 "자연스러운 것"이거나 세계의 "객관적 질서"로 전제되며,

정당화가 필요 없고, 오히려 우리의 도덕적, 합리적 가치를 정당화하는 근거가 된다. 그렇다면 우리는 그 상상의 속박을 어떻게 깨뜨리고 거기서 벗어날 수 있을까? 비트겐슈타인의 대답은 다른 그림, **더 나은** 그림을 찾는 것이다. (이런 생각은 앞에서 살펴본, 더 나은 이야기를 들려주는 기독교라는 주제를 보완해 줄 수 있다. 226쪽을 보라.)

비트겐슈타인의 접근법을 세계관 갤러리 방문과 비교해 보면 도움이 된다. 그 갤러리에서 우리는 다양한 지배적 그림들을 통해 우리 자신과 세계를 볼 수 있다. 변증은 개인을 특정한 사고방식에 사로잡힌 상태에서 해방하는 일과 관련된다. 그것은 부분적으로는 대안들이 있다는 것을 보여줌으로써, 그리고 특별히 기독교의 세계상을 통해 본다면 사물이 어떻게 보일지 음미해 보도록 도와줌으로써 이루어진다. 나는 10대 시절 수년간 마르크스주의에 사로잡혀 있었다. 나는 그 속박으로부터 벗어났는데, 부분적으로는 그것의 지적인 약점과 내적 비일관성을 깨달은 것이 계기였지만, 더 큰 이유는 기독교의 '큰 그림'이 훨씬 더 만족스럽고 회복력이 강한 것으로 보였기 때문이었다.

테일러와 비트겐슈타인 두 사람 모두가 가리키는 과정은, 어떤 '상상' 또는 '그림'이 우리의 세계를 가장 잘 설명하는 것처럼 보이는지 결정하는 것과 관련이 있다. 우리는 물려받은 또는 문화적으로 지배적인 특정 상상에 사로잡히기보다는, 가능한 상상들을 모아 보고, 그중에서 무엇이 가장 신뢰할 수 있고 만족스러운지 결정하라고 권유를 받는다. 테일러는 상상이 자기만족적인 허구가 될 수 있고, 위험한 거짓일 수 있음을 분명히 말한다. 문제의 핵심은 이런 가능성을 인식하고 열린 마음으로 대안을 고려하는 것이다. 테일러에 따르면, 우리는 사물들에 대한 '최선의 설명'을 찾아야 한다. 인간은 자신과 타인과 그들이 살고 있는 세계를 이해하는 과정에 지속적으로 개입하며, 이는 필연적으로, 인간의 의미에 대한 도덕적 원천처럼, 삶의 중요한 측면을 이해하게 해주는 '최선의 설명'을 찾고자 하는 관심으로 이어진다.

변증적으로는, 이것은 기독교가 인생에서 정말 중요한 모든 것에 대해 더 나은 설명을 제공할 수 있음을 보여주는 것을 의미한다. 이를 위해 "이성의 시대"의 피상적 합리주의를 피하고, 인간 존재의 상상력, 감정, 직관적인 측면에 더 주의를 기울여야만 하는데, 이는 변증가들이 종종 간과해 왔던 것이다. 테일러 자신은 본질적으로 서술적인 개념인 "충만함"(fulness)이라는 말을 사용하여, 성경적 사상인 샬롬(shalom)에 가까운 영적인 삶의 목표를 표현한다. "어딘가에, 어떤 활동이나 상태에, 충만함, 풍부함이 있다. 즉 그곳에서 (그 활동이나 상태에서) 생명은 더 충만하고, 풍부하고, 깊고, 가치 있고, 칭찬할 만하며, 더 바람직한 모습이 된다."

테일러가 기독교 변증에 준 선물은, 인간의 '충만함'을 표현할 수 있는 틀을 제공하고, 이러한 충만함이 어떻게 달성될 수 있으며 무엇에 근거를 두는지 '최선의 설명'을 찾도록 초대하는 것이다. 이것이 '최선의 설명'임을 증명하는 것은 필요하지 않다(테일러는 **가능하지** 않다고 덧붙일 것이다). 문제는 그것이 진정성 있고 작동 가능하느냐에 있다. 테일러의 틀을 사용하는 변증가는, 환멸 때문에 생겨난 상실감으로 괴로워하는 이 "내재된 사회적 상상"을 다룰 수 있으며, 이 세계를 상상하고 살아가는 대안적인 방법들이 있음을 보여줄 수 있다. 테일러의 핵심 내러티브는 초월적인 의미가 존재하는 우주를 인류가 상실하고, 이제는 닫힌 우주에서 살아가게 되었다는 것이다. 의미는 이제 인간 개인의 마음으로 옮겨졌고, 그것이 초월을 부정하면서 본질적 의미는 결여된 "내재적 틀"을 구축한다. 변증가는 이 "내재적 틀"이 우리의 가장 깊은 필요를 충족할(또는 설명할) 수 없음을, 그리고 "더 나은 설명"의 삶이 가능하며 그것이 합리적인 설명임을 보여줄 필요가 있다. 바로 여기가 변증의 **기술**이 결정적으로 중요해지는 지점이다. 변증은 테일러의 통찰과 접근법으로부터 지적 자원을 얻을 수 있어야만 하며, 테일러가 의도한 학문적 독자층을 훨씬 넘어서는 청중에게 다가가야만 한다.

## 결론: 앞으로 나아가기

이 책은 기독교 변증을 이론적 학문이자 동시에 실용적 기술로서, 의미 있고 생명을 주는 신앙으로 기독교를 담아내고, 설명하고, 정당화하는 것을 목표로 삼는 일로 소개하고자 했다. 지면의 제약 때문에 논의와 분석의 범위와 깊이는 불가피하게 제한될 수밖에 없었다. 그러나 이 책을 탐구 과정을 시작하도록 돕는 자료로 보는 것이 좋겠다. 이 짧은 결론 단락에서는, 여러분이 이 내용을 더 발전시켜 자신만의 독특한 변증 접근법을 특수한 재능과 상황에 맞추어 계발하기 전 몇 가지 제안을 하고자 한다.

**1.** 이 책은 다양한 변증가들을 다루었고, 독자들이 그들의 다양한 접근법을 맛보고 생각해 보도록 돕고자 했다. 대부분의 변증가들은 그들 시대의 문화적 전제들에 대해 깨어 있었고, 그들의 역사적 상황과 청중에 맞추어 기독교를 제시하고 변호한다. 변증을 공부하는 어떤 학생들은 과거의 변증가들을 자신의 모델로 삼고자 하지만, 그럴 경우 과거의 문화적 사고방식에 사로잡힐 위험이 있다. 우리는 과거의 변증가들에게서 배울 수 있지만, 빠르게 사라져 버리는 과거의 포로가 되지는 말아야 한다. 당신은 그들의 책을 읽으면서 **현재의** 당신 자신의 접근법에 대한 지식과 자극 얻기를 배워야만 한다. 예를 들어 프랜시스 쉐퍼로부터 배우면서도 1960년대의 복음주의적 합리주의에 사로잡히지 않는 것이 가능하다. 팀 켈러가 포스트모던 시대의 맨해튼에서 쉐퍼의 접근법을 어떻게 활용했는지 생각해 보라. 당신은 그런 저술가들과 대화하면서도, 그들의 역사적, 지역적 특수성에 제한되지 않는 자신만의 변증 접근법과 목소리를 만들 수 있다. 젊은 변증가들 중에서 나는 저스틴 애리얼 베일리, 조슈아 채트로, 리베카 매클러플린 (Rebecca McLaughlin), 홀리 오드웨이(Holly Ordway) 같은 이들이 쓴 책

을 권하고 싶다. 이들 모두는 21세기의 문화적 현실들에 적합한 접근법으로, 그 현실들을 정통 기독교의 관점에서 사려 깊게 다루고 있다.

2. 다른 변증가들의 접근법에 익숙해지는 것도 유익하지만, 한편으로는 당신 자신의 개인적인 은사와 전문성을, 그리고 다른 한편으로는 여러분이 관여할 청중의 특성에 맞추어 여러분 자신의 변증 방법을 계발하는 것이 중요하다. 이 과정에서 다른 변증가들의 책을 읽는 것도 도움이 되지만, 이 책에서 탐구해 본 신앙적 질문들에 관해 당신 자신만의 답변을 준비할 필요가 있다. 빌려 온 답에 의존하는 변증가는 살아남을 수 없다. 당신은 자신에게 설득력 있고, 자신의 지적인 통합성을 가지고 활용할 수 있는 자신만의 답변을 만들어야 한다.

이 책에서 나는 **대표적**인 변증 질문들과 변증가들을 다루었다 (그러나 **전부** 다루지는 못했다). 지면의 제약이 있었다는 것은, 우리가 다룬 내용만으로는 변증에서 다루어야 할 이슈들이나 당신의 접근법을 위한 자극과 정보를 제공할 변증가들에 관해 온전히 설명할 수 없었음을 의미한다. 하지만 이런 대표적인 질문들 및 인물들과 씨름하다 보면, 당신은 자신감과 지혜가 자라고, 당신에게 맞는 방식으로 또 다른 사람들을 살펴보는 일에서 진보하게 될 것이다. 질문이 편안하게 느껴지는 접근법을 당신이 계발하는 것이 중요하며, 단순히 다른 저술가들의 입장을 무비판적으로 반복해서는 안 된다. 다른 저술가들의 접근법을 변용하여 활용할 수 있지만, 반드시 과거의 역사가 된 질문들보다는 오늘날의 생생한 질문들과 연결시켜야 한다.

3. 이 책은 기독교 변증이라는 지역의 지도를 제시하는 **개관**에 불과하다. 여기서 당신은 주요 저술가와 접근법과 이슈에 대한 감을 잡는 데 도움을 받았을 것이다. 그러나 다음과 같은 이유로 당신은 더 멀리, 더 깊이 나아가야만 한다.

a. 새로운 변증적 문제가 종종 발생하며, 그에 따라 우리는 오래된 접근법들을 목적에 맞게 재구성하거나 때로는 새로운 접근법을 개척해야만 한다. 이 책에서 나는 2006년 이후로 약 10년간 서구에서 큰 영향력이 있었던 "새로운 무신론" 운동을 다루었다. 이제 이 운동은 퇴색해 가고 있으며 토론은 거의 잦아들었다. 그러나 이 운동이 배경으로 사라져 가는 동안에도, 이 운동이 제기한 질문과 기독교 변증가들이 이에 응하여 계발한 답변들을 살펴보며 이 운동으로부터 배울 수 있다.

b. 최근의 사회과학, 철학, 심리학의 동향에서 우리가 다루어야 할 신앙에 새로운 도전이 일어날 수도 있지만, 종종 우리가 탐구하고 적용할 수 있는 새로운 통찰과 변증적 가능성을 제공하기도 한다. 이 책에서 여러 차례 다룬 캐나다의 사회철학자 찰스 테일러의 저술은 이러한 시너지의 아주 좋은 예다. 기독교 신학자들과 변증가들은 항상 문화적 목소리의 도움을 받아 복음을 표현하고 소통해 왔으며 그 과업은 지금도 계속된다. 이 책에서 제시한 자료가 그 일을 수행하는 데 도움이 되기를 바란다.

c. 많은 변증가들이 특정 주제(예를 들어 과학과 신앙의 관계나 고통의 문제 등)에 초점을 맞추게 되고, 그 문제에 대해서 말하고 쓸 기회를 얻게 된다. 이것은 전문적 문헌에 대한 좋은 지식과 이를 '문화의 언어'로 번역하는 능력 두 가지 모두를 요구한다. 변증에 대한 개관서로서 이 책은 유용한 자료를 일부 제공하지만, 문제를 좀 더 전문적으로 다루려면 여기서 어쩔 수 없이 간략하게 논의하는 데 그친 내용을 훨씬 넘어서는 연구가 필요하다.

4. 변증은 종종 기독교 공동체 외부의 청중을 만나고 그들의 신앙에 대한 질문과 관심사에 답하는 데 도움을 주는 것으로 이해되지만, 신앙 공동체 **안에서도** 변증 사역이 필요함을 깨닫는 것이 중요하다. 많은 그리스도인들이 그들의 신앙에 대해 사고할 때 도움과 확신이 필요하다. 이 부분에서 설교자들은 특별히 중요한 역할을 할 수 있

다. 설교에 일부 변증적 주제를 포함함으로써 어떤 사람들이 자신에게 문제가 되는 질문들(예를 들어 고난의 문제나 겉보기에 비논리적으로 보이는 삼위일체 교리 등)을 다루는 데 도움을 줄 수 있다.

   5. 마지막으로, 그리고 아마도 가장 중요한 것은 변증이 **학문**이자 **기술**임을 기억하는 것이다. 이 개론서는 변증의 성격과 목적에 대한 여러분 자신의 이해를 발전시키는 데 도움이 될 만한 자료를 제공했다. 당신은 이것을 자신의 독특한 방식의 변증 **실천**(예를 들어 글쓰기와 말하기 기술을 개발하는 것 등)으로 전환해야 할 것이다, 이 책이 여러분 스스로 진보해 나갈 수 있는 충분한 지침을 제공했기를 바란다!

### 생각해 볼 물음

1. 이번 장에서 논의된 일부 저술가들은 과거의 인물들이다. 당신 자신의 말로, 그들의 역사적 위치 때문에 생겨나는 문제점들이 무엇인지 말해 보라. 그러나 이들 저술가들은 현대 변증에서 널리 활용된다. 이런 관찰로부터 옛 변증가들의 가치에 대해 무엇을 배울 수 있는가?

2. 도로시 세이어즈는 미스터리를 해결하는 데 단서가 중요함을 강조한다. 인생을 이해하는 데 이 점을 어떻게 적용할 수 있는가?

3. 프랜시스 쉐퍼와 팀 켈러는 세속적 세계관을 형성하고 있는 인식되지 않은 지배적 전제들을 규명해 나간다. 이 통찰로부터 무엇을 배울 수 있는가? 이것이 세속주의를 비판적으로 다루는 데 어떤 도움을 주는가?

4. 우리가 속한 세속화 시대를 분석한 찰스 테일러는 그리스도인 변증가들이 이런 상황에서 사역할 때 어떤 방식으로 도움을 주는가?

Gregory Baum. "The Response of a Theologian to Charles Taylor's A Secular Age." *Modern Theology* 26, no. 3 (2010): pp. 363–81.

Brian J. Braman. "Epiphany and Authenticity: The Aesthetic Vision of Charles Taylor." In *Beauty, Art, and the Polis* edited by A. Ramos, pp. 224–36(Washington, DC: Catholic University of America Press, 2000).

Jane Craske. "Dorothy L. Sayers: Apologist for Her Time—and Ours?" *Theology* 122, no. 6 (2019): pp. 412–19.

Bryan A. Follis. *Truth with Love: The Apologetics of Francis Schaeffer*(Wheaton, IL: Crossway Books, 2006).

Timothy Keller. *The Reason for God: Belief in an Age of Skepticism*(New York, NY: Dutton, 2008). (『팀 켈러, 하나님을 말하다』 최종훈 역, 두란노, 2017)

Timothy Keller. *Making Sense of God: An Invitation to the Skeptical*(New York, NY: Viking, 2016). (『팀 켈러의 답이 되는 기독교』 윤종석 역, 두란노, 2018)

M. J. Logsdon. "George Herbert and C. S. Lewis." *The Lamp-Post of the Southern California C. S. Lewis Society* 16, no. 1 (1992): pp. 3–7.

D. Stephen Long. "How to Read Charles Taylor: The Theological Significance of a Secular Age." *Pro Ecclesia* 18, no. 1 (2009): pp. 93–107.

Alister E. McGrath. "The Famous Stone: The Alchemical Tropes of George Herbert's 'The Elixir' in their Late Renaissance Context." *George Herbert Journal* 42, no. 1–2 (Fall 2018/Spring 2019): pp. 114–27.

Amy Orr-Ewing. "Dorothy L. Sayers: Proving Truth through Stories and Patterns." In *The History of Apologetics: A Biographical and Methodological Introduction*(edited by Benjamin Forrest, Joshua D. Chatraw, and Alister E. McGrath, pp. 584–603(Grand Rapids, MI: Zondervan, 2020).

James R. Peters. *The Logic of the Heart: Augustine, Pascal, and the Rationality of Faith*(Grand Rapids, MI: Baker Academic, 2009).

David Pickering. "Chesterton, Natural Theology, and Apologetics." *Chesterton Review* 44, no. 3 (2018): pp. 495–508.

David Pickering. "New Directions in Natural Theology." *Theology* 124, no. 5 (2021): pp. 349–57.

Robert M. Schuler. "Some Spiritual Alchemies of Seventeenth-Century England." *Journal of the History of Ideas* 41, no. 2 (1980): pp. 293–318.

Thomas V. Morris. *Making Sense of It All: Pascal and the Meaning of Life*(Grand Rapids, MI: Eerdmans, 1992). (『파스칼의 질문』 유자화, 이윤 역, 필로소픽, 2012)

Paul G. Schrotenboer. *A New Apologetics: An Analysis and Appraisal of the Eristic Theology of Emil Brunner*(Kampen, The Netherlands: Kok, 1955).

James W. Sire. *Naming the Elephant: Worldview as a Concept*(Downers Grove, IL: InterVarsity Press, 2004). (『코끼리 이름 짓기』 홍병룡 역, IVP, 2007)

James K. A. Smith. *How (Not) to Be Secular: Reading Charles Taylor*(Grand Rapids, MI: Eerdmans, 2014).

Charles Taylor. *Modern Social Imaginaries* (Durham, NC: Duke University Press, 2004). (『근대의 사회적 상상』 이상길 역, 이음, 2010)

Charles Taylor. *A Secular Age*(Cambridge, MA: Belknap Press, 2007).

John Thurmer. *A Detection of the Trinity*(Exeter: Paternoster Press, 1984).

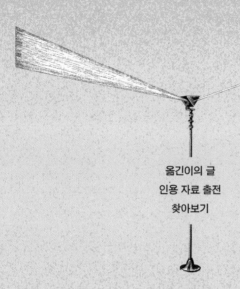

옮긴이의 글
인용 자료 출전
찾아보기

신학교에 다니던 2000년 무렵, 변증은 인기 없는 학문이었다. 공부를 권유하는 교수님도 일부 있었지만 변증학을 공부하겠다고 유학을 가는 친구는 없었다. 변증이 인기 없는 학문이었던 이유는, 아마도 내 개인적 느낌과도 관련이 있을 텐데 당시까지 접했던 기독교 변증가나 관련 서적은 정직하게 생각하려는 독자의 마음을 깊이 흔들어 설득하기보다는, 지나치게 현학적인 논증을 펼쳐 따라가기가 어렵거나, 재치있는 말로 상대편을 간단히 이기려 드는 듯 보였기 때문이다. 왠지 편협해 보였고, 답답해 보였고, 결정적으로 부정직해 보였다.

본능적으로 느꼈던 이 문제는 저자의 용어로 말하면, "인식론적 겸손"(1장)의 부재였던 것 같다. 책에 따르면, 그런 현상은 20세기에 나타난 일부 합리주의적 변증의 흐름이었고, 이 흐름은 대체로 변증을 합리적 논증으로 보았으며, "설득과 수사적 조작의 테크닉을 숙달하여 논쟁에서 승리하려는 것"(1장)으로 인식하는 경향이 있었다.

그러나 '변증학'에 흥미는 없었지만 20대 이후로 변증은 늘 나의 주된 관심사였다. 제목에 '변증'이 들어간 책은 구입해 놓고도 진지하게 읽지 않은 적이 많았지만, 변증과 '관련된' 책은 늘 독서에서 우선순위가 되었다. 지금은 새롭지 않은 "새로운 무신론" 저술인 리처드 도킨스의 『만들어진 신』이나, 유발 하라리의 『사피엔스』 같은(배울 것이 많지만!) 반기독교적 혹은 불교적 세계관에 근거한 거대 역사 해석을 접하면서, 나는 어쩔 수 없이 '변증적으로' 내 신앙을 재검토하고 '변증적' 답변을 스스로 찾아야 했다.

그 과정에서 저자의 저술들은 늘 큰 도움을 주었다. 누구의 관대한 기부로 저자가 2004년부터 옥스퍼드 기독교 변증 센터에서 변증 강의를 시작한 것인지는 모르겠지만, 참으로 다행스럽고 고마운 일이다. 발전된 그의 강의와 토론의 내용이 오롯이 담긴 이 책을 한 단어, 한 문장 세밀히 읽으며 번역할 수 있는 특권을 얻어 감사하다.

생물물리학자에서 교리사학자로, 과학과 신학의 생산적 대화 사례를 제시한 과학신학자로, C. S. 루이스 전기 작가로, 리처드 도킨스의 "새로운 무신론"에 대응하는 대표적인 변증가로 살아온 저자의 삶도 흥미롭지만, 가장 인상적이었던 것은 현학적이지 않으면서도 심오한 깊이를 지닌, 차분하면서도 신뢰할 수 있는 그의 목소리였다.

저자가 한국을 방문했을 때 만날 기회가 두 번 있었다. 그는 목소리를 높이지 않는 강의로 마음을 뜨겁게 만들었고, 공격적인 질문을 받을 때에도 차분한 목소리로 기대보다 훨씬 넓고 깊은, 잘 정돈된 답변을 내놓았다. '아, 공부를 제대로 하면 저렇게 되는구나!' 개인적 인상으로 평한다면 한마디로 저자는 '정리의 달인' 같다. 그가 쓴 신학 개관서인 『신학이란 무엇인가』는 신학생 시절 가장 자주 펼쳐 보았던 책이다. 복잡한 신학 논쟁의 흐름과 개념을 파악하는 데 그만큼 좋은 책이 없었다. 그의 대표적인 학문적 기여인 『하나님의 칭의론』이나 『과학신학』도 방대한 1차 자료의 바다에서 중요한 것들을 골라내 꼭 맞는 자리에 놓아 둔 느낌을 주었다.

이 책은 '기독교 변증' 또는 '변증학 개론' 강의나 스터디 모임 교재로 사용하기에 가장 적절해 보인다. 변증과 관련된 굵직한 신학적 이슈들(정의, 역사, 이성의 사용, 상황과의 연결, 접촉점, 내러티브, 청중 연구)을 살펴보고, 실제로 주요 변증 주제들을 공부할 수 있도록 자료를 제시하며, 하나의 주제를 택하여 간략한 변증 원고를 써보도록 하는 실습 과정까지 제안한다. 서론 격인 1장에서 저자는 변증을 이렇게 정의한다.

> 변증은 기독교 신앙의 진리와 신뢰성을 확증하며, 아름다움과 선함, 진리에 대한 기독교적 비전을 충실하고 생생하게 소통함으로써 실재에 대한 기독교적 비전의 풍부함과 깊이를 파악하여 매료시키는 것을 목표로 삼는다. 진리는 **설득**하지만 아름다움은 **매료**시킨다.

모더니즘 시대 기독교 변증은 세속적 합리주의의 공격에 대응해야 했고, 주로 이성에 호소하며 합리적 논증을 구축하는 데 초점을 맞추었다. 그런데 이 과정에서 기독교 변증은 이성의 포로가 되고 말았다. 즉 이성이 접근할 수 있는 영역은 실재의 다양한 차원 중 일부일 뿐인데, 그 좁은 영역 안에서 이성의 기준에 맞추어 기독교의 진리를 증명하려고 애쓰는 함정에 빠진 것이다. 오늘날 이성은 기독교의 진리를(또한 삶의 의미를 부여하는 모든 진실을) 포착하기에는 너무나 단순한 도구였음이 드러났다. 저자는 이런 지성사적 반성을 반영하여 이성의 역할을 제자리로 돌리고, 이성과 함께 아름다움과 상상력을 변증의 영역으로 끌어들인다.

이런 시도에서 중요한 역할을 하는 것이 저자가 단행본(*Narrative Apologetics*, 2019, 한국어판 제목 『포스트모던 시대, 어떻게 예수를 들려줄 것인가』)으로도 다루었고, 이 책에서는 한 장을 할애하여 소개하는 "내러티브 변증"일 것이다. 그는 기독교가 "증명하고 수용해야만 하는 일련의 명제적 진술이 아니라 의미 있고 충만한 삶으로 이끄는 살아 내야 할 이야기"임을 드러내기 위해 내러티브 변증이 필요하다고 말한다.

과거 계몽주의, 합리주의 시대에는 성경의 내러티브를 끓여서

졸이면 기독교의 핵심이 되는 진리 명제들만 남을 것이라고 생각했다. 그러나 오늘날 우리는 계시된 명제를 담은 거추장스러운 매체가 아니라, 내러티브 자체가 계시가 주어진 모습임을 안다. 참된 내러티브는 삶의 진정한 의미를 밝히고, 그 안에서 세상이 더 명료해 보이게 만들며, 더 풍성한 삶을 살게 한다. 세상은 계시 내러티브와 경쟁하는 잡다한 거짓 내러티브들을 만들어 주문을 걸고 그에 맞추어 살게 만든다. 내러티브 변증은 그런 내러티브들의 거짓을 폭로하고 참된 내러티브를 제시하며 그 내러티브 안에서 살 때 누릴 수 있는 혜택을 설명한다. 저자는 이러한 변증을 잘 활용했던 대표적 인물인 톨킨과 루이스에 대해 여러 번에 걸쳐 자세히 언급하고 있다.

이 책을 번역하면서 개인적으로 크게 도움을 얻었던 부분을 세 가지 언급하겠다. 첫째는 루이스의 "욕구로부터의 논증"(3장)이다. 욕구는 흔히 부정적으로 인식되지만, 루이스와 저자는 하나님이 초월의 영역에서 말을 거시는 통로로 욕구를 이해한다. 하나님은 우리에게 욕구를 주시고, 그 욕구를 따라 추구하게 하시고, 그 욕구의 진정한 대상인 하나님을 발견하게 하신다는 것이다. 우리는 이 세상의 어떤 피조물도 충족시켜 줄 수 없는 근원적이고도 모호한 그리움과 갈망, 갈증을 느끼는데, 그것은 초월의 세계에서 오는 신호들이다. 모든 사람에게 존재하는 이 욕구는 변증의 공통 기반이 되며, 또 복음이 제시하는 하나님 안에서 이 욕구가 어떻게 온전히 채워지는지 말하는 계기가 된다.

둘째는, 발코니와 거리 이미지다(7장). 이 이미지는 저자가 프린스턴 신학교 총장이었던 존 매케이에게서 빌려 온 것인데, 삶을 바라보는 두 가지 관점을 가리킨다. 발코니는 삶의 현장에서 거리를 두고 조망하는 것으로, 변증에 대한 이성적 접근을 가리킨다. 거리는 일상에서 일어나는 모든 소란스럽고 고통스러운 일들을 직접 경험하는 자리에서 삶을 보는 것이다. 이것은 변증에 대한 참여적, 공감적 접근에 대응한다.

두 가지 관점은 상호 보완적이며 모두 필요하다. 그런데 저자는 외견상 동일한 질문이라도 질문하는 사람이 어디에 서 있는지에 따라 전혀 다른 답변이 필요하다고 경고한다. 발코니에서 질문하는 사람은, 합리적이고 객관적이며 학문적인 통찰을 줄 수 있는 답변을 기대한다. 그러나 거리에서 질문을 하는 사람은 지금 당장 눈앞에 닥친 문제로 고통을 겪고 있으며, 그것을 극복할 수 있는 실용적 지혜를 찾고 있다. 저자의 현명한 조언은, 질문자가 지금 발코니에 있는지, 거리에 있는 지 파악하라는 것이다. "좋은 질문입니다, 그 질문에 기꺼이 답해 드리고 싶습니다. 이 질문이 당신에게 왜 중요한지 말씀해 주시면 도움이 될 것 같습니다"(8장).

셋째는, 팀 켈러의 사례에서 보는 청중의 중요성이다. 저자가 보기에 팀 켈러의 훌륭한 점은 크게 두 가지다. 첫째는, 찰스 테일러나 알래스데어 매킨타이어처럼 최근의 문화적 변화를 분석한 학자들의 연구를 잘 소화하되, 그 내용에 짓눌리지 않고, 그들의 통찰을 자신의 가르침에 반영했다는 점이다. 둘째는, 그의 청중인 맨해튼 젊은이들의 실제적 질문에 귀를 기울이고 그들의 질문을 온전히 이해한 다음, 충실한 변증적 답변을 설교로 제시한 것이다. 켈러의 사례를 보면, 모든 설교는 어떤 의미에서 변증적 설교일 수밖에 없을 것 같다. 청중이 겪는 세계의 지배적 내러티브와 그것이 주는 절망을 깊이 공감하며 파악하고, 성경의 복음 내러티브가 어떻게 그 상황을 재해석하며 희망의 문을 여는지 제시하는 것이 진정한 설교의 본질일 것이다. 단순 모방이 아니라 켈러의 모범을 충실히 따른다면, 한국적 신학, 한국적 변증이 충분히 가능할 것 같다.

이 외에도 독자들이 유익을 누릴 수 있는 내용이 이 책에 많다. 변증에서 가장 자주 만나는 10가지 주요 주제(8장)를 간략하면서도 단단하게 다루기도 하고, 찰스 테일러를 포함해 다섯 명의 현인들을 제시(9장)하면서 변증을 더 폭넓게, 깊이 이해할 수 있는 관점과 방향을 제시한다. 영어로 되어 있기는 하나 저자가 유튜브에 새롭게 올린 변증 강의들과 이 책의 각 장 끝부분에 제시된 '추가 독서 자료'도 큰 유익을 줄 것이다.

변증은 교회 밖의 사람들만이 아니라, 교회 안에도, 우리들 자신에게도 중요한 문제다. 우리는 세상의 수많은 내러티브 속에서 살아가고 있고, 그 내러티브들은 피상적 욕구 충족을 약속하는 우상에게 이끌며, 때로는 출구 없는 절망에 빠뜨리기 때문이다. 이 책은 변증가와 변증적 설교자를 훈련시키는 교재로서 1차적 역할을 함은 물론, 세상의 잡다한 거짓 내러티브들을 알아차리고 분별하며, 복음의 거대한 내러티브와 성경 속 작은 내러티브들을 더 선명하게 이해하고, 더 충만한 삶을 살도록 도와줄 것이다.

노종문

## 독자들에게: 이 책을 사용하는 법

Francis Spufford, *Unapologetic*(London: Faber & Faber, 2013), p. 22. | 13쪽

## 1
## 변증이란 무엇인가

Avery Dulles, *A History of Apologetics*, 2nd ed(San Francisco, CA: Ignatius Press, 2005), xix. | 25쪽

Charles Taylor, *A Secular Age*(Cambridge, MA: Belknap Press, 2007), pp. 556–7. 테일러의 이 생각은 사회학자 로버트 우스나우의 저술에 기반한다. | 27쪽

Francis Schaeffer, *Trilogy: The God Who Is There*(Wheaton, IL: Crossway, 1990), p. 151. | 30쪽

Frederick G. Lawrence, "The Human Good and Christian Conversation." In *Communication and Lonergan: Common Ground for Forging a New Age*, edited by Thomas J. Ferrell and Paul A. Soukup, pp. 248–68(Kansas City, MO: Sheed & Ward, 1993), quote at p. 249. | 30쪽

Austin Farrer, "The Christian Apologist." In *Light on C. S. Lewis*, edited by Jocelyn Gibb, pp. 23–43(London: Geoffrey Bles, 1965), quote at p. 26. | 35쪽

James K. A. Smith, *How (Not) to Be Secular: Reading Charles Taylor*(Grand Rapids, MI: Eerdmans, 2014), p. 141. | 35쪽

John G. Stackhouse, *Humble Apologetics: Defending the Faith Today*(Oxford: Oxford University Press, 2002), p. 228. | 36쪽

Charles Taylor, *A Secular Age*(Cambridge, MA: Belknap Press, 2007), p. 225. | 37쪽

Charles Taylor, *A Secular Age*(Cambridge, MA: Belknap Press, 2007), p. 232. | 38쪽

Francis Spufford, *Unapologetic*(San Francisco, CA: HarperOne, 2013), xii. (미국판 서문에 추

가한 내용.) | 38쪽

Keith Yandell, *Philosophy of Religion: A Contemporary Introduction*(London: Routledge, 1999), p. 16. | 38쪽

G. K. Chesterton, *Collected Works*, 35 vols(San Francisco, CA: Ignatius Press, 1986), vol. 3, p. 156. | 39쪽

G. K. Chesterton, "The Return of the Angels." First published in the *Daily News*, 14 March 1903. Text in *G. K. Chesterton at the Daily News: Literature, Liberalism and Revolution, 1901–1913*, edited by Julia Stapleton, 8 vols(London: Pickering & Chatto, 2012), vol. 2, pp. 24–6. | 40쪽

W. V. O. Quine, *From a Logical Point of View*, 2nd ed(Cambridge, MA: Harvard University Press, 1951), pp. 20–46. (『논리적 관점에서』 서광사) | 40쪽

C. S. Lewis, "Is Theology Poetry?" In *Essay Collection*(London: HarperCollins, 2000), p. 21. *Essay Collection* by C. S. Lewis copyright © 1960 C. S. Lewis Pte. Ltd. Extracts reprinted by permission. | 42쪽

Francis Schaeffer, *Trilogy*(Leicester: Inter-Varsity Press, 1990), pp. 262–3. | 42쪽

C. S. Lewis, Letter to Arthur Greeves, 18 October, 1931, in *The Collected Letters of C. S. Lewis*, edited by Walter Hooper, 3 vols(San Francisco: HarperOne, 2004–6), vol. 1, p. 977. *Collected Letters* by C. S. Lewis copyright © 1942 C. S.. Lewis Pte. Ltd. Extracts reprinted by permission. | 42쪽

David J. Bosch, *Transforming Mission: Paradigm Shifts in Theology of Mission*(Maryknoll, NY: Orbis Books, 1991), p. 11. (『변화하고 있는 선교』 기독교문서선교회) | 43쪽

John Calvin, *Institutes of the Christian Religion*, III. ii.7. (『기독교 강요』 복 있는 사람) | 46쪽

Mark McIntosh, *Mysteries of Faith*(Cambridge,

MA: Cowley Publications, 2000), p. 11.
(『신앙의 논리』 비아) | 46쪽


## 2
## 변증: 몇 가지 역사적 주제들

F. F. Bruce, "Paul's Apologetic and the Purpose
of Acts." *Bulletin of the John Rylands
University Library* 89, no. 2 (1987): pp.
379–93; quote at pp. 389–90. | 52쪽
Tertullian, *de poenitentia* I, p. 2. | 59쪽
Athanasius, *On the Incarnation*, p. 3. | 60쪽
Marilynne Robinson, *What Are We Doing Here?*
(New York: Farrar, Straus & Giroux, 2018),
p. 271. | 73쪽


## 3
## 믿음의 합리성

Pierre Hadot, "La philosophie est-elle un
luxe?" *Le Monde de l'Education* 191
(1992): pp. 90–3; quote at p. 92. | 80쪽
Francis Spufford, *Unapologetic*(London: Faber &
Faber, 2013), p. 21. | 81쪽
Marilynne Robinson, *Gilead*(London: Virago,
2005), p. 203. (『길리아드』 마로니에북스)
| 83쪽
Alasdair C. MacIntyre, *Whose Justice? Which
Rationality?*(London: Duckworth, 1988),
p. 350. | 84쪽
Alasdair C. MacIntyre, *Whose Justice? Which
Rationality?*(London: Duckworth, 1988),
p. 6. | 84쪽
Jonathan Edwards, *Treatise on the Religious
Affections*(New Haven, CT: Yale University
Press, 1959), p. 305. (『신앙감정론』 부흥
과 개혁사) | 85쪽
A. C. Grayling, *The God Argument*(London:
Bloomsbury, 2013), p. 66. | 86쪽

Charlton T. Lewis and Charles Short, *A Latin
Dictionary*(Oxford: Oxford University
Press, 1891), p. 479. | 87쪽
Teresa Morgan, *The New Testament and the
Theology of Trust*(Oxford: Oxford
University Press, 2022), p. 8. | 87쪽
Faustus of Riez, *On the Holy Spirit* I, 1. | 88쪽
C. S. Lewis, "On Obstinacy in Belief." in *C.
S. Lewis: Essay Collection*(London:
HarperCollins, 2000), pp. 206–15;
quote at p. 214. *Essay Collection* by
C. S. Lewis copyright © 1960 C. S.
Lewis Pte. Ltd. Extracts reprinted by
permission. | 88쪽
William H. Griffith-Thomas, *The Principles of
Theology*(London: Longmans, Green &
Co., 1930), xviii. | 88쪽
John Calvin, *Institutes of the Christian Religion* III.
ii.7. (『기독교강요』 복 있는 사람) | 89쪽
Martin Luther, "The Babylonian Captivity
of the Church (1520)." In *D. Martin
Luthers Werke: Kritische Ausgabe*(Weimar:
Böhlau, 1888), vol. 6, pp. 513–14. | 90쪽
William Kingdon Clifford, *The Ethics of
Belief and Other Essays*(Amherst, NY:
Prometheus, 1999), p. 70. | 91쪽
Richard Dawkins, *The Selfish Gene*(Oxford:
Oxford University Press, 1976), p. 198.
(『이기적 유전자』 을유문화사) | 91쪽
Terry Eagleton, "Lunging, Flailing,
Mispunching: A Review of Richard
Dawkins' The God Delusion." *London
Review of Books* 19 October 2006. |
92쪽
Bertrand Russell, *A History of Western
Philosophy*(London: George Allen &
Unwin, 1950), p. 2. (『러셀 서양철학사』 을
유문화사) | 92쪽
Isaiah Berlin, "The Pursuit of the Ideal." In
*The Crooked Timber of Humanity*(New
York, NY: Knopf, 1991), pp. 1–19; quote
at p. 14. | 93쪽
John Stackhouse, *Can I Believe? Christianity for*

the Hesitant(Oxford: Oxford University Press, 2020), pp. 15-16. | 93쪽

Francis Darwin, ed., *The Life and Letters of Charles Darwin*, 3 vols(London: John Murray, 1887), vol. 2, p. 155. | 94쪽

Charles Darwin, *Origin of Species*, 6th ed(London: John Murray, 1872), p. 444(이 내용은 앞선 1~5판에는 없다.) (『종의 기원』 사이언스북스) | 95쪽

John Polkinghorne, *The Way the World Is: The Christian Perspective of a Scientist*(London: Triangle, 1983), p. 2. | 95쪽

John Polkinghorne, *Theology in the Context of Science*(New Haven, CT: Yale University Press, 2009), pp. 125-6. (『과학으로 신학하기』 모시는사람들) | 96쪽

John Henry Newman, Letter to William Robert Brownlow, 13 April 1870. In *The Letters and Diaries of John Henry Newman*(Oxford: Clarendon Press, 1973), vol. 25, p. 97. | 101쪽

Anselm, *Proslogion* XX. (『모놀로기온 프로슬로기온』 아카넷) | 102쪽

C. S. Lewis, *The Pilgrim's Regress*(London: HarperCollins, 2018), xii. *Pilgrim's Regress* by C. S. Lewis copyright © 1933 C. S. Lewis Pte. Ltd. Extracts reprinted by permission. (『순례자의 귀향』 홍성사) | 105쪽

William Lane Craig and Quentin Smith. *Theism, Atheism, and Big Bang Cosmology*(Oxford: Clarendon Press, 1993), p. 63. | 107쪽

Ludwig Wittgenstein, *Culture and Value*, edited by, translated by Peter Winch(Oxford: Blackwell, 1980), pp. 82-6. | 108쪽

Blaise Pascal, *Pensées*(Minneola, NY: Dover Publications, 2003), p. 190. (『팡세』 민음사) | 110쪽

Blaise Pascal, *Pensées*(Minneola, NY: Dover Publications, 2003), p. 110. (『팡세』 민음사) | 110쪽

G. K. Chesterton, "The Return of the Angels." *Daily News* 14 March, 1903. For the full text, see *G. K. Chesterton at the Daily News*, edited by Julia Stapleton, 8 vols(London: Pickering & Chatto, 2012), vol. 2, pp. 22-6. | 110쪽

C. S. Lewis, "Is Theology Poetry?" In *Essay Collection*(London: HarperCollins, 2002),

pp. 10-21; quote at p. 21. *Essay Collection* by C. S. Lewis copyright © 1960 C. S. Lewis Pte. Ltd. Extracts reprinted by permission. | 111쪽

C. S. Lewis, *Mere Christianity*(London: HarperCollins, 2002), p. 21. (『순전한 기독교』 홍성사) | 112쪽

Augustine of Hippo, *Confessions* translated by Henry Chadwick(Oxford: Oxford University Press, 2008), p. 3. (『고백록』 크리스천다이제스트) | 114쪽

C. S. Lewis, *Mere Christianity*(London: HarperCollins, 2002), p. 25. (『순전한 기독교』 홍성사) | 114쪽

C. S. Lewis, *Mere Christianity*(London: HarperCollins, 2002), pp. 136-7. (『순전한 기독교』 홍성사) | 115쪽

Richard Swinburne, *The Existence of God* 2nd ed(Oxford: Oxford University Press, 2004), p. 121. | 120쪽

Charles Taylor, *A Secular Age*(Cambridge, MA: Belknap Press, 2007), p. 222. | 121쪽

Gary Wolf, "The Church of the Non-Believers" (1 November 2006). https://www.wired.com/2006/11/atheism/ (accessed 10 March 2023). | 125쪽

Linda Zagzebski, "Recovering Understanding." In *Knowledge, Truth, and Duty: Essays on Epistemic Justification, Responsibility, and Virtue*, edited by Matthias Steup, pp. 235-52(Oxford: Oxford University Press, 2001); quote at p. 241. | 126쪽

# 4
## 기독교 신앙과 인간 상황의 연결

Augustine of Hippo, *Confessions* translated by Henry Chadwick(Oxford: Oxford University Press, 2008), p. 3. (『고백록』 크리스천다이제스트) | 133쪽

Hans-Georg Gadamer, *Truth and Method*(London: Continuum, 2013), p. 316. (『진리와 방법』 1, 2 문학동네) | 134쪽

John M. G. Barclay, "Interpretation, Not Repetition: Reflections on Bultmann as a Theological Reader of Paul." *Journal of Theological Interpretation* 9, no. 2 (2015): pp. 201-9; quote at 205. | 135쪽

John Warwick Montgomery, *Evidence for Faith*(Dallas, TX: Probe Books, 1991), p. 319. | 136쪽

Ludwig Wittgenstein, *Notebooks, 1914–1916*(New York, NY: Harper, 1961), p. 74. (『비트겐슈타인 철학일기』 책세상) | 137쪽

Albert Einstein, *Ideas and Opinions*(New York, NY: Crown Publishers, 1954), pp. 41–9. (『아인슈타인의 나의 세계관』 중심) | 137쪽

Ludwig Wittgenstein, *Tractatus Logico-Philosophicus*(London: Routledge & Kegan Paul, 1992), 6.52. (『논리-철학 논고』 책세상) | 138쪽

Hendrik Kraemer, *The Christian Message in a Non-Christian World*(London: Edinburgh House Press, 1938), p. 303. (『기독교 선교와 타종교』 기독교문서선교회) | 139쪽

C. S. Lewis, "Christian Apologetics." In C. S. Lewis, *Essay Collection*(London: HarperCollins, 2000), p. 151, 155. *Essay Collection* by C. S. Lewis copyright © 1960 C. S. Lewis Pte. Ltd. Extracts reprinted by permission. | 139쪽

Iain McGilchrist, *The Master and His Emissary: The Divided Brain and the Making of the Western World*(New Haven, CT: Yale University Press, 2012), p. 93. (『주인과 심부름꾼』 뮤진트리) | 141쪽

Mary Midgley, *What is Philosophy For?*(London: Bloomsbury Academic, 2018), p. 193. | 143쪽

Mary Midgley, "Mapping Science: In Memory of John Ziman." *Interdisciplinary Science Reviews* 30, no. 3 (2005): pp. 195–7. | 143쪽

J. G. van der Watt, "Introduction." In *Salvation in the New Testament: Perspectives on Soteriology*, edited by J. G. van der Watt(Leiden: Brill, 2005), pp. 1–3; quote at p. 1. | 145쪽

Anselm of Canterbury, "Prayer to Christ." In *The Prayers and Meditations of St Anselm* translated by Benedicta Ward(London: Penguin, 1973), p. 97, lines 31–4. | 146쪽

C. S. Lewis, *Surprised by Joy*(London: HarperCollins, 2002), p. 267. *Surprised by Joy* by C. S. Lewis copyright © 1955 C. S. Lewis Pte. Ltd. Extracts reprinted by permission. (『예기치 못한 기쁨』 홍성사) | 147쪽

H. Richard Niebuhr, *The Meaning of Revelation*(New York: Macmillan, 1960), pp. 59–60. (『계시의 의미』 대한기독교서회) | 150쪽

James McTavish, "Jesus the Divine Physician." *Linacre Quarterly* 85, no. 1 (2018): pp. 18–23; quote at p. 19. | 151쪽

Philip Melanchthon, *Commentary on Romans*, translated by Fred Kramer. St. Louis(MO: Concordia Publishing House, 1992), p. 18. | 151쪽

Roger Scruton, *The Face of God: The Gifford Lectures 2010*(London: Continuum, 2014), p. 45. | 164쪽

Albert Einstein, *Ideas and Opinions*(New York: Crown Publishers, 1954), p. 255. (『아인슈타인의 나의 세계관』 중심) | 165쪽

Roger Scruton, *The Face of God: The Gifford Lectures 2010*(London: Continuum, 2014), p. 9. | 166쪽

Paul Elmer More, *Pages from an Oxford Diary*(Princeton, NJ: Princeton University Press, 1937), section XV (쪽수 표기 없는 자료임). | 166쪽

Paul Elmer More, *Pages from an Oxford Diary*(Princeton, NJ: Princeton University Press, 1937), section XVIII (쪽수 표기 없는 자료임). | 166쪽

Neil MacGregor with Erika Langmuir, *Seeing Salvation: Images of Christ in Art*(London: BBC, 2000), p. 13. | 167쪽

Nicholas of Cusa, *De visione Dei* IV, p. 10. | 167쪽

Katherine Sonderegger, "Christ's Mystery." In *The Bond of Peace: Exploring Generous Orthodoxy Today*, edited by Graham Tomlin and Nathan Eddy, pp. 48–61[London: Society for the Promotion of Christian Knowledge (SPCK), 2021]; quote at p. 53. | 168쪽

Jeanette Winterson, *Why Be Happy When You Could Be Normal?*(London: Vintage, 2012), p. 68. | 168쪽

Michael F. Steger, "Meaning in Life." In *Oxford Handbook of Positive Psychology*, edited by Shane J. Lopez, p. 679-87(Oxford: Oxford University Press, 2009); quote at p. 682. | 169쪽

Salman Rushdie, *Is Nothing Sacred? The Herbert Read Memorial Lecture*(Cambridge:

Granta, 1990), pp. 8–9. | 170쪽

Augustine of Hippo, *Confessions*, translated by Henry Chadwick(Oxford: Oxford University Press, 2008), p. 3. (『고백록』크리스천다이제스트) | 171쪽

Steven Weinberg, *The First Three Minutes: A Modern View of the Origin of the Universe*(New York: Harper, 1993), p. 154. (『최초의 3분』양문) | 172쪽

Raymond Carver, "Late Fragment." In *All of Us: The Collected Poems*(London: Harvill Press, 1996), p. 294. (『우리 모두』문학동네) | 174쪽

Marilynne Robinson, *The Death of Adam: Essays on Modern Thought*(New York: Picador, 2005), p. 240. | 175쪽


**5**
**신앙의 접촉점 탐색**

Peter L. Berger, *A Rumor of Angels: Modern Society and the Rediscovery of the Supernatural*(New York: Doubleday, 1969), p. 24. | 181쪽

Peter L. Berger, *A Rumor of Angels: Modern Society and the Rediscovery of the Supernatural*(New York: Doubleday, 1969), p. 53. | 182쪽

Augustine of Hippo, *de Trinitate* VIII.vi.12. (『삼위일체론』분도출판사) | 183쪽

Augustine of Hippo, *Confessions*, translated by Henry Chadwick(Oxford: Oxford University Press, 2008), p. 3. (『고백록』크리스천다이제스트) | 184쪽

John Calvin, *Institutes of the Christian Religion* I.iii.2; I.iv.1. (『기독교 강요』복 있는 사람) | 185쪽

Bertrand Russell, Letter to Lady Constance Mary Malleson (Colette O'Niel), 23 October 1916. In *The Selected Letters of Bertrand Russell: The Public Years 1914–1970*, edited by Nicholas Griffin (London: Routledge, 2001), p. 85. | 187쪽

Julian of Norwich, *Showings*(New York: Paulist Press, 1978), p. 296. (『하나님 사랑의 계시』은성) | 188쪽

C. S. Lewis, *Surprised by Joy*(London: HarperCollins, 2001), p. 16. *Surprised by Joy* by C. S. Lewis copyright © 1955 C. S. Lewis Pte. Ltd. Extracts reprinted by permission. (『예기치 못한 기쁨』홍성사) | 188쪽

C. S. Lewis, "The Weight of Glory." In *Essay Collection*(London: HarperCollins, 2002), p. 103. *Essay Collection* by C. S. Lewis copyright © 1960 C. S. Lewis Pte. Ltd. Extracts reprinted by permission. | 189쪽

R. W. L Moberly, "To Hear the Master's Voice: Revelation and Spiritual Discernment in the Call of Samuel." *Scottish Journal of Theology* 48 (1995): pp. 443–68; quote at p. 458. | 189쪽

Joseph Pieper, *On Hope*(San Francisco, CA: Ignatius Press, 1986), p. 38. | 190쪽

Alexander Wood, *In Pursuit of Truth: A Comparative Study in Science and Religion*(London: Student Christian Movement, 1927), p. 102. | 191쪽

Bonaventure, *The Soul's Journey into God*, translated by Philotheus Boehner, OFM. Saint Bonaventure(NY: The Franciscan Institute of Saint Bonaventure University, 1956), p. 61. (『하느님께 이르는 영혼의 순례기』누멘) | 192쪽

Jonathan Edwards, *Miscellanies*, no. 108; in *Works*, 26 vols(New Haven, CT: Yale University Press, 1977–2009), vol. 13, p. 279. | 192쪽

C. S. Lewis, "The Weight of Glory." *Essay Collection*(London: HarperCollins, 2001), pp. 98–9. *Essay Collection* by C. S. Lewis copyright © 1960 C. S. Lewis Pte. Ltd. Extracts reprinted by permission. | 194쪽

C. S. Lewis, "The Weight of Glory." *Essay Collection*(London: HarperCollins, 2001, 104. *Essay Collection* by C. S. Lewis copyright © 1960 C. S. Lewis Pte. Ltd. Extracts reprinted by permission. | 194쪽

John Polkinghorne, *Science and Creation: The Search for Understanding*(London: SPCK, 1988), pp. 20–1. | 196쪽

Thomas F. Torrance, *The Christian Frame of Mind: Reason, Order, and Openness in Theology and Natural Science*(Colorado Springs, CO: Helmers & Howard, 1989), p. 40. | 197쪽

Thomas F. Torrance, "Divine and Contingent Order." In *The Sciences and Theology in the Twentieth Century*, edited by A. R. Peacocke, pp. 81–97(Notre Dame, IN: University of Notre Dame Press, 1981); quote at p. 84. | 197쪽

David Brewster, *Life of Sir Isaac Newton*, new ed., revised by W. T. Lynn(London: Tegg, 1875), p. 303. | 200쪽

Immanuel Kant, *Gesammelte Schriften*, 30 vols(Berlin: Reimer, 1902), vol. 5, p. 161. (『도덕형이상학 정초 실천이성비판』 한길사) | 200쪽

C. S. Lewis, *Mere Christianity*(London: HarperCollins, 2001), p. 21. (『순전한 기독교』 홍성사) | 201쪽

C. S. Lewis, *Mere Christianity*(London: HarperCollins, 2001), p. 25. (『순전한 기독교』 홍성사) | 202쪽

Paul Kurtz, *Forbidden Fruit: The Ethics of Humanism*(Buffalo, NY: Prometheus Books, 1988), p. 65. | 203쪽

Richard Rorty, *Consequences of Pragmatism* (Minneapolis, MN: University of Minneapolis Press, 1982), xlii. (『실용주의의 결과』 민음사) | 203쪽

Richard Rorty, *Consequences of Pragmatism* (Minneapolis, MN: University of Minneapolis Press, 1982), xlii. (『실용주의의 결과』 민음사) | 204쪽

Blaise Pascal, *Pensées*[Mineola, NY: Dover, 2003, 61 (no. 205)]. (『팡세』 민음사) | 205쪽

Peter Berger, *A Rumor of Angels: Modern Society and the Rediscovery of the Supernatural*(New York, NY: Doubleday, 1969), p. 30. | 206쪽

G. K. Chesterton, *Tremendous Trifles*(London: Methuen, 1909), p. 209. | 206쪽

Cyprian of Carthage, *On Mortality* p. 7; 25. | 207쪽

6
내러티브 변증:
이야기를 들려주는 것이 중요한
이유

Christian Smith, *Moral, Believing Animals:*
*Human Personhood and Culture*(Oxford: Oxford University Press, 2009), p. 64. | 216쪽

H. Richard Niebuhr, *The Meaning of Revelation*(New York, NY: Macmillan, 1960), p. 93. (『계시의 의미』 대한기독교서회) | 217쪽

Edward T. Oakes, "Apologetics and the Pathos of Narrative Theology." *Journal of Religion* 72, no. 1 (1992): pp. 37–58; quotes at pp. 37–8. | 218쪽

John Milbank, "Foreword." In *Imaginative Apologetics: Theology, Philosophy and the Catholic Tradition*, edited by Andrew Davison, xiii–xiv(London: SCM Press, 2011). | 219쪽

Paul Fiddes, "Story and Possibility: Reflections on the Last Scenes of the Fourth Gospel and Shakespeare's 'The Tempest.'" In *Revelation and Story: Narrative Theology and the Centrality of Story*, edited by Gerhard Sauter and John Barton, pp. 29–52(London: Routledge, 2000). | 219쪽

Christian Smith, *Moral, Believing Animals: Human Personhood and Culture*(Oxford: Oxford University Press, 2009), p. 67. | 221쪽

J. R. R. Tolkien, *Tree and Leaf*(London: HarperCollins, 2001), p. 56. | 222쪽

C. S. Lewis, Letter to Arthur Greeves, 18 October, 1931. In C. S. Lewis, *Collected Letters*, edited by Walter Hooper, 3 vols(London: HarperCollins, 2004–06), vol. 1, p. 976. *Collected Letters* by C. S. Lewis copyright © 1942 C. S. Lewis Pte. Ltd. Extracts reprinted by permission. | 223쪽

J. R. R. Tolkien, *Tree and Leaf*(London: HarperCollins, 2001), p. 71. | 223쪽

C. S. Lewis, Letter to Arthur Greeves, 18 October, 1931. In C. S. Lewis, *Collected Letters* edited by Walter Hooper, 3 vols(London: HarperCollins, 2004–06), vol. 1, p. 977. *Collected Letters* by C. S. Lewis copyright © 1942 C. S. Lewis Pte. Ltd. Extracts reprinted by permission. | 223쪽

C. S. Lewis, "Myth became Fact." In C. S. Lewis, *Essay Collection*(London:

HarperCollins, 2000), p. 142. *Essay Collection* by C. S. Lewis copyright © 1960 C. S. Lewis Pte. Ltd. Extracts reprinted by permission. | 224쪽

Gilbert Meilaender, "Theology in Stories: C. S. Lewis and the Narrative Quality of Experience." *Word and World* 1, no. 3 (1981): pp. 222–30; quote at p. 228. | 224쪽

J. R. R. Tolkien, *Tree and Leaf*(London: HarperCollins, 2001), p. 56. | 225쪽

J. R. R. Tolkien, *Tree and Leaf*(London: HarperCollins, 2001), p. 71. | 226쪽

*The Letters of J. R. R. Tolkien*, edited by Humphrey Carpenter(New York: Houghton Mifflin Company, 2000), pp. 100–101. | 226쪽

Christian Smith, *Moral, Believing Animals: Human Personhood and Culture*(Oxford: Oxford University Press, 2009), pp. 85–6. | 226쪽

J. B. S. Haldane, *Possible Worlds and Other Essays*(London: Chatto and Windus, 1927), p. 209. | 227쪽

C. S. Lewis, "The Weight of Glory." In *Essay Collection*(London: HarperCollins, 2002), pp. 96–106; quote at p. 99. *Essay Collection* by C. S. Lewis copyright © 1960 C. S. Lewis Pte. Ltd. Extracts reprinted by permission. | 227쪽

C. S. Lewis, *Surprised by Joy*(London: HarperCollins, 2002), p. 249. *Surprised by Joy* by C. S. Lewis copyright © 1955 C. S. Lewis Pte. Ltd. Extracts reprinted by permission. (『예기치 못한 기쁨』 홍성사) | 228쪽

Alasdair MacIntyre, *Three Rival Versions of Moral Enquiry: Encyclopedia, Genealogy, and Tradition*(Notre Dame, IN: University of Notre Dame Press, 1990), p. 81. | 228쪽

N. T. Wright, *The New Testament and the People of God*(Minneapolis, MN: Fortress Press, 1992), p. 132. (『신약성서와 하나님의 백성』 크리스천다이제스트) | 229쪽

N. T. Wright, *The New Testament and the People of God*(Minneapolis, MN: Fortress Press, 1992), p. 132. (『신약성서와 하나님의 백성』 크리스천다이제스트) | 231쪽

John R. W. Stott, *The Cross of Christ*(Downers Grove, IL: InterVarsity Press, 1986), p. 174. (『그리스도의 십자가』 IVP) | 232쪽

Christopher P. Scheitle and Elaine Howard Ecklund, "The Influence of Science Popularizers on the Public's View of Religion and Science: An Experimental Assessment." *Public Understanding of Science* 26, no. 1 (2017): pp. 25–39, especially pp. 33–4. | 236쪽

# 7
## 청중의 중요성

John Stott, *Christian Mission in the Modern World*(Downers Grove, IL: InterVarsity Press, 2008), pp. 65–5. (『선교란 무엇인가』 IVP) | 243쪽

John A. Mackay, *A Preface to Christian Theology*(London: Nisbet, 1942), pp. 29–30. (『신학서설』 대한기독교서회) | 254쪽

Charles Taylor, *A Secular Age*(Cambridge, MA: Belknap Press, 2007), p. 232. | 255쪽

C. S. Lewis, *The Problem of Pain*(London: Bles, 1940), p. 91. (『고통의 문제』 홍성사) | 257쪽

C. S. Lewis, *The Problem of Pain*(London: Bles, 1940), xii. (『고통의 문제』 홍성사) | 257쪽

C. S. Lewis, "Christian Apologetics." In *Essay Collection*(London: HarperCollins, 2000), pp. 147–60; quotes at pp. 153–5. *Essay Collection* by C. S. Lewis copyright © 1960 C. S. Lewis Pte. Ltd. Extracts reprinted by permission. | 258쪽

C. S. Lewis, "Christian Apologetics." In *Essay Collection*(London: HarperCollins, 2000), pp. 147–60; quote at p. 151. *Essay Collection* by C. S. Lewis copyright © 1960 C. S. Lewis Pte. Ltd. Extracts reprinted by permission. | 259쪽

Robert Wuthnow, *After Heaven: Spirituality in America since the 1950s*(Berkeley, CA: University of California Press, 1998), p. 4. | 260쪽

Tim Keller, cited in Eleanor Barkhorn, "How Timothy Keller Spreads the Gospel in New York City, and Beyond." *New Atlantic* 21 February 2011. | 264쪽

Anthony Sacramone, "An Interview with Timothy Keller." First Things 25 February 2008. https://www.firstthings.com/web-exclusives/2008/02/an-interview-with-timothy-kell (accessed 10 March 2023). | 264쪽

Eric Mason, *Woke Church: An Urgent Call for Christians in America to Confront Racism and Injustice*(Chicago, IL: Moody, 2018), p. 106. | 268쪽

Tomáš Halík, *Patience with God: The Story of Zacchaeus Continuing in Us*(New York, NY: Doubleday, 2009), p. 6. (『하느님을 기다리는 시간』 분도출판사) | 270쪽

Tomáš Halík, *Patience with God: The Story of Zacchaeus Continuing in Us*(New York, NY: Doubleday, 2009), p. 9. (『하느님을 기다리는 시간』 분도출판사) | 271쪽

Adela Muchova, "Pastoral Practice of the Academic Parish of Prague." *Studia Universitatis Babeş-Bolyai Theologia Catholica Latina* 66 (2021): pp. 56–91; quotes at pp. 66-8. | 272쪽

Tomáš Halík, "Befriending the Nonbeliever Within." In *Is God Absent? Faith, Atheism, and Our Search for Meaning*, edited by Anselm Grün, Tomáš Halík, and Winfried Nonhoff(New York, NY: Paulist Press, 2019), pp. 123–38. (『신이 없는 세상』 분도출판사) | 272쪽

John Stott, *Between Two Worlds: The Challenge of Preaching Today*(Grand Rapids, MI: Eerdmans, 1982), p. 154. (『현대교회와 설교』 생명의샘) | 273쪽

## 8
## 질문에 답변하기: 몇 가지 변증적 논쟁

Sigmund Freud, *Complete Psychological Works*, 24 vols. London: Hogarth Press, 1953–74), vol. 21, p. 30. | 282쪽

Sigmund Freud, *The Future of an Illusion*(New York, NY: W.W. Norton and Co., 1990), p. 40. | 284쪽

Aldous Huxley, *Ends and Means: An Inquiry into the Nature of Ideals*(New Brunswick, NJ:

Transaction Publishers, 2012), p. 312. | 284쪽

Thomas Nagel, *The Last Word*(Oxford: Oxford University Press, 1997), p. 130. | 285쪽

Czesław Miłosz, "Discreet Charm of Nihilism." *New York Review* 19 November 1998. | 285쪽

Michael Shermer, *How We Believe: Science, Skepticism, and the Search for God*(New York, NY: Freeman, 2000), p. 71. | 290쪽

J. K. A. Smith, *How (Not) To Be Secular: Reading Charles Taylor*(Grand Rapids, MI: Eerdmans, 2014), p. 52. | 292쪽

William J. Abraham, *Among the Ashes: On Death, Grief, and Hope*(Grand Rapids, MI: Eerdmans, 2017), p. 16. | 293쪽

Nicholas Wolterstorff, *Lament for a Son*(Grand Rapids, MI: Eerdmans, 1987), p. 68. (『나는 사랑하는 사람을 잃었습니다』 좋은씨앗) | 293쪽

Frances M. Young, *Brokenness and Blessing: Towards a Biblical Spirituality*(London: Darton, Longman and Todd, 2007), p. 47. | 294쪽

Stanley Hauerwas, *Naming the Silences: God, Medicine and the Problem of Suffering*(London: Continuum, 2004), p. 53. | 296쪽

John Swinton, *Raging with Compassion: Pastoral Responses to the Problem of Evil*(London: SCM Press, 2018), p. 4. | 296쪽

Thomas S. Kuhn, *The Structure of Scientific Revolutions*, 2nd ed(Chicago, IL: University of Chicago Press, 1970), p. 146. (『과학혁명의 구조』 까치) | 298쪽

John Donne, *Divine Sonnet XIV*. In *John Donne: Complete English Poems*(London: Dent, 1994), pp. 347-8. | 299쪽

Rebecca Goldstein, *The Proof and Paradox of Kurt Gödel*(New York, NY: Norton, 1995), p. 204. (『불완전성』 승산) | 302쪽

Alasdair MacIntyre, *Whose Justice? Which Rationality?*(Notre Dame, IN: University of Notre Dame Press, 1988), p. 6. | 303쪽

G. K. Chesterton, "Is Humanism a Religion?" In *The Collected Works of G. K. Chesterton*(San Francisco: Ignatius Press, 1986), vol. 3, pp. 146–56; quote at p. 156. | 304쪽

Bruce DeSilva, "Pundit Christopher Hitchens

Picks a Fight in Book, 'God is Not Great.'" *Rutland Herald* [Vermont], 25 April 2007. | 305쪽

Julian Baggini, "The New Atheist Movement is Destructive." *Fri Tanke* 19 March 2009. https://fritanke.no/the-new-atheist-movement-is-destructive/19.8484. (Accessed 10 March 2023.) | 305쪽

Isaiah Berlin, *Concepts and Categories: Philosophical Essays*(New York, NY: Viking Press, 1979), pp. 2–5, 161–2. | 307쪽

Bertrand Russell, *A History of Western Philosophy*(London: Routledge, 1950), p. 2. (『러셀 서양철학사』 을유문화사) | 307쪽

Blaise Pascal, *Pensées*(Minneola, NY: Dover Publications, 2003), p. 52. (『팡세』 민음사) | 308쪽

Augustine, *Sermon* 117.3.5. | 310쪽

C. S. Lewis, "The Poison of Subjectivism." In *Christian Reflections*(Grand Rapids, MI: Eerdmans, 1974), pp. 79–80. *Christian Reflections* by C. S. Lewis copyright © 1967 C. S. Lewis Pte. Ltd. Extracts reprinted by permission. (『기독교적 숙고』 홍성사) | 310쪽

Massimo Pigliucci, "New Atheism and the Scientistic Turn in the Atheism Movement." *Midwest Studies in Philosophy* 37, no. 1 (2013): pp. 142–53; quote at p. 144. | 312쪽

Stephen Jay Gould, *The Hedgehog, the Fox, and the Magister's Pox: Mending and Minding the Misconceived Gap between Science and the Humanities*(London: Jonathan Cape, 2003), p. 87. | 312쪽

Alexander Rosenberg, *The Atheist's Guide to Reality: Enjoying Life without Illusions*(New York, NY: W.W. Norton, 2011), pp. 7–8. | 312쪽

Alvin Plantinga, *Where the Conflict Really Lies: Science, Religion, and Naturalism*(New York, NY: Oxford University Press, 2011), pp. 168–74. | 317쪽

John Hedley Brooke, *Science and Religion: Some Historical Perspectives*(Cambridge: Cambridge University Press, 1991), p. 6. | 319쪽

Peter Harrison, "Introduction." In *The Cambridge Companion to Science and Religion*, edited by Peter Harrison, pp. 1–18(Cambridge: Cambridge University Press, 2010); quote at p. 4. | 319쪽

Mary Midgley, *The Myths We Live By*(London: Routledge, 2003), pp. 26–7. | 320쪽

Frank H. T. Rhodes, "Christianity in a Mechanistic Universe." In *Christianity in a Mechanistic Universe and Other Essays*, edited by D. M. MacKay, pp. 11–48(London: InterVarsity Fellowship, 1965); quote at p. 42. | 321쪽

David Hume, *An Enquiry Concerning Human Understanding*(Oxford: Clarendon Press, 2007), p. 62. (『인간의 이해력에 관한 탐구』 지만지) | 323쪽

Richard Swinburne, *The Concept of Miracle* (London: Macmillan, 1970), p. 23. | 323쪽

Bertrand Russell, *The Problems of Philosophy* (London: Oxford University Press, 1912), pp. 98–9. (『철학의 문제들』 이학사) | 325쪽

F. R. Tennant, *Miracle & Its Philosophical Presuppositions*(Cambridge: Cambridge University Press, 1925), p. 33. | 325쪽

Augustine, *The City of God* XXI, p. 8. | 326쪽

C. S. Lewis, *Miracles: A Preliminary Study*(London: HarperCollins, 2002), pp. 87–98. (『기적』 홍성사) | 326쪽

Isaac Newton, as cited in Richard Westfall, *Science and Religion in Seventeenth Century England*(New Haven, CT: Yale University Press, 1970), pp. 203–4. | 327쪽

J. S. Haldane, *The Philosophy of a Biologist* (Oxford: Oxford University Press, 1935), p. 16. | 327쪽

Francis Crick, *The Astonishing Hypothesis: The Scientific Search for the Soul*(London: Simon & Schuster, 1994), p. 3, 11. (『놀라운 가설』 궁리) | 328쪽

Richard Dawkins, *River Out of Eden: A Darwinian View of Life*(London: Weidenfeld & Nicholson), p. 133. (『에덴의 강』 사이언스 북스) | 328쪽

Raymond Tallis, *Aping Mankind: Neuromania, Darwinitis and the Misrepresentation of Humanity*(London: Routledge, 2014), p.

349. | 329쪽

Marilynne Robinson, *What Are We Doing Here?*(New York, NY: Farrar, Straus & Giroux, 2018), p. 271. | 330쪽

## 9
### 현인에게 배우기: 변증 사례 연구

Joshua D. Chatraw and Mark D. Allen, *The Augustine Way: Retrieving a Vision for the Church's Apologetic Witness*(Grand Rapids, MI: Baker Academic, 2023), p. 8. | 336쪽

*The Works of George Herbert*, edited by F. E. Hutchinson. Oxford: Clarendon Press, 1945), pp. 184–5. | 340쪽

*The Works of George Herbert*, edited by F. E. Hutchinson(Oxford: Clarendon Press, 1945), p. 188. | 341쪽

G. K. Chesterton, "The Return of the Angels." *Daily News*, 14 March, 1903. For the full text, see *G. K. Chesterton at the Daily News*, edited by Julia Stapleton, 8 vols(London: Pickering & Chatto, 2012), vol. 2, pp. 22–6. | 343쪽

Adam Gopnik, "The Back of the World." *The New Yorker*, 7 July and 14 July 2008. | 345쪽

Cited in Dudley Barker, *G. K. Chesterton: A Biography*(London: Constable, 1973), p. 169. | 346쪽

G. K. Chesterton, *Collected Works*, 37 vols(San Francisco, CA: Ignatius Press, 1986–2012), vol. 3, p. 311. | 346쪽

David Pickering, "Chesterton, Natural Theology, and Apologetics." *Chesterton Review* 44, no. 3 (2018): pp. 495–508; quote at p. 504. | 347쪽

G. K. Chesterton, *Orthodoxy*(San Francisco, CA: Ignatius Press, 1995), p. 33. (『G. K. 체스터턴의 정통』 아바서원) | 348쪽

William Whewell, *The Philosophy of the Inductive Sciences* 2 vols(London: John W. Parker, 1847), vol. 2, p. 36. | 350쪽

Letter to William Temple, Archbishop of Canterbury, 7 September 1943. In *The Letters of Dorothy L. Sayers: Volume II, 1937 to 1943*, edited by Barbara Reynolds(New York: St Martin's Press, 1996), p. 429. | 350쪽

Dorothy L. Sayers, *Les origines du roman policier*(Hurstpierpoint: Dorothy L. Sayers Society, 2003), p. 14. | 352쪽

Dorothy L. Sayers, *The Unpleasantness at the Bellona Club*(London: Hodder & Stoughton, 1968), p. 155. (『벨로나 클럽의 변고』 피플) | 352쪽

Dorothy L. Sayers, letter to L. T. Duff, 10 May 1943. In *The Letters of Dorothy L. Sayers: Volume II, 1937 to 1943*, edited by Barbara Reynolds(New York: St Martin's Press, 1996), p. 401. | 353쪽

*The Letters of Dorothy L. Sayers: Child and Woman of Her Time*, edited by Barbara Reynolds(Hurstpierpoint: Dorothy L. Sayers Society, 2002), p. 97. | 353쪽

Janice Brown, *The Seven Deadly Sins in the Work of Dorothy L. Sayers*(Kent, OH: Kent State University Press 1998), p. 213. | 353쪽

Jane Craske, "Dorothy L. Sayers: Apologist for Her Time—and Ours?" *Theology* 122, no. 6 (2019): pp. 412–19; quote at p. 414. | 354쪽

Francis A. Schaeffer, *Trilogy*(Wheaton, IL: Crossway Books, 1990), pp. 262–3. | 355쪽

Francis A. Schaeffer, *Trilogy*(Wheaton, IL: Crossway Books, 1990), p. 134. | 355쪽

Francis A. Schaeffer, *Trilogy*(Wheaton, IL: Crossway Books, 1990), pp. 132–3. | 356쪽

Francis A. Schaeffer, *Trilogy*(Wheaton, IL: Crossway Books, 1990), p. 110. | 356쪽

Francis A. Schaeffer, *Trilogy*(Wheaton, IL: Crossway Books, 1990), p. 58. | 358쪽

Francis A. Schaeffer, *Trilogy*(Wheaton, IL: Crossway Books, 1990), p. 140. | 359쪽

Timothy Keller, *Preaching: Communicating Faith in an Age of Skepticism*(New York: Penguin, 2015), p. 126. (『팀 켈러의 설교』 두란노) | 361쪽

Timothy Keller, *Making Sense of God: An Invitation to the Skeptical*(New York: Viking, 2016), p. 280. (『팀 켈러의 답이 되는 기독교』 두란노) | 361쪽

Charles Taylor, *A Secular Age*(Cambridge, MA: Belknap Press, 2007), p. 25. | 363쪽

Charles Taylor, *A Secular Age*(Cambridge, MA: Belknap Press, 2007), p. 3. | 365쪽

Charles Taylor, *Modern Social Imaginaries* (Durham, NC: Duke University Press, 2004), p. 23. (『근대의 사회적 상상』 이음) | 365쪽

Charles Taylor, "The Dialogical Self." In *Rethinking Knowledge: Reflections Across Disciplines*, edited by R. F. Goodman and W. R. Fisher, pp. 57–68(Albany, NY: State University of New York Press, 1995); quote at p. 58. | 365쪽

Brian J. Braman, "Epiphany and Authenticity: The Aesthetic Vision of Charles Taylor." In *Beauty, Art, and the Polis*, edited by Alice Ramos, pp. 224–236(Washington, DC: Catholic University of America Press, 2000); quote at p. 225. | 366쪽

Charles Taylor, *Sources of the Self: The Making of the Modern Identity*(Cambridge, MA: Harvard University Press, 1989), pp. 26–31. (『자아의 원천들』 새물결) | 366쪽

Justin Ariel Bailey, *Reimagining Apologetics: The Beauty of Faith in a Secular Age*(Downers Grove, IL: InterVarsity, 2020), p. 53. | 366쪽

Charles Taylor, *Modern Social Imaginaries* (Durham, NC: Duke University Press, 2004), p. 23. (『근대의 사회적 상상』 이음) | 367쪽

Ludwig Wittgenstein, *Philosophical Investigations*, 4th ed(Oxford: Wiley-Blackwell, 2009), §115 (강조는 원문). (『철학적 탐구』 아카넷) | 367쪽

Charles Taylor, *A Secular Age*(Cambridge, MA: Belknap Press, 2007), p. 5. | 369쪽

# 찾아보기

가다머, 한스게오르크(Gadamer, Hans-
Georg) 29, 134
가우닐로, 마흐무티에의(Gaunilo of
Marmoutiers) 103, 104
갈망의 감각(Longing, sense of) 104-105,
187-191
값진 진주의 비유["Parable of the Pearl of
Great Price" (Matthew 13:45-46)] 193
경이로움의 변증적 의미(Wonder, apologetic
significance of) 198-200
계몽주의적 합리주의(Enlightenment
rationalism) 298-304
고난의 문제(Suffering, problem of) 256,
291-298
고통의 문제(Pain, problem of) 256, 291-
298
골드스타인, 리베카 뉴버거(Goldstein,
Rebecca Newberger) 302
과학과 신앙에 대한 변증적 접근(Science
and faith, apologetic approaches to) 235-237,
316-322
과학주의에 대한 변증적 비판(Scientism,
apologetic critique of) 312-315
괴델, 쿠르트(Gödel, Kurt) 302
구도자-거주자 패러다임("Seekers-Dwellers"
Paradigm) 27, 260-262
구속(Redemption) 41, 156-157, 161
구원의 변증적 측면(Salvation, apologetic
aspects of) 144-161, 275-276
　　구속으로서의 구원(Salvation as
　　redemption) 156-157
　　구원과 희생(Salvation and sacrifice)
　　152-153
　　입양으로서의 구원(Salvation as
adoption) 154-156, 245, 276
　　치유로서의 구원(Salvation as
　　healing) 149-152
　　해방으로서의 구원(Salvation as
　　liberation) 156-157
굴드, 스티븐 제이(Gould, Stephen Jay) 312
궁극적 질문들(Ultimate questions) 306
그레고리오스 팔라마스(Palamas, Gregory)
61
그레고리오스, 니사의(Gregory of Nyssa) 59
그레이, 존(Gray, John) 27, 83, 93, 124, 289
그레이엄, 빌리(Graham, Billy) 158
그레일링(Grayling, A. C.) 86
그로티우스, 후고(Grotius, Hugo) 68
그리스도와 변증(Christ and apologetics)
　　구원과 변증(Salvation and
　　apologetics) 151-161
　　변증에서 '그리스도의 혜택'(The
　　"Benefits of Christ" in apologetics)
　　144, 148-149, 151-152
　　성육신과 변증(Incarnation and
　　apologetics) 161-165
그리움, 변증에서(Sehnsucht in apologetics)
187
그리피스토머스(Griffith-Thomas, W. H.) 88
기적(Miracles) 197, 322-327

ㄴ

내러티브적 접근, 변증에 대한(Narrative
approaches to apologetics) 215-239
　　내러티브적 접근의 사례로서 비유
　　들(Parables as examples of) 191-195
　　내러티브적 접근의 재발견

## ㅁ

마르크스주의(Marxism) 45, 270, 287, 368

마티, 마틴(Marty, Martin) 288

매케이, 존(Mackay, John A.) 254, 256, 293

매클러플린, 리베카(McLaughlin, Rebecca) 371

매킨타이어, 알래스데어(MacIntyre, Alasdair) 83-84, 228, 229, 266, 302-303, 361

매킨토시, 마크(McIntosh, Mark) 46

맥그래스, 알리스터(McGrath, Alister E.) 74

맥그리거, 닐(MacGregor, Neil) 167

맥길크리스트, 이언(McGilchrist, Iain) 141

맥타비시, 제임스(McTavish, James) 151

머독, 아이리스(Murdoch, Iris) 172, 202

메이슨, 에릭(Mason, Eric) 267-268

메일렌더, 길버트(Meilaender, Gilbert) 224, 285

메타내러티브와 변증(Metanarratives and apologetics) 220-221

멜란히톤, 필리프(Melanchthon, Philip) 144, 148, 151-152

멜리토, 사르디스의(Melito of Sardis) 54

모건, 테레사(Morgan, Teresa) 87

모벌리, 월터(Moberley, Walter) 189

모스, 크리스토퍼(Morse, Christopher) 230

모어, 폴 엘머(More, Paul Elmer) 166, 168

몽고메리, 존 워윅(Montgomery, John Warwick) 32, 72, 136

미워시, 체스와프(Miłosz, Czesław) 285

미즐리, 메리(Midgley, Mary) 141, 143, 320-322

믿음(신앙, Faith) 86-90, 275, 304-308
    믿음과 불확실성(and uncertainty) 91-96
    정당화된 신념으로서의 믿음(as justified belief) 86-90

밀뱅크, 존(Milbank, John) 218-219

## ㅂ

바기니, 줄리안(Baggini, Julian) 306

바르트, 카를(Barth, Karl) 283

바빌론 포로, 변증의 틀로서의(Babylonian Exile, as apologetic framework) 234-235

바빌론 포로의 변증적 적용(Exile in Babylon, apologetic application of) 234-235

바스카, 로이(Bhaskar, Roy) 329

바우컴, 보디(Baucham, Voddie T.) 268

바울의 아테네 아레오바고 설교(Paul's Areopagus address in Athens, 행 17:22-31) 53, 185, 243, 246-247

바클레이, 존(Barclay, John) 135

반 틸, 코넬리우스(van Til, Cornelius) 72

발코니와 거리, 변증의 틀로서의(Balcony and Road, as framework for apologetics) 252-256, 293-294

버거, 피터(Berger, Peter) 181-182, 198

번스타인, 리처드(Bernstein, Richard) 204

번역, 변증 주제로서의 문화적(Translation, cultural, as apologetic theme) 272-277

벌린, 이사야(Berlin, Isaiah) 92-93, 307

베네딕투스, 누르시아의(Benedict of Nursia) 260

베드로의 오순절 예루살렘에서의 설교 (Peter's Pentecost sermon in Jerusalem, 행 2:14-36) 53, 246-247, 251

베버, 막스(Weber, Max) 83, 303

베유, 시몬(Weil, Simone) 235

베일리, 저스틴 애리얼(Bailey, Justin Ariel) 366-367, 371

변칙들과 이론적 취약성(Anomalies and theoretical fragility) 298

보나벤투라, 바뇨레지오의(Bonaventura of Bagnoregio) 192

보쉬, 데이비드(Bosch, David) 43

복합한 실재의 여러 지도들(Multiple maps of a complex reality) 143, 320-321

볼비, 존(Bowlby, John) 170

부버, 마르틴(Buber, Martin) 330

브루그만, 월터(Brueggeman, Walter) 206

## ㅎ